吴　越◎著

Chuanqi Zuojia de Chuanqi Hunlian

传奇作家的传奇婚恋

语文出版社
·北京·

图书在版编目（C I P）数据

传奇作家的传奇婚恋 / 吴越著. -- 北京 : 语文出版社, 2014.12
（草根知识人列传）
ISBN 978-7-5187-0018-9

Ⅰ. ①传… Ⅱ. ①吴… Ⅲ. ①吴越一生平事迹 Ⅳ. ①K825.6

中国版本图书馆CIP数据核字(2014)第313108号

责任编辑	李　勇　谢　惠
装帧设计	吴燕妮
出　　版	语文出版社
地　　址	北京市东城区朝阳门内南小街51号　100010
电子信箱	ywcbsywp@163.com
排　　版	北京杰瑞腾达科技发展有限公司
印刷装订	北京市大天乐投资管理有限公司
发　　行	语文出版社　新华书店经销
规　　格	787mm×1092mm
开　　本	1/16
印　　张	26
字　　数	399千字
版　　次	2015年3月第1版
印　　次	2015年3月第1次印刷
印　　数	1-5,000
定　　价	45.00元

010-65253954(咨询) 010-65251033(购书) 010-65250075(印装质量)

内容提要

本书是当代著名作家吴越先生的回忆录，以真实和传奇为主要特色，以作者的三次悲剧婚姻和一次喜剧婚姻为主线，穿插两次失败的恋情，从侧面反映了不同的时代背景：1956年，在阴差阳错的特殊环境下，娶了一位大家闺秀怡，正在享受“红袖添香夜读书”的闺房之乐，却因为1957年“祖国上空乌云乱翻”的政治原因，棒打鸳鸯，分道扬镳。十年之后的1966年8月，祸国殃民的“文化大革命”开始，作者身陷囹圄又遭发配新疆，为避免一生单身永远住集体宿舍之苦，违心地在北京郊区以闪电战的形式娶了一个农村姑娘琴，又逢偶发的原因去不成新疆，结果因为经济窘迫，不得不“各逃一条性命”，含泪分手。又过了十年之后的1975年，作者在劳改农场生活了二十多个春秋，已经心如死灰，不再对“前途”抱有任何幻想，决心以“余年”从事文学创作，只求把作品留给后人，“死后而志成”。就在这时候，偶然在故乡遇见一位在“文革”中遭受迫害的大龄女青年娟，两人因为有相似的遭遇而有了共同的追求：决心携手在艰难的环境中共同完成一部艰难的文学作品。1976年，结婚不久，作品也刚刚完成初稿，“四人帮”被打倒，作品出版，一举成名，夫妇二人也先后落实政策，并一起在北京建立一个虽然简陋却尚称美满的小家庭，共同抚育孩子健康成长。但是天不作美，三十二年之后的2008年，娟患上了不治的癌症，2009年去世。留下的女儿，又因为要远嫁澳大利亚，不能和老父相依为命。命运促使作者第四次成婚。本来只想找一个能共同“过日子”的老太太，在晚景中相互搀扶，相濡以沫，安度晚年，没想到却找到一位事业上的助手。作者已届八十高龄，正因为有了助手，重新焕发青春，又一次进入了文学创作的旺盛期。这部《传奇作家的传奇婚恋》，可以说是一部小中见大的时代史诗，也是一部当代知识分子的自我奋斗史。

作者以创作通俗传奇小说见长，出版了文学作品57本共2000多万字。在生活中，他不由自主地“创作”出来的经历，却比传奇还要传奇，令人叹息，令人悲怆，也令人感触。作者用白描的手法，像讲故事一般娓娓道来，生动而有趣，没有愤恨，没有怨怼，是非恩怨都让读者自己去思考、去判断。

序一

传奇作家的传奇人生

周瑞金

我和吴越先生相识，已经三十多年了，虽然见面机会不多，但是相知颇深，属于“君子之交淡如水”的文友。

他是一位勤奋多产的作家，虽然已经出版了一百多本书，总字数超过了3000万，而且已经进入了耄耋之年的“养老期”，却不知老之已至，依然像小伙子似的早起晚睡，笔耕不辍，几乎每年都有新作品问世。目前，正夜以继日地在从事明清小说的评注工作。这种不服老、不让年华虚度的进取精神，在老作家中极为少见，值得我辈好好学习。

最近，他的又一部著作《传奇作家的传奇婚恋》，即将由语文出版社出版。语文出版社的前身文字改革出版社是吴越先生在1956年参与创建的，是他的“娘家”。时隔半个多世纪以后，“娘家”没有忘记这盆“泼出去的水”，还给他出书，是一件值得称道的事。

吴先生出版《吴越品水浒》一书时，曾要我替他写一篇序言。我看了他发过来的电子版以后，虽然并不完全认同他的观点，但是我觉得在学术问题上，应该容许有不同观点的争论，哪怕就是激进的、偏激的。因此以《营造宽容宽厚宽松的文化环境》为题，写了一篇序言，支持他善于独立思考、敢于发表与众不同观点的探索精神。

这次，他又把新书的电子版发给我，要我作序。我在电脑屏幕上浏览这部书稿的文字和图片，眼前仿佛看见作者憨态可掬地微笑着，在给我们讲述一个似乎与他无关的苦涩的悲情故事，娓娓道来，不愠不怒，无怨无悔，许多催人泪下、难以置信的情节，简直比电影《归来》更加富于传奇性。

我佩服并敬重性格开朗而耿直的作者吴越先生，他爱讲真话，经常发表一些与众不同的观点。但也因此招致一生坎坷，几次妻离子散、家破人亡，自己也差点儿饿死在劳改农场。半个多世纪以来，以他独具的坚强毅力，在方言研究和文学创作等方面艰苦耕耘，孜孜不倦，数十年如一日，终于做出了成绩，这是一般人所难以做到的。

像吴越先生所经历的这种悲剧，全国各地都有。这是在“以阶级斗争为纲”的年代，在“无产阶级专政下继续革命”的“左”的路线统治下造成的社会现象。从吴先生的书中，我们可以看到，一个很有才干、很有思想的优秀青年，因为说了几句当局不爱听的话，就被打入另册，遭到打击、迫害，甚至搞到妻离子散、家破人亡的地步。造成这种人间惨剧的教训非常惨痛，想不到经过三十多年改革开放的今天，又有人提出要重提“阶级斗争和无产阶级专政”，引起全国有识之士的惊讶和愤慨，群起而批之。这是理所当然的。

与吴越先生一生婚姻悲剧有关的四位夫人，以前我一位也没见过。从书稿中看，她们各自具有不同的性格。直到最近我有幸参加祝贺他原配夫人姚曼怡女士的八十八岁米寿的寿宴上，方才见到这位闻名已久的大家闺秀。如果不是受到丈夫的牵连，无辜遭遇不幸，她除了现有的成就之外，肯定还是一位相夫教子的贤妻良母，一位愿以自己毕生精力和全部爱心协助丈夫完成事业的贤内助。让我肃然起敬的是：尽管她是无辜的、无助的，遭遇到家庭不幸，也只能默默无言地独吞苦果，承担起其实与她无关的不幸的结局。她看上去是那么的柔弱，在性格上却无比坚强。她作为一个“五类分子”的家属，即便离了婚，社会地位依旧低人一等。她被赶出上海，下放到江苏海门。在那恶劣的政治环境和生活环境下，她忍辱负重、顽强拼搏，默默奋斗数十年，终于获得“全国三八红旗手”“社会主义建设积极分子”“特级英语教师”“海门市人大常委会委员”等许多光辉的头衔。但从1960年到1980年的二十年中，她每个月只领四十三元微薄的薪金，却要独自一人支撑起上有老父、下有幼女的养家责任，这是何等的艰难困苦！从她晚年身患严重的心脏病来看，分明是体力、脑力透支过多，还要强力压制内心痛苦所造成的压抑的结果。

在中国，做一个女人不容易，在那个荒诞的时代，做一个中国女人更加不容易。这不是个人的命运不好，而是社会强加给她的负担和创伤，使她成为一个把自己的幸福贡献到祭坛上的无辜的牺牲品。她真是一位“伟大的女性”，我没有更多的语言可以用来安慰她，只是频频举杯祝愿她健康长寿，希望她在改革开放的大好年代多活几年，多享受吴先生对她刻骨铭心的关切和深情，多享受子孙后辈温情幸福的天伦之乐。

第二位夫人琴，是个农村姑娘，她生平无大志，只求温饱，只求平安。但是客观的现实生活环境无法满足她这样低档次的要求。她提出离婚，说了一句非常真实、也非常痛心的话：“让你我都逃一条活命吧！”是啊，不要谴责她无情无义，更不要说她好逸恶劳。她遵从中国人“嫁汉嫁汉，穿衣吃饭”的古训，愿意承担起所有家务活儿，等于做一个免费的保姆，愿意为子女的成长操劳，只求“温饱”二字。这样的要求，能说过分吗？她来到劳改农场，并不懒。她甘愿当“缝穷婆”，给人家拆洗缝补棉衣棉被，一个月挣的比吴先生还多。如果政治指导员不说她“走资本主义道路”，不把她生生地从吴先生身边赶走，轰回家去，再过几年，吴先生一旦平反，她的苦日子就算熬到头了。所以，质而言之，她走上和吴先生离婚的道路，不是她“不想过穷日子”，而是连“穷日子也不让她过”。

第三位夫人娟，是一位很有头脑的农村姑娘。她高中毕业，成绩优秀，仅仅因为“堂房舅舅”是地主，在那个“亲不亲，阶级分”的荒唐年代，竟不许她考大学，只能在家务农。她成了“阶级斗争哲学”的牺牲品，这对她的精神刺激，肯定是很深的。但她明辨是非，爱憎分明，在那个年代，敢于说出“死也不嫁造反派”的“响话”来。尽管她不是文学艺术界人士，但是她特别爱才。一首《探亲行》的长诗、半本《括苍山恩仇记》原稿，打动了她的心，终于下决心跟吴先生甘苦与共、荣辱共享。原本吴先生想在农村找对象，目的就是到农村安家落户，这正切合她的理想。

没有想到的是，不出三年，吴先生平反，回到了北京。这个人人向往的北京，在乡村住惯了的娟姑娘反倒看不上。她不想到北京去，两人在“不应该分歧的地方产生了分歧”。最终，她还是不得不离开她所热爱的父母和故土，来到北京这个举目无亲而又格格不入的“大地方”。分配她当食堂管理员，干的是炊事员的工作，拿的工资却比清洁工还低，心情的不舒畅，也许是她得癌症的导因。她和吴先生不离不弃的三十二年夫妻情，终于以魂归故里而终结。

第四位夫人胡老师，据说原稿中写她的这一章有十几万字之多。但是她不愿意宣扬自己，所有传奇和不传奇的故事几乎全部删除了，只剩下寥寥数页。所以读者从书中只知道她从小受苦，酷爱读书，现在北京某中学当老师，是个模范共产党员。在吴先生先后四位夫人中间，她是一位具有较高文字水平的贤内助。短短三年时间，俩人已经合作出版了八本书。此外，胡老师心胸开阔，富有同情心，能设身处地为别人着想。这次吴先生到上海给离婚的前妻举办寿宴，并在一起生活一段时间，陪伴旅游一趟，以释放积郁在姚女士心中的沉重心理负担，就是出于胡老师的建议。而胡老师自己在国庆长假期间，却独自一人默默登上去华山的火车，暗忍内心的孤独，以旅游排解独自的忧伤。

吴先生以前出版的书，写的都是“别人”的故事，或者是“没有故事”的方言研究、电脑教材之类。通过这些书，我们可以知道吴先生的知识面和他的爱憎，以及对社会发展的看法。独有这本《传奇作家的传奇婚恋》，写的却是吴先生自己的婚恋故事。通过这本书，我们可以了解到吴先生本人的性格爱好和他坚持“不害人是做人的底线”这一做人基本准则。

在劳改农场，当局鼓励“告密”，奖励“互相揭发”。许多人为了减刑不惜无中生有、造谣诬蔑，或者抓住人家片言只语无限“上纲上线”。吴先生在劳改农场二十多年，甚至在如火如荼的“文化大革命”中，他都没有写过一份检举材料，没贴过人家一张“大字报”，也没批斗过任何一个“牛鬼蛇神”。这在身陷劳改农场的知识分子中间，确是难能可贵的。

吴先生一生经过两次惨痛的“妻离子散”，一次是因为政治原因，一次是因为经济原因。许多人，因为闹离婚而和妻子反目成仇，吴先生则不然，他说：“结了婚是夫妻，离了婚是朋友，而且是挚友。”第一次离婚，他在监狱里，双方互相不见面，他只是从劳改警察的手中接过一张离婚判决书来而已。从他平反以后“愧对”姚女士的虔诚态度，可以肯定地说他的心中没有恨只有爱，更多的则是“负疚感”。姚女士离婚的时候，只有三十三岁，她品貌皆优、工作能力强，像她这样的人，找她的人不是没有而是很多。她之所以始终没有再嫁，想必心中是有复婚的指望的。这种想法，和吴先生进了劳改队以后盼望着“回原单位工作”应该是一样的。但是谁都不可能想到，“五分钟的发言”，劳改五年还不够，竟然一去就是二十多年。如果不是拨乱反正、改革开放，吴先生们所面对的，就是“关到死为止”的无期徒刑。

读到他描写的第二次离婚的经过，虽然没有一句悲伤的语言，通篇都是“包饺子”“拉手风琴唱歌”“拍离婚纪念照”“在一个被窝儿里……”等充满“浪漫情调”的温馨和愉悦。但是孔雀开屏，掩不住后面那个漏洞，喜剧的背后，却是一出惨痛的悲剧，只是男女演员都把笑意写在脸上，却把泪水往肚子里流而已。

吴先生在劳改队里一共完成了四部作品。第一部是3344行的叙事长诗《望娘滩的故事》。这是他从1951年就开始写，直到1974年才写完的一部“难产”的作品。1976年《诗刊》复刊，此诗试投，曾被认可，但是在“作者政审”过程中，被当时劳改队的“管教干事”所阻止，没能发表。直到1985年，才由宝文堂书店纳入“绘图叙事诗”丛书出版，并由《诗刊》当年处理这部长诗的吴超先生担任责任编辑。第二部是80万字的《汉语世界语大词典》。这是作者1956年在文字改革出版社当编辑的时候接受的任务，进劳改队以后无事可干，有空就编，终于在1970年完成，并送请中华全国世界语协会会长胡愈之先生过目。但在“文革”期间，他也无能为力。“文革”结束以后，再次送交协会，答复是“我们不出版个人编的辞书”，因此直到今天，这部花费了他十几年光阴的书稿，仍以“手稿”的形式存放在书橱的最底下。第三部是《浙江省缙云县方言志》。这是作者1956年编辑“方言与普通话集刊”的时候打算编成以后纳入集刊中去的，因为1957年出了问题，集刊就停刊。作者平反之后，初稿版编入《缙云县县志》中，二稿版30万字由缙云县文化局内部印刷，三稿版60万字被纳入潘悟云先生主编的“比较语言学丛书”，于2012年由上海中西书局正式出版。第四部书就是吴先生的成名之作——200万字的长篇历史文化小说《括苍山恩仇记》。1974年4月至1976年9月，只用两年半时间就完成了。1983年8月由中国青年出版社分卷出版，畅销70万套，是当年中国大陆发行量最大的长篇小说之一。

多数人进劳改队，大部分是光阴空掷、年华虚度、意志消磨。但是吴越先生却能够在十二万分艰难困苦的不利环境中，写出总字数超过350万的四部作品来，其才华、其品格、其精力、其精神，非常令人敬佩和震撼！没有“死后而志成”的宏大志向和坚定的人生目标，没有“百折不挠，虽九死而无悔”的追求真理的巨大意志和无坚不摧的顽强精神，是绝对难以做到的。

最后，我想引用吴越先生在参加他外孙女儿的婚礼上，亲手把五卷本《括苍山恩仇记》的精装本交给外孙女婿傅赟明先生的时候，说的一段热情洋溢的话，作为这篇序言的结束：

古今中外，在监狱里写书的人很多很多，捷克作家尤里乌斯·伏契克在监狱里写了《绞刑架下的报告》，西班牙作家塞万提斯在监狱里写了《唐·吉诃德》，这都是尽人皆知的世界文坛往事。但是很可能没有第二个作家敢于在监狱里没有任何参考书、仅凭脑子记忆写历史小说的，何况当时的监狱是不会给犯人一点点空闲的时间让我从从容容地写文章的。实际上，我是利用劳动之余的点滴时间，哪怕就是在工地紧张劳动工间休息的十五分钟，我也要掏出小本子，用大腿当桌子，用我那一笔谁也不认识的“狂草”奋笔疾书。这部200万字的长篇小说，就是这样一点儿一点儿积累起来的。我不但创造了一个文坛奇迹，而且我能够做到独立思考，不听从、不遵循“四人帮”的文艺理论，所以在“文革”期间创作的那么多小说中，这是唯一不带“‘四人帮’帮八股”而到今天依然成活的一部。我的成功，所依靠的就是不怕艰难险阻、敢于和命运拼搏的“不服输精神”，而有了这种精神就能够发挥主动性，克服一切困难和不利因素。《今古传奇》杂志社的副社长冯知明先生就把我的作品放在案头，遇到困难了，只要看一眼这套书，就会想到我在那样艰难困苦的逆境中如何“排除万难去争取胜利”，然后就会产生动力。

2014年10月20日

周瑞金先生，即著名政论家皇甫平，人民日报原副总编辑。

序二

作家吴越和他的三个同名女儿

张　扬

一

人们给子女取名总是非常精心和格外慎重的，倾注了难以言喻的深情，寄予着无限期望。然而，作家吴越却给三个女儿取了同一个名：吴永。这是怎么一回事？

吴越自幼聪颖，九岁就在《缙云报》上发表处女作，十五岁时已经在嘉兴主持《国民日报》副刊……

1949年6月26日，正在读高一的吴越加入中国人民解放军。1952年7月吴越调到上海一所行政干部学校任教。他爱书成癖，经常在校图书馆帮忙，在这里结识了一位姓姚的女管理员怡。怡很漂亮，出身海关高级职员家庭，毕业于上海大同大学，能说一口流利的英语，有很多追求者，但她偏偏爱上了吴越，吴越也很喜欢她。1954年7月吴越调入北京，在中国文字改革研究委员会编辑《文字改革》双周刊，但未婚妻怡却没能调来。

吴越生性活泼，读中学时已是学生剧团的台柱。他本人保存了一批剧照，其中有几张穿着国民党军官制服。1955年“肃反”时却有人据此检举吴越当过“反动军官”。上面立案审查，越审查越觉得有问题：你九岁能发表文章？你十五岁能编报纸？你二十二岁能成文字专家，进入中国最高、最权威的文字改革主管机构工作？……不，不能置信！起码隐瞒了三年反动历史。

吴越挨了半年批斗，内查外调的结果证明他没有“历史问题”。1956年结束审查向他道歉，问他“有什么要求”，他只要求把未婚妻调来，算是“因祸得福”吧。怡于 1956年10月从上海调入北京，与吴越在同一单位，任总编室秘书。也就在这个金秋十月，他俩结为伉俪。不久，怡怀了孕。1957年9月，她回上海生下一个女孩，孩子的外公给取名吴永。

吴越刚尝到做父亲的喜悦，灾难却从天而降。1957年，他没能避过“反右派斗争”的急风暴雨。

怡刚生下女儿，丈夫便被打成“右派”，心情可想而知。“右派”会是什么“前途”呢？开除公职？劳教？劳改？不知道。但有一点怡是知道的，那就是女儿不能带回“右派”父亲身边来。因此，产假期满，怡把孩子交给孩子的外公抚养，只身回到北京。

吴越会演戏，在劳教时被“选送”到北京市第一监狱组织犯人剧团，也算“入狱”吧。1960年夏的一天，一名警察面无表情地通知他：“你老婆要与你划清界限，已经与你离婚。”就这么离了婚。直到离婚，吴越也没见过女儿吴永。

1964年10月，吴越被解除劳教。

1966年 2月，怡从下放地海门回上海。吴越打电话给她，他俩在公园会了面。几天后，怡又到吴越的父母家看望他。吴越的母亲精心做了一碗面条，怡吃了一两口，便再也无法下咽……

怡告诉吴越：“离婚是没办法，社会压力不说，家中压力也太大。另外，也是为孩子考虑。离婚，她就是模范教师的女儿，而不是‘右派崽’了……”

吴越默然无语。他能说什么呢？

怡一直没有再结婚。“右派”问题改正后，吴越于 1983年出版第一部长篇小说——五卷本的《括苍山恩仇记》，他寄了一套给怡。

1987年，年已“而立”的吴永从上海来北京看望吴越。这是她有生以来第一次确认自己的父亲。她告诉父亲：“外公死了……”

她还告诉父亲：“你送给妈妈的书，她整整齐齐地放在床头……”

她说：“我自幼既无父爱又无母爱，只有外公……”

吴越双眼潮润，无言以对。

吴永要回上海了，吴越和亲友到车站送行。列车快开动了，他们催促吴永上车，但吴永回过身来突然扑进父亲怀里。父女俩紧紧拥抱，泪流满面。

二

1966年，吴越所在的京郊团河农场忽然来了一位政委，动员全场人员统统去新疆参加“生产建设”。一个北京小伙子劝吴越从北京带一个老婆去，说新疆什么都有，就是缺女人，特别是愿意嫁跟他们这种人的女人。又说到新疆后几十个人睡一间屋，结了婚可以“优待”分得一间小屋，等等。这小伙子很快便带来一个姑娘的照片。

姑娘姓张，下文就简称“琴”吧。这时，吴越三十四岁，琴二十二岁，她是北京近郊三间房地区的农民且有肺病，她愿跟吴越去新疆。两人很快结了婚。所谓结婚，就是吴越买了一只猪头到三间房张家，大家吃一顿。翌日，他用自己那辆自行车驮上新娘仅有的一口大木箱，一起回团河农场。正准备奔赴新疆，情况忽然改变，他们这批带家眷的不去了，两人便去团河农场所在地大兴县民政科办理了结婚手续。随后，吴越借用澡堂摆了一张床，又买来半斤水果糖，“难友”们来热闹了一下，就算举行了婚礼。

新婚夫妇生活艰难，不敢要孩子，但琴还是怀了孕。临产时，医院要她转到结核病院去。吴越哪有钱转来转去，索性亲自动手接生。

1968年2月2日，又一个女儿呱呱坠地。想起自己失去的大女儿，吴越给二女儿也取名吴永。

吴越与琴婚后在附近农村租一民房，月租金四元，水电费一元。他每月工资三十二元，这样还剩下二十七元，两人粗茶淡饭也能过下去，但女儿出世后就不够了，只能拼命节俭：买来废木板钉成床、桌、凳……

1969年11月，团河农场成为“五七干校”，原有人员一律转往天津远郊的清河农场。

琴不能随着去，只能带着孩子回娘家。回去后受人欺侮，只得又抱着女儿去找吴越……有人趁机挑唆她与吴越离婚，说这样才能摆脱苦难，甚至为她写好了状子。

走投无路的琴果然向朝阳区法院递了状子。吴越接到法院通知，带着二十多元钱赶回北京，说是离婚可以，何必打官司！琴叹息说：“实在是太穷，没法过……”

吴越用那二十元钱买了面、肉，包了饺子，与琴一家人每天谈笑风生吃吃喝喝，又与琴同去通县合影，要照相馆在照片上写明“离婚纪念”。照相师说：“我们这儿从来只有‘结婚纪念’，哪有‘离婚纪念’？不如改成‘离别纪念’吧？”

他俩就这么过了七天。七天后，吴越骑着车带着琴，一起到朝阳区法院递交了离婚协议书。

两星期后，琴却抱着女儿又来到吴越身边要“凑合着过”。但吴越那三十二元工资根本无法维持三口人过一月，于是琴提出不吃闲饭，动手给人拆洗衣被，用手工给人缝制衣服，一月居然也能挣三十多元。这样过了七十多天，日子过得还不错，却又飞来横祸——中队指导员授意宣传员和“积极分子”贴出大字报，指责这是“开黑店”“赚黑钱”。吴越不服，立刻被办“学习班”，也就是扣留关押。两口子只有一床被子，吴越被关押后，琴连被子也没有，只得找中队领导申诉，却被强行送上去北京的火车。这一下她才强烈感到，“脱帽右派”仍然是“右派”，而“右派”和“右派家属”连最低限度的人格尊严也没有，确实是没法过了。这一天，她跟吴越“真的”离了，时间是1969年年底。

法院裁决时，认为吴越是“解教就业人员”，琴没有工作又身患肺病，都不宜抚养女儿吴永，居然裁定小女孩归琴尚未结婚的小妹妹抚养。

1979年12月，平反后的吴越回到北京，这位小姨闻讯后带着姐姐琴和外甥女赶来看望吴越。琴说：“吴越啊，过去的事，不怪你也不怪我，都是‘四人帮’害的！”

吴越来不及说什么，只是将小吴永一把搂在怀中，久久闭着发热的眼睛。

当年离婚时，这个女儿还不到两岁。一别十年，吴越深感自己没有尽到做父亲的责任，一点也没有！虽然不能怪他，但这并不能丝毫减少他内心的痛苦和歉疚……

三

吴越的父母原住上海，“文革”开始不久，父亲自杀，母亲被迫回老家缙云农村。1976年春节前，吴越回缙云看望母亲，老同学给他介绍了一名叫楼兴娟的女子，下文我们简称她为“娟”。

娟原在粮食系统工作，“文革”中长期受迫害，拖到三十多岁仍未结婚。也算有缘吧，她愿意嫁给吴越，吴越却提出三个“条件”：第一，我是“右派”，随时可能被投进监狱，到时候你要送牢饭，有这个思想准备吗？第二，我每月只有三十二元工资，有了孩子只能靠你抚养；第三，我正在写长篇小说，脱稿后请你保存，希望你像保护自己的生命一样保护这部手稿……

娟都同意。

1977年1月，吴越回缙云与娟结婚。火腿厂仓库有一小屋，借给他们做洞房。两人穷得什么也没有，连床单也是吴越的哥哥送的。那是个大雪纷飞、滴水成冰的日子，但在那间库房小屋中却有着淡淡的温馨……

婚后一个多月，吴越回清河农场，娟留在故乡。

这时，吴越四十五岁，娟三十四岁。同年11月5日，娟生了个女孩。吴越不甘心自己失去一个女儿又失去一个女儿，他将刚出世的女儿再度取名吴永。

现在，吴越的三个女儿，老大在上海当医生，比老大小十岁的老二在北京从事医药工作，比老二又小十岁的老三正在发愤攻读，决心考上名牌医科大学。我不知道三姐妹何以都选中了这一行，是不是因为她们都知道上一代人的悲剧命运，想尽自己的天职和孝心来疗治父母心上的创伤？

1991年，三个吴永第一次相会，这也是三个同名姐妹唯一的一次聚首。吴越百感交集，为三个女儿拍了合影。他说将在晚年写一部长篇“绝唱”，这将是他平生最优秀的作品，书名就叫《三个吴永》。

——原载《家庭》1997年第10期

张扬，湖南省作家协会名誉主席，《第二次握手》作者。

自序

我是个与世无争的人

吴　越

我今年八十二周岁。今天是5月12日，正好是我的生日，过了今天，我将迈进人生的第八十三个春秋了。也就是说：不管我有多么坚强，总已经是强弩之末，在人生的道路上、拼搏的征途上，来日无多，离终点不远了。

人到了这个年龄，夜里睡不着觉的时候，往往会扪心自问：自己这一辈子，活得怎么样啊？

我的一生，不是“生不逢时”，而是有幸生活在这个大灾难、大变革、大动荡的“毛泽东时代”，亲身经历加上耳闻目见的悲欢离合、喜怒哀乐，真是可歌可泣、可圈可点。作为一个作家，一个文人，最怕的就是生活平庸刻板，每天重复着做同一件事情，一点儿波澜也没有，一点儿情趣也没有，一点儿可用的创作题材也没有。

我不是佛教徒，也不是基督徒，更不是马克思主义者。我死之后，既不去见如来、基督，也不去见马克思。我是个彻底的无神论者，既然不相信有鬼神，当然也不相信有天堂和地狱。即便真有那么两个地方，我也绝不会去。因为我是一个与世无争的人，一辈子没当过官儿，既没干过什么好事，也没干过什么恶事，所以天堂和地狱，都和我无缘，不会有我的一席之地。我一生崇尚自由、追求自由，既然生前求之而不可得，那么就让我死后做一个懒散的野鬼，到鬼蜮世界去四处漂泊、自由自在吧。

据说人在死前的弥留时刻，往往会思前想后，心潮澎湃。一生行善的，会向往西方的极乐世界，像唐僧玄奘，临死之前，竟会因为听不到仙乐来迎而惴惴不安；一生作恶的，会恐惧阎君的阿鼻地狱，像奸相秦桧，重病中因为出现幻觉，竟被森罗殿的诸般酷刑活活地吓死了；就是一般的小小百姓，也会惦念着娇妻幼子无人照应，也会回想起我还欠谁什么，谁还欠我多少。

我的一生，朋友不少，知己不多，尽管远近亲疏不同，却都没有发生过争执，更没有反目成仇。直到我临终的那一天，我应该可以告诉后人：在这个世界上，我没有仇人。唯一一个我很不待见的，他已经死了。中国人讲究“一笑泯恩仇”，我就来一个“一死泯恩仇”，让一切都烟消云散吧。

如果我不出意外，能够有幸老死于床笫、寿终正寝，弥留之际我大概是能够含笑撒手，无牵无挂地离开这个我并不留恋的人世的。尽管我的一生大部分时间都生活在动荡不安中，但限于自己的能力，没有给别人多少帮助，但是我至少能够脸不红心不跳地说一句：我的一生，没有害过一个人，至少主观上是如此。即便是在人人以告密为“荣”、人人都以告密争当“积极分子”的劳改队中，我也没有打过一个小报告；即便是在人人无法逃脱的“文化大革命”中，我也没有贴过谁一张“大字报”，批判过哪一位“牛鬼蛇神”。——不害人，这是我做人的底线。

尽管我是一个与世无争的人，一生中也从来没有和任何一个人有过争执，自认为不会有仇人；但是，一个人不可能生活在真空中，人的一举一动都有一个客观环境。因此，即便我主观上不想害人，客观上难免会因为自己无法抗拒、无法避免，甚至是没有想到的因素而损害到别人，甚至很多人。例如，我对我的妻子们，就有一种不能原谅的负疚感，觉得我欠她们的太多太多，至死也无法解脱。

我这一生，前后一共有四位妻子。尽管前三位妻子都是“主动地”离我而去，但是导致她们离我而去的因由却无可推托的是因为我。不论是因为我的无能还是无法，总之是我是我就是我。

因此，在我离开人世的弥留阶段，我所萦绕于心挥之不去的，可能就是这种负疚感。

我不是教徒，不懂得什么叫忏悔。只想在我离开人世之前，把我的负疚感写出来告诉世人，并以此来慰藉现在的、过去的、活着的、故去的妻子们。

我是个传奇作家，传奇的一生写下了许许多多的传奇故事。我自己的婚恋故事，前面的都是悲剧，后来的却又像是喜剧，其实又都像传奇。特别是除了妻子之外，还有几个非妻子的“情人”，那种“昏恋”的经过可就真的比编出来的传奇故事更加传奇了。那么，我这里不妨就来一个“悲剧且作喜剧演”，读者诸君就把我写的这些非传奇故事当作真传奇故事看吧。

2014年5月12日写于北京

目 录

第三章　梅开二度花又落

第四章　一场错位的"昏恋"

第五章　落叶归根难归根

第一章

大姐姐是怎么变成爱人的

男大当婚，女大当嫁。除了出家人和独身主义者，谁都避免不了有“谈婚论嫁”的过程和结果。我不想出家，也不想当独身主义者，何况五十年代初我在上海工作，当时正值青春年少，大小也是个干部，何况还仪表非俗、风流潇洒，加上我能歌善舞又会舞文弄墨，业余从事文娱活动，不论歌剧话剧、器乐声乐都能玩儿两下。特别是我所在的单位阴盛阳衰，男女比例严重失调，用不着我去苦苦追求哪位美丽的姑娘，主动向我示意、示爱的漂亮女孩儿还真不少，可是我却无动于衷、视而不见。不是我心如止水，也不是我要求甚高，而是因为“我的心中，早已经有个她”！

世界上的女性，温柔的，美丽的，能干的，贤惠的，无穷无尽，有如恒河沙数。在这许多可供选择的女性当中，我只能占有一个，而且一旦占有就不能更改。

我爱上的姑娘是我初中时代的同学，虽不是十全十美，但也还差强人意。唯一缺点就是不在上海而在嘉兴，不能经常见面，只能书信往还。至少在我这方面，觉得彼此情投意合，今生今世非卿莫属了。

没有想到，就在我觉得这把爱情之火已经在我心中燃烧，只要再略略加温就能到达沸点的时候，却被对方一盆冷水扑灭。虽然我还不至于因为失恋而意志消沉，但是我的情绪为此而有些低落却是难免的。

就在这个时候，和我同一个办公室的、比我大五岁的怡姐姐，为了解开我心头的这把烦恼之锁，星期天带我去逛公园、看电影、吃生煎馒头。进电影院的时候，她还是我的怡姐姐，出电影院的时候，她却成了我的未婚妻了。

这是怎么一回事儿？这场“闪电战”似的婚姻，会有好结果吗？

一、有心栽花，红花不发

1949年5月，浙江解放。6月，二野军大三分校在金华招生，分政治、军事、新闻、文艺、卫生、后勤六个系，学制是预科半年，本科两年半。当时我十七岁，尽管只有高中一年级的学历，但已经在报刊上发表了一部长篇连载、几十个中短篇和一百多篇杂文，最向往的职业就是“无冕之王”，于是就去投考了新闻系，而且被录取了。

7月7日，二野军大三分校从金华迁往芜湖赭山，在嘉兴下火车等船去苏州。我曾经在嘉兴住过两年，初中就是在嘉兴县中毕业的。在嘉兴县中读书的时候，有个比我低一班的同学叫李明的和我关系比较好。他跟我学习自装无线电收音机，叫了我一年多“师父”。如今我既然路过此地，时间也有，就顺便到他家里去看看他。但是他不在，却见到了他的姐姐李萍。李萍也是嘉兴县中的学生，姐弟俩相差一岁，读的却是同一个年级。姐弟二人，一个美丽，一个英俊。姐姐是蛋形脸，外号就叫“鸭蛋儿”；弟弟是滚圆的苹果脸，还白中透红，外号就叫“苹果”。那天，我和李萍不过是偶然相逢而已，但是却从此建立了通信关系，好几年来一直没有中断。

军大迁到芜湖以后，只学习了两个月的《社会发展史》，就开始往大西南进军，而且不再分系，只学习“走路”这一科。全校学员都被编入“接管部队”，归三兵团司令部统一指挥。因为重庆市的市长，已经内定是三兵团的司令陈锡联，我们则都是重庆军管会的成员。条件只有一个：那就是必须用两条腿走到重庆。谁半路上生病，不能走了，立刻就地安置，去当地方干部。

1948年摄于嘉兴县中，时年16岁。

1953年摄于上海，时年21岁。

我总算学会并闯过了“走路”这一关，跟在作战部队后面一天一百八十里急行军，练出了两条飞毛腿，终于在我军进入重庆后的第三天到达重庆，并跟随政委温恩生同志去接管国民党的空军部队，从此就留在西南空军司令部工作。

1952年7月，我从四川转业回上海我父母的身边，分配到上海市行政干部学校当教育干事。这是一所刚刚开办的干部学校，实际上就是半年左右的短期干训班，由上海市公安局、民政局、商业局、司法局四个单位合办，校长由上海市委分管政法的第二书记潘汉年兼任，常务副校长是小有名气的党内经济学家周元斌。地址在江湾体育场附近，校部是国民党时代吴铁城市长打算在江湾建设“新上海”而新造的“市政府大楼”，相当体面。其余校舍都是新盖的，一个巨大的“口”字形校园，西面是一座食堂兼礼堂，南北两面各有五座两层的学员宿舍楼，每座楼的两端都有两个阳台，每层楼除干部办公室和宿舍是单间之外，学员的宿舍是每个组一套，每套三间，中间一间是学习讨论室，两面两间，每间各有五张双层床。每套房能住二十个人，一律是木地板，上下两层都有卫生间和热水淋浴设备。这在当时来说，也算是相当不错的了。东面大门两旁，是四个能容二百多人的大课堂，供全班学员“课堂讨论”用；此外还有医务室、图书馆、小卖部等附属设施。全校一共十个班，每个班二百人左右。学员的来源，大部分是从社会上的失业知识分子中新招的，小部分是从上述四个局

1953年组织合唱团，指挥唱歌。

中调来当组长的骨干。所以成员非常复杂，文化程度也参差不齐，年龄最大的已经五十多岁，小的才十七八岁，而且多数是女性，男女比例大约是男三女七。

每个班，都配备五名干部：一个班主任，一个组织干事，一个教育干事，两个生活干事，男女各一名。我被分在六班当教育干事。六班班主任是个大老粗，是作战部队的退伍连长，苏北人；组织干事是商业局调来的女同志，上海人，她只管档案，别的什么都不管；两个生活干事，男的是民政局调来的基层干部，特别老实，连说话也脸红；女的是部队文工团转业的演员，浓眉大眼，风度翩翩，大胆泼辣，唱歌跳舞演戏样样都行。

在行政干校，我是个年龄最小的干事，却是个最活跃的干事：由于班主任没多少文化，他见我是部队的文化干事转业的，又能说会道，就把组织讨论学习、去校部汇报这些工作全交给我；又因为组织干事是个女同志，不便于外出，就把调查了解学员的历史身份和社会关系这些工作也交给我，三天两头都往派出所和里弄居委会跑。此外，还由我负责组织全校的合唱团，亲自作词作曲、教唱并担任指挥，我自己就是男高音独唱演员，又是二胡独奏演员。我还组织了校剧团，排练话剧、歌剧，集编、导、演于一身，多次率团参加市里组织的比赛并捧回奖杯。与校外联欢的活动，那就更多了。我虽然是六班的干事，由于我的活跃，却几乎全校的人都认识我。

干校的学员百分之七十以上是女性，尽管绝大多数人的年龄都比我大，不过比我小的、长得挺漂亮的、主动向我表示好感的姑娘也不少。我的枕巾、床单之类，经常有女学员偷偷儿地或强制性地拿去帮我洗。

江湾离市内比较远。我反正回家也没什么事情，加上家里住房狭窄，白天没有我的活动空间，晚上还要睡折叠床，不如在学校住得舒服，所以我经常是两个星期才回一次家。

每逢我不回家的星期天，有一个姓邢的未婚年轻女学员，总是非常“巧合”地也是每两周回一次家。我不回家是图学校里周日没人的清静，想安安心心地多读一些书；可是那个周末也不回家的女学员，家里却只有一个孤单的母亲，不但没有充足的理由不回家，而且还总是有事儿没事儿老往我的房间里跑。不是要帮我洗被子床单，就是催我去洗澡，好把换下来的衣服交给她去洗；再不然，就是坐在我的房间里和我聊天儿，有意无意地问我家里的情况，又主动地向我介绍她家里的成员和情况。特别是到了晚上，她借口一个人在宿舍里“害怕”，总要在我的宿舍里坐到很晚很晚才走，有一次甚至说：“我胆子小，我一个人住一间房间，特害怕！你可别在半夜里跑到我的宿舍里来吓唬我！”言外之意，就是傻子也明白。

这个邢姑娘，浓眉大眼，皮肤白嫩，模样儿挺不错的，唱歌跳舞都很棒。她在上海上的学，当然会说上海话；可是她却总是说一口略带广东味儿的普通话，还故意装出一副轻声细语的神态，显得嗲声嗲气的。她的底细，我早就去调查过了，她不说我也很清楚。她家里，作为例行公事，我也去访问过。她只有一个母亲，广东人，早先是个舞女，后来嫁给一个军官当姨太太，生下了她。新中国成立前夕，她父亲随军撤到台湾去，却把她们母女俩撇在了上海。她母亲还不到五十岁，长得细皮嫩肉，看上去顶多四十岁，风度翩翩。住的虽然是一间亭子间，却收拾得干净利索，待人接物也落落大方，言谈话语也不是一般“亭子间嫂嫂”所能比拟的。她读到高中毕业，功课不太好，没考上大学。后来行政干校招生，于是区政府民政科就介绍她来考干校，打算让她当个公务员。那年月，当公务员不是什么好差事，工作挺忙的，工资也不高。据派出所和居委会介绍，她母亲虽然是旧军属兼台属，而且当过舞女，却没有什么政治背景，而且生活作风也很规矩，不过是个家庭妇女而已。五十年代初期，对基层干部的政治

1953年1月，李萍寄来的照片。

要求还不是很严格，所以派出所对她们母女的评价也还不错。

对于邢姑娘的暗示，我一个生理正常的男青年，当然不会不懂。但是我却不得不装糊涂，用上海话来说，就是“假痴假呆”。当时校内的情况，没有结婚的班主任、班干事，特别是从北方来的“年轻老干部”，和女学员搞对象的已经有了好几对儿，校方并不制止。既然是她主动进攻，我只要对她稍微表示好感，她肯定就是我的了。我倒不是嫌她不够漂亮，也不是嫌她的家庭出身不好，而是因为这时候我和萍的关系，有了突飞猛进的发展，我的心中已经有了一个她，对这些姑娘们的暗送秋波甚至大胆挑逗，就不得不无动于衷了。

我在四川当兵，虽然一直和李萍保持通信联系，但也只是同学之间的平常通信，信件来往也不太多，不过是问问她和她弟弟的近况而已。因为我远在四川的部队里，和她的关系不可能有所发展。何况按照当时的政策，一个排级干部也不可能结婚。但是到了1952年7月，我转业回到上海，而且有了不错的工作，这种“不可能”就有可能变成“可能”了。

1948年夏天，我初中毕业，到杭州上高中去了。李萍1949年毕业，接着上高中；1952年暑假毕业后，分配在嘉兴一所乡村中心小学当校长。我一回到上海，和她的关系立刻有了明显不同的发展，不但通信日见频繁起来，语言的亲密就不再是“普通的同学关系”这样简单了。半年之后的1953年1月2日，她同时给我寄来两张照片：一张全身的，一张半身的。从照片上看，样子没多少变化，大概还是上高中时代的照片，脸上还不脱稚气。——需要说明的是：当年男女同学之间，特别是并非同班同学，又不是恋人关系，互相赠送照片的事情，是很少的。

我们的通信日渐频繁起来，基本上是一个星期一封，因为信只能寄到各自的学校里，从上海郊区寄到嘉兴郊区的信，比上海市区寄到北京市区的信还要慢些，大概是去三天回三天，来回正好是一个星期。我们都是规定好了的：收到信，必须立刻回信，而且每封信都编了号码，以防万一有遗失。那一段时间，我正在上海音乐学院的院长贺绿汀和中央歌舞团的女作曲家瞿希贤的指点下自学作曲，并在干校的合唱团中演出。每次我谱了一首歌曲，就把歌谱寄给她看，请她提意见。她也写过几首歌词让我作曲，由她自己在小学生中教唱。尽管我们的信中谁也没有写过一句“我爱你”这样的话，但是信中的情绵绵、意切切已经不是蕴藏在字里行间，而是赤裸裸、火辣辣地溢于言表了。记得在一封信中，她明确地说出了“只要你对我忠诚，我能保证你一辈子快乐幸福”这样的话，其中的涵义，不是很清楚了吗?

1953年夏天，天气炎热，我和萍之间的热度也直线上升，除了互相说些“非常想念”之类的话语，7月2日她寄来了第三张照片。这张照片，脸蛋儿滚圆滚圆的，比以前的两张照片胖多了，应该是她最近的照片。照片的背面，写的是“给哥哥，妹妹赠”。这可又是一次突破。半年以前寄来的两张照片，背面的题词写的可是“佩珏同学留念”。——“佩珏”是我当兵以前的名字。从称呼的改变看，那就不是“暗示”而是实打实的关系改变了。她还似有意似无意地在来信中说：我和她的频繁通信，全校的老师几乎都知道了，一个劲儿地吵着要她买糖。这不是暗示她和我的关系已经在她学校里公开了吗？我觉得和萍之间的热情已经有了80摄氏度，只要我赶紧加一把火，把温度上升到100摄氏度，应该就可以“功德完满”了。

我和萍已经有四年没见面，她在小学当校长，再过几天就要放暑假了，既然她说是“很想念”，我何不到嘉兴去潇洒走一回，当面烧把火?

正好1953年刚刚开始实行干部休假制，而且可以自己安排休假时间，于是我就想利用这个假期到嘉兴去和萍相会。我给萍回信的时候，说起了我的打算。她来信说，弟弟在北京钢铁学院读书，暑假去实习不回来，家

1953年7月2日萍的照片和背面的题字。

里就她一个人，热烈欢迎我去故地重游。——她没有推托，而且明确表示欢迎。

从上海到嘉兴，坐火车不过两个多小时，简直就像是上海郊区，而且车次很多，凡是往南去的车，都要在嘉兴车站停靠，说走就可以走。我安排好了休假的时间，立刻去买了送她的礼物和火车票，只是当年打电话很不方便，来不及通知她我到达嘉兴的时间了。

李萍的家住在嘉兴环城东北路36号，离中山路的嘉兴县中很近，离火车站也不远。下车以后，走十几分钟就到，不用叫车。她的父亲是开杂货铺的。我到了她家，她正光着脚丫儿穿着拖鞋、短裤坐在店堂内摇着蒲扇看书。没有想到的是：见了我，并不站起来招呼，只是侧着身子喊了我一声“吴佩珏”，让我在她前面的一张矮凳上坐下，又拿起桌上的一个香瓜来叫我吃，她自己竟又低头管自看书了。

这可大大地出乎我的意料之外。她的家，以前我是常去的，当然那是到她弟弟的房间里。今天我是专程来看望她的，既然她弟弟不在家，她就应该把我让到她的房间里去坐着聊天儿，多年不见的老同学，就可以演出一场《楼台会》了。即便是觉得有所不便，只能在店堂里接待我，至少也应该给我沏一杯茶，然后问问我来到嘉兴以后的活动计划，哪有这样不理睬我管自看书的道理？

我干坐了一会儿，觉得很别扭，就提议一起去逛南湖。她摇摇头，说了声“不去”。我提议一起到塘汇镇去看一个叫潘霞云的女同学，她又摇摇头，吐出来的还是“不去”两个字。我以为她多年没跟我见面，不免有些腼腆，特别是在父母亲面前，也不能对我过于亲热，就耐着性子跟她有一搭没一搭地聊天儿，等待她“转变态度”。更没想到的是：她跟我几乎没什么话可聊，等于是我在“自说自话”。我又坐了一会儿，她就上楼进她自己的房间里去了，而且连个招呼都没打。

我被她干晾在那里，不知如何是好。幸亏她父亲还算“外场”，跟我随便聊了几句。到了吃晚饭时间，她换了一身漂亮的连衣裙下楼来了，但依然视我如陌生人，不近也不远，除了面带微笑之外，几乎没什么话可说。饭后她在楼上洗了澡，到运河边洗衣服去了。我见她不招呼我，只好自己拿了毛巾肥皂和换洗衣服到河边洗澡、洗衣服。晚上她把我安排在店堂间的竹榻上睡觉，没有蚊帐，怕有蚊子，给我点上了一盘蚊香，就上楼去了再也没有下楼来。

第二天早上起来，我百无聊赖地在店堂里坐着，百思而不得其解。这叫什么事儿？有这样“热烈欢迎”男朋友的吗？到了吃早饭时间，她父亲在门口单给我买了一碗豆浆和一团糯米饭，让我一个人坐在店堂里吃，而她却迟迟不下楼来。我忍无可忍，给她爸爸说了声“我去找个朋友”，把送她的礼物拿出来，写了张条子压在桌子上，把手提箱寄放在她父亲的店堂内，就离开了她家，到塘汇镇找潘霞云去了。

潘霞云和我同班，是和我关系最好的女同学。她和我关系好的原因并不是我们之间有什么感情的因素，而是因为我的大姐和大姐夫都是塘汇小学的老师，还是她妹妹的班主任。1948年我在嘉兴县中读书，我父亲已经调到金华高等法院工作，所以我是住校生。每个周日，我都要到塘汇小学去，把我的脏衣服带去请大姐洗，再把干净衣服取回来，有时候我不去塘汇，就托潘霞云帮我带。我每次去塘汇镇，总要到潘霞云的家里去坐

1948年的潘霞云。

1953年的潘霞云。

坐。她父亲是个铁匠，开着一家铁匠铺子。因此，我和她的关系就越走越近了。她功课不怎么好，特别是英语，都上初三了，居然连26个英文字母还背不下来，但却能歌善舞会演戏，不但是校剧团的台柱子，还是县中的“功勋运动员”，曾经在浙江省运动会上得过四百米赛跑第二名，胳膊腿儿比男同学都粗。初中毕业后没考上高中，却凭她的“校功勋运动员”资格，没上高中就被保送到上海东亚体专去了，如今在一所中学里当体育教师。尽管她在班内功课比别人都差，却比全班同学“出山”得都早。她已经结婚，丈夫也是个中学的体育教师，我以前没见过，夫妻二人不在一个学校。

塘汇镇离嘉兴城区不到十里路，这条路当年我常走，很熟的。不到一小时，就到了。潘霞云两口子都在家，因我事先没通知他们要来嘉兴，他们见到了我，既高兴也惊讶。我从四川转业回上海以后，也和潘霞云经常通信，我和李萍的关系她都知道，连她丈夫也知道。他们心知我一定是来嘉兴看李萍的，就问我与萍的关系进展如何了。我摇摇头，把萍如何“热烈欢迎”我的情形大体上说了说。她们也觉得奇怪，当时就做出了决定要和我一同进城，无论如何也要把李萍拉出来，一起到南湖去玩儿半天，躲开她的父母亲，多聊聊，以便有所转机。

我们三个人来到嘉兴城里，时间还不到上午十点，但是李萍的爸爸说，他女儿学校里有点急事儿，回校处理去了。我不相信事情会这样巧。她昨天既没提起，她家里也没电话，学校里有急事儿，怎么通知她的？何况她刚刚从学校放暑假回家来还没几天。再说，她连字条儿也没给我留一张，就好像家里没我这个“客人”似的。我认为她这是故意跟我闹别扭，没有多说话，就拿起我的行囊告辞了。我们先到附近找了家旅馆住下，又叫了三碗鳝丝面来三个人都吃饱了，然后走到南湖边雇了一条小船让小船娘划着，三个人一起到南湖去玩儿了一个下午。小潘的丈夫虽然以前并不认识我，却因为对我很了解，所以显得亲近，也很健谈。他的年龄比小潘大，抗日战争期间他是“青年军”，曾经在缅甸和日本鬼子作战，不但见闻广，知识面也很宽。——可惜当时我还没有照相机，所有这些活动，都没有留下“可资纪念”的照片。

按照原来的计划，小潘两口子应该当天就回家去的，所以我没给他们另开一间房间。但是他们见我情绪不好，主动说要留下来陪陪我，而且坚持不用再开一间房间。我心里明白，他们一方面是怕我一个人在情绪不好的情况下住旅馆孤单寂寞，更主要的是怕我想不开，所以坚持要第二天送我上火车才放心。其实，我还不至于那样脆弱，也不至于那样“多情”。那一夜我们一聊聊到了深夜两点多，直到困极了，都睁不开眼睛了，这才三个人挤在一张床上随便眯了一会儿，就天亮了。

七天假期，三天就回来了，连我自己都觉得无法在父母面前交代，更不想让他们知道我这一肚子委屈，所以下了火车就直接到学校“接着休假”，连家都没回。

我回上海以后，赌气没给李萍写信。再说，这信也的确不好写。谴责她吗？人家没有和我肯定“未婚夫妻”的关系，只是“老同学”，能接待我吃住，已经尽到同学之道了。感谢她吗？我还真找不出恰当的词语来。没有想到的是，十几天之后，李萍居然来信了。不过信是从福建漳州寄出的，邮票上的邮戳也的确是漳州，但是信封上没写寄信人地址，信里只是极简单的寥寥数语：说她已经调到漳州去了，依旧当小学校长，一切都很好，还特别提了一句“他对我也很好”。

这是什么意思？是不是暗示她已经结婚了？不然，无缘无故，一个浙江嘉兴的小学校长，除了“因婚”，怎么可能跨省调到福建漳州去呢？何况还有一个身份不明的“他”！既然你通知我，我不能不回信，就写了一封祝贺信寄到嘉兴她家里请她父亲转交，但是从此之后再没有她的音信。

这件事情，直到今天，整整一个甲子了，为什么会那样结束，我都无法解释，只知道我受到了一场莫名其妙的耍弄和羞辱。李萍可以说是我的初恋女友，但只是“纸上谈兵”的恋爱，尽管信写得热火朝天，见了面却是冷冰冰的，实际上竟连握手的机会都没有过。

1954年我调到北京工作，特意去钢铁学院看望她的弟弟李明，直截了当地问他姐姐如今在哪里。他迟迟疑疑地说：只知道姐姐已经“调”到漳州去了，具体地址他也不知道。这当然是谎言，不是故意给姐姐打埋伏，就是有难言之隐。我对李明这种暧昧的态度很不满意，不像是我的“爱徒”。从此，我也没再去看望过他。

时间一晃过去三十年，到了1983年，我的长篇历史文化小说《括苍山恩仇记》出版以后，收到许多读者来信，其中一个是福建漳州教育局的干部，是个一直在漳州教书的本地人。我托她打听五十年代初期从嘉兴调过去的一个叫李萍的小学校长，她回信来说：五十年代初期她就在漳州教小学，后来也当了小学校长，当时的漳州就那么几座小学，不敢说个个小学教师她都认识，至少校长是全都认识的，特别是她调到教育局工作以后。但是在她的记忆中，居然就没有一个叫李萍的小学校长！难道说，所谓的调到漳州，也是骗局？

这个难解的谜，终我一生，都没有、也无法解开。这，也可以算是一个传奇故事吧？

我之所以要在开篇就说这个“失败”的恋爱故事，是因为不说这个故事，就无法引出下面我和我第一任夫人“成功”的故事。所以，不得不从李萍的故事开始。

——这就叫“失败是成功之母”。

二、无意插柳，绿柳成荫

行政干校第一期学员在1953年5月间毕业分配工作走了以后，干部们有一个比较长的休整时间，我被安排到图书馆去协助图书编目工作。和我同一个办公室的，是第一期毕业留校的学员，姓姚，比我大五岁。因为她名字的最后一个字是怡，所以我叫她怡姐姐。

她的父亲，新中国成立前是上海海关的帮办，是用中英文两种文字办公的高层白领职员，相当于“二把手”。她自己是大同大学商学院的学生，但是还没毕业上海就解放了。可能是因为大同大学停办的原因吧，她改读立信会计学校，但一直没有参加过工作。她有一个哥哥，比她大一岁，1947年考上了台湾某大学的土木工程系，如今在美国当道路建设工程师；还有一个妹妹，比她小一岁，正在唐山铁道学院哲学系马列主义研究班读书。母亲三年中生下了他们兄妹三人，身体不好，不久就故去了，终年才三十多岁。父亲从此没有再娶，靠一个保姆照顾生活。

怡姐姐长得相当漂亮，风度更是非比一般，温文尔雅，见了谁都是笑眯眯的，简直是人见人爱，在第一期学员中，无疑属于“佼佼者”之一。第一期学员留校工作的人并不多，一般都是班主任或者班干事“特别推荐”的。她的留校，也是班主任的“特别推荐”，换句话说，是班主任看上她了。她那个班的班主任是个山东来的老干部，年纪已经将近四十岁，在老家当然有媳妇儿。那时候，许多老干部进城以后，都把“糟糠之妻”抛弃了，惦着在大城市里另找一个年轻漂亮又有文化的老婆。怡姐姐留校以后，这个班主任除了经常光顾图书馆之外，还常常在星期天把头发理得光光的，穿上漂亮的料子干部服到她家里登门拜访，没话瞎搭拉话。但是

1954年的怡姐姐。

上海姑娘有一个传统的偏见，对山东人和苏北人没有好感，不是叫他们“大葱”，就是叫他们“咸鸭蛋”。由于生活习惯相距太远，山东话和苏北腔又是上海人所不喜欢的方言之一，所以上海姑娘、特别是有文化的上海姑娘，肯嫁山东人和苏北人的，很少很少。

怡姐姐既然人长得漂亮，还有高学历，追她的人，当然不少。我调到图书馆以后，据我所知，除了那个班主任之外，还有四个班干事同时在追她。其中有上海人，也有外地人。她有男人追，我有女朋友，她又比我大那么多，因此我们之间似乎没有什么隔阂可言。在她面前，我就是一个“小弟弟”。她嘛，就是一个“知心大姐姐”。我什么话都敢跟她说，肯跟她说。

图书馆和小卖部紧挨着。这个小卖部虽然小，货物却不少：两千多人的生活用品，从脸盆茶杯、暖瓶肥皂、毛巾牙刷、内衣内裤，到信纸信封、钢笔邮票、点心水果，一应俱全，货架子上琳琅满目，其实就是一家小小的百货店。两个女售货员，一个山东姑娘，估计是哪位班主任带来的小妹妹；一个上海姑娘，是从商业系统调来的老售货员，小卖部就归她负责，官称“经理”。这个上海姑娘，脸型其实长得很不错，肤色很白，眼睛大大的，身材也很丰满，就是个子矮了些，大约只有一米五多点儿，所以她总是穿着两寸多的高跟鞋。这样的姑娘，当然也有人追，但是她也和大多数上海姑娘一样：不喜欢山东人和苏北人。每逢有山东或苏北来的“年轻老干部”向她献殷勤，她总是待搭不理的，却独独对我另眼相看，主动表示“友好”。

我当兵的时候，由于经常一天一百八十里的急行军，早晚两顿饭不见太阳，而每顿饭都要吃六大碗，还要带上一碗冷饭中午在半路上吃。这样饥一餐饱一餐、热一顿冷一顿的，加上天不亮睁开眼睛就吃，到宿营地吃饱了就睡，消化系统出了毛病，刚到重庆就得了胃溃疡：肚子一饿就胃疼。虽然只是隐隐作痛，并不严重，却老治不好。唯一的办法，就是少吃多餐，肚子一饿，就赶紧吃东西。所以我每到上午十点、下午四点，都要到小卖部去花五分钱买一块桃酥“垫补垫补”。这种事情，一般人大概是一次买一斤放在手边，饿了随时可吃；我是因为没有饼干筒，特别是小卖部就在隔壁，买东西很方便，所以不怕麻烦，居然一天跑两次小卖部。这样一来，那位经理姑娘可就误解了。我除了买桃酥之外，有时候也买一些香蕉、苹果之类。我分明感觉到，她给我的水果，比我要的要多，而且不是多一点点，而是多很多。例如我买一斤，她给我的，可能就有两斤，甚至更多。我这个人比较粗心，开始并没有发现，而是怡姐姐先发现的。原因是：办公室内只有我和她两个人，我买回水果来，当然不可能我一个人“吃独食”，总是要和怡姐姐分享的。作为姐姐，她的工资虽然比我低，但也不可能老是吃我的，总也要去买几次来请我吃。这样，她终于发现：同样价格同样多的钱，我买回来的水果，竟比她买回来的要多得多。经她这样一点破，我趁小卖部只有经理一个人的时候去买水果，装作不经意间偶然发现的样子，问她给我的水果是不是多了。她笑笑，也不隐瞒，直言不讳地说：是多了，而且多不少。不过她特别声明：这可不是她请客，而是按规定销售水果有一定的“损耗率”——每进100斤水果，至少可以报5斤损耗，只要上交95斤的钱就可以。不过也规定，售货员自己不能吃。

我回来把这事情的原委告诉了怡姐姐，她立刻意识到这是经理姑娘对我有了好感，对我“另眼相看”，有了“那个意思”了。

我还傻呵呵地对她说：这不可能。因为我有过邢姑娘的经验，我告诉她几个月以前邢姑娘对我如何表示好感，而经理姑娘除了笑脸相迎之外，从来没给我表示过什么。她笑了起来，说：“姑娘嘛，各人性格不同，有火辣辣外露的，有温情脉脉内向的，不能一概而论。”她认为：这个经理姑娘，分明是对我“有意思”，叫我不要辜负了姑娘的一片心，赶紧给人家“发回电”。

这可真叫我为难了。我不得不告诉她我和李萍的事情。她听了之后，说：“既然你和李萍正在进行着，那就不要‘脚踏两头船’，而应该一心一意和李萍继续下去。不过经理姑娘这边，你也要跟人家说清楚，不要耽误人家。”

话虽然这样说，可我无法“具体执行”。人家并没有“正式地”或“公开地”向我表示什么，万一要是我“自作多情”呢，岂不是自讨没趣？因此商量的结果，是周末回家立刻带回来一个饼干筒，以减少光顾小卖部的频度，让这件事情来一个“冷处理”。

通过这件事情以后，我和怡姐姐的关系更加亲密了。关于彼此的爱情生活，也不再保密了。萍的来信，她有时候也拿去看，并判断已经有了多少温度、前景如何。她的追求者给她写信，她也给我看，并征求我应该如何回信的意见，有时候干脆就由我替她起草回信的稿子，给她当“枪手”。

自从收到李萍寄来的第三张照片，看见她叫我“哥哥”以后，怡姐姐的判断，是温度已经到了80摄氏度。她也觉得应该“趁热打铁”，远征嘉兴，继续加温，不发展到100摄氏度不回来。

我就是在怡姐姐的鼓励和支持下，满怀信心地直奔嘉兴而去的。

没有想到，我的七天假期，三天就回来了。怡姐姐一眼就看出我的情绪不对劲儿，问我爱情之旅进展如何。听了我的叙述，她也觉得反常得无法解释，叫我赶紧写信去，也许当面无法说清的事情，在信中反而可以说得明白，但是我负气坚决不写。我说，她不拿我当朋友，我又何苦自轻自贱呢？

怡姐姐分析说：从时间上推测，我到嘉兴的那一天，她调漳州的事情已经办成功了，除非所有这一切都是骗局。我问她：有这个必要吗？我和她无冤无仇，她也不至于拿我耍着玩儿。何况这是“白纸黑字”清清楚楚地写着的，任何一个姑娘，绝不可能拿自己的名誉开玩笑。如今婚姻自主，也不存在“父母逼婚”之类的事情。因此，她分析后的结论，是李萍“脚踏两头船”，同时和两个或几个男性在玩儿“爱情的游戏”，最后选定了一个，其余的就“刷”了。至于李萍忽然在照片上叫我“哥哥”而自称“妹妹”，大概就是暗示“今后只能以兄妹相称”的意思。

这样的说法，虽然也还有不合理的地方，但是我实在无法解释，只能勉强表示同意了。

我经受了李萍给我的这一“闷棍儿”，虽然还不至于从此一蹶不振，但是好长一段时间情绪低落，却也是难免的。我并不是因为恋爱的失败而苦恼，而是感觉到受了欺骗，受到了愚弄。我在干校不是找不到比她更好的对象，就地取材，还有许多方便之处，至少不用通过组织办理调动手续。我是拒绝了许多人的示爱而舍近求远地选择了她，没想到结果竟会是这样！我觉得自己没有任何一处对不起她的地方，她不应该跟我开这样大的玩笑。

我们学校设在江湾体育场附近，离市区较远，所有干部、学员，都是每星期六下午回家，最迟周一上午九点以前必须赶回来，平时都住在学校里。我因为情绪不好，从嘉兴回来以后，已经有两个星期不回家了。第三个星期六，怡姐姐见我又不打算回家，就对我说："振作起来，别那样蔫头耷脑的。大丈夫只怕事业不成，何患无妻？难道因为李萍不嫁你就这样闹情绪吗？"我强辩说："我不是闹情绪，第一大热天儿的懒得动换，反正家里也没什么事儿；第二我正在写一篇小说，趁星期天这里清静写完它。"她笑了起来："别蒙我了。你的事儿，别人不知道，难道我也不知道？这样吧，明天你到我家里来，我给你做点儿好吃的，改换一下食堂饭菜的口味，也让你散散心。怎么样？"我也大笑："别凑热闹了！星期天你家里客人踏破门槛，难道你叫我去做你家的第六个客人不成？"她想了想，微笑着说："这样吧，你明天一早就来我家，咱们早点儿出去，躲开那些人。上午咱们逛公园，中午我请你吃生煎馒头（上海的一种油煎肉包子），下午我请你看电影，来他个尽一日之欢，行不行？"我见她是真心的，不是打哈哈，就点头答应了。那个周末，我和大家一起回到了市内。

第二天，我们按计划执行。上午在公园里果然聊得很开心，一天烦恼云雾散；中午胃口大开，一两三个的生煎包子，我一口气吃了十个，比她整整多一倍。

下午我们在大光明电影院看电影，看的是德国影片《冷酷的心》。当时居民的家里还没有空调机，只有电影院里才有冷气，而当时的电影票价又不太贵，一般都是几毛钱一张，因此就有人宁可花看电影的钱，目的却是为了到电影院里去凉快凉快。在我们座位的前后左右，居然有好几个人歪着脑袋昏昏入睡，有的还轻轻地打着呼噜。

反正上午在公园里已经聊了很多，在电影院里，我们遵守规矩，基本上没怎么说话，只是偶尔交换一下对影片中人物或情节的看法。沉默了好长一段时间之后，她忽然凑近我的耳朵旁边，小声地说："谁叫我比你大那么多呢？要是我比你小几岁，那该有多好！"

用不着再作任何解释，弦外之音，已经十分明白。既然她敢于这样说，可见这个问题她是经过反复考虑的，绝不是一时的感情冲动。我一把抓住了她的手，果断地说："就是你了！年龄问题，我不考虑，你也别顾虑！"她也抓紧了我的手，低沉地说："你不懂，这不单单是你我两个人的问题，家庭、亲友压力都很大……"

进电影院的时候，她还是我的怡姐姐，出电影院的时候，她就不是我的姐姐了。——"突变"，这就是哲学家所说的突变，这是应该以渐变作基础、作前提的。我们的渐变，在哪里呢？

情况果然如她所说，连她的妹妹还比我大四岁呢，这事儿叫她怎么向父亲开口，向亲友们交代？

旧的烦恼刚下眉头，新的烦恼又上心头。在这以后的几天当中，关上了办公室的房门，我们讨论的，尽是这个问题了。商量来商量去，最后的结论是：除非我们离开上海，不在她的亲友面前结婚，事情或许还有可能。但是这样做又未免过于残酷：她母亲早亡，哥哥在美国，妹妹在唐山铁道学院读书，家里只有一个老父亲。如果我们再离开上海，家里可就只剩下她父亲一个人了。不过自从她出来工作以后，也是一周只回家住一天，父亲实际上是和保姆一起过日子的。既然她父亲的生活问题不是无法解决，而她自己也愿意为此作出牺牲，我不能不努力一下。以后的路，只能走一步说一步了。

我的第一个计划是去考大学。我只有高中一年级的学历，所谓的"军大新闻系毕业"，虽然不是假的，手里还有陈锡联签发的"毕业证书"，但那是"唬人"的，教育部也不会承认这是"高等教育"学历。为了和她有"同等学历"，免得被她的同学笑话，我必须有一张大学毕业证书。我的目标是北大语言专修班，学制两年。语言研究，也是我的爱好之一。好在两年时间并不长，毕业出来另行分配工作，我不过二十三岁，她不过二十八岁，结婚也不算太晚。她也没有更好的主意，暂时先这样决定了。

当时，我除了干校的日常工作之外，还有三方面活动：第一是写小

1949年，中国人民解放军第二野战军军政大学第三分校毕业证书。

说、诗歌；第二是兼管全校的文娱活动，组织剧团和合唱团，担任编导、作曲兼指挥；第三是从事文字改革研究，推广拉丁化新文字。我1950年就参加了中国文字改革协会，1952年从部队回来，又参加了上海新文字工作者协会。上海新文字工作者协会的会长是陈望道，他是复旦大学校长，工作很忙，协会日常工作由副会长倪海曙主持。他是陈望道的得意门生，当时是上海人民出版社的副总编辑，兼复旦大学新闻系的教授。当时我家和倪海曙同志的家都在四川北路横浜桥附近，相距不远，经常来往，倪海曙同志和我的关系也逐渐密切起来。

有一次我去倪海曙同志家里，说起我想考北大语言专修班的计划，不料他却告诉我说：他很快就要调到北京去，筹建一家通俗读物出版社。出版社开张伊始，人手极缺，问我是不是可以跟他到北京去给他当帮手。对我来说，这简直是求之不得的事情，我立刻就答应了。

怡姐姐也说，调北京比上大学以后另行分配工作更好，婚姻问题，到了北京以后，看情况再说。那年月，因照顾夫妻关系而调动工作，单位都很支持，进北京也没有什么指标，不是很困难的。

接下来，写自传、填表格，其余一切手续，都由倪海曙老师去办。说快也快，说慢也慢，到了1954年7月，我终于拿到了调令，奉调北京。但是没到通俗读物出版社，而是到了当时还是教育部下属的中国文字改革研究委员会，具体工作是参加编辑《光明日报》的专刊《文字改革》双周刊。因为这个专刊，就是倪海曙主编的，这里更需要人。动身那天，怡姐姐和我父母亲一起送我上火车。在北站候车室，怡姐姐虽然还是第一次见我的父母亲，却很大方地叫我父母亲一声“爸爸、妈妈”，承认她是吴家的儿媳妇了。

三、肃反对象，变成新郎

但是我们并没有很快就结婚，原因是多方面的。主观方面，怡姐姐还真不忍心把老父亲一个人扔在上海，自己来北京和我组建小家庭，所以一考虑二犹豫的，这个结婚报告我们迟迟没有递上去。客观方面，1955年从“反胡风”问题引起的“肃反”运动，意外地把我列为“肃反”对象，想打报告也不可能了。

我一个十七岁就参军的中学生，怎么会成为肃反对象呢？这中间有一段“内情”，必须交代一下。

简单地说，第一是因为我参军以前发表过许多文章，怀疑我有政治背景；第二是因为发现我有一张身穿国民党军官制服的戎装照片，怀疑我当过国民党军官，按分析，至少隐瞒了三年年龄。

要详细说，这话可就长了，还是长话短说吧。

我父亲是个律师，有三个儿子，大儿子是银行职员，打算盘的；二儿子高中没毕业，正赶上抗战，就被他送到抗日前线去了；身边剩下我这个小儿子，他就想把我培养成律师，接他的班。当律师第一要能写，第二要能说，所以从小起他就培养我的文才和口才，对我课读很严。星期假日和寒假暑假，从来不许我出去玩儿，总是把我关在家里，亲自教我读《古文观止》和诗词，隔一天要写一篇作文，还故意拿一些似是而非的问题来和我辩论，养成我看问题不但要从正面看还要从反面看的思考习惯。在他的教育下，我下笔很快，在学校里，经常九十分钟的作文课要写两篇作文——自己交一篇，帮同学写一篇。九岁那年，我的一篇作文在县报上发表了，受到老师、同学和亲友的称赞，从此引起了我写作和投稿的兴趣，一发而不可收。1947年，我参加了青年文艺研究会，担任嘉兴分会会长，主编当地民营报纸《国民日报》的《青年文艺》周刊。那时候，我才十五岁。到了我初中毕业的时候，已经在当地的几份报纸上发表了上百篇诗歌、小品、散文和小说。1948年下半年在杭州读高中，周末假日总是带上一个面包或两个烧饼在鼓楼图书馆度过，一坐就是一天，读书有感就发而成文，并四处投稿。杭州的报纸比嘉兴更多，《东南日报》（《浙江日报》前身）的副刊不但成了我发表文章的阵地，而且还和《东南风》的编者谢狱（即谢伏深，新中国成立后主编《浙江画报》）、《青年版》的编者周冷（新中国成立后任新华社记者）成了好朋友。他们都是地下党员，当时周冷正在组织一个"青年自学会"，我还成了发起人之一。还有一份《当代晚报》，副总编辑兼副刊编辑张白怀（张抗抗的父亲）当时才26岁，不但是地下党员，还是华东文化委员会的成员之一。当然，他们的这些身份，当时我并不知道，只是感觉到他们都是"进步青年"，而且很认真地指导我如何写作。我还成了杭州市政府机关报《大华日报》副刊《龙门阵》的特约撰稿人，编辑叫白华，是个穿长袍的老先生。投稿的次数多了，他很欣赏我的文笔，就让我在《龙门阵》上开一个花边专栏，叫作"方丈漫笔"，每天发一篇五六百字的时评。1949年上半年，我还在《金华民报》上连载一部十几万字的小长篇。那一两年，我热衷于写小品，还挺"高产"的。

我就是因为有这个爱好，所以才在1949年6月报考军大新闻系。

到了军大以后，为了显示自己善于写作，我把我几年来所写文章的剪报集三大厚本交给了政委。不料效果适得其反：政委看了我的文章，不相信这些文笔老到、内容犀利的文章会是出于一个十六七岁的孩子之手，怀疑我至少隐瞒了三年年龄，也因此更怀疑我有隐瞒的"政治背景"。

此外，我和我的小姐姐，从小就是文娱活动的积极分子。我上小学的时候就参加抗日宣传队，唱歌、演戏都有我。1949年我在丽水的处州中学读高中，我是校剧团的负责人。有一次请照相馆的人来拍剧照，我也拍了好几张，其中有一张是身穿国民党军官服的戎装照。

对我来说，我没当过军官，照片是剧照，所以并不介意，堂而皇之地贴在我自己的照相本子里。我调到北京以后，照相本就放在办公室的案头，谁爱看谁看。不料，被办公室内一个女打字员悄悄儿偷走并上交组织了。

于是两案并发，认定我当过国民党军官，以及“至少隐瞒了三年年龄”的怀疑，都得到了佐证。

其实，这个打字员分明知道这是一张剧照，在她翻看我的照相本子的时候，我给她解释过的。她是故意陷害，我和她无冤无仇，只是我这个人好开玩笑，又“嘴不饶人”，可能把她给得罪了。因为我是从部队上下来的排级干部，到了地方上，按当时的规定折合成行政22级科员；她是文改会新招来的社会闲散人员，不知道因为什么，竟给她定了个行政21级，比我这个助理编辑还高一级。因此，我把拟好的文稿交给她打字的时候，常常开玩笑地说：“请上级帮忙打一下字。”她说我这是讽刺她，挖苦她，在周六下午的生活检讨会上对我提出过意见，我以后也就没再这样说。可她却“记仇”了，竟把我的剧照当“罪证”偷走并交到人事科。当然，也可以说这是出于她共青团员对党的忠诚，发现可疑分子，不得不这样做。

不管她是出于公心还是私心，总之，我为此在运动中成了肃反对象。先是在大会小会上批判斗争，要我彻底交代“隐瞒的历史问题”，我心中无冷病，当然一口拒绝，态度还挺强横。一个积极分子就跟我拍桌子：“吴越，你不要幻想蒋介石回来！”我大怒，也跟他拍桌子：“你才幻想蒋介石回来呢！我十七岁参军，我故乡还没解放，我祖母为此被国民党匪军抓去，要价两千块银元赎取；要不是老家及时解放，我祖母就没命了！蒋介石回来，有我什么好处？”

因为我“态度恶劣”，肃反领导小组当场宣布我停职隔离审查。在当天的“抄检”（我还没成家，住集体宿舍，所以不能叫“抄家”）行动中，不但把我的笔记、日记、所有信件（包括李萍和怡姐姐给我的信）、收音机、英文打字机都抄走了（有个异想天开的聪明人，当时是“文改会”的研究员，居然怀疑我的收音机和打字机“连起来”就能发报），还把我的工作证也收走了。每天上下班、到食堂吃饭，都由和我同一宿舍的助理研究员曹澄芳（共青团员，最后在教育部普通话推广司副司长任上退休）陪同，三步不离左右。大约有半年多时间，都由他当“尾巴”，许我自由行动但不许单独行动，也不许我“私自”发信。

那时候，我是初生牛犊不怕虎，傲得厉害，加上“心中无冷病”，什么也不怕。每天上班不给我分配工作任务，只要求我“考虑问题”，但还允许看看报纸，于是我就低着头仔仔细细地读报，每顿饭照常三大碗。由于肃反办公室宣布允许我下班之后可以看电影、逛公园，我就景山公园、北海公园、蟾宫影院、红楼影院倒换着转，曹澄芳接受了看管我的任务，只好我去哪里，他也跟着到哪里。

这中间还发生过一个笑话：晚饭以后，我和曹澄芳在景山公园漫步。我为了发泄不满，故意边走边大声朗诵郭沫若的诗：《幼稚，是人类的春天》。我状如疯魔的张扬，被一个叫刘慧芳的嘉兴姑娘看见了，竟和我攀谈起来。我故意向她表示好感，说我在嘉兴上过初中，问她在嘉兴干什么，她说她是一个玩具厂的工人，初中毕业，最喜欢文艺。我就和她大谈其古今中外的文学，引得她步步紧跟，也不愿意离开我。直到天黑得看不见了，只好彼此留下了地址才分手。——当然，这是演戏，是故意演给曹澄芳看的。我连通信自由都没有了，根本就不可能给她写信。其实，压根儿也没打算给她写信。

管制了我好几个月，我什么“坦白材料”也没写。肃反五人领导小组轮流找我谈话，我只有一句话奉送：“我的历史问题，在部队里早就交代过了，没什么好补充的。”奇怪的是，五人小组却从来没跟我提起那张“戎装照片”的话头，只是一再提醒我“不要封口”“我们如果不是掌握你的确切材料，不会把你列为肃反对象”，等等。其实，他们如果暗示我有这样一张照片，我一解释，问题就可以迎刃而解的。

由于我的“不积极配合”，“战果”当然也一无所获，最后还是肃反办公室派专人拿着那张“戎装照片”到我家乡向我的老师、同学取得旁证，证明我的年龄、学历都没问题，特别是证明那张照片原来是“剧照”以后，方才将我“解放”了。解放的当天，肃反领导小组拿出一张“经过调查，没有发现政治问题”的肃反结论要我签字，同时把抄走的笔记本、日记本、收音机、打字机以及大量书信等都发还给我，向我口头致歉，还问我有什么要求，可以及时提出来。

本来，我有女朋友、未婚妻的事情并没有公开，由于抄走了全部书信，这件事情至少等于向领导公开了。因此我别的都不提，只希望把我的未婚妻调来。领导对我有些负疚感，责令人事部门快速运作。怡姐姐那边呢，她和我的事情，本来是没有一个人知道的，因为谁都不相信我和她这个“大姐姐”居然会有“谈婚论嫁”这一出。我在北京被抄检，她在上海也被勒令把我写给她的所有信件都交出去。于是，什么个人隐私，全都没有了。副校长周元斌在把我的信还给她的时候，还风趣地说了一句：“姚曼怡呀，你的保密工作做得真不错嘛！这样大的事情，我居然都不知道！”

这倒好，在婚事上面，怡姐姐本来还有些顾虑、有些犹豫的，这一来她也没有回头路了，促使她不得不破釜沉舟了。

她在学校里“公开关系”，是被迫的、被动的，过程也很简单；她在家里，是怎么向父亲和妹妹“公开”的，这段经过，我不太清楚。她没说，我也不便于问。只是后来曾经听她说起过：父亲和妹妹，都不表态，只说“这是你一辈子的事情，你自己可要考虑周全了”。也就是说，都不同意，只是出于知识分子的习性，出于礼貌，不公开反对就是了。——实际上，这种家庭压力，就是促使她后来和我离婚的导火线。

1956年的国庆节之后，终于把怡姐姐调到文改会来了。当时肃反运动还没有结束，单位特意在会议室安排了一次盛大的婚礼场面，各级领导包括叶籁士、倪海曙、周有光等当时语文学界的泰斗们几乎全都到齐并讲了话。我是肃反对象，隔离审查了半年，在单位内部，当然是人人都知道的；现在运动没结束，先解放了我，接着很快就把我的未婚妻调来，并安排这样隆重热烈的结婚仪式，虽然没有正式宣布什么，很显然，这是一次非正式的当众宣布：吴越不是反革命，也没有政治问题。

很可惜，当时我没有照相机，没留下任何资料，也没去照相馆拍结婚照。原因是在肃反运动中怡姐姐因为我的原因受到牵连，加上牵挂我的安危，脸上的肉瘦了一圈儿，怕结婚照不好看，打算等胖一点儿再照，于是就拖下来了。当时是她父亲送女儿到北京来完婚的，婚假的三天中，我曾带着新婚妻子和她的父亲在劳动人民文化宫请摄影师给我们拍了好几张照片，其中我和怡的一张合影，至今还留着，算是唯一的纪念品了。

那一年秋天，文字改革出版社正式成立。这个号称“中央一级”的出版社，成立之初，除了挂名的社长陈原和总编辑叶籁士外，只有四个人，编辑部二人：编辑部主任倪海曙，大头编辑吴越；出版部主任倪康华（是

1956年，新婚第三天，我和怡姐姐在公园合影。

从广东人民出版社社长任上调来的，后来在文化艺术出版社社长任上离休），科员吕炎华（是倪海曙先生的夫人）。但是出版任务相当重：每个月要编一本《拼音》月刊，要发30多本注音读物小册子，还要“抓空”编写适合各种不同读者对象使用的汉语拼音课本。那时候，我从早上七点半进编辑部，不是一头扎进稿件堆里，就是噼噼啪啪在打字机上忙于打字，不到深夜十一点，是不可能离开编辑部的，哪里还有什么“空”可抓？好在我的英文打字是1950年在重庆军管会当“接管大员”去接管国民党空军电台的时候，跟高级报务员学的，考试速度是一分钟能打300多个键（世界纪录是500多个键），工作速度是一分钟能打250个键，一本《共产党宣言》我一个上午就能顺利完成。要是没有这样的速度，怎么保证一个中央级出版社只有一个编辑，却一个月要发30多本“注音读物”的小册子？

编辑部人手增多以后，《拼音》月刊和注音读物都交了出去，我的主要工作是编写各种读者对象的拼音课本。今天的编辑很难想象，我编的一本《农民用拼音课本》印数高达5000万册，就算一本赚一分钱，就是50万。今天语文出版社的办公大楼，就是用我们赚的钱盖起来的，只花了40多万，还有节余呢。

怡姐姐调来北京，就留下给倪海曙老师当秘书，后来分管“总编室”这一摊儿，但是始终没有名义，因为她是个24级的办事员，级别太低，给她一个什么名义都不合适。

那一年，怡姐姐已经虚岁三十，她是在上海过了三十岁“大寿”才来北京的。考虑到年纪太大生育不便，我们就没有避孕，婚后才两个月怡就有了身孕。再过了几个月，我可能是由于工作太忙，忽然得了高血压：高压170、低压110，夜里再也不能加夜班了。吃了一个时期杜仲，血压没见降低，下午忽然又发低烧。到医院一检查，发现右肺中有一个乒乓球大小的结核瘤。医生建议先进行保守疗法，如果不收缩，就要动大手术，大概是去掉五根肋骨、两叶肺，以后要穿“钢丝马甲”过日子了。为此，我经医院证明开始“半休”。——我选择的是下午在家休息，因为下午往往发低烧，但是实际上我在家里还是看清样。我是个工作狂，只要还能坐起来，总不能眼看着清样压在办公桌上无动于衷。——那时候，出版社出什么书，先征订，印数到了书印不出来，是要罚款的。

四、戴上桂冠，劳动教养

难忘的1957年，整风运动开始了。我因为工作太忙，根本就没时间看报纸，所以对于运动初期的“动态”几乎一无所知。后来召开整风座谈会，时间往往是下午半天，恰恰下午的时间，是我“半休”的病假，我名正言顺地从来不参加，其实天天都在家里看清样。1957年6月6日下午，文改会召开最后一次整风座谈会，文字改革出版社副社长兼出版部主任、党委青年委员倪康华亲自登门来邀请，说是开了多次座谈会，我一次也没参加，如果身体顶得住，希望我下午去听听，有什么意见，也在会上说说，帮助党整风嘛。我驳不过他的面子，答应去听听。行前怡还再三关照：你只去听听，不要多说话。

那天下午主持会议的是文改会秘书长叶籁士同志，发言的，前后一共三个人。那时候，报纸上虽然已经连篇累牍地出现许多民主人士的“大鸣大放”，文改会那些老成持重的研究员们却都以为整风运动刚刚开始，有的人还在观望，有的人正在写发言提纲，所以座谈会上发言的，大都是“口无遮拦”的小青年或文化不高的行政人员。恰恰那天发言的人，都提到了肃反运动。一个人说，肃反运动打击面过宽，一句牢骚话，一分析，就成了问题；一个人说，肃反运动有些神经过敏。——他指的是文改会院子里的墙上出现一行粉笔字：“只要我还有一口气，我就要斗争到底”，被认为是反动标语闹了个满城风雨，后来经过调查对证，才知道是一个小学生抄的语文课本中的一句话。一个人发言，揭发肃反五人小组的“工作方法”：布置甲盯着乙，布置乙盯着丙，又布置丙盯着甲，都告诉他们“被盯的人，是还没有揭出来的肃反对象，要严密注意他的行动，并及时汇报”，于是这三个人都以为自己是领导所信任的“积极分子”，都很愉快地接受了任务，结果是三个人互相盯着，形影不离，都向领导汇报被盯者的言行，实际上三个人都是领导怀疑的肃反对象。

此言一出，会场上有嘻嘻笑的，有皱眉头的。第三个人的发言结束，时间已经是下午五点五十五分。主持人叶籁士说：“还剩五分钟就六点了，今天的发言到此为止，明天继续吧。”我的情绪一下子被激发，腾地站了起来说：“不是还有五分钟么？我就说五分钟话。”

叶籁士不得不表示同意，我果然只说了五分钟话。我说：第一，肃反运动是主观主义的，执行的是胡适的“大胆假设，小心求证”。幸亏还有“小心求证”，不然，像我这样的肃反对象，就只能冤沉海底了。第二，肃反运动中，抄走了我的信件、日记和笔记本，来往信件都要经过检查，还限制我的人身自由，这是违反宪法的。宪法规定，审判权归公检法，单位领导和党组织没有审判权。——我出身于法律家庭，对于“法”的概念，特别强烈。

第二天，《人民日报》就发了“六月六日六教授座谈会”的新闻纪要，透露出整风的风向已经开始转变。接着该报于9日、10日、11日又相继发表了《要有积极的批评，也要有正确的反批评》《工人阶级说话了》《这是为什么》等社论。从此，“和风细雨”的整风运动转变成为全国规模的急风暴雨式“反右”斗争。

于是，来不及从从容容写发言提纲就贸贸然在文改会整风座谈会上发言的人，特别是提到党的领导、党群关系、肃反运动等内容的人，开始挨批了。当然，谁也说不出个子丑寅卯来，主要是大帽子压人。也有人给我贴“大字报”，说我否定肃反的成绩，就是否定共产党的领导，是在提倡资本主义的个人自由，等等。这时候主持会议的文改会副秘书长、整风领导小组成员庄栋同志替我说话了，主要是：“吴越的问题，是情绪问题，不是立场问题。他不是反革命，在肃反运动中我们拿他当反革命批斗了，他有情绪那是很自然的事情，总不能说我们把他斗错了，他却说‘我很满意’，是不是？”那时候的积极分子，主要看领导人的眼色行事，有领导人这样明确的表态，就没有人继续再贴我的“大字报”了。

如果我能够听怡姐姐的话，老老实实地不再“乱说乱动”，“反右”

运动中我虽然被提了名，最后至少不会被戴帽子。问题在于我不甘寂寞，总想“顽强地表现自己”。

1957年8月，怡回上海去待产，我一个人住在北京。她临行之前，再三嘱咐我对任何事情不要表态，没事儿了多休息休息。当时“反右”运动进行得如火如荼，我以肺部有乒乓球大小的一个瘤子而半休作借口没有参加运动。既不去开会，也不写“大字报”，而是把全部力量投入出版社的工作。

一个星期天，我看到报纸上在批判储安平的“党天下”论，觉得太小题大作了，就写了封信给《人民日报》，提出“有则改之，无则加勉”，何况储安平的话“也不是没有一点儿根据”。

当时中国文字改革委员会共有120多人，按照5%的指标，揪出了六个右派，基本上已经完成任务了。但是不久之后《人民日报》把我写的这封信转了回来，于是一石激起千层浪，立刻掀起了轩然大波，“大字报”铺天盖地而来，从此，我也不可能以生病为借口不去开会了。——结果是积极分子们发挥“宜将剩勇追穷寇”精神，揪出了我这个第七名右派，超额完成了任务。

下面的事儿长话短说：我被开除公职，送劳动教养。不久，怡也下放到江苏海门县某中学当英语教师去了。她是“社会主义建设积极分子”，还是模范教师、全国三八红旗手，她与我成了“两股道儿上跑的车”。为了不让孩子当“右派崽子”，她不得不与我“划清政治界线”，办理了离婚手续。

孩子由外公起名叫“吴永”，出生以后就留在上海由她外公抚养。直到1965年春节，孩子都八岁了，我摘了“右派”帽子，有了探亲假，能回上海探亲了，才有机会硬着头皮到姚家看了她一眼，总共不到五分钟。她的脸型长得跟怡一模一样，我递给她一块巧克力糖，她不知道我是谁，翻着大眼睛说了声“谢谢叔叔”，就背起书包上学去了。临走，我分明听见她喊了一声：“爸爸，我上学去了！”我还奇怪，她是怎么知道我是她爸爸的呢?

她外公倒是挺通情达理的，给了我三张孩子的照片。我也挺自觉的，收起照片，立刻就告辞。

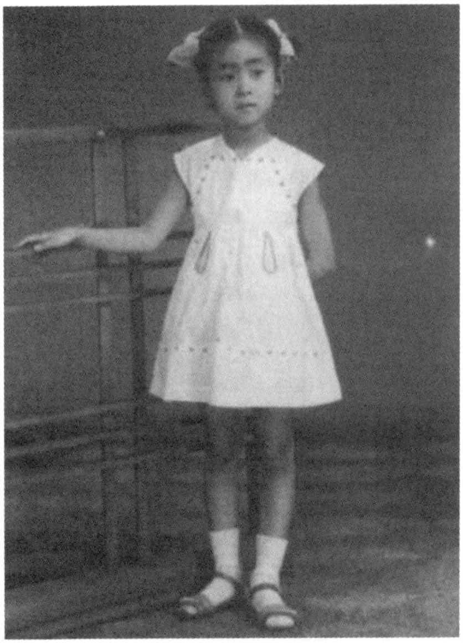

大永五岁左右的照片。

我去姚家，本希望能够看见怡，没想到我去早了，她还没放寒假。实际上是学生已经放假了，她当老师的还有许多“未了事宜”需要处理，所以回家晚了。

春节期间，我请一位女同志打电话给她，把她约了出来，在人民公园见面。公园还是那个公园，人也还是那两个人，但是心情与十二年前可大不相同了。她面容憔悴，愁眉不展，瘦了许多。她告诉我，当年她与我结合，父亲和妹妹其实都不大同意，只是不想横加干涉而已。等到我出了事儿，父亲和妹妹会说些什么话，可想而知。除了来自家庭的压力之外，单位对她的压力也很大。我是倪海曙从上海“带”来的，一直跟着他工作。创办文字改革出版社的时候，编辑部就我和他两个人：他当编辑部主任，后来当总编辑，我则一直在他手下当编辑。在别人看来，我是他的亲信无疑。怡调来以后，就在总编室工作，等于是总编的秘书。当时文字改革委员会内部有学术观点的分歧是客观存在的事实，与倪海曙观点相左的人，早先当过文字改革研究委员会的秘书长，是真正的当权派。但是有人把这种分歧说成是拉山头的“派系”，而且把我和怡都列入根本就不存在的“上海派”中去，与“本地派”对立起来，则是冤枉的。倪海曙不是党员，在“文改会”不是当权派。于是他们两个人之间的意见分歧和关系上的摩擦，就难免要拿我们这些无辜者当牺牲品了。1957年我被错划为“右派”，“自己跳出来”固然是原因之一，“清君侧”和“削弱对立派”至少也是因素之一。我被送去劳改以后，怡在单位的处境如何，也就可想而知了。所以一有下放的名额，她就首当其冲了。结合以上两重原因，加上避免让孩子当“右派崽子”，她离开了北京，也就不得不提出与我离婚了。

怡姐姐说：这些苦衷，希望我能够谅解。

事情都到了这一步，过去的事情，还有什么可说的呢！一切不幸，都是因我而起，做出牺牲的是她，她不埋怨我，倒要我谅解，确实让我无地自容了。我岔开这个话题，只希望她把孩子带出来让我再看看。她说：我到她家里去了一趟，她父亲已经知道我在上海，不但对孩子控制得很严，对她也盯得很紧。再说，孩子还小，最好不要让她增加心灵上的创伤和思想上的负担。这一次因为打电话过去的是个女同志，她爸爸倒是没有起疑心，但她也不能在外面待太久了，得赶紧回家去，只怕以后连她也很难出来和我见面了。

1962年的怡姐姐。

我尊重她的意见，就一起走出了公园。我忽然想起大永去上学之前喊的“爸爸，我上学去了”，就问她女儿是不是已经知道我是她爸爸。她笑了起来，说：“她那是叫秀珠呢，她从小就叫秀珠‘伯伯’，听起来倒是和‘爸爸’差不多。”秀珠是她们家的保姆，从十七八岁就到她家，几十年了，比怡还大一岁，按说应该叫“姨”；也不知道是什么原因，居然叫“伯伯”，以致有此误会。

我步行一直送她到家门口不远处，看她进了家门，我这才上电车回家。

过了几天，怡突然到我家来，说是开学在即，她要做些准备，打算明天一早上船回海门，所以今天特地来向我告别，也顺便看看我爸爸、妈妈。我母亲见这个离了婚的儿媳妇又上门来，赶紧按照家乡的风俗习惯做了满满一碗米粉干，加上两个荷包蛋端了来。怡的饭量本来就极小，加上此地、此人、此心、此情，哪里吃得下去？她用筷子尖儿挑起几根儿来强咽了下去，就眼泪汪汪地放下了筷子，告辞要走。

我送她到车站，问她明天几点钟的船，我去送她。她再三叮嘱我不要送，不要把事情搞得更加复杂化。但是我不听，我想她既然敢于到我家里来跟我道别，说明她心中的感情还没有完全熄灭，又特别说明是明天一早上船，不正是希望我送送她的意思吗？

第二天一早，我就到了十六铺码头，买了一张送客的码头票，站在检票处等她。但是一直等到去海门的旅客全部上船，船都开了，还不见她来，估计她一定是改期了，只好怏怏而回。

回家以后，我没有给她写信，却把码头票装进信封，寄到了海门，以此告诉她我的确是按点到码头去送过她的。

“文化大革命”开始以后，劳改队取消了“摘帽右派”们的探亲假，我也再没有到过上海。直到1975年我攒够了路费到缙云去看望母亲，朋友们给我介绍一个对象，我返回北京之前给怡发了一封长信，先告诉她老家有人给我介绍对象的事情，然后问她：在目前政治形势稍许宽松的前提下是否有复婚的希望，并表示我将到海门去与她面谈这个问题。结果是我一到上海，大嫂子就递给我一封电报和一封信，电报是叮嘱我千万别到海门去，信则说明目前她的处境依然非常不好，叫我不要再打搅她，更不能和我在海门见面，并说：“要想孩子叫你爸爸，那是绝不可能的事情了。如果有可能，你还是再生一个女儿叫你爸爸吧。”

话说到了这个地步，多啰唆已经没有任何意义，我遵嘱从此没有再打搅她。

五、父女姐妹，首次相聚

直到二十一年以后的1987年，一号吴永才到北京来看望我。那是1983年我的长篇历史文化小说《括苍山恩仇记》出版，我按照老地址给大吴永寄了一套书去，终于跟她联系上了。她来北京那一年已经三十岁，在上海静安老年医院工作，即将结婚。她的姨妈和姨父都在北大教书，她是先到姨妈家再由姨妈送她来我家的。我和她姨妈已经没有任何话可说，见面只是点头而已。

在父女团聚的日子里，她告诉我：外公已经故去，不然的话，她也不可能到北京来认爸爸。妈妈依旧没有结婚，但是交过一个脸型与我十分相似的朋友，不过到了儿也没结婚。她从小就是在外公的抚养下长大的，不但从来没得到过父爱，连母爱也极少。因为母亲在海门教书，一年只回上海来两次，而且每次时间都不长，对她的感情好像还不如对学生深。如果阿姨（指三号吴永的母亲）不介意，她会动员妈妈来看望我的。

我告诉她：阿姨是个很通情达理的人，二号吴永的妈妈她也见过。如果怡肯来北京，她一定热情接待，绝不会介意，更不会有语言上的龃龉。

但是这个大女儿终究已经三十岁了，第一次叫爸爸，很不容易开口，在这样的背景下和父亲见面，也无法欢快，无法亲热。探亲假的时间有限，住了几天，就要回上海去了。动身那一天，她的两个表妹、三号吴永和她妈，加上我一共五个人送她进了车站，在月台上依依话别。直到开车的铃响了，她要上车去，这才忽然扑进我的怀里来，叫了一声“爸爸”，两人紧紧地抱在了一起，互相亲吻。啊，三十年了，直到三十年之后，我才第一次“抱”着我的大女儿，才第一次亲吻我的大女儿，才第一次听见她叫我“爸爸”！

1991年，三个“吴永”第一次相聚。

四年之后，也就是1991年，一号吴永再次来北京探亲。这一次，她果然把妈妈动员来和我见面了。怡进门之后的第一句话就是：“这次我来，是想把当时的一些情况说说清楚……”我立刻制止她：“当年的事情，一切都已经过去，你也已经向我都说清楚了，咱们谁也不要再提它了，好吗？”她默然，果然就不再提起往事。

尽管三号吴永和娟都热情地接待她，但是她和我坐在沙发上聊了没有多少时间，就起身告辞，要回她妹妹那儿去，大家怎么留也留不住。这是无可奈何的事情。此情此景，相对无言，却又心潮澎湃，不能自已，更难的是无法用语言表达。我也不勉强，只好听她自便，送她上了汽车。

这时候，二号吴永也已经结婚，我有心让三姐妹见见面，就定了个星期天，把大小两个吴永带到二号吴永家里去，在她家吃了一顿“三姐妹团圆饭”，又拍了许多照片。——这里发表的，就是“三个吴永第一次相聚”的照片。

怡回上海以后不久，就到美国看望她的哥哥去了。从此我有好几年没见到她，也没通信。后来她回国，只要我到上海去，每次都要去看望她，

2006年8月摄于上海，前排右起：杜重石（时年94岁）、杜重石夫人、怡姐姐、白滨芳雄，后排右起：吴越、大女婿黄哲和、外孙女黄瑶莹、大永。

而且就住在她的家里。

对于这桩“不得善终”的婚姻，留在怡姐姐心里的，只有“遗憾”两个字。她曾经很感慨地对自己的女儿说：“我没有看错人。”但是不幸而生在这个时代，她一个弱女子无法跟亘古未有的“强势”抗衡，只能把这个不想吃的苦果强咽进肚子里。是啊，生在那个特殊的时代，像这样的家庭悲剧不是我们一家，而是太多太多了。只要不幸而卷进其中，又有几个人能够依靠自己的力量解脱呢？除了逆来顺受，又有什么其他办法呢？

由于我曾经在青岛出版社出版过两本关于破译日军企图偷袭珍珠港密电的奇才池步洲的传记，而池步洲的小儿子白滨芳雄则在上海开办工厂，2006年，福建电视台计划做一个关于池步洲的专题片，就约我到上海去和白滨芳雄一起上镜头。节目录制完毕，我考虑到按虚岁计算，怡姐姐已经八十岁，大永已经五十岁，连外孙女也二十岁了。于是我在饭店定了一桌菜，算是给她们三个人同时过生日，并请池步洲的小儿子白滨芳雄和池步

2011年，《中共密使杜重石》出版。

洲的好朋友杜重石先生及其夫人作陪。

杜重石先生，1913年生人，属牛的。1933年，他在上海新华大学艺术系毕业，出任二十军军长杨森的秘书兼四川广安中学校长，当时才二十岁。这期间，他代表杨森，向驻在川北的徐向前部队输送过枪支弹药和医疗器材。不久又出任二十军驻上海办事处少将主任。上海抗战之后，二十军伤亡惨重，他接受杨森的委派，代表杨森去延安向朱德请教出路前途，受到延安新风貌的感染，就留在延安进了抗大第四期学习，并秘密参加了共产党，当面接受了毛泽东和陈云的秘密使命，仍回到二十军，出任二十军驻成都办事处少将主任。这期间，他以"袍哥大爷"和"国民党革命委员会西南总代表"的身份做策反工作，促使刘文辉和二十军光荣起义，业绩卓著。新中国成立以后，周总理决定任命他当四川省民政厅厅长，但是命令还没发布，就因为党内长期存在的"野战军和地下党"的矛盾，仅仅因为他偶然说起杨森曾经给徐向前输送过枪支弹药，当时的成都市市长就揞他一个"为阶级敌人涂脂抹粉"的罪名，组织了党内批判会，说他是"袍哥大爷""阶级异己分子"，把他排斥回北京。1957年，杜重石又因此被错划成“右派”，在苏北劳改十五年。“文化大革命”期间，“造反派”勒令他的夫人和杜重石离婚，并强迫她嫁给一个看中她的工人，不同意就拉去游街、剃阴阳头、往脖子上挂破鞋。他夫人无法抵抗，更无法忍受，只得含泪和他离婚，还不得不嫁给那个造反派工人。改革开放以后，杜重石先生得到平反，但是已经“看破红尘”，受洗参加了基督教，只保留民革中央“团结委员”的身份，拿一份上海市长宁区政协委员的补贴，在新夫人的照顾下安度晚年。他的前夫人，也在改革开放之后和那个造反派工人离婚，到美国去和两个女儿共同生活。几年前，他的前夫人病重住院，他不顾自己已经九十多岁，毅然飞渡太平洋，到美国去陪伴重病中的前妻，直到把她送上天堂，料理了后事之后方才回国。他的感觉是：自己欠夫人的太多太多，只有这样做方才对得起自己的灵魂，才能让自己的灵魂得到安息。

杜重石先生已经一百零一岁，现在还健在。关于他的这一段惨痛的经历，我已经写成了一部30万字的传记《中共密使杜重石》，2011年由东方出版社出版。

六、岁月易逝，情债难酬

时光进入了2014年，怡姐姐已经八十八岁高龄。她年轻的时候，有过肺结核和淋巴结核的底子，身体一直不是很好，加上生活的磨难，身心俱疲，健康状况，可想而知。特别是前年两次从四楼的楼梯上滚到三楼，两次住院，体力衰竭得更快。如今连一把暖瓶也拿不动了，走路虽然还没用拐杖，但是已经行动迟缓，出去买一次菜，来回要走将近三个小时。想想她这一生，为了我所做出的牺牲实在太大。而在她两次住院期间，都故意不通知我，我没能去照顾她、陪陪她，心里感到非常不安。

我给妻女说：我现在的心情，和杜重石先生当年的心情是一样的。怡姐姐为我付出的太多太多，我欠她的也太多太多。我也想象杜重石当年那样，在她再一次住院的时候去上海陪陪她，给她一个最后的心灵慰藉。

我的所想，妻女都很理解，特别难得的是现在的太太也很同情怡姐姐，她们都反对我要等到怡姐姐下次住院以后再去照顾她。虽然我现在身体健康，不需要别人照顾，还有力气照顾别人，但终究也是一个“80后”的老人了。再过若干年，谁能保证我的身体还能像今天这样硬朗？她们的意见是：等天气不太冷也不太热的时候，提前到上海去，和晚年的怡姐姐再盘桓若干天，再听她倾诉一下心中的块垒，也算是我给她的最后安慰。

很巧，2014年9月27日，是我外孙女儿黄瑶莹举办婚宴的日子，而10月2日，则是怡姐姐八十八岁米寿的生日。我决定，先去上海参加外孙女儿的婚宴，接着给怡姐姐举办一场寿宴。我打电话问怡姐姐：此生，还有什么愿望？她说：1956年结婚的时候，既没钱，也没时间，更没条件，所以连蜜月旅游也没有过；现在经济条件算是没有问题了，可是已经老态龙钟，连路也走不动了。我说：如果上海有专门为老人服务的旅行团，可以不走路或少走路，我可以陪她出去走走，一路上有我伺候，家人也可以完全放心。她说：上海有一种“三峡旅游”，是从上海坐船出发，直接到三峡旅游景点观光，不用走多少路。于是我做了一个大胆的决定，希望寿宴以后趁着秋天景色宜人，最后陪怡姐姐到三峡去旅游一次，就算是补办我们的“蜜月旅行”吧。

和怡姐姐去三峡的想法，是我2014年4月间和大、小两个女儿谈起的。那时候，我和中国作协副主席张抗抗接受浙江省云和县县委宣传部的邀请去进行文化访问，小女儿陪同前往，而大女儿也正好回故乡去祭祖坟，于是我们父女三人就有了这样一个初步的意见。

时光过得很快，转眼就到了2014年9月。在我和怡姐姐的例行问安电话中，她说起她的心脏病时好时坏，虽然几次住院治疗，不但没有明显好转，而且有了每况愈下的趋势。现在的情况是：心脏跳动出现连续性间歇，根据检测统计，每24小时间歇的次数已经达到2000～10000次！

我听到了这个消息，简直有如五雷轰顶！我不懂医学，根据自己的直觉，如果某一次间歇之后心脏不再继续跳动，不是就这样无声无息地“走”了吗？

我特意去向我的保健医生打听：像姚曼怡这样的病情是因为什么引起的，可有办法治疗，还能坚持多久？他的答复既抽象也具体：心脏病的起因固然有多种，但是长期心情压抑也确实是引发心脏病的导因之一。这种病，特效药是没有的，手术治疗虽然有康复的希望，但是没有一个医生敢给八十八高龄的病人进行手术。他听说我打算去上海“陪陪前妻”，笑着问我是不是有“临终关怀”的心思？我也笑着回答：情况恐怕还没到这样严重的紧急关头吧？他却严肃地微笑着向我解释说：千万不能掉以轻心。对心脏病人来说，最怕的是情绪的突然波动。因此，如果我去探望前妻，首先一定要做到控制自己，不要在言语上、行为上让对方激动，要尽量保持平静的“平常心态”。分明是去看望病人，但是必须做到像“下班回家”那样平常。有道是“心病还要心药医”，她因为心情不好而得心脏病，如果能够努力做到让她心情好起来、开朗起来，对恢复健康也许会有好处的。他还说：在所有的疾病中，独有心脏病的医学控制最难。许多长期患心脏病的人，病病歪歪地一拖十几二十年，居然什么事儿也没有，最后是终老天年；而有许多自我感觉很良好的人，根本就没有意识到自己有心脏病，却会突然在某一天心脏病发作而死亡。这话应该有些道理。我的好友、《缙云县县志》的主编金兆法先生才六十岁多点儿刚退休不久，头一天还和我通电话谈他明年的写作计划呢，不料第二天就传来了噩耗：死于心脏病突发。

不管怎么说，我应该趁怡姐姐还能活动的时候去上海陪陪她。我的小女儿和新夫人胡老师也都支持，问题是什么时候走最合适。

9月28日，人民大会堂有一个“共和国建设者杰出功勋人物国庆座谈会”邀请我参加，而且我还是名誉副主席，不去感觉不合适。可是，我外孙女儿的结婚典礼定的是9月27日（据说927是“久爱妻”的谐音，是好日子），两者相衡我“别无选择”。于是就决定放弃人民大会堂的“荣誉性亮相”，买了一张9月24日的火车票去参加对我来说颇有些“名不正则言不顺”的外孙女儿的婚礼。

我是“老出门”了，出门就和上班一样，拎起一个包包就可以上路，但是妻女们居然都不放心，一致表示要送我上火车。我想想，新夫人能够很大度地“放”我去和“原配夫人”见面，而且分明还带有重叙旧情的性质，这就已经很不容易了，如果再要她送我上火车，是不是太过分了点儿？所以我还是找了一个借口，只让小女儿送，没敢有劳新夫人。

古话说：麦黄一夜，人老一秋。这话还真不假。八年没见怡姐姐，她已经非常苍老：满头白发，面色憔悴，步履蹒跚，背也驼了——不是我的那种由于日日夜夜“趴桌子”而形成的“微驼”，而是驼得很厉害，简直有点儿接近“佝偻”了。生活和精神两方面的重担压在一个弱女子的双肩上，而且还要硬挺着不能哭也不能喊，世界上有几个女人能够顶得住？她身体本来就不是很好，能够坚持到八十八岁就已经是奇迹了。不过她精神倒还挺硬朗的，特别是“耳聪目明”：八十八岁的老太太，居然还能够自己穿针做针线，在老年人中十分少见！

放下行李，怡姐姐微笑着迎了上来。我记住保健医生的叮嘱，尽量把情绪保持得非常平静，只喊了一句：“怡姐姐，我给你祝寿来了！”接着我要做的第一件事情，就是给北京的新夫人打电话，通知她“我已经由女

2014年9月27日，我和怡姐姐在上海合影。

婿接到家里，一路平安”，而且立刻把话筒递到怡姐姐手上，要她和胡老师通话表示感谢。怡姐姐被我这突如其来的行动搞“懵”了，不知说什么是好，急切间只说了一句“感谢你把吴越放出来……”

是啊！由“他”造成的历史悲剧由我一人承担还不够，还要由两个毫不相干的女人同时来承担，她们又能说什么呢？彼此能够宽宏大量，能够理解、谅解，就已经非常不容易了，可以说是“天下的好女人，都让我遇到了”，而多数家庭很可能会为这种“合乎人情却不合乎感情”的事情闹一个天翻地覆的。

我的大女儿在这条弄堂里住了五十七年，谁不知道她是“没有爸爸”的孤女？如今突然出来一个“孩子的外公”，岂不是从“天上掉下来的”怪事儿吗？事到如今，我也没有必要再遮遮掩掩、躲着藏着，就理直气壮地对邻居们说：“我就是吴永的爸爸！”——让她们感到惊讶的是：吴永的妈妈是那样苍老的一个干瘦老太太，而她的爸爸居然还身强力壮、精神焕发！

尴尬的事情还不止于此。到了婚庆的场面上，如何安排我这个“新娘子”的外公，还真费了女婿不少的脑子。从血统上说，我是新娘子的外公，这个无可厚非，不会有争执，但是却也有点儿“名不正言不顺”：因为从法律上说，我已经不是她外婆的老公。我来参加婚礼，大概只能算是“半个亲属，半个客人”了。

特别还有一条：姚曼怡的妹妹姚曼华也从北京赶来参加婚礼。她们姐妹之间手足情深，非比一般，而她和我，可是已经有半个多世纪互相不说话了。她们姐妹相聚当然相亲相爱，在婚宴上也是要坐在一起的，那么怎么给我这个当年的姐夫安排座位呢？不得不说我的女婿脑子灵，有办法。他的席位安排是按照“姓氏”分类的，于是曼怡姐姐和她的“姚家人”坐一起，我则和“吴家人”（我大哥大姐的子女）坐一起。一个难解的题目，就这样“化解”了。

其实，一百六十多位主客中，我所认识的也只有吴家的这几个人。我除了和怡姐姐在礼堂一角照了一张照片之外，也就很自觉地离开她，让她去和亲友们招呼交谈了。

不过，我还是不愿意在这样的场合当一个被人家猜疑的“神秘人物”。婚礼的最后一个节目，是我手捧一个红包和五本书上台，声称我是专程从北京赶来的贺客，除了奉上一个能够很快就用光的小小的红包之外，更要给新郎官献上一样取之不尽、用之不竭且能够一生受用不尽的特殊礼物，这就是“百折不挠，虽九死而无悔”的“吴越精神”。这种精神，就凝结在我写的这部200万字的长篇小说《括苍山恩仇记》中。因为这部小说，是1974年4月至1976年9月的“文革”期间我在监狱里面用两年半时间写成的。古今中外，在监狱里写书的人很多很多，捷克作家尤里乌斯·伏契克在监狱里写了《绞刑架下的报告》，西班牙作家塞万提斯在监狱里用两年半时间写了《唐·吉诃德》，这都是尽人皆知的世界文坛往事。但是很可能没有第二个作家敢于在监狱里没有任何参考书、仅凭脑子记忆写历史小说，何况当时的监狱，是不会给犯人一点点空闲的时间，让我从从容容地写文章的。实际上，我是利用劳动之余的点滴时间，哪怕就是在工地紧张劳动工间休息的十五分钟，我也要掏出小本子，用大腿当桌子，用我那一笔谁也不认识的“狂草”奋笔疾书。这部200万字的长篇小说，就是这样一点儿一点儿积累起来的。我不但创造了一个文坛奇迹，而且我能够做到独立思考，不听从、不遵循“四人帮”的文艺理论，所以在“文革”期间创作的那么多小说中，这是唯一不带“‘四人帮’帮八股”而到今天依然成活的一部。我的成功，所依靠的就是不怕艰难险阻、敢于和命运拼搏的“不服输精神”，而有了这种精神就能够发挥主动性，克服一切困难和不利因素。《今古传奇》杂志社的副社长冯知明先生就把我的作品放在案头，遇到困难了只要看一眼这套书，就会想到我在那样艰难困苦的逆境中如何“排除万难去争取胜利”，然后就会产生动力。我和新郎第一次见面，彼此一无所知，我对他说：“但愿你在接过我的这套书的同时，也接过我的这种艰苦奋斗、百折不回的‘吴越精神’并传承下去，用它来克服可能遇到的一切困难，并战而胜之，取得更大的成就！”

10月1日，接到胡老师的手机短信，她说：她含着眼泪，上车出发了。

这个国庆七天长假，原来说定：女儿去甘肃、新疆考察西凉和楼兰古墓古迹，我和胡老师则去旅游。因为怡姐姐八八米寿，她“放我一马”，让我到上海来给姐姐做寿“解压”，这样一来她自己却成了“孤家寡人”了。一个人在北京住着也没意思，她就参加了一个旅游团，单独一人到西安去看兵马俑，去爬“自古一条道”的华山。虽然她的心胸十分开阔大度，性格也十分坚强，通情达理，遇事先为别人考虑，但终究是女同胞，能够含着眼泪独自一人上车，还发短信祝贺我们玩得愉快，真的不是一般女同志所能做得到的了。

10月2日，也是九九重阳佳节，正是怡姐姐的八八米寿，我请女婿就近找了一家中档饭店，给怡姐姐隆重祝寿。

上次她八十岁生日，我请了杜重石和白滨方雄作陪。这次白滨不在上海，而杜重石先生已经一百零一岁，虽然还健在，但因为年纪太大，所以一百岁之后，就一直住在医院里，也是政府对他这个有功之臣尽到最后关怀的意思。他不能单独行动，也不便出来，所以就不好再请他了。

我在上海，老朋友很多。其中我最想见到的，有两位。

一位是我的方言研究指导老师、上海师范大学语言研究所所长潘悟云教授。我研究浙江缙云方言五十多年，写了一部60万字的专著《缙云县方言志》。但是因为这种冷僻的学科读者很少，印数极低，四处询问没有一家出版社肯出版。最后，还是潘教授替我申请到了四万多元的补助，方才由上海中西书局出版了，并由潘教授撰写序言。他和我非亲非故，从来没有见过面。我一个穷作家，除了送给他几本自己的著作之外，也没给他送过一分钱的礼品。在今天这个物欲横流的"新社会"中，像他这样一心只想到事业的学者，不说凤毛麟角，也是实在太少太少了。后来他上北京开会，也只是抽空来我家和我匆匆见一面，以后再没有当面聆教的机会。所以这次就借我来上海为前妻祝寿的机会，请他劳步过来一叙。我没给他准备任何礼物，他反倒给"老寿星"送来了礼品红绿茶各一盒。我捧在手上，眼睛里不由得涌上了热泪。

还有一位，是人民日报社原副总编辑周瑞金先生，也就是尽人皆知的著名政论家"皇甫平"。说起我和他的交往，也极富有传奇性。

1980年，在温州出版的《浙南日报》举办四十周年社庆，除了浙江各地市级报社领导全部参加之外，上海市只请了一位周瑞金先生。一者当时他是《解放日报》的副总编辑，二者他是平阳县人，属于温州地区。北京市呢，也只请了我一个。当时《括苍山恩仇记》虽然还没出版，却已经开始在《浙南日报》上连载。因此，我是作为"非报业人员"的"特邀代表"参加社庆盛典的。当时温州的经济虽然已经开始崛起，但是旅馆业并不发达，我和周瑞金先生被安排在一家今天看来不上档次的小旅馆里住，而且同住一间房间。

于是，我们就有了比别人更多的接触时间，越聊越合得来，后来我们就成了好朋友。算起来，到今天已经三十多年过去了，在这期间我和他都有了许多重大的变化：他升任《人民日报》副总编辑，特别是以"皇甫平"的笔名发表了四篇支持改革开放的政论文章以后，更是名声大噪；我1983年出版了《括苍山恩仇记》，在通俗小说领域有了一席之地，接着又出版了将近100本书，而且引领时代新潮流：率先使用电脑从事文学创作，还编写了55本共1000万字的电脑教材，并亲自登门给作家们免费讲课教电脑，把张抗抗、从维熙、古鉴兹、张扬、刘恒、刘衡、姜戎等一批著名作家"纳入门下"，连北京市委宣传部部长李志坚都主动点名要我去教。同时，中央电视台还为我做了《电脑大侠吴越》的专题片。周瑞金先生当时还不会使用电脑，也有“拜我为师”的意思。我们约好了时间，我骑着自行车到人民日报社去“登门授课”，不料却被他的秘书以“周先生不在办公室”为由挡驾了。可惜当时彼此都没手机，不能直接联系。我快快不乐地蹬车返回家里，已经是中午十二点，打电话到周先生家里去“责问”他失约，他却说整个上午都在办公室。——也怪他事先没关照，他的秘书执行的是“秘书行当潜规则”，凡是他不认识的“陌生人”一概挡驾！

于是，我也没那兴趣再去人民日报社了。以致周先生在北京这么多年，一直到他退休回上海定居，我们竟连一次面也没再见过。不过，不论他在任还是离任，我们之间依旧保持着密切联系。

我研究《水浒传》五十多年，颇有一些与众不同的心得体会。2007年，广西师范大学出版社出版了我的《吴越评水浒》，100万字，上下两册，彻底否定了《水浒传》是写“农民起义”的错误论断，认为这是“描写土匪强盗及其成因”的一部小说。而且指出小说中有许多史地硬伤，诲淫诲盗，宣扬暴力，赞美盗贼，推崇“善杀人者即英雄”的论断，误导了读者。书出版后，引起学界普遍争论，于是香港凤凰卫视又约我上山东梁山做了一档《梁山108将是英雄豪杰还是土匪强盗》的专题片，上下两集，每集一小时。专题片在全球播出以后，我突然间成了“《水浒》研究专家”，中央电视台10套“百家讲坛”请我去主讲《水浒传》。我认认真真地准备了一百篇讲稿，打算“大显身手”，把《水浒传》来一个彻底否定。可惜，也许我说话过于直白，而不懂得“委婉怀柔”，录像以后，却被负责审查的人一句话否定了。

我当然不服，但是人家绝不会“直白地”告诉我讲座被“枪毙”的原因。我有“冤”无处诉，就通过朋友把100篇讲稿送到了人民出版社。负责审稿的是副总编辑张小平先生，他只用了三天时间审稿，第四天就通知我去签订出版合同，第二十六天就以“东方出版社”的名义、以《吴越品水浒》（上、下两册）的书名出版上市了。——这是我此生出版得最快的一部书。

我不厌其烦地啰唆这一段陈芝麻烂谷子，是因为此事和周瑞金先生有关。倒不是他帮我把稿子送到人民出版社去，而是此书决定由东方出版社出版以后，我写信向周瑞金先生说明此稿被“枪毙”的经过，同时附上电子稿并请他务必给我这部书稿写一篇序言。他连一句推辞的话也没有，立

2014年10月，在怡姐姐寿宴上的合影。前排左起：周瑞金、姚曼怡、吴越、潘悟云；后排左起：傅赟明、黄瑶滢、大吴永、黄哲和。

刻答应而且很快就写出来了——就是印在书前的长篇序言《营造宽容宽厚宽松的文化环境》。

插话说到这里，本来应该告一段落，“书归正传”的，但是还有一句话也不得不说一下：周先生的文章不说是“一字千金”吧，至少不是用钱能够“买”到的。此书因为有了他的序言而畅销，那是必然的。那么，书出版以后，到底应该付给他多少稿酬，倒成了我无法解决的一个难题了。我和出版社商量，请他们“稿酬从优”，他们答复说：一部书的序言，从来没有单独支付高稿酬的先例。换句话说，是一分钱稿酬也没有。于是，这篇洋洋洒洒数千言的序言，最后就算为朋友“尽义务”了。

10月2日中午，潘教授和周先生如约而至。老友见面真的有说不完的话，座上还有一个对我一无所知的新郎官傅赟明先生。所以我的话，既有怀旧，也有叙新，更有勉励。我的祝酒辞，第一向姚曼怡女士五十多年来独自一人承受政治和生活双方面的重压，不屈不挠，坚强地活了下来，含辛茹苦抚育孤女，超负荷付出的实在太多，我欠她的也实在太多，只能以此一杯浊酒和深深一躬，向她致敬、致谢、致歉。第二要向潘老师、周先生致敬，芸芸众生，知音难求。特别是我们现在这个充满了物欲的现实社会，多数人浅薄、浮躁、势利，为追求名利，可以不择手段，像周、潘二位，能够静下心来做学问且还能够提携后进，即便不是百里挑一，也算是十分难能可贵的。第三我特地要敬我的女儿和女儿的女儿、我的女婿和女婿的女婿。姚曼怡是一个十分优秀的教师，育人、树人无数，为国家、民族做出了无私的奉献。如今年老，晚年的生活要依靠他们帮助料理、孝敬侍奉了，老年人难免会有一些和年轻人不合拍的生活习惯，这就需要他们能够体谅和包容，好让一个经受了无数苦难的老人安享晚年。

大家举杯，气氛和谐而融洽。我是个话篓子，在家人和老友的面前经常会张狂失态、滔滔不绝，于是一顿饭从十一点半吃到了下午两点半，要不是女婿提醒我，真有接着再吃晚饭的那种兴致。

文章写到这里，要说的话还是没说完：10月2日，周先生来参加我前妻的寿宴，见面第一件事情，就是拿出一个红包来，祝贺姚曼怡女士长命百岁。这可真是令人汗颜，真是接也不是，不接也不是。我事后写信向他表示感谢，他回信来说：

吴老：

今天我很高兴参加姚大嫂的寿宴！我真的很想见见姚大嫂和你的第一个女儿吴永，也很想见见吴永的下一代。结果，我见到了你与姚大嫂依然情深意长、身心康健；见到了你女婿女儿家庭美满、孝顺老人；见到了吴永的女儿女婿才貌俱佳、人品清纯。我真的高兴极了！善有善报。你曲折人生成为积善人生，感动上苍，终得余庆！我衷心祝福你全家健康长寿、幸福美满、子孙光耀、世代隆昌！我表示一点心意，不足挂齿。你今天兴奋畅谈，听得我津津有味，很过瘾！盼今后还有机会聆听你酣畅淋漓、波澜壮阔的人生追忆与感悟！

愚弟瑞金

2014.10.2

按照我来沪前的计划，是打算带上姚曼怡登上长江游轮观光长江三峡的——也算是圆她此生的一个小小愿望。可是事态的发展，竟连如此简单的心愿也无法如愿了。她的健康已经不可能随着旅游团步行，只能在家人的陪同下到一个可以单独“自由行动”的地方去走走，当然只能是平地不能是山区。有一个旅游项目叫做“黄山脚下二日游”，是专门为不能爬山的老年人设计的，主要是看看安徽的民居和牌坊之类，价格很便宜，来回的车费和食宿每人才二百元。我对这样的活动倒是很有兴趣，可惜她们都去过了，再走一趟就是陪我了。因此，这个方案最后被否决。

经过再三考虑，主要是从姚曼怡的方便着眼，最后决定选择自己坐长途客车去天目山。这样，一切活动都可以“自作主张”，不受“旅游团”的控制。至于在天目山有什么好玩儿的，我是一无所知。好在大永她们去过，不妨一切听从她们的安排。对我来说，反正只要能够和怡姐姐一起出去走走，让她把积压在胸中的块垒释放出来，目的就达到了。

我们去的地方叫做“神龙川”，在杭州临安的临目村，每天有从上海直达景区门口的大巴班车，车程五个小时。

所谓“川”，就是一条坡度不算太陡的峡谷，两山之间，一条小小的山涧，涓涓细流，除了水泥的小桥之外，没有任何天然的景致。只不过是大城市的人在喧嚣的车水马龙中住腻了，到这个青山绿水的地方来清静清静，呼吸一点儿新鲜空气，如此而已。

从景点入口到山尖终点，大约有1000米左右。我担心怡姐姐走不动，建议尽量慢慢儿踱方步，走不动了就坐下来休息，能走到哪里算哪里。好在行程不长，坡度也不是太陡。她坠着女婿的胳膊，一步一步地往上爬，兴致还挺高。我借着拍照片的机会，尽量多让她坐下休息。这样走走停停，两个多小时，居然让她爬上了位置在800米处的一个卖茶的大凉亭。我建议她不要再继续往上走了，我们沏了一壶茶，就在这里吃了中午饭。女儿和女婿继续爬到山顶，我和她就在这里靠着栏杆“眯瞪”了一会儿。

下山终究比上山容易，不到一个小时就出了景点大门了。

第二天上午，女儿和女婿要去一个在山顶上的小庙进香。我怕怡姐姐劳累，首先宣布我对参观寺院之类毫无兴致，目的是想留住怡姐姐不去继续爬山。没想到她昨天爬了半天山，不但没说腰酸腿疼劳累，居然兴致盎

2014年10月，与怡姐姐在杭州游玩。

然，一定要随女儿、女婿一起朝山进香。我看她爬山之后，饮食起居一切照常，没有不适感，也就没有反对。好在这座小山并不很高，一去一回，也不过两个小时。吃过中午饭，就上了班车，回到了上海。

从9月25日到达上海，到10月8日我离沪返回北京，其中怡姐姐除了有三个晚上去陪她的妹妹之外，我们在一起生活了整整十天。我遵守保健医生的叮嘱，尽力把这次相聚平淡化，不让她有一点点激动。在这十天中，我也不让她因为我来了而改变生活习惯。她习惯于早上十点左右起床，夜里十二点过后睡觉，而我习惯于一早五点起床，然后上网写信、发博文，到上海后也一切照旧。晚上十点我准时睡觉，她依旧按照老习惯在厨房里擦擦这个、洗洗那个，连她几点钟上床我都不知道。

十个日日夜夜的相聚，我冷眼观察：她除了体力衰弱，行动迟缓之外，思维正常。大女儿也说，如果心脏没有什么大的变化，再活个十年八年，应该没有问题。我的大女儿在心电图室干了几十年，对心脏病应该比较了解，我相信她的话。

到了我该出门的时候了，我走到怡姐姐面前，说了声："怡姐姐，我该走了，你自己好好保养身体。"怡姐姐却再也忍耐不住，扑进我的怀里来，没有说任何话，只有吞声饮泣。

啊，五十多年了，我还是第一次看见她流泪痛哭！这个看起来娇柔、纤小、懦弱的女子，具有难以想象的忍耐力和承受力。她那柔弱的双肩，曾经挑起过那么重的担子，走过了那么坎坷而遥远的路，这一挑就是五十多年，一走就是半个世纪！她没有叫过、喊过、哭过、嚎过，就是今天，千万种苦涩艰难、忧伤绝望堵塞在心头之后迸发出来的，也只是低声饮泣、默默无言！

我怕她因激动而发病，轻轻地拍着她的后背，在她耳边轻轻地说："不要难过，不要激动！再过两年，等你九十岁生日的时候，我还会来给你祝寿的！"

第二章

天堂神女在招手

二十世纪六十年代，在北京市大兴县南面的天宫院村附近，有一个由北京市公安局十六处（治安处）办的“天堂河”农场。这个农场共有十个分场，其中的二分场，集中了五百多名叛逆的女性。她们的身份，属于“社会闲散人员”，同时也被认为是“不安定因素”，所以由公安局出面组织起来参加“力所能及的劳动”，以求自食其力。

这些“不甘寂寞”的女魔头，每天都要演出许多有声有色的精彩节目。她们是劳改释放人员搞对象的最佳“猎取”目标，因为只有“肩膀头一般高的人”，才有谈婚论嫁的基础。

自打我从劳改警察的手中得到“解教摘帽留场就业”的通知书以后，关于劳改农场的就业职工和天堂河农场女职工搞对象的故事，就已经听得很多也很熟了。至于我自己是不是也应该、也可以在这里找到一个能够和我相濡以沫、一起过日子的老婆，我还在犹豫，还在观望，还在权衡利弊，难下决心。

一个偶然的机会，我有幸闯进了这个人间的“天堂”，在短短的两个小时中，邂逅并观察了诸多“神女”们的风采及其内心世界。

“天堂”里的神女，体态婀娜，步履轻盈，嘻嘻哈哈，打打闹闹，笑声不断，妙趣横生，天真烂漫，似乎不知道人间有“苦恼”二字。但是孔雀开屏，难掩后面的那个漏洞；梨花带雨，原是斑斑血泪凝成。她们个个都有一肚子无法诉说的委屈，人人手中都有一本难念的经，那欢声笑语的背后，隐藏着的是无法消除的苦恼与难以抚慰的伤心。

在这个“天堂”中，我邂逅相遇一个外号人称“李全憎”而我却认为并不可憎的姑娘，美丽而深沉，卓尔不群。她将面临着灭顶之灾，我却不自量力地以为能够救人于水火之中，贸贸然向她伸出了救援的手。

但是“流水有意而落花无情”，自作多情的结果，是我的一片好心，换来了一场难堪的嘲笑与奚落。

一、“解教摘帽”，获得“自由”

我在劳改农场经过多年的劳动，其中经过了饥饿的1960年，许多难友支撑不住，纷纷倒下了。我虽然全身浮肿，却用“静卧读书分散注意力”的方法，尽量减少活动，居然勉强挣扎了过来，没有死去。到了1962年10月，我从天津北面的清河农场“转场”（指劳改单位的劳改犯改变拘禁地，不能叫“调动”）到北京南郊大兴县的团河农场。

团河农场是北京市公安局五处（劳改工作处）在1958年办的，共有三个大队：一大队是劳改队，关的是犯人；二大队是“就业队”，是劳改释放后继续改造的“就业人员”；三大队是从少年犯管教所里放出来的未满十八岁的少年，称为“少年职工”；但没有劳动教养队。为了安置我们这些劳教右派，在农场最北边一个叫“三余庄”的地方，新设了一个劳教中队，附属于二大队，排序为“七中队”。

这个右派教养中队，集中了北京市各劳改单位没有摘帽的各类右派分子四百多名。传说是“七千人大会”以后，中央有了新精神：要起用这些右派分子。因为团河农场的生活条件比较好，粮食定量比较高，每月能吃到四十斤上下“真正的”粮食，而不是“瓜菜代”。公安局分明是打算把这些已经消瘦得脱了人形、甚至大多数人连路都走不动的一群骷髅们，通过休养调理，好把他们“像一个人”地送出公安局的大门。

“起用”的迹象，似乎也有一些，例如几次填表，登记所长，还登记有没有衣服被子之类。但是传说归传说，不久之后，就烟消云散了。又一个小道消息传来：据说，“起用”的建议是陈毅在广州的一次会议上提出来的，但是很快就被毛泽东的“千万不要忘记阶级斗争”所否定。我们这些被党遗弃的右派分子们，“解放”的希望从此没有了。与此相应的政策是“永远留在劳改农场，终生继续改造”，政府的号召是“以场为家，做一个自食其力的劳动者”。

经过一年多的调养，我虽然没有脱胎换骨，身体却明显地强壮起来。到了1963年仲秋，我终于从“代表政府”的狱警手中得到了一纸《解除劳动教养通知书》，而且同时宣布摘掉了“右派”帽子。但是根据公安局的政策，摘了“右派”帽子的“右派”叫作“摘帽右派”，依旧是“右派”的身份。接着就是“强制就业，继续改造”，只不过把铺盖卷儿从七中队搬到了二中队，也就是从教养队搬到了就业队，做一个有选举权但没有被选举权、有通信自由但是信件还要经过检查、连星期假日外出也要请假的“三等公民”（当时一般认为劳改犯的家属是“二等公民”），除了一年有一次十四天的探亲假，其余一切待遇包括经济收入、居住条件、伙食标准、劳动强度等都和判刑劳改、劳动教养的人没有多少差别。从此，我开始了那更加漫长、没有尽头的“继续改造”生活。

这时候，我已经妻离子散，孑然一身。早先的朋友嘛，也怕沾上我这个“摘帽右派”受到牵连，大都和我划清了政治界线不敢来往了。

我在劳动教养期间，前几年不但一分钱收入也没有，连肚子都填不饱，后两年开始有了工资，还从每月二十七元涨到三十二元，除去伙食费，再买点儿日用品，也攒不下几个钱。解除教养的那一天，从中队统计员那里领回来的存折，居然还有八十六元钱的余额，简直是奇迹！

说起领这个存折，还有一个我永远也不会忘记的故事。

我的工资每月三十二元，到月底并不是直接发给我，而是由中队统计员做账存进银行里，存折则由中队统计员集中保管。每月吃多少伙食费、买多少日用品，都由统计员做账从银行里取出。解除教养的那一天，我在《解除劳动教养通知书》上签字以后，就从统计员那里领回属于我的这个存折。这个存折的封面上虽然印的是“中国人民银行”，但是到任何一个银行去取，都取不出钱来，而只能到场部的管教股去取。——这是为了避免教养分子盗取存折逃跑而专门设计的对应办法。

我决定把这笔钱取出来。——我好几年没上街、没摸过人民币了，急于要取钱去买东西的心情，是可以想见的。

我急匆匆地到管教股去领钱。下午三点了，管钱的干事还没来上班。又等了半个多小时，一个二十多岁、穿着时髦的年轻姑娘才扭搭扭搭地扭了进来。我递上存折，声明全部取出——即便我要存钱，也要找个“真正的”银行，绝不存在劳改农场的管教股！——那姑娘拿起算盘来，劈里啪啦地打了一通，然后绷着脸告诉我说：“本金八十六元，五分钱利息，一共是八十六元零五分。”

我大感惊讶：我一个月至少能存五块钱，即便按千分之一的月息计算，五元钱存一年也有五分钱利息，怎么我八十六元钱存了一年多，却只有五分钱利息？我不敢多说，只问了一句：“怎么这样少哇？”

那姑娘抬头瞪了我一眼：“就这么多。你想要多少？”

我嗫嚅地说：“我八十多元钱存了一年多……”

她又瞪了我一眼，轻蔑地说：“你存过钱吗？活期储蓄，每年一月一日和七月一日把利息都加到本金里去了，你懂吗？”

我还是不大相信：“那么，从七月一日到今天，八十多元钱，存了三个多月，总不会只有五分钱利息吧？请你再算算。”

她不耐烦地拿起算盘又拨拉了一通，这才不好意思地说：“哦，我进错位了，不是五分，是五毛。这样，一共是八十六元零五毛。”

我对她的算法还是不大相信，不过也不想再跟她磨牙了，就不再说话。接过钱和利息清单来，看了一眼上面的一个小戳子，“王秀英”三个字就在我的脑子里生了根。事隔四五十年后的今天，我依旧没有忘记。

解除教养后的第一个休息日，我向指导员请准了假，翻出一套好几年没穿的毛料子干部服，擦亮了皮鞋，揣上我的全部积蓄，大摇大摆地进城去了。

团河农场在大兴县境内，离北京市永定门还有四十多里。虽然有长途公共汽车可通，但是每逢星期天，那车上的人装得比沙丁鱼罐头还挤，而我又有个晕车的老毛病，车越挤晕得越厉害。因此，我的第一个“自由日”，进的是“大兴县”这个城，而不是“北京市”那个城。

凡是经过几年劳改，一旦得到释放的人，只要兜儿里有几个钱，第一次进城不把这些钱花完，总是不甘心的。我既然是个具有七情六欲的凡人，自然也摆脱不了这种心理状态的控制。只是我花钱的方法，和大多数人不一样罢了。

别人恢复自由后第一次上街，头一件事情就是上馆子。在劳改农场啃了几年玉米面、甚至麸子面的窝窝头，仅有的一点点儿肠油，早就被刮得干干净净了，何况刚刚经过的那三年“自然灾害”，吃的是“糠菜代”，人人肚子里都素得不行，看见什么都是美味佳肴，就连猪头肉一口气也能吃它一两斤。进了馆子，只要口袋里有钱，还不是什么好吃的吃什么？所以，凡是刚从劳改队里放出来的人，就好像从饿鬼道里逃出来的饿鬼一样。在这第一个“自由日”，喝醉了人事不省地被抬回来者有之，带上一个旅行包装满了饼干、点心、罐头、鱼肉、烟酒之类扛了回来者也有之，甚至吃得过多送进医院去开刀者也有之。除了极爱面子者之外，唯独没有人在衣着打扮上花钱——这是因为几年劳改，学得更加实际了，穿惯了褴褛的衣衫，爱美之心早已经消失殆尽也矣。

我从小家里管教很严，一生无嗜好，烟酒不沾，也没有吃零食的习惯，即便进了劳改队，也只知道读书写作，被称为“苦行僧”，也被称为“三余庄精力最充沛的人”——因为我的衣袋里总揣着一摞旧书裁成的卡片，哪怕在工间休息的十五分钟，也要掏出来继续编我的《汉语世界语大词典》，或者继续构思我的长诗《望娘滩的故事》①，一有了佳句，立刻记在随身携带的“卡片”上。

这时候，我编的词典已经初步完成，正在进行学术著作《浙江缙云方言初探》的写作，很需要到北京图书馆去查看一些数据和参考书。既然我最怕挤公共汽车，于是我决定把我的全部存款用来买一辆自行车。

大兴县的县衙门，清代以前一直设在北京城里的“大兴县胡同”，县境内根本就没有县治。据说直到民国年间还是如此，1948年后才把县治设在黄村镇。到了1963年，黄村镇虽然已经做了十几年县政府所在地，但依旧是小乡村的规模。一条狭窄的土石街道，两旁的房屋低矮破烂陈旧，只有县政府是一座四合院的平房，看样子还是当年地主或官商的大宅院。整条街上，没有一座三层以上的大楼，更没有几家店铺。我到理发店理了

①《望娘滩的故事》——是我根据四川民间故事改写的3344行长篇叙事诗，1986年由宝文堂书店作为“绘图叙事诗”系列之一出版，由《诗刊》编辑吴超先生任特约编辑，被改名为《岷江三爪龙》。

1963年，我的“免冠照片”。

发，到照相馆照了一张“免冠”纪念照，最后到了卖自行车的县五金交电公司。这里虽然只有三间平房，却算是本县除百货公司之外“最大”的大商店了。

走进去一看，车子倒是不少，但是价格都在一百五十元以上。区区八十多元，差着将近一半儿呢！我摸了摸口袋，无可奈何地正想走开，打算到就在旁边的信托公司去看看有没有旧车出售，忽然看见电器部有人在调试收音机，声音洪亮，居然还有点儿低音共鸣。我从小就是个课余无线电爱好者，曾经从矿石机装到超外差收音机，就不由自主地踅过去看热闹。

摆在柜台上的，是一架再生式四管半导体收音机，一级检波，一级中放，一级推挽功放，木制的外壳，面板比一本《红旗》杂志还要大一些，有一个拳头那么厚，安的是一个四英寸的扬声器，难怪声音洪亮而有共鸣。——这种收音机，现在是绝对不会有人欣赏了，但那个时候半导体在大陆还是时髦的新鲜玩意儿，特别是像我这样与世隔绝了好几年的老牌无线电爱好者，它那诱惑力似乎又强烈了好几倍。

调试的顾客嫌它个儿太大，摇摇头表示不满意。我这个怯老憨，却觉得这是一件难得的好宝贝。一问价格七十元整，虽然相当于我两个多月的工资，却是我目前的经济能力所能够承受的。我捏了捏兜里的钱，拿不定是买车子好，还是买半导体收音机好。

买车子，还要攒七八十元钱，这对我这个每月只能储蓄五六块钱的“一级农田工”来说，意味着还要勒紧一年半裤腰带；而“得到自由”以后，再要像教养时期那样清心寡欲，似乎也太难了点儿。如果买半导体收音机呢，现在就可以捧回劳改农场去，而且无疑能够引起轰动效应。

我犹豫再三，终于下定了决心，几乎掏干了我的全部积蓄，最终买下了这台颇为笨拙但却肯定能给我带来欢愉的半导体收音机。

二、风流潇洒，骗她一回

我喜滋滋地捧着这台罄我所有方才买下的“爱巴物儿”，高兴得像是叫花子拣到了宝贝，边走边听。偏偏这时候老天爷瞧着我有气，挺好的天儿，转眼之间堆上了乌云，竟像夏季似的，不大不小的雨点儿就砸了下来。从县城回到我的住地，足有七八里路，小跑也得半个小时。那时候我三十二岁，经过劳动改造，思想改得怎么样了谁也不知道，身体倒是明显地强壮了不少。1949年10月，我在湖北雨中行军，膝盖以下的裤子从来就没有干过，加上饥一顿饱一顿，早上天不亮吃六大碗米饭，天黑了才能吃到下一顿六大碗，吃完了倒头就睡，也顾不得烧热水烫脚。12月3日到了重庆，我就患上了严重的胃病和关节炎，肚子一饿就疼，两膝酸痛得迈不开步子，严重的时候上食堂买饭都要扶着墙走；1956年又发现肺里有一个乒乓球大小的瘤子，加上神经衰弱夜里睡不着觉，一个才二十多岁的小青年，身体衰弱得像老头子似的。劳改了几年，根本没吃药，什么病都没有了，连肺瘤都奇迹般地自行消失了；扛着二百斤的米袋能上跳板，抬着四百多斤的抬儿能上坡，淋着雨插秧割麦子更是常事儿，这点儿雨还不至于把我给淋化了。但是我心疼这架罄我所有买下来的半导体收音机，是一种典型的“舍命不舍财”的心理。往四面一看，前面不远处就是长途汽车站，我紧跑了几步，钻进了候车室。

候车室里人特别多，其中至少有一小半儿是跟我一样暂借这个屋檐下聊避风雨的，大厅里仅有的几排靠背椅子，早就挤满了人。我反正闲着没事儿，就把半导体打开，找个窗台放下，入神地听电台播送的音乐。

我眼睛看着窗外天空，并不注意周围人对我有什么反应。那年月，不但见过半导体收音机的人少，许多人更连听也没有听说过。所以，不多一会儿，在我的周围就围上来了好几个人，睁大了惊讶的眼睛，瞪视着这台没有电线连着的“话匣子”，窃窃私议。

“瞧，这台收音机不用电！”

“不是不用电，是用的干电池。”

“我家街坊有个耳机子，根本就不用电。”

“不用电的是矿石机，只能用耳机子听，有这么大声音么？”

“对了，这机子不但声儿大，杂音还特别小，不像我家那台电匣子，嗡嗡嗡的比唱戏说话的声儿都大。”

“这音乐可真好听，好像千军万马。”

“好听什么呀，乱糟糟的，我就爱听评剧。”

…………

我无意间转过头来，发现注视着收音机大发议论的是两个姑娘。一个大约二十二三岁，白衬衣外面套一件大红色开襟毛线衣，梳两把小刷子，无非是尽量把自己往小里打扮；一张倒长着的瓜子脸，倒还白净，但是缺少红晕，是那种属于缺少美感的苍白，一米六五左右的个子，不胖也不瘦，尽管不是婀娜多姿，也还胸脯丰满、腰身苗条，虽然不是美女，至少还看得过去，不算丑姑娘。另一个大约十五六岁，身高绝不会超过一米五，圆圆的脸蛋儿白中透红，两只挺大的眼睛滴溜乱转，还是双眼皮儿，最显眼的是两只特别高耸的乳房，把米黄色夹克衫的前胸部位顶起老高，和她的年龄与身高很不协调。看她们的模样，不论个子高矮，都已经是成熟的少女，但看她们的言语神态，却又天真烂漫、稚态可掬。最为突出的是：两个人的双手，手背部分都比一般人要黑得多，而手腕以上却又都是白白的。也就是说，在袖口部位有一条颇为清晰的黑白分界线，一望而知她们都是穿着长袖子衣服经常在野外劳作的人。

多年的监禁，跟女性特别是年轻的姑娘基本上没有任何接触，一旦接近了，不免有一种天然的异性相吸的感觉。见她们盯着我的“爱巴物儿”议论起来喋喋不休，久久不肯离去，不由得引起了我与她们交谈的兴趣，就把收音机的后盖板打开，指着底板和电池对她们说：“这叫半导体收音机，用的是四节一号电池。如果加一个电源变压器和整流器，也可以用交流电。正在播放的音乐叫作《威廉·退尔序曲》，是一首世界名曲。你说的不错，乐曲描写的正是起义的老百姓骑在马上杀向战场的场面。”

年长的一个听见我肯定了她的说法，来了兴趣，不无自负地说：“怎么样？我说好听吧？原来是世界名曲呢！”

年幼的一个不服气，噘了噘小嘴儿说：“世界名曲又怎么样？我看就不如新凤霞唱的好听！嗨，能换个台来段儿评剧吗？”

年长的一个却不同意地说：“评剧太贫，翻来覆去老是那一个调调儿，能不能放一支舞曲？我就爱听舞曲。”

我笑着摇了摇头：“这不是录音机，想听什么就来什么。放什么，可得听人家电台的。”

我见那小姑娘显出一脸失望的样子，尽管许久没听的名曲还没有放完，也还是违心地转动了旋钮，把整个频道上的电台都选择了一遍，最后停留在一个播放京剧的电台上，唱的似乎是《赤桑镇》，那嘶哑的黑头唱腔分明是包文拯。

年长的那个立刻叫了起来：“难听死了，哇啦哇啦的，吵得人脑浆子疼，还不如刚才那个好听呢！快换回来吧！”

年轻的一个马上表示异议：“就是京戏，也比那个好听，甭换，甭换！”

我不禁又一次笑了起来：“你们这一争，我可就无所适从了。干脆让它歇一会儿吧！”说着，“啪”地一声就把收音机关上，又随口不经意地问：“你们两个，是同学还是姐妹？”

年长的一个白了我一眼，以一种轻蔑的口吻对我说：“你这个人好没眼力！如果是同学，我比她大五六岁呢，我该是个大学生了，她还是个初中生，怎么能是同学？如果是姐妹，你看我是长乎脸儿，她是圆乎脸儿，再说，你看她那个儿……”

这句话没说完，年幼的那个不乐意了，嚷着说：“你老说我个子矮，就不说我才十五岁，人家还长个儿呢！”

年长的半真半假地损她：“你尽长心眼儿了，还长个儿哪？长抬头纹去吧！我十五岁那会儿，就有现在这么高！”

年幼的无法辩驳，有点儿强词夺理了：“你们家吃什么？我们家吃什么？我要是从小就喝牛奶，能不长个儿吗？”

年长的仍不饶她：“说那个干什么呀？人家喝棒子面糊糊的，也长一米八的个儿，你怎么不说你十三岁就……”

这句话没说完，年幼的急了，扑过去就要撕她的嘴，年长的并不跟她玩儿真的，只是嘻嘻地笑着往后躲。在这样的场合，我这个“外人”，只好临时充当一下“和事佬”，用打圆场抹稀泥的口吻说：“个儿高的，亭亭玉立；个儿矮的，娇小玲珑，各有各的好处，有什么好争的？女大十八变，十八岁以前，总还要长点儿个儿的，何况女人生一次孩子，骨节松一松，还有可能窜起一寸两寸来的呢！”

年长的瞟了我一眼：“你是卖膏药的，还是说相声的？一张嘴，倒是真能白乎的呀！”

我笑笑：“我既不是卖膏药的，也不是说相声的，我是个写小说的。我来猜一猜，你们两个，都是农场的工人，对不对？”

年长的正要支吾，年幼的究竟好哄，已经承认了：“你怎么知道的？”

我笑笑：“这不是明摆着吗？你们两个，脸蛋儿长得又白又嫩，两只手却特别黑，可见你们是戴着草帽、捂着口罩在野外工作的。我猜得对不对？”

年幼的听我说得风趣，立刻忘了刚才的争执，拍着巴掌大笑起来：“你是个侦探吧？”

我幽默地点点头：“可以说是，也可以说不是。说是，因为我写过侦探小说，多少也懂点儿侦破学、推理学；说不是，是我从来没有接受过客户的委托。现在我再来猜一猜：你们两个，是不是都是天堂河二分场的职工？”

这一回是年长的表示惊讶了：“大兴县有那么多农场，你怎么就判定我们是天堂河农场的？”

我一本正经地娓娓道来：“大兴县尽管有好几个农场，可是劳改农场不许犯人随便外出，国营农场没有女队，除了公安局办的农场，谁也不敢招收未满十八岁的‘童工’，只有天堂河……”

“看起来，你对这里的农场还一清二楚的呢，你究竟是干什么的呀？”

“你知道这里附近有一个国务院农场吗？实话告诉你们，我的单位直属国务院。我常常到国务院农场来参加劳动，别的情况不大清楚，附近有几个农场，倒是听说过的。”

我说的话半真半假：说真，那是1957年以前的事情；说假，因为现在国务院农场根本就不存在了，早已经交给团河农场，成为二大队的二中队，也就是我现在所在的中队。可是附近的居民叫习惯了，依旧把二大队二中队叫作“国务院农场”。我说我是“国务院农场”的，也不算全是瞎话。

她们两个互相望望，分明是不知道大兴县有一个“国务院农场”。看看我的仪表，一身笔挺的料子干部服，戴着眼镜儿，头发镜光，皮鞋锃亮，文质彬彬，相貌堂堂，不由得不相信。

我心里暗笑：看起来，当一个骗子并不难，至少骗骗这样的黄毛丫头，凭我这样并不高明的骗术，就能一骗一个准儿。

年长的听说我是国务院的干部，立刻对我尊敬起来，也亲近起来，自负地说：“我父亲也是个干部，他是宣武区区政府的。”

“还是个科长级干部呢！”年幼的帮她做了注解，也为她刚才说的“你家吃什么”做了注解。

年长的叹了一口气：“科长级干部，管个什么用？要是再大点儿，我就不至于……”

据我所知，天堂河农场，是北京市公安局十三处——治安处办的。这里既不是劳改农场，也不是劳教农场，而是另有一个名称，叫作“组织劳动农场”。这是新中国特有的一种农场，别的国家，估计不会有。凡是到这里来劳动的人，都犯有某种小过失，例如打架斗殴、小偷小摸、乱搞男女关系或搞同性恋、卖淫次数不多的暗娼等，虽然不够判刑和劳动教养的条件，可是已经被机关、学校、工厂开除，变成了“无业游民”，或者不服从组织分配，逃回北京来，变成了没有户口的黑人，于是就用“组织劳动”的名义，把这些“社会闲散劳动力”组织起来，进行劳动生产，由公安局治安处管理。名义上不算处分，实际上带有半强制性质，不是“自觉自愿的自动组织”，而是“强迫性的被组织”，你不愿意来，根本不行；

来了，如果表现不好，还要“升级”为劳动教养或者判处徒刑呢。

这种不属于劳改处管而属于治安处管的“准劳改单位”，北京市公安局系统中也有好几个，例如琉璃河沙石厂、东北旺苗圃等，都属于“组织劳动”范畴。其特征，第一是带有强制性质，第二是员工中没有工会的组织。后来在“文革”期间出现的“强制劳动”（简称“强劳”，着重于劳动，属于劳动改造范畴）和“毛泽东思想学习班”（着重于交代问题，属于拘留审讯范畴），都是公安局办的类似组织，也可以说是“组织劳动”或“劳动教养”的“学前班”或“预科”。

整个天堂河农场一共有十个分场，其中二分场全是女性，共有五百多人。这些“叛逆的女性”，在公安局办的强制性农场里，不敢不老实，但是每逢休息日，简直是放虎下山，折腾起来，依然相当厉害。每逢天堂河农场放假，北京市的治安警察和“小脚侦缉队”就要比平时忙碌得多。

团河农场三大队的“少年职工”，都是少年犯管教所期满释放出来的未满十八周岁的“小闯将”。这些人年龄虽小，却大都是性早熟者。团河三大队和天堂河二分场相距不到十里路，这些少年职工夜间偷偷儿跑到二分场去“偷香窃玉”，把“女流氓”勾引出来钻玉米地，或者因为争风吃醋而大打出手的故事，就像我这样的被监禁分子也是时有所闻的。特别是我解除教养到了“国务院农场”这个就业中队以后，队里就有好几个“二劳改”，或娶了天堂河农场的女职工做老婆，或者和那里的“女流氓”勾勾搭搭地做“露水夫妻”。尽管我到二中队还没有几天，但是听说过的这种“风流轶事”为数还真不少。对于这个人间“天堂”里的秘密，我早就产生兴趣了。今天是我的第一个“自由日”，鬼使神差，无意中让我碰上了这两个“天堂神女”，我怎么可以失之交臂，当面错过这个难得的机会呢？既然人家并不知道我的真正身份，我何不将错就错，或曰冒一次险，去一探这就在北京郊区但却鲜为人知的神秘世界呢？

我灵机一动，就说我是个作家，很想去闯一闯这个禁区，体验一下生活，请她们俩一定帮忙。

年长的犹豫半天，为难地说：“我们那里，是女人的世界。在宿舍里，穿得很随便，绝对禁止男人进去的，我怎么好带你去呢？再说，我也不认识你呀？”

我笑笑："女人的世界，不让男人观光，这个我能理解。照我想，大概是怕发生问题吧？你看，我是个不规矩的男人吗？再说，那么多姑娘在里面劳动，她们的父兄难道都不许去看望一下？可见不许男人进去，并不是绝对的，而是要看去的是什么人。如果说咱们不认识，这个好说：昨天咱们不认识，今天、往后咱们不是就算认识了吗？"

年长的还迟迟不敢答应，年幼的胆子似乎比她大得多，插嘴说："张姐的顾虑也太多了，这位同志是国务院的干部，又不是玩儿闹的，准不会惹事儿，你怕什么？要是你觉得不好说话，我出个主意：就说他是你家的什么人，给你送什么东西来的，先到分场部登记，再正大光明地去看望你，队长还能不让你接见么？"

我连说这是一个好主意，要她照办。年长的还有些胆小，说是一旦拆穿了"西洋景"，可不是闹着玩儿的，又指着年幼的推托说："这个主意，可是你出的，为什么不说他是你的大哥或者叔叔什么的呢？"

年幼的鼻子里"哼"了一声："废话！你不知道队长三天两头往我家跑？别说我家里有几个亲戚队长一清二楚的了，就连我家有几个瓶瓶罐罐儿，队长们全都明明白白的，我蒙谁去？不像你，你爸是个科长，你自己又是个班长，队长对你特别相信，却不知道你家里究竟有几个哥哥、叔叔、表兄、表叔。偶然说一次瞎话，队长又不是神仙，能知道什么呀？"

话说到了这个地步，年长的似乎也不好意思推托了，只好点点头表示答应，当即商量好了：我算是她的小舅舅，是因为到固安县出差路过天堂河，她妈让他顺便给她送东西来的。——舅舅嘛，不算她家的人，队长问起来，也好支吾。

我把收音机的后盖板安上，正打算装进纸盒子里去，年幼的一眼看见纸盒上印的字，叫起来说："这个话匣子还是福长街出的呢。我家就在福长街住，怎么连我都不知道那里有个无线电厂呢？"

年长的又损了她一句："可福长街上有几家饭馆儿，你一定门儿清吧？"

我们三个说着笑着一起走出了车站。这时候，雨点儿已经变小，只剩下牛毛细雨还在连绵而下，倒有点儿像是"毛毛雨，下个不留停"的江南秋色。走到街上，尽管还有似雾非雾的潮气扑面而来，雨伞倒是用不着了。我们的第一件事情，是上街去买必要的手持道具——带给我“外甥女儿”的东西。

走在路上，我们彼此通了姓名，得知年长的姓张名慧芳，家住市里西什库草岚子胡同四号，也就是中共建政前的“北平军人反省院”（关过许多共产党员的，连时任北京市市长都在那里面关过），现在改作机关宿舍了。她还特别关照我：她舅舅叫赵振华，是北京机床厂的技术员，今天是到固安县出差回来，顺便给外甥女儿送点儿东西的。如果队长问起来，可千万别说错了。看起来她倒是真有这样一个舅舅，只是从来没有今后也不可能会到这里来给她送东西罢了。那个年幼的赶紧也自报姓名：她叫刘桂芳。刚才她已经说过，家住前门外天桥福长街。——我知道，那里1949年前是贫民和下等妓女的聚居地，这姑娘的家境如何，也就可想而知了。

我囊中羞涩，拢共只剩下十几块钱了，不敢多买东西。时近中秋，月饼已经上市，不但是节令食品，豆沙、枣泥、自来红之类，六两粮票能买十个，不过两块多钱，就装了一匣子，再买上两斤杂拌儿糖块儿，一共才六元多钱。我想到她两手黧黑，又给她买了几副线手套。这时候已经将近十一点钟，按说我应该请她们吃一顿饭的，可是口袋里剩下的几张票子只够我一个人吃的了，无可奈何，只好不提此事，然后回到汽车站等车。

从黄村车站坐汽车到天堂河农场二分场，应该在“天宫院”站下车，大约六七里地，票价两毛。这里是始发站，几乎任何一趟往南去的车都经过天宫院，所以不出十分钟，我们坐的车子就开动了。

三、“天堂”神女，笑声爽朗

多变的天，有点儿像小孩子的脸，哭笑无常。车子开出黄村车站的时候，小雨已经停住，仅仅不过十几分钟，车到天宫院，那斜风细雨又来劲儿了。好在下车以后往东走不远就看见一排排灰色的平房，二分场已经在望。

我正要催促她们两个紧走几步，小桂芳倒站住了，歪着个小圆脸儿问慧芳：“张姐，你就这样把‘舅舅’带进分场去吗？”

慧芳一时没有反应过来，也站住了脚，反问：“我不带他，他进得去吗？”

桂芳耸了耸鼻子，做了个鬼脸：“你就不想想，固安到北京的车，是打南边来的；咱们的车，是从北边来的。怎么就那么巧，一南一北两趟车同时到达天宫院，偏偏又碰上了你舅舅？”

慧芳“噢”了一声，醒过茬儿来，先用一个指头点着她的太阳穴，明夸实贬地说：“就你鬼心眼儿多！”接着转身对我说：“看见没有？进大门东边第一排朝北的房子，就是分场部。我们两个先回中队，你慢慢儿走。碰见值班的问你，你就说是‘接见的’。就凭你的模样儿，她们不敢怎么着你。管教干事要你登记，你可别忘了你叫赵振华，是北京机床厂的技术员；我是三中队一班的。”

“接见”一词，在报纸上只用于国家领导人见外宾；在公安局，那档次可就低了：指的是劳改队的人见家属。可是偏偏反过来用，不是指劳改队里面的人“接见”家属，而是家属“接见”在劳改队里面的人，从语法上说是“主次颠倒”了，正确的说法应该是“被接见的”。但是这种“语法混乱”的语言，在劳改队已经使用多年，无法更改了。于是，我就成了张慧芳的“接见的”了。

我连连点头。小桂芳向我飞了一个媚眼，教导我说：“干这种事情，胆子要放大点儿，自己认定张姐就是你的亲外甥女儿，心里就不会发慌了。”说完冲我嘻嘻一笑，拉着慧芳，迈着小碎步，低着头、顶着雨，飞也似的往前走了。——看起来，她是个说瞎话的行家，年龄虽小，却满有资格做我老师。

天宫院村子附近，都是沙土地，还有好几个大沙包，所以虽然刚刚下过雨，现在也还下着，可路上并不泥泞。进入农场区以后，土地就平整多了。通往二分场大门的路两边，东面是葡萄园，有的整条篱架上的葡萄已经摘光，有的篱架上还挂着一串串鲜红的玫瑰香葡萄。因为下雨，没有人采摘，只有几个半老的妇女龟缩在路边用苇席搭的窝棚里向外探头探脑，看见我服装高档，手里提着东西，只顾走路，既没有拦我，连问也没有问我。

农道的西面，是一块刚刚开垦的处女地，已经修好了排灌系统和栽植沟，有的床面上挖出了一个个深坑，看样子，大概打算种果树。

慧芳要我慢慢儿走，以免她前脚刚进门我后脚也到。但是在这淅淅沥沥的连绵秋雨中，我连雨伞都没有一把，要我安步当车，不但难为了我，环境气氛也都很不相当。可是我不得不听从她的安排，让自己装出一副对周围的一切都十分感兴趣的样子来，东张张、西瞧瞧，有时候干脆还驻足凝神远眺，以便把在路上的时间尽量拉长。

走过了三五百米，离分场大门越来越近了。忽然一个奇异的场面吸引了我：一条东西向的果树栽植沟上，有三个姑娘在雨中劳动，远的两个看不太清楚，靠近大路边儿上的一个，穿一件白色长袖衬衫，罩一件深红色毛线背心，也没戴草帽，头发上的水珠顺着脸颊往下流，有的在下巴那里滴落，有的就顺着后脖颈流进了脖子里，身上没有一处是干的，裤腿上沾满了泥沙，手持一把桃形锹，正在挖一个果树栽植坑。她站在坑底，一锹挖上来的沙土，有一半儿掉回坑底里去了。一看就不是干活儿的架势，那种狼狈的样子，不用问就知道是个从来没有经过劳动锻炼的新进人员。我不禁有些同情起她来，反正我不忙着赶路，就走过去问她："小姑娘，下雨天，人家都收工了，怎么你们几个还在坚守岗位呀？"

那姑娘抬起头来，用袖子抹了一把满脸的雨水。呀，好漂亮的一张瓜子儿脸，大概是在料峭秋雨中冻的时间长了，显得有几分苍白，缺乏姑娘们脸上的那种红晕。她看了看我，见是一个干部模样的人，神情和语态一点儿也不轻佻，叹了一口气，说："今天上午的任务是挖苹果坑，定额两个，谁挖完谁走。我从来没挖过，挖上面还行，挖到下面，铁锹耍不开，土铲不上来……"

"什么规格？"

"直径一米，深一米。"

我把东西在埂埝上一放："你上来，把铁锹给我！"

尽管我用命令的口气跟她说话，可她只是瞪大了惊讶的眼睛，没有执行。过了好一会儿，这才用疑问的口气问我："您是？"

"我是市局来的，找你们分场部办点儿事儿。我帮你把活儿干完了，你带我到管教股。"——我正想找个理由多耽误一会儿时间，这可是一个绝好的机会。

所谓"市局来的"，本是一句模棱两可的糊涂话，怎么理解都行。凡是市级的局，不论邮政局、税务局、教育局、卫生局，都可以叫"市局"。但在某一系统中，"市局"只指本单位的市级局机关。天堂河农场是北京市公安局十三处办的，因此我说的虽然含糊，她的理解却很清楚。一听我是"市局"的人，她不敢多说了，撑着铁锹艰难地从坑底爬了上来，把铁锹用双手递给我。尽管我明明看见她在冷风中有些瑟瑟发抖，苍白的脸上，居然也漾上了一丝儿淡淡的红云。

经过好几年的劳动锻炼，在沙土地上用铁锹挖一个一米深的坑，而且开口一米，对我来说，已经跟玩儿似的了。我根本就不跳下坑去，只站在坑边，用两臂的力量把锹头扎向沙土，再端上来，这一锹沙土少说也有十来斤。回想我刚到清河农场的时候，用瓦片形的"筒子锹"挖那能把皮鞋后跟粘掉下来的黏胶泥，挖不上三锹就"耍锤"，急得人真想用手去抠，那个困难劲儿，才叫不好受哩！比起这个姑娘挖的沙土坑来，难度大多了。

我一面挖，一面跟她说：“往后如果还干这种活儿，要准备两把锹，一把长把儿，一把短把儿，挖到坑底，就改用短把儿锹。如果找不到短把儿的，就用铁镢把沙土挖松了，再用一个没把儿的锹头端，也比这长把儿的好使。看样子，你是新来的吧？劳动还没过关？”

她惨笑了一下：“我来了也有半年多了。刚来的时候，用小车平整土地，这里原本是十几个大沙包，都是我们用小车推平的。干那个活儿，我管拉襻，倒也还行。后来又到放水班看了一个多月水泵，上个月刚编进生产班来的。我以前没干过铁锹活儿，特别不行。”

“你叫什么名字？多大了？怎么到这里来的？”我以“市局干部”的口气，单刀直入地问。

她迟疑了一下，终于还是说了实话：“我叫李全真，二十一岁了。我是学舞蹈的，1961年舞蹈学校毕业，分配到陕西省歌舞团。那边的生活实在太苦，连肚子都吃不饱，特别我又是跳舞的，更顶不住，就跑回北京来了。在家里待了一年，没有户口，粮食供应、工作，都解决不了。想回陕西吧，那边已经把我除名了，回不去。派出所的民警说：要想报上北京户口，除非到农场去。我想想，干几天农活儿锻炼锻炼也好，先把户口报上再说，所以就到这里来了。没有想到，这里的人，全是……全是……”

她没好意思说下去，我给他接了下茬儿：“全是流氓、小偷儿，是不是？环境不好，这可就得看你自己的了。你懂得‘出污泥而不染’这句话的意思吗？”

她脸一红，低下了头去：“我懂……”

在她手下十分艰难的活儿，到了我的手上，也不过十几分钟时间，就干净利索地收了尾：坑壁直上直下，坑底见棱见角，保证验收合格，绝不会像她干的活儿——坑底像个锅底。我把铁锹递还给她，示意她赶紧收工。

她再三表示感谢，说话正正经经，并没有显示出丝毫的谄媚或者讨好。有她带路，所有关口再也没有人来问我一声。到了大门口，她让一个值班的中年妇女把我带到管教股，她就回自己宿舍里去了。

中年的值班员把我带到一个门上钉有“管教股”木牌的房门口，推开半条门缝儿，喊了一声：“报告陈干事，有家属来接见！”

里面答应一声："进来！"我就大大方方地推门而进。那个女值班员完成任务，回大门口去了。

管教股办公室不大，有两张面对面相拼的办公桌，桌后坐着一个微胖的中年妇女，齐耳的短发，便装。旁边靠墙的长凳上，坐着一个二十岁左右的姑娘，桃形的圆脸粉白细嫩，简直吹弹得破，薄薄的嘴唇，一笑俩酒窝儿，露出两排洁白整齐的糯米牙，特别是那两只双眼皮儿的大眼睛，简直大得出奇，已经不是"水汪汪""滴溜乱转""会说话"之类的词语所能描写的了。我简直奇怪，天堂河农场怎么尽收罗最漂亮的姑娘？

中年妇女见有人进来，谈话立刻进入尾声："那么你就先把怎么从新疆跑回来，跟你一起回来的都有哪些人，一路上你们都干了些什么事情，谁能证明，都详详细细写出来。别的问题，咱们以后再谈。"

那姑娘答应着，站了起来。这时候我才注意到：她那辫子之长，超过了膝盖，为我生平所未见。如果解开了，也许能到脚后跟儿吧？

微胖的中年妇女，不用问，当然就是管教股的陈干事了。我说明来意，正在琢磨如果她问我要工作证我怎样找借口，没想到她根本不问我这个，只是翻出本子来，问了我的姓名地址和工作单位，看的是某队某班某人，我照慧芳教我的背诵了一遍，她就摇电话叫三中队的队长来带我去"接见"。——这一关居然如此好过，是我未曾料到的。也许是我的堂堂仪表和从容谈吐，竟把这个老牌警察的眼睛给蒙过去了吧？

来的队长居然是个男人，这可又出于我的意料之外。不过这个男队长年纪已经五十开外，一副老实农民的形象，估计是个资格老、能力差、文化低的复员军人。他把我带到分场部北面的第三排房子，推开一间房门，朝里喊了一声："张慧芳，你舅舅看你来了。"却站在门外，并不进去。

慧芳在门里答应了一声，一蹦就蹦了出来。一看见我，扑上来坠着我的胳膊就叫："舅舅，你今天怎么有工夫到这里来？您可从来没上这里来过呀？"她那一副亲热的样子，谁也不会怀疑我不是她的亲舅舅。真是个好演员，根本用不着导演教她，就把戏演得很到位。

我庄重地笑笑，用亲热的口气说："我去固安出差。你妈说你上个星期休息没回去，叫我顺路来看看你。"

老队长见我们"接上了关系"，瞧那场面也不像是假的，就说："你们进去谈，进去谈。”

慧芳放开我的手，转身拉住了老队长，半带撒娇地说：“我舅舅来了，您不审审他，也得跟他说说我怎么不听话、怎么表现不好，好让他往后好好儿地管管我呀！怎么一句话不说就走了？再说，我舅舅给我带什么好吃的东西来，也得孝敬孝敬您哪！”说着，硬是把老队长拉进宿舍里去，摁在炕沿上坐了下来。

我打量宿舍里的景况：一间宽约五米、深约八米的长方形大房间，东西两边各有一条土炕，两炕之间有一条一米多的过道，每条炕上十个铺位，炕沿上面各拉着一根铁丝，搭着毛巾、裤衩、袜子、乳罩之类。宿舍里的人，这时候有焐在被窝儿里的，有坐在炕上干自己的事情或聊天打闹的。刘桂芳看见了我，悄悄儿跟我眨了眨眼睛，没敢打招呼。老队长从衣兜儿里掏出一包“大绿叶”牌香烟来，不好意思地递一支给我。我连说：“谢谢，不会抽。”旁边一个烫着鸡窝头的姑娘笑着损他：“寇队长姓寇人更抠，一个月挣七八十元钱，还抽这两毛钱一盒的‘大绿叶’，要像我们这些挣二百七十毛一月的，还不得抽六分钱一盒的‘蜜蜂’啊？这样的烟卷儿，怎么待客呀？收起你的来，抽我的吧！也不太好，至少是‘海河’的，中不溜儿！”说着，从枕头边拿起一盒烟来，递一支给我。

我赶紧站起来恭谢不迭，连连说我确实不会抽烟，绝不是嫌队长的烟不好。再说，我要是真会抽，出门在外，身上能不带着烟卷儿？

那姑娘见我说得在理，也不勉强我，扔了一支给老队长，自己叼上一支，擦火柴点着了，却不理老队长。看起来，她们跟队长之间的关系比较随便，至少是和这个男的老队长之间没有什么隔阂，不像劳改队或者教养队的队长，老是绷着个脸，动不动就训人。

老队长自己点上了烟，我就斜着身子和他面对面在炕沿上并排坐下，摆出一副要跟他长谈的架势来。慧芳急忙给我丢眼色，我一时间不明白她的意思，不便动作。她可憋不住了，抢在前面对我说：“妈也真是！我不是写信告诉她上个星期我临时有任务不能回去，下个星期让我休息四天吗？就她老不放心，又打发您来检查我。我问您，我要妈买的手套，您给我带来了么？”

我醒过茬儿来，她这是要我当着队长的面把东西交给她，以便把戏演得更真实些。我顺着她的话茬儿说："你妈倒不是不放心你，反正我出差去固安，路过你这里，就让我顺便来看看。再说，你来这里都快两年了，我还没来看过你一次呢，不是显得我这个舅舅对你太不关心了么？你要的手套，你妈让我给你带来了。你妈说：过不多久就是中秋，你们单位，中秋节放不放假可没一定，叫我把月饼也给你带来了。"

说着，我把手套和糖果、月饼都取出来，放在她的铺位上。

我们俩的对话，其实事先并没有经过设计。这有点儿像是新中国成立前跑码头戏班演的"幕表戏"，没有剧本，也没有导演，只由班主讲一个故事梗概就上台，所有台词儿，都由演员在台上随意编。

慧芳抓起一把糖果加上两个月饼愣要往老队长手上塞。这一来，憨厚的老队长有些不好意思了，把月饼放下，只捏起两颗糖块儿来说："马上就要吃饭了，月饼你就留着到中秋再吃吧。回头你到干部食堂给你舅舅打个好菜，就说是我说的。"说着，站了起来，对我说声"你们聊，你们聊"，就出去了。

队长一走，宿舍里立刻热闹起来。也不知道是谁喊了一声："班长请客吧！"慧芳就抓起一把糖果来往对面炕上撒了过去。一帮姑娘们，原来都在自己的铺位上横躺竖卧着，看见天上下起了"糖果雨"，立刻扑了过去，像小孩子扑蟋蟀似的，一个个都撅着屁股抢起糖块儿来。连原本焐在被窝儿里的，也掀开被子，只穿着三角裤戴着乳罩就和大家滚成了一堆儿，嘻嘻哈哈地笑个不住。对面炕上还没有抢完，慧芳又抓起一把来，往身边的炕上撒去，于是两边炕上，全都跌成了一堆，乱成了一片。

我冷眼旁观，只见对面炕上最北边靠墙脚的一个铺位上，坐着一个戴眼镜、剪短发的圆脸儿姑娘，手里捧着一本一寸多厚的外文书，低着头全神贯注地在看，就好像在图书馆里，周围一个人也没有，安静得好像一片沙漠。我心里暗暗纳罕：在这种地方，怎么竟也有这样的"女学士"？

慧芳的铺位是南头窗户根儿下面的第一个，小桂芳的铺位，就挨着慧芳。因为糖块儿是撒出去的，铺位在中间的人占了便宜，两头的人很难抢到。小桂芳不知道是因为要在我面前装出一副庄重的神态来呢，还是有自知之明，心知根本抢不到，只是笑着，没有参加哄抢。慧芳当然不会忘记她，特意挑选几颗高级一点儿的，扔到了她的怀里。俩人对视了一眼，会心地笑了。

这一来，可让明眼人看见了，嚷了起来：“班长不公平，有偏心眼儿！”说着，一窝蜂地拥上来要抢那没有撒完的糖块儿。慧芳见她们来者不善，一不做二不休，把剩下的糖块儿分成两堆儿，三把两把全撒在两条炕上。于是，除了看洋书的那个女学士和拿着劲儿的小桂芳之外，又一次全都卷进了“哄抢”的漩涡之中。

我买的两斤杂拌儿，总数至少有一百多块，这会儿宿舍里不到二十个人，就是平均分配，每人也有六七块，这么一抢，可就不公平了，而且慧芳自己连一块也没吃上。我没有想到事情会是这样，倒有些后悔不该全拿出来，或者专门给她买一斤更好的，悄悄儿再给她了。

热闹的浪潮刚刚平息下去，房门猛地被踢开，冲进来一个全身湿透了的姑娘，嘴里喊着：“这鬼天气，早上还好好儿的呢，说下就下起来，把姑奶奶淋坏了！”说着，先脱了长裤，接着把上衣扒了个精光，从铁丝上拉下毛巾来，从头擦到脚。我看见她那一身皮肤，几乎没有一处不是乌黑油亮的。她冲进门来的时候瞥了我一眼，明明知道房间里坐着一个大男人，可是脱衣服的时候，却连一点儿顾虑也没有，三下两下就把外衣外裤都脱光了，只是没有脱掉三角裤，而是在脱上衣的时候略略侧过一点儿身子去，可是两只丰满而乌黑的乳房还是袒露无遗。是她进来得太慌忙，没有反应过来房间里有男人？还是她根本就没有羞耻之心，在男人面前脱衣服早就无所谓了？

她旁若无人地擦干了身上的水迹，从枕头底下抽出一件花衬衣来披上。这才再次瞥了我一眼，迟疑了一下，终于拉开了被子，钻进去把半湿的三角裤也换了。

“你怎么这么晚才回来？”

“是不是又去帮那个‘七王妃’干活儿了？”

她一边换衣服，一边回答左邻右舍的问话：

“谁叫咱家我跟她好呢，这叫舍命陪君子，心甘情愿，没得可说。”

“说她是‘七王妃’，她可并不真是王妃呀，怎么就那么娇气？一样的规格，一样的定额，咱们大家伙儿全都早早地完成了，独有她一个人干不了，有你帮着她，还这么晚才回来！”

“这个你就不知道了。她这个人，其实一点儿也不娇气。你是不知道，自从她被送到这里来以后，一颗心可还挂在人家王子的身上，一想到他就哭，饭也吃不下，觉也睡不着。你没看她来的时候又白又胖的，现在都快变成瘦猴儿了，哪儿来的劲儿？要是让她一个人干哪，还不得天黑了见？”

“她们班里，就没人发扬一下风格？”

“大下雨天儿的，又都没带着雨具，这个风格是不大好发扬。各人干完了各人的定额，一个个跑得比兔子还快，整个工地上就剩下‘七王妃’和‘假正经’两个人了。你们猜，是谁帮‘假正经’干完活儿的？我现在发布最新新闻，我亲眼看见一个男人在帮她干活儿！只是距离远，看不清是谁。我估计，八成儿准是那个赵技术员！‘假正经’有老情人帮她，‘七王妃’的小情人帮不了她的忙，只有我跟她是同病相怜，我不帮她，还有谁去帮她呀？”

“哈，原来也有个王子爱上了你呀？封你做第几个王妃？”

“撕你的臭嘴，我说的是我们两个都被学校开除，都上不了学了！我长得又黑又丑，谁爱我呀！能跟她比吗？”

“这可不一定，有爱孙猴儿的，有爱八戒的；有爱白的，就有爱黑的。我要是王子，一定封你做皇后。——就叫黑桃皇后！”

屋子里爆发出一片哄笑声。“黑桃皇后”从被子里跳出来要撕那个损她的姑娘。两个人在炕上炕下追了一圈儿，逃的人气喘吁吁地连连求饶：“别闹了，给你糖吃。今天班长请客吃糖，你不在，我替你抢了一大把来，能不说是大姐姐特别疼你吗？”

“黑桃皇后”看了我一眼，半光着身子一蹦蹦到了慧芳的面前，也就是我的面前：“呵，好你个班长，保密工作做得可真不错呀！昨天还说你没对象呢，今天就来分喜糖了。老实坦白，什么时候认识的？是自个儿‘扑’的，还是人家帮你‘拴’的？我发扬风格去了，你给我留下多少喜糖？”

慧芳被她说得涨成了个大红脸，嗔着说：“该撕你的臭嘴了！你胡咧咧些什么呀？这是我小舅舅！”

这么一说，“黑桃皇后”那黝黑放光的脸上，也飞上了一朵红云，黑里透红，有点儿像是紫色的了。不过，她倒不扭捏作态，而是大大方方地走到了我的面前，光着大腿把两个脚后跟一并，胸脯子一挺，敬了一个军礼，一本正经地说：“报告班长的舅舅，我胡说八道，应该受到处分。该怎么处罚，您就发布命令吧！”

她的表演，又一次引起了全房间人的哄堂大笑。我对这个既淘气又义气的孩子很有好感，就手拿起一个月饼来，往她手上一塞，也一本正经地说：“第一，罚你吃一个月饼；第二，罚你赶紧穿上长裤，可别冻着！”

她一吐舌头，说了句“这样的处罚，我愿意天天接受”，果真捧着个月饼跑回被窝儿里去了。

我望着她的背影赞叹：“你倒是一个挺好的演员呢！”

她从被窝儿里探出头来：“我本来就是学演戏的呀！”

我以为她在跟我开玩笑，不料慧芳给我做了注解：“她本来是戏校的，学的是刀马旦，翻两个跟头，比你走路还轻松！”

“你今年多大？为什么不读书了？”我想起她自己说的和“七王妃”是“同病相怜”的话来，冒失地问了一句，问过了，立刻又想到不应该这样问。

她却似乎不以为意，轻描淡写地说：“过了国庆，我就满十八周岁了。我爸爸是蹬三轮儿的，家里穷，读不起书，干脆就退了学，到这里干活儿来了。”

刚才和她对话的那个女人顶了她一句：“这里挣钱多是不？你倒是想不来呢，可也得行啊！”

她的那张嘴可不肯饶人，立刻反击：“徐姐，你不是在印度尼西亚大使馆里干得好好儿的吗？一个月二三百元钱的工资，比当个局长拿的还多，为什么轻轻松松的打字员不当要到这里来种葡萄？这里的水果好吃，是不？”

那个中年女人吃了一个大窝脖儿，噘了噘嘴想回嘴，却又忍住了，随即抽出一支烟来点着，斜靠在枕头上，不说话了。

我连忙用别的话把她们的抵牾排解开：“你刚才说的‘七王妃’，是不是清朝皇族哇？”

“刀马旦”吃吃地笑着，故意卖关子，不肯明说：“这可是真正的国家一级机密，政府不让说，‘七王妃’自已也不让我们说……”

“噢，有这么严重？”我懂得她所说的“政府”，其实就是队长。在劳改队，一个小小的狱警，开口闭口都可以说“我代表政府”，特别是在宣布奖励或者处分的时候。但这里究竟不是劳改队，也不是教养队，这里的人个个还都是“公民”的身份。于是我转向慧芳：“真是那么一回事儿吗？”

慧芳笑了起来：“她是学唱戏的，拿什么都当戏演。你要是听她的话呀，咸盐里能长虫子，两口子都得分家！她说的那个‘七王妃’，跟她同年，今年还不满十八岁呢！事情嘛，其实也很简单，不用保密。您想啊，什么事情要是连我们都知道了，还会是什么‘国家机密’吗？不过队长倒是说过的，叫我们不要到处乱说，要照顾国际影响。您是不是听说过，有个邻国的王太子在咱们北京大学读书？有一次，这个王太子和一个中学联欢，认识了一个女学生，对这个女学生很感兴趣。两个人悄悄儿来往了一个时期，王太子就向这个女学生求婚。他说按照他们国家的习惯，他登基以后，可以娶一百个妃子。他现在已经有了六个妃子，问她愿意不愿意做第七个妃子。小姑娘的父亲，以前是苏联大使馆的翻译，1957年划了‘右派’，进公安局‘劳改’去了，如今不但家里很穷，就是勉强能维持到她大学毕业，也不会有好工作分给她，所以哪怕就是做第七个小老婆，也觉得比在中国当‘二等公民’强。她这里一点头，王子那边就通过外交途径要正式娶她做妃子。没有想到，这倒害苦了她：过了不久，她就被学校开除，送到这里劳动来了。至于政府部门怎么答复王太子的，咱们不知道，不敢乱说。我想绝不会有什么好话，无非说她作风不正，是个女流氓，已经被学校开除，送农场改造了这些话吧？”

我一听这个‘七王妃’的父亲原先在苏联大使馆当翻译，是个“右派”，而且在公安局劳改，不由得一震：“你知道她父亲叫什么名字吗？”

慧芳摇摇头：“她在我们这里是个出名的人物，她的事情，大伙儿基本上都知道。要问她父亲叫什么名字，那可就谁也不知道了。”

不料“刀马旦”把脖子一梗：“谁说没人知道？姑奶奶我就知道。她父亲姓王，叫王天意，就在咱们大兴县的团河农场右派队劳动教养。上上个星期天，‘七王妃’去看她爸爸，还是我陪她去的呢！”

我心里好像压上了一块铅，神情沮丧地低下了头，不想再问下去了。世界真小，怎么转来转去，尽碰上“自己人”？她说的那个“王天意”，应该叫“王天乙”，也是团河农场“三余庄庄员”之一。上上个星期天他女儿去“接见”，我还没有离开三余庄，我们大家都看见而且一致评为是“右派崽子”中最漂亮的姑娘之一。不过我当时的确没注意她身边还有一个黑不溜秋的姑娘。我们只看见老王抱着女儿哇哇大哭，事后他也没说自己女儿已经进了天堂河，没想到这个无辜加不幸的秘密却让我无意中探听到了。

正在这个时候，钟声响起，这是下班钟，也是开饭钟。房间里的人像开足了发条的玩偶，登时乱转乱窜起来，还在被窝儿里焐着的赶紧蹬上一条长裤、披上一件外衣，乱哄哄地拿起饭盒、饭盆像牛羊出圈似的纷纷挤出房门去。慧芳向我打了个招呼：“小舅舅你坐着，我打饭去。”拿起饭盆来也走了。

这时候，房间里只有一个人没动，就是北墙根儿那个端坐看书不顾天塌下来的戴眼镜的文静姑娘。尽管房间里的人几乎空了，她却无动于衷，依旧低头入神地看她的书。

我踱到她跟前，搭讪着跟她说话：“大伙儿都买饭去了，你怎么不去？还不饿？”

她抬起头，礼节性地向我笑笑：“正因为大伙儿都去了，所以我不去。”说话中分明带着南方口音。

“你的意思是说：你不赶这个热闹？不随这个大流？”

“真有热闹，我还是想看的；真正的大流，我当然随着，我干吗要逆时代潮流而动？不过这时候去排队买饭，却是一种浪费，纯纯粹粹的浪费时间。即便早去的油水大，多给，可那排队的时间白白丢了，岂不可惜？再过半个小时我去买饭，窗口前面一个人也没有，直去直回，该有多痛快？可惜好多人就是想不通这个理儿，一听见钟声响，就好像饿鬼抢投胎似的……”她莞尔一笑，似乎觉得自己的比喻太粗俗了点儿。

“你看的是什么书？”

她不回答，却把书一举，将封皮朝向了我。我学过三年俄文，尽管多年不用了，单词倒也还记得一些，不由得略略有些吃惊：“托尔斯泰的《复活》？你能看懂俄文本？”

“我是俄专的学生，差几个月就毕业了。”

“怎么上这儿来了？”我这是冲口而出，说完了自己又后悔。这里的人，每个人都是一本小说，故事也都不简单，可是这样的问题，对眼前这样的人，出于礼貌，是不应该问的。

“这个无可奉告。不是国家机密，而是无法跟您说清楚。很可能咱们是两个体系、两个世界的人，彼此之间，永远不可能相互了解的，还是不要浪费精力和时间的好。”

那姑娘侃侃而谈，面无愧色。在她看来，这公安局里面的事情，我一个“局外人”，是不可能理解的。我当然不能说“劳改队里的事情我门儿清”，只好“王顾左右而言他”：

“这个我看得出来。在这里，恐怕谁也不会理解你……”

我本来打算多说几句的，再一想：在她的眼睛里，我也是个庸碌小人，仅凭几句话，她也不可能理解我，彼此都是匆匆过客，又何必多费唇舌呢?

这时候，捷足者已经打了饭回来，在各自的炕头吃起来了。菜是西红柿熬茄子，人称“焦赞孟良——红黑二将（酱）”，大米饭倒是挺白的。不久，慧芳也端着饭盆回来了，饭盒里是一个麻辣豆腐，饭盒盖儿上是回锅肉，另一个饭盆里是四个葱油花卷儿。——这是从干部食堂打的饭，也是老队长对我的特别照顾。

吃饭时间，正是这帮女将们最活跃、最开心的时候。说不完的新闻和轶事，当然是以“桃色新闻”为主。也许因为今天有我这个男宾在座，大家还自觉地收敛了一些呢。

我吃了两个花卷儿，其实没饱，但不能再吃了。这时候，先买到饭的人已经吃完，一个个正在“饭后一支烟，赛过活神仙”，弄得房间里烟雾腾腾的；后去买饭的人也陆续回来，正在“欢快热烈的气氛中共进午餐”。

我一眼看见小桂芳也叼起了一支烟卷儿，想起进门来之后一直没有跟她说话，有点儿冷落她了，就借题搭讪：“你这么小的孩子，怎么也学会抽烟了？”

“我都十五了，还小哇？告诉您也许您不信，这个玩意儿，我已经抽了两年多了呢！”

“那么你说说，你为什么要抽烟呢？”

“解烦哪！”

“小孩子家，也有烦恼？”

“烦事儿多着呢！比谁都多！”

“噢？你倒是说说看？”

“休息了，别人都回家，就不许我回去；别人都有朋友，就不许我交朋友；别人都上公园，就不许我上公园；别人都可以穿裙子，就不许我穿裙子……还有许许多多事情，别人都行，一到我这里就都不行了，你说烦不烦？”

我笑了起来：“这还不简单？就因为你年纪小呗！就拿抽烟来说，不管别人抽不抽，我就劝你不要抽。我不跟你讲大道理，更不强迫你，我只问你一句：你心里烦，抽支烟，就不烦了？真要有这功能，我也抽！只怕就像借酒浇愁一样，结果是愁上加愁吧？”

我这一席话，说得小桂芳哑口无言，却逗得大伙儿哈哈大笑起来。

又坐了一会儿，我知道饭后是她们法定的午休时间，一个大男人留在女工宿舍里，总不方便，看看天空，雨已经不下了，就起身告辞。

慧芳也不留我。我提起半导体盒子来，跟刚才说过话的几个人点了点头，算是告别。她们要我下次路过这里的时候再来，“黑桃皇后”说了声“下次我还愿意挨您的罚”，小桂芳还再次跟我挤挤眼睛，给了我一个甜甜的媚眼。我嘴上答应着，心里知道：这种戏，偶尔上演一次倒还可以，经常演出，可就要露马脚了。

慧芳一定要送我到汽车站。既然她成了我的外甥女儿，戏不能不演得更像些，何况我还有许多话要问她呢！

一出大门，我就迫不及待地问她那个能读洋书的女学士是怎么回事情。她说：这个人姓王，江苏省常熟人，在俄专读书的时候，认识了一个阿尔巴尼亚留学生，不久就相爱并且同居了。阿尔巴尼亚留学生回国之前，俩人提出来要结婚，不料她得到的不是结婚证书，却是一张开除学籍的通知书，罪名是“洋妓”！

这里需要特别解释一下，“洋妓”一词，也是不见于现代汉语词典却在公安局内广泛通行的“专业词语”。所谓“洋妓”，按汉语构词法，应该与“洋火”“洋蜡”“洋葱”一样，指的是“外国来的妓女”，但是在公安局，汉语构词法也有例外——“洋妓”指的并不是“外籍妓女”，而是指专门接外籍嫖客的中国妓女。尽管从构词法角度看是不通的，但在公安局内部却通行了许多年。这种不合汉语语法的“公安语汇”，在公安局内特别多。除了刚才说过的“接见”之外，例如“吉跑”，如果不告诉你，你把脑袋想破了，也不知道是什么意思。——原来，上个世纪五十年代后期，北京市取消人力交通三轮车，却无法安置这些年龄不小、又没文化的“三轮车夫”，就把他们移民到吉林省当农民。可是在北京住惯了的“城里人”，不但不习惯农村生活，也不会种地，结果有许多人就跑回来了。他们不算犯罪，可是已经没有了北京市户口，属于“盲流”。他们宁可被收容“组织劳动”或“劳动教养”，也不愿意回吉林去。这些人，在公安局内部，就被称为“吉跑”。

那时候，公安局判断一个中国姑娘是不是“洋妓”，其标准只有一条——那就是是不是已经跟洋人睡过觉。至于跟几个人睡过，是拿钱还是贴钱，倒是不理论的。姓王的并不隐瞒，承认自己跟人家同居过，于是罪名就这样成立了。

慧芳接着跟我说：姓王的“女学士”来到这里以后，心里不服，四处告状，说明自己爱的只有一个人，绝没有跟另外一个洋人有过关系，而且阿尔巴尼亚留学生都是公派的，特别穷，上饭馆大都是她付钱，不但没给她买过一件衣服，连那个人穿的毛线衣都是她省下补助来给他织的。但是这没有用，告状的结果，是她被送到这里来，阿尔巴尼亚留学生则提前遣返，谁也没有得到好果子吃。直到今天，她还不服，依旧写了状子到处告——公安局、法院、检察院、妇联、国务院、人大，连党中央接待站都去过了。不但什么作用、什么结果也没有，据队长晚上点名的时候说，所有的申诉材料，统统都转回到分场部来了，管教干事也找她谈过好几次，最后警告她：要是再不收敛，就说明她对自己的错误根本没有认识，就要加重处分。也就是说，她很可能要升一级，从不算处分的“组织劳动”上升为“最高行政处分”——劳动教养了。

我又一次沉默下来。慧芳苦笑着问我：“您听了这些话，心里难受，是不是？告诉您吧，像这样的冤枉，我们这里多了去了。就拿徐姐来说吧，她解放以前当过舞女这不假，不过那也是为了生活，为了供弟弟、妹妹上学读书。新中国成立以后，她在印度尼西亚大使馆当打字员，一个月工资好几百，也不知道谁眼红了，说她挣得比部长、副总理还多，愣是不许她在那里干了，还把她给弄到这里来。你说这叫招谁惹谁了？不就是年轻那会儿漂亮点儿，舞跳得好点儿吗？可人家现在快四十岁的人了，连个丈夫都没有。刘桂芳是只知道自己烦，不知道人人都有一本难念的经。其实呀，谁都比她烦呢！”

她一提桂芳，正是我想解开的谜团之一，就问她刚才桂芳诉的那一大堆苦，究竟是什么意思。再问她：今天不是天堂河农场的休息日，别人都劳动，她和桂芳怎么倒能到大兴县城里去闲逛。

我这一问，没想到慧芳倒显得很为难的样子，沉默着犹豫了好久，这才吞吞吐吐地说：“她的事儿，按说我是不应该告诉您的。跟您说实话吧，她的事儿实在太恶心，不大说得出口；不跟您说实话吧，辜负您冒险进了一次‘女儿国’，不收集点儿真实素材回去，又太冤枉了。桂芳的爹，听说是国民党的一个团长，1948年死在战场上了，留下了孤儿寡母，无法生活，就流落到北京来。她妈不知道是被骗还是被逼，嫁给了一个在天桥打杂混饭吃的汉子做填房，对方也有一个儿子，一家四口，日子过得很不松心。时间一长，桂芳其实还没有长大，爷儿俩都打开了她的主意。在她十二岁那一年，也不知道是谁先动的手，总之是爷儿俩都得手了。这孩子发育得早，十三岁那年就怀了孕，连她自己也说不清是爸爸的还是哥哥的。学校里发现了，她怕家里打闹、妈妈受苦，还死活不肯说实话，结果落了一个开除处分，强制做了人工流产以后，给送到这里来了。这事儿一做开了头，她破罐子破摔，不管不顾了，干脆就指着这个赚钱。每逢休息日，她就到天坛、陶然亭这些夜里没有路灯的公园去卖，让派出所逮住好几回了。抓住她，她就说是流氓截她，她也没辙；抓不住，她就落几个零花钱。上个星期我们休息，包的汽车都开进院子里来了，我们都准备上车了，有人报告分场部，说桂芳的裙子里面那条衬裤是带拉锁的。陈干事拦住她掀起她的裙子来一看，立刻发了大火，罚她不许休息，临开车之前，愣把她给扣下了。扣下她，还得一个人看着她不是？这就临时把我也留下了，只为我是她的班长。不过话也说明白了：下次休息，给我补上，桂芳不补。今天是她闹着一定要上街买东西，我们的老队长是孟良崮战役起义的，也许当年就是桂芳她爹的部下，平时对桂芳就有点儿另眼相看，总说她年纪小，是受害者，处处护着她。这次又开了恩，准了她半天假，让我带着她进城去。”

我没有想到这个年仅十五的小姑娘，竟是一只自觉自愿的小“野鸡”。再往前想想，这样的悲剧，究竟是谁造成的呢？是她自己，是她爸爸，还是战争抑或社会？我沉默了一阵子，接着问：“咱们俩演的戏，她会到队长那里捅出来么？”

慧芳很自信地摇摇头：“这个绝不会。甭说这个主意是她出的了，即便不是她出的，她这个在福长街长大的孩子，性格脾气我了解，别看她年纪不大，重义气、不出卖朋友，是她做人的第一信条。何况我是她的班长，我管着她的时候，给过她的方便也不少，她不会干这种损人不利己的事情的。”

尽管我也算是个作家，自谓“阅人多矣”，但是对这个特殊世界里的特殊女人，懂得的实在太少了。我觉得今天收获颇丰，绝不虚此一行。

说话间来到了上午我帮人干活儿的那个地方，我指着一个苹果栽植坑告诉慧芳，这就是我的劳动成果，同时给她描绘了一番那个在雨中挣扎着干活儿的姑娘的可怜相，问她可认识李全真此人，为什么就没个人同情她，帮她把活儿干完了一起收工。

慧芳首先对我的活儿干得如此漂亮感到惊讶，接着就说：“您帮她完成了任务的那个李全真，跟‘七王妃’是一个班的。她自己所讲的情况，基本属实，不过也有三条没说清楚：第一，她父母亲都没了，家里只有她哥哥、嫂子。其实两个人挣钱养她一个绝没问题，可她自己要强，不愿意在家里吃闲饭，一定要自己挣钱养活自己，还要想办法拿到北京户口。这可好，挣钱挣到这里面来了。第二，她自命清高，觉得自己没有犯过错误，跟这里的人都不一样，眼睛里看不起人家，处处不合群儿，还特别爱打小报告：跟队长说这个人怎么不好，那个人又怎么不好。班里甚至全中队的人都不喜欢她，给她起了个外号叫‘李全憎’，结果成了孤家寡人，谁都不爱理她了。第三，她自从来到二分场以后，就走上层路线，拼命讨好队长、干事、技术员、统计员这些人，所以这半年多来，她总是干最轻松的活儿。她不是告诉您她在放水班里干过吗？您不知道，果园放水，累起来累死，闲起来闲死。如果一切顺利，只要开一个口子，让水自己流进床子里去，水到了头了，把畦口堵上，就算完事儿，一天也动不了几铁锹；要是不顺利，埂埝上缺口跑水，堵起口子来，那个紧张劲儿跟打仗玩儿命也差不多。特别是这里的沙土地，跑起口子来，用铁锹铲土根本堵不住。泼辣的姐儿们，就整个人横躺在口子上，先挡住了激流，再让别人在她身后一锹一锹重新叠起一条埂埝来。堵完了口子，姐儿几个是人是猴儿也分不出来了。‘李全憎’是个娇滴滴的姑娘，哪儿干得了这个？调她到放水班，是技术员的主意，一者放水班的分儿高、工资多，二者技术员可能有他不可告人的目的。她到了放水班以后只会干一件事情，就是坐在水泵房里看电闸：床子里水满了，要堵口子了，放水的人大喊一声‘关闸’，她把电闸一拉；口子堵上了，再大喊一声‘开闸’，她把电闸一合，就完成了任务。别人放水，穿的是裤衩背心儿，一身泥巴，全身湿透；她放水，穿的是连衣裙，全身上下干干净净，连一个泥点子都没有。可她是技术员点名的，连放水班班长都拿她没辙，让她一连轻松舒坦了好几个月。直到前不久，她感冒了住院，才发现怀孕已经三个多月。陈干事再三问她孩子是谁的，她就是不肯说。算日子，是六七月间有的，那时候她常常上夜班放水，只有她一个人坐在水泵房里，时间、机会、条件都很充分。大家心里也都明白，她怀的很有可能是技术员的种子。因为整个二分场拢共没有几个男人，除了干部之外，就只有技术员有机会接近她。果园放水，技术员有责任检查、指导，可又没有固定地点，跑到水泵房去睡上三个钟头也不会有人知道。这个技术员，是从团河农场调来的，听说还是个国民党特务，劳改释放出来的，不但有老婆，孩子都老大不小的了。其实，这种事情，在我们这里不说月月都有吧，至少年年有。说清楚了，写一张检讨，进一趟医院，回来躺两天，也没人大惊小怪的。偏偏这丫头死心眼子，咬住了牙关就是不肯说。这一来，干事也火儿了，干脆不再问她，且看是谁沉得住气儿，还不许耽误天天出工——流产了活该。这就是大伙儿都不爱理她的根本原因，还给她起了一个新的外号，叫‘假正经’。要不是你这个不明底细的好心人帮她一把，只怕到现在她还在那里崴泥呢！”

俗话说，“三个女人一台戏”。这里集中了五百多个女人，而且个个都是惹是生非的“罗刹女”，不懂得什么叫作安分守己，这里的故事之多，可以想见。我不过是偶然地闯进这个“女儿国”来做了两个小时的客人，听到的故事，就够我写几篇小说的了，要是在这里扎根儿，深入生活一个时期，把每一个典型人物的心理状态都摸透了，写一部传世之作，还有问题么？

我们边走边说，终于又到了天宫院汽车站。这里来往的长途汽车多，每隔十几分钟就有一辆车停靠。我这小半天儿的经历，也可以说是一场奇遇，说起来，应该感谢这个临时客串的“外甥女儿”。如果我现在依旧是个作家，也许我会以假乱真抓住这条线索不放，来一个顺藤摸瓜，从而写一部《女儿国探秘》或《人间的天堂静悄悄》之类的。但是现在我姓了“西贝”，“西洋景”不能拆穿，“天堂”之行，可一而不可再。车站上只有我们两个人了，我很诚恳地感谢了她，说她给我增加了许多见识。她拉着我的手，真像我的亲外甥女儿似的，靠得我很近很近，居然有了一点儿依依不舍的样子。我见她鼓了好几次勇气，方才用很低的声音问我：“下个星期日，我可以休息四天，能和您再见面吗？”

我的天，下个星期日，可不是我的休息日！不过这话我怎么跟她说？我只能潇洒地表示：“当然很愿意再见到你。有许多故事，我还想接着听呢，特别是关于你自己的。”

“那么，咱们在哪儿见？”

“你家不是住在草岚子胡同吗？那里离北海公园近，上午九点，咱们在北海前门见，怎么样？”

“不行，不行，公园我不能去，那里磕头碰脑的尽是熟人，说句话也不方便。”

“那就在电影院门口吧。从你家往西，是红楼电影院和胜利电影院，往东是蟾宫，你愿意到哪家？”

“哪家也不行。电影院门口，认识我的人更多。您不能……不能把您的地址告诉我，让我去找您么？”

“我住在西郊，远着哪。再说，单身宿舍里人多，你来也不方便。干脆，我到你家里找你吧？”

“那也不行。我爸脾气不好，一有男的来找我，他就骂人。还是找个远点儿的地方，清静点儿的地方吧！”

虽然她没有告诉我她自己是怎么进“天堂”的，但从她拒绝与我在公园或者电影院门口见面，声称那里熟人太多，家里又不许男人进门，就可以想见她当年是一个怎样的“活跃分子”了。我灵机一动，对她说：“有个地方，特别清静，离你家也近……”

“什么地方？”

“北京图书馆。咱们在主楼大阅览室门口见。怎么样？”

“好，太好了！到那里，准碰不上熟人。咱们说好了，上午九点，不见不散。”——从她的话里，我终于明白了：她的朋友中，大概不会有读书人。

“不，一过九点要是我不到，就是我临时有别的事情去不了了，你别傻等。”

这时候，一辆车子开过来“嘎”地停下，我急忙迈上车去。车门关上，她在下面大声问：“如果到时候您来不了，那咱们怎么联系呀？”

“我给你家里写信吧！”

车子开动了，她紧追了几步，大喊：“千万别给我家里写信！有时间，就到我这里来吧！”

这个傻姑娘，她怎么就想不到：为什么我不给她留通信地址或者电话号码？

她当然不会想到，我已经骗了她一次，可不想把她骗得太苦了。

四、破镜难圆，新镜难得

从“天堂”回来，我的眼前时时闪现出那几个“天堂神女”。

根据我以往与女孩子们周旋的经验，我明显地感觉到：张慧芳和刘桂芳对我都有好感，都希望再次见到我，并希望感情和关系都有所发展。当然，她们两个对我的要求绝不一样：一个是希望我给她带来永久的幸福，脱离这个她并不喜欢的“天堂”；一个则是希望我带给她暂时的幸福，每逢星期假日希望我带她去看电影、上饭馆儿、逛公园，做一天我的临时小夫人，然后从我这里带走一笔不多也不少的“零花钱”。

自从我进了劳改农场以后不久，原来与我同一个单位工作的妻子，也得到了“下放劳动锻炼”的恩遇，被发配到江苏海门中学当英语教师去了。当然，这与我戴上了“桂冠”有关系。在这个“株连十族”的社会，这几乎是每一个“右派”家属所无法避免的命运，她不得不向法院递交了一份离婚申请。她是“社会主义建设积极分子”“全国三八红旗手”，而我则是“反党反人民反社会主义的右派分子”，我们两个已经不是“一股道儿上跑的车”。“划清政治界线”这样的离婚理由，法院连调解也不考虑，派了一个司法警察把一纸判决书给我送来，让我签字“表示同意离婚”，案子就算“完满了结”。

按照劳改农场的规定，尽管我已经有了一年十四天的探亲假，但还要经过一年之后，才有机会回上海去可能和“离妻”重逢。对于自己“三等公民”的身份，我很明确；无法再和妻女重新团聚，也是明摆着的事儿。

“二劳改”们并不个个都是光棍儿汉，有老婆家室的人可以分为两类：一类是判刑劳改之前的老夫老妻，老伴儿考虑到既成事实和儿孙满堂，拆散不如凑合，就这么将就着过。这些人大都是“老反革命”，年龄大都在五十岁上下，他们有的当年曾经高官厚禄，但现在却要靠那41.6元或36.5元钱养活老婆孩子，平时吃饭连两毛钱一个的肉菜都舍不得买，两个星期回一趟家，带回来一罐子炸酱，竟要对付半个月。这样的“家”不是家，用他们自己的话来说，那是扛在肩上的“枷”！

另一类有老婆的是年轻人，大都是当了“二劳改”以后才娶的媳妇儿。他们大都是老实巴交或比较老实的小青年，省吃俭用攒够了几百块钱，就到外省或北京郊区穷困的农村去娶个“向阳花儿”（当时有一首歌曲叫《社员都是向阳花儿》，因此人们把农村姑娘戏称为“向阳花儿”），租一间有炕的小屋，给姑娘买几件衣裳，连床都不用买，就算有了“家”了。以后每月回家去住上三四天，撂下十元二十元钱，双方就都心满意足。

三余庄右派教养队第一个结婚的是张永贤。他原本是北京工业学院（北京理工大学）教“陀螺仪”的老师，才二十八岁。“解教摘帽”以后，他留在中队部统计室当统计员，经人介绍，在延庆娶了个十八岁的农村姑娘，也加入到每两周回家住两天的“牛郎织女”小分队。对于这样的婚姻，说不清是美满还是不美满。

此外，还有一种是自称“玩儿闹”的“哥儿们”（实际上就是“氓爷”），他们在天堂河农场找一个与自己身份相当的“姐儿们”（流氓黑话叫做“圈子”），反正彼此“肩膀一般齐”，谁也不嫌弃谁，就这样瞎凑合着过。

这“第三种人”，有的经过正式登记，领有结婚证，有的根本就不登记，反正没有家，正确地说是用不着家——因为天堂河农场和团河农场都属于北京市公安局管，都是每两个星期休息两天，但是为了适当减少“不安定分子”进城闹事，所以两个农场的休息日是错开的：一个星期团河农场休息，一个星期天堂河农场休息。两口子休息日赶不到一块儿，那怎么办呢？好在“玩儿闹”的哥儿们、姐儿们对住宿的条件要求不高，甚至极低：他们经常男男女女的一大帮人晚上在一起鬼混，流氓黑话叫做“刷夜”（可能是从四川话“耍了一夜”发展音变而来）。只要天气不是很冷，不是刮风下雨，什么地方都可以“喜度良宵”——门洞里、空卡车的车厢里、未完工的建筑里，甚至马路边的空水泥管道里，只要下面铺一块塑料布，上面遮一条床单，就可以相拥而卧，共赴巫山阳台。

因此，每逢天堂河农场休息日的前一天下午四点多钟，不是一批批打扮得像花蝴蝶似的姑娘们结伴到团河农场来找自己的丈夫或相好的，就是一拨拨膀大腰圆的小伙子蹬着自行车到天宫院车站马路边去接自己的“小蜜儿”。——“小蜜儿”也是北京的流氓黑话，可能从“Miss”一词发展而来，是某一个氓爷对属于自己的“小圈子”的爱称。

在这里，我特别强调“膀大腰圆”四个字，是有原因的。因为天堂河农场一共十个分场，其中只有二分场是女队，其余各分场全是男队。每逢休息日的下午四点，由各分场包的交通车直接把男男女女送进城里的某一个集散点，然后各自分头回家。那些在团河农场有丈夫或情人的，则不坐分场包下的交通车，而是步行到天宫院车站，或等各自的男人来接，或坐公共汽车到黄村镇再步行三五里路到团河农场，和所爱的人欢聚。

她们的这些活动规律，被另外一些分场或团河农场的“氓爷”们知道以后，就有人专门在那一天那个时候到天堂河农场与团河农场之间的路上等候，看见有漂亮的“天堂神女”过来，单身的，就往马路边的玉米地里拽；有“保镖”的，只要甩一句：“哥儿们，是让你的小蜜儿跟我走，还是咱哥儿俩练练？”那“保镖”如果是膀大腰圆的，也有胆量，当时就会拳脚相向，“练”将起来。“小蜜儿”呢，则一声不响地在旁边看着，等待战争的胜负。因为按照“氓界”的规矩，她是只能也必须跟决斗取胜的一方走的。自古美女爱英雄，也可能是动物界为了保持良种在交配之前雄性动物要进行一场角斗从而占有雌性的基因遗传，总之，这样“优胜劣汰”的结果，最后带走她的，必然是“打遍天下无敌手”的“盖世英雄”。因此，不是膀大腰圆的汉子，就不必也不敢亲自到“天堂”去接自己的“神女”。

我刚从教养中队把铺盖行李搬到就业中队的头一个星期六，就遇上了天堂河农场休息。那一天，我可是真的“开了眼”了，也可以说正是因为有了那一天的初次开眼，才有我后来萌发了闯进“天堂”去一看究竟的欲望。

那天下午四五点钟，凡是“天堂河女队有人”的，有的提前收工，蹬上自行车“溜号”了；有的任务没完成，或与班长、技术员的关系没搞好，不敢也不能溜号，只好心不在焉地继续干活儿，两只眼睛却时不时地瞟向农道，期待着自己的“小蜜儿”会突然从天而降。

收工以后，已经有好几对儿夫妻或“准夫妻”团聚上了。院子里，摞起两三只反扣过来的空葡萄箱，就是一张小巧的餐桌，餐桌上除了放着从食堂打来的饭菜之外，还有花生米、猪头肉、二锅头之类。在餐桌旁边就座共进晚餐的，除了成对儿的夫妻或准夫妻之外，也会有一个或两个男方的“知己哥儿们”侧坐相陪，这些人往往就是出钱打酒卖肉的主儿。其动机，除了共进晚餐和分享快乐之外，当然也希望通过女方的牵线搭桥，从而为自己也招来一个“小蜜儿”。

这些天堂神女们，大都具有两种特性，其一是相当风骚，一举一动都在搔首弄姿，连眼睛眉毛都会说话，有的甚至相当漂亮，会令人产生“白白糟蹋了这样美的脸蛋儿和身材简直是罪恶”的感觉；其二是旁若无人，她们来到我们这个男人的世界，简直就无所顾忌，肆无忌惮地大声呼喊、纵声嬉笑、高声打闹，甚至敢于和男人一杯对一杯地用二锅头对干，说一些连男人都不敢那么放肆的粗话。

只有与我同一个班的小崔，却垂头丧气，别人都吃完了饭了，他还没到食堂去打饭。原因嘛，其实也很简单，别人的“小蜜儿”大都准时到达了，只有他的老相好却迟迟不见影子。一直到了天色都暗下来了，他才不得不拿上饭盆儿到食堂去把饭打回来，而且打的是一个人的饭。他这里刚打回饭来，还没坐下，他的“小蜜儿”就风风火火地冲进来了：头发蓬乱，屁股上和后背的衣服上沾了许多尘土。她一进门，小崔的气儿不打一处来，把饭菜往铺板上“嗵”地一顿，没好气儿地问：“你到哪里去了？怎么直到这时候才来？”

他的“小蜜儿”是个胖墩墩的姑娘，浓眉大眼高鼻梁，年纪不过二十岁上下，后来得知外号人称“古兰达姆”——这本是电影《冰山上的来客》中的一个女主角，因为长相与她相似，就成了她的外号了。她受到了数落，也一肚子委屈地叫喊起来：“来晚了，我愿意吗？我一出门儿，就让仨小伙子给截到玉米地里去了，折腾了我一个多小时，要不是我给他们说好话，到这会儿还不放我呢。”

小崔一听，火气更大了："怎么回回截你都跟人家走？你就不会不跟吗？"

"古兰达姆"也不客气地回敬："你倒说得轻巧。别说他们是三个人了，就是一个对一个，我也不是个儿呀！不就是晚到这么一会儿嘛，要是让他们把盘儿给花儿了，那才划不来呢！你要是真疼我，就应该去接我，可你又没那德行、没那胆儿！"

她说的话中，有几句是流氓黑话，需要解释一下：她说的"盘儿"，指的是"脸蛋儿"；她说的"花儿了"，指的是用刀子把脸蛋儿划破了。

小两口儿的争执，自然有人给劝开了。没过多一会儿，小崔就又到食堂去打回一份儿饭菜，两个人有说有笑地吃起来，相好的让人家给截走又拉到玉米地里去"折腾"一个多小时的事儿，也就这样"揭了过去"，不再提起了。——倒好像他的相好女人没有让人拉进玉米地里去强奸过，而是上饭馆吃了一顿美餐那么轻松，那么无所谓!

后来我才得知，这个小崔，以前是在京剧团里演小旦的，面皮白净，人也文质彬彬，根本就不会打架。自从他跟"古兰达姆"好上以后，也曾经上天堂河农场去接过自己的"小蜜儿"，可头一次出马，"两口子"正高高兴兴地往回走，半道儿上就让人给"截"了，三拳两脚，打得他叫爹喊娘地求饶。那"英雄"饶了他，然后名正言顺地把"古兰达姆"拽进玉米地里去了。不过这个"古兰达姆"却与别的姐儿们很不一样，她是不爱英雄爱小白脸儿，哪怕舍出身子去让人家"折腾"，也要保护小崔不挨打，还一直跟小崔保持甜甜蜜蜜的相好关系。

这一夜，中队里来了"五朵金花儿"：俱乐部的乒乓球桌上睡一对儿，打地铺躺着一对儿，还有三对儿没地方，就统统进了水泵房。

大兴县的地下水资源十分丰富，团河农场附近没有河流，正确地说，虽然既有龙河也有凤河，但只是名字相当好听，却不过是两条雨季到来之后的泄水沟，平时是点水不流的，农田灌溉主要靠地下水。因此，团河农场每个中队都有好几个水泵房。水泵房有大有小，小的只有四平方米，正中一台水泵，墙上一个电闸，水泵四周不过二尺来宽；大的大约有六平方米，水泵偏向一边，另一边大约有一张单人床大小的空地，那是为施肥的时候万一遇上下雨临时用来堆放化肥的。小崔和"古兰达姆"他们六个人一起住的那间水泵房虽然是全中队最大的，但在这样小小的一块地盘上居然能够同时容纳三对儿男女过夜，在我看来，不能不说是个“奇迹”。

第三天，等那些“神女”们全都走了以后，我悄悄儿跑到水泵房去“实地考察”了一下，只见在那两平方米左右的一块空地上，铺着一层稻草，此外就什么也没有了。这时候正好中队技术员进来，我不禁连连感叹人的适应性真强！技术员也笑着打趣说：“他们那六个人，是两个两个摞着睡的，所以只要有三个人能够躺下的地位就够了。”他还即兴赋诗一首：“小小水泵房，没有一张床；夜来云雨过，三对野鸳鸯。”说罢哈哈笑着走了。

孔老夫子说：“饮食男女，人之大欲存焉。”三年饥荒期间，肚子饿得咕咕叫，连路都走不动，当然不会想到女人；如今勉强能够吃饱了，作为一个正常的中年男性，我对异性的情爱和家庭的温馨都有一种需求感和迫切感。但是见识过这样的场面之后，我知难而退了，并下定了这样的决心：只要我不离开劳改农场，绝不娶媳妇儿。破镜难圆，那就别圆吧。这不单单是因为我挣这32块钱无法养活老婆孩子，更主要的还是我不想像他们那样挤在俱乐部或水泵房里过这种“集体的夫妻生活”！

五、人人憎厌，我却不憎

在这样的思想指导下，我这次闯进“天堂”，只为一开眼界，确确实实没有想在“天堂”里找对象的意思。尽管慧芳连连向我靠近，桂芳频频向我暗送秋波，但我回到二中队，躺到自己的铺位上，却暗暗打定了主意：天堂之行，可一而不可再。慧芳嘛，听她自己所说，这里那里的人都认识她，肯定也是个“玩儿闹”的“圈子”无疑。如果我带她出去，万一碰上个膀大腰圆的“氓爷”上来要“截圈子”，我可没那能耐跟他们耍胳膊根儿。何况她还没有那么多的动人之处，值得我去为她做出这样的牺牲。因此，下个星期天的约会，我是不打算去的。至于桂芳嘛，尽管她早熟，也有些楚楚可怜之处，人很聪明，胆子也大，看上去比慧芳还可爱些，但她到底还是个孩子。这样小的姑娘，即便是逢场作戏，即便是一宗买卖，尽管她是自愿的，似乎也不应该、不忍心。

相比之下，我倒觉得李全真和那个俄专的学生还有可取之处。李全真虽然可能在技术员的引诱之下失了身、怀了孕，但应该考虑到任何人都有意志薄弱的时候，何况是在那样的环境和条件之下，对一个无助的弱女子，绝不应该有太高的苛求。俄专的学生则根本就没有罪，既然“无产阶级无祖国”，相爱的男女为什么要分国界呢？糟的是那个阿尔巴尼亚留学生已经被遣送回国，她就是有通天的本事，可能这一辈子也别想再见到她的如意郎君了。

不过，这也是我“比较而言之”的念头，真要我去跟她们求爱，似乎还不到时候。不说感情因素，即便想找对象结穷婚，手头没有几百元积蓄，想都不用想，而要想从我这每月三十二元工资中“攒下”二三百元，至少也要三五年。

转眼又过了一个星期。到了星期六下午，这一回“古兰达姆”不知道使出了什么高招儿，居然没被“氓爷”半道儿上截走，而是早早儿地就来到了小崔的身边。第二次见面，“古兰达姆”跟我也算熟识了，因为我的铺位紧挨着小崔，所以吃饭的时候，她也笑着向我点点头，算是跟我打招呼。

他们两个一边吃饭一边嘻嘻哈哈地聊着各自的所见所闻，聊着聊着终于聊到了“天堂”中最近一周来所发生的最新新闻。“古兰达姆”说：就在今天下午四点钟她们提前收工之后，分场部召集了全场职工开了个简短的会，由分场长宣布了姓王的那个俄专学生劳动教养的决定，原因就在于她对自己的错误缺乏认识，四处告状，这一回，她算是把自己给告下来了。最后，分场长还捎带着点了李全真一板：如果再不认识自己的错误，不主动坦白交代、认真检讨，下次休息，就别想回家了，等等。接着，她就评论起这两个“大傻帽”的“死心眼儿”来。我却被她说得陷进了沉思之中，再也听不见她说的是什么了。

我居然也为这两个“傻姑娘”的“死心眼子”发起愁来。“理”这个东西，是只能够跟“懂理”或“讲理”的人去理论的，劳改队里的队长，有几个是真正懂得“理”的？古话说，“秀才碰见兵，有理讲不清”，就因为那时候当兵的既不懂理也不讲理。一个精通俄语的大学生已经被毁灭、被糟蹋了，另一个无辜的姑娘难道也要这样自己葬送自己么？

我一边吃饭一边沉思，眼前闪现的是那张被雨水淋湿了的苍白的脸，居然不知道吃的是什么东西，味道是咸是淡。我总觉得：这个无辜的姑娘，根本就不值得为那个完全出于逢场作戏而又不负责任的男人去做出这样重大的牺牲。是她的本性善良？还是受人蒙蔽？她的周围怎么就没个明白人给她点拨点拨呢？大家不喜欢她，叫她“李全憎”，我却觉得她并不那么可憎。根本原因，在于她和“小圈子”们不是一个体系，既不能相容相处，也不可同日而语。

我立刻做出了决定：明天我必须进城去，去和慧芳见面，目的是通过她，交给李全真一封信。我打算用我的生花妙笔剀剀切切地开导她一番，尽管我与她只有一面之交，但我相信她一定会听我的话。

难办的是明天我们不休息。公安局为了减少是非，有意不让团河和天堂河的怨男旷女们有会面的机会。当然，“二劳改”们出工没有武警押着，农场四周也没有高墙或铁丝网，年轻的小哥儿们要去与“小蜜儿”幽会，办法多得很：或直接从工地上溜号（园林工每人管理一个葡萄床，一进了葡萄园谁也看不见谁），或者先泡病号，等别人都出工了，再悄悄儿溜出去。但是我刚到园林队没几天，还不到独自管理一个葡萄床的技术水平，目前还只能给班长打打下手，根本离不开班长的眼皮子底下。更主要的是时间来不及，不论我是从工地溜号还是假借上医务所看病再溜号，九点钟是无论如何赶不到北京图书馆的。我得想一个主意，正大光明、合理合法地一早就进城去。

管理我这个小队的小队长叫王承宗，小个儿，三十多岁年纪，就已经头发稀疏，几乎秃头了。仅仅因为中队长也姓王，年纪比他大，所以大家都叫他“小王队长”。1948年以前，他在北京有名的“馄饨侯”那里当学徒，据说还是个地下党员或参加过党的外围组织，新中国成立后不知道怎么的进了公安局第五处，当过食堂管理员。他有一手极快的包饺子本事：三个人擀皮子，不够他一个人包的，只见他一手抓起一摞饺子皮儿来，就只看见一个个饺子从他手里往外飞；反过来，如果他擀皮子，只看见饺子皮儿一张张往外飞，即使三个人包也来不及。他本来文化不高，通过顽强的毅力自学，不久就提高到了中学水平。“文革”前第一次号召学“毛著”，他学得很认真，心得体会写得相当好。根据他的表现，也许是他自己的要求，就调到团河农场园林队来当小队长了。他是个典型的“沙威”式的警察，对园林业务并不熟悉，生产上的事情他也不怎么管，主要依靠技术员，但是对“老就们”的政治学习和思想教育却抓得特别紧，天天晚上组织全小队读报，而且还要讨论，由他自己坐镇，比别的小队严多了。他有一个特点：对小流氓特别凶，从来不给一个笑脸，对老“反革命”次之，独有对“右派”却特别客气。我来二中队的时间虽然不长，但是我读报主动、发言踊跃、劳动积极，还主动在全中队教唱歌，生活上更是规规矩矩，不违犯一点儿“场规纪律”，所以他对我的印象相当好，见了面总是笑嘻嘻的。农场的规定：请一天假，小队长有权批准；两天以上，就得中队批。我利用了这个关系，打算去找小王队长请假。

要想请假进城，得有“急事儿”。我有什么急茬儿，非得明天进城不可呢？眉头一皱，计上心来：我的眼镜儿，1961年在北京市监狱剧团的时候打碎了，当时就曾经请假出去到精益眼镜公司重配了一副，那副碎的并没有扔掉，原本不过想万一再坏了可以用来拆零件，如今就拿它来做个借口吧。

我把戴着的眼镜摘下来藏进口袋，却把破眼镜找出来，拿到小王队长面前，要求明天请假一天，进城配眼镜去。——当时大兴县根本就没有配眼镜的地方，进“北京城”去配，是唯一的选择。

小王队长先是要求我克服几天，等到公休了再配，但是我却声称我没有眼镜什么也看不见，如今正在采摘二茬果，根本没法干活儿；接着就要剪枝，剪错了枝条还是小事儿，要是把自己的手指头剪下来，可就是大事儿了。小王队长听我说得邪乎，沉吟了一下，只说了一句：“你没了眼镜，进城可得小心，快去快回。”一天事假，就这样“诳”下来了。

我回到宿舍，“古兰达姆”还在和小崔又喊又叫又打又闹地起腻，一会儿滚在一起，一会儿搂在一起，简直是旁若无人。反正星期六晚上是法定的“自由活动”时间，不读报也不讨论，我就盘腿坐在铺上，恳恳切切地给李全真写起信来。

信写得很简单：我先告诉她，我就是那天帮她挖苹果坑的人，接着写我到二分场以后听说了她的事情。第一，我对她目前的处境深表同情，第二；我对她所遇见的麻烦表示惋惜。然后很坦率地告诉她：第一，对那个玷污了她却不负责任的男人绝不能姑息，尽管你不想报复，但至少应该杜绝他故伎重演；第二，所怀孽种，绝不能留恋，一定要根绝，不然的话，将造成终身的拖累和遗憾。如果因为超过五个月怕手术有危险，我嫂子的嫂子是北大医院妇产科的主任医师，这个后门我出面帮她走。最后请她慎重考虑后，在下个休息日上午九点到北京图书馆主楼门前等我，一者那里清静，二者离北大医院近，走几步就到。

我写完了信，又反复看了几遍，自己觉得态度是明朗的，言词是恳切的，特别是我曾经在雨天帮她挖过苹果坑，给她留下过“大侠风度”的印象，这回再次援手，对她来说也不会感到突然。我想，只要她还爱自己，她一定会接受我的帮助的。何况我无求于她，我不离开劳改农场，根本就不考虑婚事。不过，我却很希望有一位过心的异姓朋友，能够推心置腹地畅谈，互相帮助，相濡以沫，以求得心灵的慰藉。这样的朋友，只有与我“肩膀一般齐”的女性才有可能，而在我所见过的“天堂”诸“神女”中，除了已经“高升”的俄专高才生之外，大概只有她一个人有可能与我谈得拢。

我说的嫂子的嫂子是北大医院妇产科主任医师，并不是瞎话。尽管这门亲戚我很少走动，求上门去，估计还不会被拒绝。实在不得已，我干脆就承认那孽种是我的。

总之，那一夜我想得很多很多。我觉得我并不是自作多情，而是在具体环境中的必然选择。如果我不那样做，我似乎就不是我了。

为了避免车子拥挤会晕车，第二天一早我就到了“棉纺厂”车站等车。这个车站离我们二中队最近，是黄村始发站的第二站。车子过来，果然车上人不多，到了终点站永定门刚八点钟。我不慌不忙地吃了早点，乘105路电车到了西四，想了想，又到红楼电影院买了两张电影票，这才安步当车慢慢儿地往北京图书馆方向走。

到了北图门口，我四面看了看，并没有慧芳的影子，看看表，还差五分才九点，又想起我与她约的是第一阅览室前面，就一直往大门里面走。我还没到阅览室门口，忽然有人在我背后轻轻地拍了一下，又“嘻嘻”地一笑。我急忙回头，原来是慧芳。

看得出来，今天她是刻意打扮了一番的：料子裤子烫得笔挺，皮鞋也擦得锃亮，穿一件紫红色的薄呢短大衣，脸色白中透红，明显涂有脂粉，比上次在黄村车站邂逅相遇时漂亮了一些，但总不脱俗气，还不如李全真那纯粹的苍白自然动人；特别是她那笑眯眯的眼神，分明带有三分媚气，也不如李全真那双茫然、怀疑、求助、感谢的眼睛，平淡而庄重，却有一种瞬息万变的美。

“你刚来吗？”我问。

“我八点半就来了。等了你小半个钟头，我还以为你来不了了呢。”她半歪着头，学着小姑娘的样子，忸怩地说。我还特别分明地听清楚了，她已经把“您”改成了更加亲热的“你”。

“是差点儿来不了。我不是说过嘛，过九点要是我还不到，那就是临时有事情，来不了了。”

“不过，我还是相信你一定会来的。”

“为什么呢？”

“不为什么。我相信你不是那种蒙人的人，第六感官也告诉我你一定会来。我知道你一定还有许多话要跟我说。”

“要是我正好有事情来不了呢？”

“那我也得等到十点钟。”

“不用等到十点钟了。刚才我从西四过来，看见红楼电影院上演《雏燕展翅》，就买了两张票，十点钟的，是杂技片。我挺爱看杂技的，不知道你爱看不？”

“哟，怎么你又去买电影票了？不是给你说过咱们不看电影嘛？看什么片子不要紧，问题是……”

“你不是说蟾宫和胜利不行吗，我买的可是红楼的呀？”

“东城和西城的电影院，哪家也不行，他们都认识我。如果看见我跟你在一起，不合适。”

“这怕什么呢？谁没个朋友哇！有人看见了，你还说我是你舅舅不就行了？”

“你以为他们都像队长那么傻呀？”说着，她自己也不由得笑了起来。“我舅舅是什么模样，队长不知道，他们可都明白。这样的瞎话，只能蒙老憨！”

“公园不能去，电影院也不能去，咱们总不能在这里转悠一上午吧？”

“要不这样吧，”她又歪着脑袋想了想，这才说：“你把票给我，咱们各走各的。进了电影院，电影开演之前，你也别跟我说话。行吗？”

这一回是我笑起来了：“怎么着？看场电影，还要像地下工作者那样秘密接头哇？”

她无可奈何地噘了噘嘴，白了我一眼说：“你要是做不到，那就把这两张票废了吧。”

我宽容地笑笑：“这有什么做不到的呢？又不要我做出什么牺牲，不就是别说话不是？行行行，我听你的，还不行吗？”

她似乎很满意地笑笑："这还差不多。你跟我在一起，就得一切都听我的。"

我也笑笑，调皮地说："不，不是一切都听你的。这样的卖身契我可不写。该听你的时候，我听你的；该听我的时候，你就得听我的。咱们两个都有自由独立的人格，谁也不能强迫谁服从谁。这是咱们两个交朋友的基础。"

"我也没说要强迫你呀！"她又一次往右歪了歪脖子，露齿而笑。"一方建议，一方同意，这是咱们的'和平共处一项原则'，行了不？"

我点点头又努努嘴，示意她往东走走，别尽堵在阅览室门口说话。主楼阅览室的东边是一个小花园儿，廊道一侧有可坐的绿漆廊凳。我们在廊凳上背对甬道坐下，两人相距约有半尺光景。她瞟了我一眼，直切主题地问我："那么你先说说，你认识我，要求我给你做什么呢？"

我不假思索地回答："这个，咱们俩第一次见面的时候我就给你说过了。我是个作家，我想多观察一下你们那个世界，多认识一下你们中的那些人，然后利用这些素材创作一部小说，反映一下你们那个世界的喜怒哀乐和酸甜苦辣，特别希望多了解一些像'七王妃'、李全真和姓王的那个俄专学生的经历。如果能把她们介绍给我，让我直接和她们交朋友，当然更好；如果不能，你给我详细说说她们的事情也可以。我以后写小说，保证不用她们的真名实姓，也不牵连到你，这个你尽可以放心。现在我来问你：你跟我交朋友，有什么要求和希望吗？"

对于这个问题，她似乎早就有所准备，所以我一提她立刻不假思索地说："哟，你把我当成出卖情报的情报贩子呀？你放心，我给你提供写作素材，你的小说出版了，我既不要求署名，也不要求分稿费，只要你送我一本书就可以了。"

"那你不觉得吃亏吗？"

"交朋友又不是做生意，怎么能提吃亏不吃亏呢？现在你已经在农场挂了号，队长、干事和班里的姐妹都知道你是我舅舅，往后你可以隔长不短儿地到我那里走走。如果你想见什么人，我想个办法把她们给你找来，不显山不露水地让你当面跟她们谈，还不行吗？哦，对了，那个姓王的俄专大学生，你想见也见不到了。她已经在昨天下午升了一级，送到教养所去了。她也真是的，都到了这地步了还死要面子活受罪，愣说自己是正经八百的大学生，没犯什么错误。正经八百的大学生，能跟外国留学生在一起睡觉吗？我就不待敬这一路人！直到昨天上了小吉普，还喊着：‘我不服，我没犯错误，我要申诉！’像她这样的，只怕到了教养所还要升级判刑呢！”

“那么那个李全真呢？她说出孩子是谁的了吗？”

“没有。看样子她是吃了秤砣铁了心了。她也是真傻。在我们那里，没老公的姑娘怀孕是常有的事儿，找场部干事认个错儿，随便说个外面的男人的名字，这种两头乐意的花儿案子，谁还真去调查核实呀？只要把孩子拿掉，也就没事儿了。怪的是她没老公却一定要把孩子生下来，这不是‘放着自在不自在，自找不自在’吗？”

“既然她这样做，我想一定有她这样做的道理。可惜她没法儿把自己的道理说出来，也没个知己的朋友能够好好儿劝劝她。”

“我看你倒是能够说服她。你帮她挖过苹果坑，你在她心目中是个大大的好人。你的话，她一定听得进去。”

我赶紧顺着她的话茬儿往上爬：“那么，你能够把她带出来跟我见见面吗？”

她无可奈何地摇摇头：“我可没那本事。这个‘假正经’，在她的眼睛里，我们都不是好东西，明明是为了她好，她还以为我们在算计她呢！”

“这好办，我写张字条请你带给她。是我请她出来，总不至于说我也想算计她吧？”

“这个也很难说。她这个人，跟人不一样。不过我可以试试看。”

我见她已经点头，就见好就收，不再提起这件事儿，而是说：“时候不早了，咱们先去看电影，看完电影我请你吃饭。”说着站起身来。

她也站起身来，看了一下手表，却把手一伸：“现在刚九点半。你把票给我，你先走，我随后就到。记住：电影开演之前，别跟我说话。”

这是我们谈妥了的协议，我只好听她的。我把票给了她，先走出北京图书馆大门。

从北图到红楼，大约一站路，但却是两个“半站”：北图东面是北海站，北图西面是西安门站，红楼电影院在西安门与西四之间，所以没法儿坐车。不过城里的站短，走过去，也不过十几分钟就到了。我站在电影院门口等她，想看看她认识的都是哪些人，怎么打招呼的，却一直等到九点五十五分，还不见她来，只好自己先进去了。找到了座位刚坐下不久，开演的第一遍铃声就响起来了。我回头看看，还是不见她来。直到第二遍铃声响过，灯光渐渐暗下来的时候，她才悄悄儿挤了过来，一声不响地坐在我的旁边，在黑暗中捏了一下我的手，示意我不要说话，但这只手却再也没有松开。

电影演的是杂技团学员成长的故事，无非是把许多新节目用一个生编硬造的故事串联起来，好在看杂技是主要的，故事情节并不重要。开演之后，她用另一只手拽住我的胳膊，渐渐地把脑袋靠到了我的肩膀上来，捏住我的手，也捏得更紧了。四周都是人，我不想惹人讨厌，所以就默默地"领情"了，只是一句话也没说。

电影演到一半儿，她似乎憋不住了，捏了捏我的手，在我的耳朵旁边轻轻地问："你能不能帮我想想办法，让我离开农场啊？"

我心里明白，她认识我，对我无所求是假的，不便于马上提出来倒是真的。尽管我知道自己根本就没那能耐把她从天堂河农场"挖"出来，但我不能使她太失望，所以只是模棱两可地轻声问她："怎样才能让你离开农场呢？"

"我们是公安局办的农场，没有'辞职'这一说。不过只要有单位肯正式用我，开出证明来，就可以办离场手续。"

"那么，你有什么专长呢？"

"我高中毕业，没考上大学，没学过什么专业。"

"怎么不继续考呢？你说你爸爸是个科长，总不至于不让你再考一次吧？"

"我是想复习一年第二年再考的。开头天天在家里复习，做习题做得脑子都木了，就有上班了的同学约我晚上出去玩玩儿放松放松。开头不过看看电影跳跳舞，后来不知道怎么跳舞跳入了迷，一吃过晚饭就惦着往舞场跑。你可能也知道，机关单位，只有周末才办舞会。不过工厂的周末不一定是星期日，所以只要有门路，几乎天天晚上都能上舞场。我认识的人越来越多，找舞票的门路也越来越广，一跳两跳的，就没那心思读书了。第二年考大学，当然还是考不上。我干脆不再复习了，天天只想跳舞。那会儿只要一提‘西四皇后’，常进舞场的人没个不知道的。后来……后来，爸爸一生气，就把我送到农场去了。”

我心里明白，人们大都对自己的“过五关斩六将”津津乐道，而对“败走麦城”讳莫如深。她能够在一个陌生人面前说出自己高考期间跳舞跳入了迷，就已经很不容易。至于那“后来……后来”的后面，当然还有许多故事，她不便于多说也不想再说罢了。我猜测，她说的“爸爸一生气”倒是真的，但不大可能是她爸爸生气之后还亲手把她送进了公安局办的农场，这从她说的“爸爸的官儿太小，要不也不至于到这里来”这句话就可以得到解释。我并不想审她的案子，没必要跟她较真儿，就也借坡下驴，半带安慰半给希望地说：“你没有一技之长，要我给你介绍工作是难点儿。我是文化界人，介绍的工作也只能是跟文化有关的。哪怕你会打字呢，我也有个说辞儿不是？这样吧，你抓紧时间练字，把字写得漂漂亮亮的，最好学会刻蜡版、学会打字，找工作的事儿就方便多了。”

她长叹了一口气儿，不无惆怅地说：“在学校里，全班同学就数我的字写得最糟糕，如今两三年不怎么写字，许多字都写不成整个儿了呢！”沉默了一阵子，这才又说：“好吧，为了找工作，我听你的。明天就开始练字。”

“为什么要等到明天呢？今天就开始不行吗？”

“今天我要陪你玩儿呀！”说着“吃吃”地笑了起来，身子靠得我更紧了。

我轻轻地推了她一把，示意别让坐在后面的人讨厌，她这才不说话了。

快散场的时候，她说她不能和我一起出去，要先走一步，问我在哪里见面。我告诉她：我在西四南边的同和居饭庄等她，要她十二点一刻准时到那里找我。她点点头，又紧紧地捏了捏我的手，这才站起来急急忙忙地走了。

电影散场以后，我到西四新华书店给她买了一本钢笔字帖，又买了一本横格稿纸，这才进了同和居饭庄，点了四个菜一个汤——当然都是比较便宜的，一共不到十元钱。我的积蓄已经花完，刚发的三十二元工资，我还要用它维持一个月的生活。

将近十二点半，她才姗姗而来，进门先警惕地四周看了一眼，见没有熟识的人，这才快步走了过来，在一个背对着大街面朝墙的位子上坐下。我笑了笑，低声说："你又不是逃犯，这样小心翼翼干什么？难道有人抓你不成？"

她没笑，却一本正经地说："我这不是为我，而是为了你。你不知道，我认识的那些人，说话都比较粗鲁，如果看见我跟你在一起，要是过来说两句不中听的话，我怕你受不了。你不是我们这个世界的人，有些话，只怕你从来没听见过呢。"

她说的不错，隔行如隔山，一行有一行的同业语，外人是无法理解的。我学的是语文，跟随我的老师倪海曙先生进了刚创办的文字改革出版社，还编过《方言与普通话集刊》，但在进公安局之前，竟连北京下层社会最常用的"丫汀的"都没听见过，也不知道是什么意思（后来才"悟"出："丫汀的"是"丫头生的"的合音，先合为"丫腾的"，后来又发生音转，变为"丫汀的"，北京下层社会有一句歇后语"捂着腮帮子进医院——装牙疼"可以反证）。她哪儿知道，自从我进了劳改队，每天与小流氓、老流氓为伍，所搜集的北京流氓黑话，已经记满了一个小本子，足够编一部《北京黑话小词典》的了。既然我装的是"上流社会"的人，只能继续装下去，给她来一个笑而不答。正好这时候我要的菜送来了，我给她斟满了一杯啤酒，她也不推辞，看样子，她的酒量还不小，至少在我之上。

不过她并没有放量喝，而是时不时地把眼光投向四座。两个人只喝了一瓶啤酒，她就不肯再喝了，匆匆吃了一小碗饭，就坐在一旁看我吃。要按我的饭量，能吃三碗，但在这样的场合，我只能装得文雅些，吃了两碗饭，似乎还不饱，只好又喝了半碗汤。

我不等她问我到哪里去，忙从提包里取出字帖、稿纸和写给李全真的信来，对她说："我下午还有别的事情，不能陪你玩儿了。你下午要是没有别的事情，就回家去开始练字，好不好？这封信，是我刚才写的，你带给李全真。她要是听我的话，肯把肚子里的孩子拿掉，我还会帮助她的。”

她似乎对李全真的孩子不感兴趣，而是盯住了我问：“那么咱们俩下次哪里见呢？你把你的电话号码告诉我好吗？”

对于这样的问题，我已经做好了准备，很从容地回答说：“我的电话倒是不保密，不过告诉你也没有用：你星期六到家已经是下午六点，我早下班了，我宿舍没电话；星期日我不上班。星期一我要上班，出不来，你打电话也没用。这样吧，你家附近有传呼电话没有？要是有，还是我给你打电话比较方便。”

她想了想，无可奈何地说：“我家对面，就是传呼电话，不过管电话的是居委会的老大妈，特讨厌。再说，我爸也最烦我的电话多。所以不是十分着急的事情，你尽量少给我打电话。有事情写信到农场也不要紧，我的信，场部还从来没扣过。不过也要尽量写得简短些，也不要写你的真名实姓，以防万一。”说着，她接过我的笔去，在稿纸上写下了她家的传呼电话号码，撕下来递给我，然后要求我再坐一会儿，等她走了以后再走。

等她走远了，我到眼镜铺子里花一元多钱换了一副镜框，以便回去以后好给小王队长有个交代。

我撒出了钓丝，且看李全真是不是肯上钩吧。

六、情丝无着，虚空飘忽

我回到团河农场，没有一个人知道我进城唱过这样一出好戏。

农场的规矩：每逢场休，牛圈、猪圈、粉房、值班等必须正常运转。属于这些部门的人如果要休息，就需要有一批人“顶班”。顶班的人另外安排时间休息，称为“倒班儿”。许多娶了“天堂神女”而又有个“家”的人，大都被安排到这些部门去替班儿。我既然约了李全真在她的下个休息日见面，不管她去不去，我必须准时去等她。因此，一周后团河农场休息，我跟统计员说了一声，愿意倒班儿，统计员就安排我到粉房烘干室干了一天活儿。到了下一周天堂河农场休息的日子，我又一早进城了。

因为我不知道李全真家住何处，而北京图书馆正好在市中心，更主要的是那里离北大医院近，所以我约她见面的地点，依旧是北图主楼门口。

那天天气比较冷，小风凉飕飕地刮着。我穿着长毛绒里子的派克大衣，还觉得颇有寒意，不得不站到主楼大门的里面去，隔着窗玻璃往外看。管理员问我为什么不进阅览室，我说等一个朋友，管理员也没难为我。

九点差五分，忽然看见一个穿棉猴儿的女人匆匆往大门这边走来，但不像是李全真，而是像张慧芳。更糟糕的是，在她的身后，还跟着一个男人。我的心“突突”地狂跳起来，一时不知道如果真是张慧芳带人来盘问我什么，我该怎么回答，这可是我事先没有任何思想准备的。我眼看着他们款款地走来，近了，近了，可以看清确实是张慧芳了。只见她走到台阶前面站住了脚步，向四周观察了一下，似乎拿不定上不上台阶。而走在她身后的那个男人，却步履矫健地迈上了台阶，终于推门而入。这时候，我才意识到他们俩原来不是一伙儿的。

我不能再躲在大门后面偷看了，不管是什么原因李全真没来，我必须和张慧芳见面，问个清楚明白。我拉开大门走了出去，喊了一声“慧芳”，又朝她招招手，示意她走上台阶来。

我们一起走到大门内西边的一个角落，这里背风而向阳，至少比在台阶底下暖和些。

她走了过来，脸上一点儿笑容也没有，两眼直勾勾地望着我，先发制人地问：“你一定要问，为什么李全憎没来倒是我来了，是不？”

我有些尴尬。因为这一回我没约她而是约了李全真，事先并没有跟她说。不过她不等我答复，就接着下茬儿又说开了：“别以为我没把信交给她。我一回农场，就把信给她了，还是在她干活儿的时候给她的，当时周围没有别人。她问我是谁写的信，我说是返场的时候在黄村车站碰见一个人让我转交的，我不认识。她当着我的面就把信拆开了，看了信，她问我：‘这不是你舅舅写的信吗？’我反问：‘这跟我舅舅什么关系？’她说：‘那天帮我干活儿的人，他说他是市局的，不过后来我听说是你舅舅。你跟我说实话，这信是不是你舅舅写的？’我不知道怎么回答是好。她又说：‘我把信读给你听听，是不是你舅舅你就明白了。’她真的把信都读给我听了：你信里先说那天帮她挖过苹果坑，你们俩算是认识了。你介绍你自己，说你原来在《光明日报》工作，后来调到了国务院系统，1957年被划为‘右派’，现在已经摘了帽子。接着，写你偶然进了一趟天堂河农场，听到了关于她的一些传闻，你对她的处境非常同情。再接着，下面说了许多道理，要她把那个不负责任的男人揭发出来，又劝她千万不要把孽种留下。还说如果因为胎儿月份太大不好做人流，北大医院的妇产科主任医师是你嫂子的嫂子，你可以帮她去走后门。下面就是约她今天这时候到这里来跟你见面了。难怪你要约她到这里来呢，原来这里离北大医院只有几步路。”

我有些奇怪，反问说：“我这样写，没错呀？上个星期天，不是跟你商量过的吗？”

她负气似地耸耸肩膀：“对你来说，也许没错。可你这样一写，就把我‘搁’里面了。我舅舅姓赵，你姓吴；我舅舅是机床厂的技术员，你是个记者，还是个‘右派’。更糟糕的是，那天你跟李全真说你是市局的。你一下子有了三个身份，其中一个与我有关，可我又说我不认识你。这样的戏，你叫我怎么唱？”

“这有什么关系呢？既然我要跟她交朋友，我在她面前，难道还要隐瞒自己的真名实姓吗？”

“你在我面前，可就没说你是个‘右派’。在她面前，你说这些干什么？你倒是老实，不想隐瞒你的身份，可你知道她怎么说？‘一个右派，也想来打我的主意，别痴心妄想了。’还说世界上的男人没一个是好东西。我告诉过你，她这个人脾气古怪，有时候固执得简直不可理喻，好像世界上只有她一个是好人，别人都是坏人，都想害她。她不单不合群儿，还特别爱打小报告，把周围的人都得罪了。你这么一闹，她跟我翻儿了，说我跟你合着在算计她。她逼着我说出你的单位地址，要不就把你这封信送到分场部去。可我到今天都不知道你的单位在哪里，也不知道你住在什么地方。他要是真把你的信拿到分场部去，你假冒我舅舅的戏也非被揭穿了不可，我在二分场干部的眼睛里，就不是个听话的好班长了。你想啊，这一来我是不是栽在她手里了，也就是栽在你手里了吗？”

我真没想到事情会是这样，也是我一时欠考虑，在信中说得太多了。如果先不暴露自己的身份，而是把她约出来以后再“相机”说话，该有多好？但是现在为时已经晚了，只好无可奈何地问她：“那么你是怎么跟她说的呢？”

“我还有什么办法？只好把那天怎么在黄村车站遇见你的经过统统都跟她说了，还帮你说了许多好话，说你是真的关心她、为了她好，可她怎么也不肯相信。我跟她说了半天好话，她总算答应不把信交到分场部了，可又不肯把你写的信还给我。她这样的人，一会儿一个主意，谁敢担保她不会改戏呢？都是你事儿多！就算她不报告分场部，从今往后，她抓住了我的把柄，我还不得什么都听她的呀！”

我绝没想到李全真会是这样一个姑娘，正像人们说的那样：可怜之人，必有可恨之处。真是个“李全憎”，如今连我也憎恨起她来了。我原来的想法是，觉得她不是个女流氓，在农场不合群儿是必然的，但和我必定有共同语言。不过，没有想到的是，我的一片好心让她当成了驴肝肺。

现在事情闹僵了，对我来说，倒是无所谓，大不了以后不再到“天堂”去猎奇就是，可张慧芳一时半会儿的还离不开那个人间的“天堂”。为了我的一念之差让她吃挂落，这可不是我的本意，但又无可奈何。世界上，再也没有不被别人所理解、被别人所误会更为难受、更为别扭的事情了。现在的情况是：我不憎厌她，她却憎厌我。我自以为，以我“右派”的身份跟她这个“天堂神女”交个朋友是“肩膀头”一般齐的；可在她看来，她不属于“地、富、反、坏、右”五类分子，比我的社会地位绝对要高出一等，根本无法俯就。如果我不写明我的真正身份，仅仅只提就是那天帮她挖过苹果坑的人，事情的发展也许不会是这个样子。我暗暗好笑，“人贵有自知之明”，可是直到今天，我还不知道自己是老几，难怪到处碰壁、寸步难行！

幸亏我还留有最后的一手，没把我是团河农场就业人员的底牌翻给她看，至少还好说话些。我打开手提包，在小本子上“刷刷刷”快速写了几行字，然后叠成一个“马莲垛儿”递给慧芳，说：“你把这个带给她，告诉她不要把世界上的人都想得太坏了。她不肯接受我的帮助，我也不勉强。你不要怕她把我的信交给分场部，我的信里没一句出格的话，拿到哪里去都不怕。你带我进了一次天堂河，让我了解到许多本来无法了解到的事情，我再一次感谢你。为了不再给你带来麻烦，你们农场，大概我也不会再去了。从你的言语中我也听得出来，你得知我是个‘右派’分子，对我也很失望。所以咱们俩的戏，也只能演到这里为止了。我还有些事情，咱们再见吧。”说着，我伸出了右手。

她迟疑了一会儿，终究还是伸出了右手，却又不甘心就此收场似的问了一句：“如果事情有了变化或者发展，我怎么跟你说呀？”

我把手缩了回来，说：“我知道你家的传呼电话。过一段时间，我会打电话给你的。”

说完这一句，我就大踏步地走下台阶，头也不回地出了北京图书馆大门。

好长一段时间，我都为自己这样不负责任地把麻烦留给她而感到羞愧。不过，当时我确实考虑过，我既不能跟她说实话，又不能再一次欺骗她，结果只好这样不了了之了。

不久就是春节。自从进了劳改队，我已经好几年没回家过年了。在春节的前几天，我请了探亲假回上海去探望父母。上车之前，忽然想到那天正好是天堂河农场的休息日，就在车站附近给她打了个传呼电话。正好她在家里，不久就回了电话来。长话短说，她只简单告诉了我两件事儿：第一，李全真肚子里的孩子，终于有人承认了，那是她哥哥的朋友。也不知道是临时拉来垫背的，还是真有那么一回事儿，反正已经有人打算娶她，分场部也不追究了。关于那封信的事儿，她也没有再提起。第二，慧芳她自己春节期间也要结婚了，对方是机床厂的工人，就是她舅舅给介绍的，婚后她也有可能到机床厂去当工人。因为她在天堂河农场表现良好，没有犯任何错误，农场领导表示可以放她。

我终于完全放心了，两个和我有过莫名其妙关系的“天堂神女”，从此和我都没有任何关系了。我到了上海，买了一条乔其纱的披巾，用我原来的的名字“吴佩珏”寄到了慧芳家里，算是感谢她给我提供了这样好的写作素材，算是“舅舅”对“外甥女”结婚的祝贺，也算是我们之间一切关系终结的纪念。

第三章

梅开二度花又落

自从我去了一趟天堂河农场，领教过什么叫“天堂神女”以后，通向“天堂”的道路，我是再也不敢走了。这期间，我曾经两次“享受”探亲假，回上海探望父母亲，并且和怡姐姐见了面，也知道和怡姐姐复婚的希望更加渺茫。在这样的“客观形势”下，我不得不响应政府号召，走政府为我们安排的唯一道路——“以场为家，安心就业，继续改造”。至于婚姻问题，也不再考虑了。

但是“客观形势”却在突然间变化，逼得我不得不第二次结婚，而“客观形势”再一次突然间变化，又逼得我不得不离婚。

究竟是谁在“逼”我呢?

一、“同志”一词，威力无比

转眼到了1966年，“阶级斗争”的形势越来越紧张，史无前例的“无产阶级文化大革命”，终于开始了。8月中，红卫兵的“破四旧”行动更加积极起来，接着就是“横扫一切牛鬼蛇神”，宣布“地富反坏右”为五类分子，只许老老实实，不许乱说乱动。同时，不断传来某地某人平时老老实实，仅仅因为是“五类分子”，就被红卫兵打得死去活来的消息。

团河农场是“五类分子”的集中地，小流氓们从来不讲理，真是天不怕地不怕，却也怕更加不讲理的红卫兵的皮带。那一段时间，小流氓们嚣张的气焰确实收敛了许多，打架斗殴的也少多了。相对而言，治安状况倒是好了一些。

就在这人人提心吊胆惶惶不可终日的时节，忽然有一天，二大队全体就业人员被集中到一大队的大院子里面去开会。

往常开会，一般舞台上方都有一块红布粘着黄纸黑字的横幅，写着“年终奖惩大会”“春耕动员大会”之类，会议则由管教股的陈干事主持，由场长或政委做报告；今天台口上没有挂横幅，上台的也不是陈干事，而是场长陪着一个穿军装的小个子从容地走上台来，坐在“主席台”后面。大家心里纳闷儿，不知道今天要上演的是哪一出。那时候还是“文革”初期，解放军还没有介入运动，军管也没有开始，团河农场是“劳改”单位，与解放军风马牛不相及，来了一个解放军，干什么？

场长敲了敲麦克风，咳嗽一声，宣布开会，全场立刻安静下来。只听场长说：“大家坐好了，不要说话。现在，热烈欢迎中国人民解放军新疆生产建设兵团某部政委给大家做动员报告。”

虽然谁也不知道这个“某部政委”要做什么样的动员报告，但既然是解放军政委，场长又要求热烈欢迎，大家不得不照顾一下面子，果然鼓起掌来，尽管不是十分热烈，但至少比以往场长做报告的时候掌声响亮多了。

没想到的是，那解放军政委站了起来，离开桌子，走到台前，立正以后，正正规规地行了一个军礼，然后喊了一声：“同志们！”——虽然没用麦克风，却声音洪亮，立刻传遍了全场。

全体就业人员先是一愣，有的人还在怀疑自己的耳朵，醒过茬儿来的人已经开始热烈地鼓起掌来。有人带头，就有人跟着，于是全场立刻响起了暴风雨般热烈的掌声，经久不息。

那政委，也许是在部队里经常做报告习惯了，开口第一声，总是“同志们”。可是他万万没有想到，就这一声“同志们”，他的动员报告还没有做，任务就已经完成了一半儿还多。因为这里的“老就”（对“就业人员”的戏称）们从进入公安局大门的那一天开始，就和“同志”这个词儿永别了。原因很简单，因为这些人犯了过错，已经没有资格被称为“同志”了。不论是劳改或者劳教期间，也不论是成为半公民的就业期间，场长做报告，第一句话照例总是“大家坐好了”，从来不带任何称呼的。这也难怪，因为不论是《劳改条例》，还是《劳动教养条例》，都把劳改和劳教人员之间如何称呼，以及干部对这些人如何称呼这一条给“疏忽”了。在“同类”之间，有人主张称“同犯”，但按照汉语构词法理解，“同犯”是同一件案子的犯人，明显不能用作通称。后来流行叫“同学”，因为不论监狱还是教养所，都好像是一所大学校，这样称呼，原则上不能算错。但是干部应该怎么称呼这些人，还是无法确定，总不能也叫“同学”，更不能叫“学生”。因此，在劳改队中，干部做报告需要提到劳改、劳教、就业三类人员的时候，都习惯于叫“大家”或“你们”。

正因为如此，今天解放军政委一声“同志们”，竟把“老就”们的心全都叫热了。他们感到了分外亲切，感到自己的人格又回来了，政治生命又复活了，似乎又是一个“真正的人”了。难怪他们的掌声会如此热烈而长久，有的人甚至流下了激动的眼泪。

政委下面的语言，更加出于大家的意料之外。他一板一眼地说：“同志们以前虽然有过一些缺点或者错误，但是在党和毛主席的教育下，大都已经改正了。是人都难免犯错误，党是允许大家犯错误的；犯了错误，只要肯改正，就是好同志。现在大家既然都已经改正了，那就都是好同志了。”

他的这一段话，等于给大家恢复了名誉，也证明他刚才的一声“同志们”并不是顺口而出，而是绝对的“正式”称呼。于是全场再一次爆发出热烈的、暴风雨般的、经久不息的掌声，有的人甚至站了起来，泪流满面地对着台上振臂欢呼。

大家都以为，这是毛主席派亲人给自己恢复名誉来了。更没有想到的是，政委在场长的邀请之下，回到主席台就座，镇定了一下，之后话锋一转，一板一眼地又说到了中国人民解放军目前的两大任务：一是保卫祖国，反修防修；二是建设祖国，生产待命。为了扩大解放军保卫祖国建设祖国的力量，也为了给同志们创造一个更加光明灿烂的前途，现在经中国人民解放军总部批准，采取个人自愿报名、组织审查批准的方法，决定在团河农场招收一批确实改好了的优秀分子充实新疆生产建设兵团。凡是被批准的人，就是生产建设兵团的战士，就是光荣的中国人民解放军的一员，享受与中国人民解放军战士相同的政治待遇和物质待遇。

此话一出，台底下鼎沸了。尽管也有人想到新疆生产建设兵团与正规军之间多少有些差别，但是多数人都被“中国人民解放军”这个光荣称号所打动，更何况能够被批准的人都被认定是就业人员中的“优秀分子”，于是大家又一次热情高涨起来。各中队的宣传员尽管事先没有得到领导的布置，但是察言观色，知道这也是一次政治任务，于是有那聪明的就带头喊起口号来：“响应领导号召！到边疆去！到最艰苦的地方去！到祖国最需要的地方去！保卫边疆！建设祖国！中国共产党万岁！伟大领袖毛主席万岁万岁万万岁！……”全场立刻被热烈的口号声淹没了。

动员报告之后，各中队回去分组讨论，并立刻行动起来。最积极的立刻用大红纸贴出了决心书、保证书，宣传员立刻到处查找资料，突击了一期介绍新疆的墙报，广播喇叭里不停地播放《我们新疆好地方》《毛主席的战士最听党的话》等歌曲。当天晚上全大队集合起来，看了介绍新疆生产建设兵团的电影《军垦战歌》。我是负责教全中队的人唱歌的，奉队长口谕，第二天就集中全队教唱《军垦战歌》的主题歌：“人人都说江南好，我说边疆赛江南……”尽管这首歌不是群众歌曲，而且那新疆旋律有些九曲十八弯，要大家都学会相当难，可我还是尽我所能，把大家都教会了。

一连几天，半天生产，半天投入“自愿报名”的发动工作。带头报名的，不外乎这样四种人：一是对“中国人民解放军”称号抱有强烈好感与光荣感的人，他们坚信一旦到了建设兵团，就是光荣的人民解放军的一员，自己以前的所有罪错，就此一笔勾销，成为真正的人民了；二是积极分子，例如班长、宣传员等，不论什么运动，也不论自己愿意不愿意，必须一概带头；三是年纪已经偏大，或者有老婆孩子拖累，明知道即便自己报名了，领导也不会批准，所以乐得积极一下；四是形势所迫，虽然心里不愿意，但又不得不随大流，装出一副积极响应的样子来。

顾虑最大的，是年纪不太大，有老婆却没孩子，又多少有点儿文化的人。他们怕一旦自己被批准了，先造成夫妻两地分居，接着就会走上老婆离婚的结局。因此这一部分人持左右观望态度，不肯也不敢马上写决心书表态。有的人还专门到场部去找新疆来的那个政委，询问是不是可以带老婆一起去，老婆去了有没有工作分派。政委的答复非常明确：第一，只要老婆没有工作或虽有工作单位肯放者，都允许带家属，包括孩子；第二，家属到了新疆，只要有劳动力并且自愿，除不满十八岁者外，一律分配适当的工作。

我是仅次于班长和宣传员之后积极报名的一个，但我也是心里并不想去的一个。这有两方面原因：第一，我大哥的一个儿子、一个女儿，都是从上海去了新疆的“军垦战士”，对于什么叫“生产建设兵团”，我不但知道，而且知道得很多；第二，我心里很明白，像这种行动，谁去谁不去，队部早就已经研究过并且做出决定了。所谓“自愿报名”，不过是为了造成一种氛围而已。名单上有你，你不想去，不报名也不行；名单上没你，你想去，要求、请求、恳求都没用。因此大可不必慎着，大大方方地报名就是了。根据情况判断，我心里很明白，我一定是“榜上有名”的未来的生产建设兵团战士了。

二、革命军人，都要老婆

这时候，中队里纷纷传言：到了新疆生产建设兵团，工资只会提高，不会降低，生活方面大概也不会比在劳改农场艰苦多少，吃的、穿的、用的，估计也不会十分匮乏，难的是娶媳妇儿，正如歌中唱的北大荒那样："又有兔子又有狼，就是缺少大姑娘。"新疆多的是沙漠，缺少的正是女人。尽管少数民族姑娘长得漂亮，个个能歌善舞，但是她们大都不嫁汉人；即便肯嫁，也绝不嫁战士，特别是劳改出身的"军垦战士"，最低要求至少也要嫁个汉族干部。而没有家属的战士，只能像在劳改农场一样住集体宿舍，一个班或两个班一间，一人几十厘米的铺位；只有带着老婆的，才能分给一间十来平方米的"单间"。因此，在考虑"到新疆去应该带什么"这个问题的时候，"带个老婆去"，就成了"首选"目标，何况兵团政委亲口许诺：凡是去建设兵团的家属，保证一律分配工作。

于是那一段时间，突击找对象的人特别多。有人把《三大纪律八项注意》歌的第一句改了，大唱其"革命军人个个要老婆，远征新疆一个带一个……"。

与我同一个班，而且挨着我睡的焦守信，年龄和我差不多，二十世纪五十年代原本是四路环线公共汽车的售票员，但却是前门外练拳击的"哥儿们"组织"三十六友"之一。"三十六友"的成员不偷不抢，但是常常为"义气"而打群架，因此被认定是流氓组织，他被开除公职送进"劳改"队来了。他爱好拳术，为人很讲"义气"，也很顾家，经常下班以后偷偷儿溜回家去，要我帮他打掩护，因此跟我的关系特别好。他老婆是新华印刷厂的铜模雕刻工，山东人，大个子，他自己就叫她"伊犁马"；

第二次婚姻的媒人焦守信。

两个孩子，女儿七八岁了，儿子刚生不久。据他估计，他老婆既然是国营工厂的技术工人，而且她那技术比较专业，建设兵团也用不着，不可能调离，大概政府也不会生生地拆散他们两夫妻，何况还有两个那么小的孩子，因此他虽然也“自愿报名”了，不过估计被批准去新疆的可能性却极小。照他的看法，我年龄三十四岁，不算太大，老婆已经离婚，如今是单身一人，父母又在上海，十有八九是要被“批准”的。因此，如果我真的被批准，必须带个老婆去。不然，这一辈子就别想讨老婆了。他说，如果我打算带个老婆走，这事儿可以让他老婆帮个忙。条件嘛，当然不可能太好，不过有一条可以保证：既然是他老婆出面介绍的，一定是好人家姑娘，绝不会是女流氓。

这个问题，我不是没考虑过。我十分明白，在这样匆忙的关键时刻临时抓的老婆，当然不可能“理想”，更不可能有感情基础；但是想到一辈子住集体宿舍，也不由得害怕起来。我是个文人，爱好的是读书写作，建设兵团的集体宿舍很可能也像劳改农场一样，一个房间要住二三十个人，一人只有七八十厘米或者最多一米宽的铺位，我怎么能够安安静静地坐下来读书写文章呢？我掂掇利弊，不管这个未来的老婆条件怎么差，作为谋取一间小房间的先决条件，我必须拥有她，何况这是不用我“养活”的。经反复考虑以后，我请焦守信赶紧溜回家去跟老婆说说，帮我把这件事情办好。

当天晚上，他就悄悄儿溜走了。第二天一早，他从家里回来，说是他老婆一口答应一定帮忙。因为正好她有个姓张的小姊妹，今年二十三岁，原来是公汽六场的售票员，因病退职，如今病好了，工作却没了，在家里也住不下去，打算找个对象，也曾经托过她的。她现在算是一手托两家，身兼男女双方的介绍人，至于能不能成功，那就要看我们两个是不是有缘分了。他带回来一张一寸的张姑娘的半身照片，是工作证上用的那种，浓眉大眼的，看上去样子还算周正，而且已经说定是星期四上午十点在王府井森隆饭庄门口见面。星期四是他老婆的厂休，团河农场虽然不休息，只要说明是进城去搞对象，队部不会不准假的。

事情就这样初步说定。下一步，就看我和这个姓张的姑娘有没有缘分了。

三、临阵招亲，抓个媳妇

请假队部照准。那一段时间，报名去新疆的单身汉纷纷搞对象，队部为了安定人心，一律照准，连请假三四天到远郊区甚至河北省相亲的都准，何况我只是请假一天到北京城里了。

上午九点半，我提前到达森隆饭庄门口。约会嘛，我是男方，只能我等人家，不能让人家等我。

那一年，我已经买了一辆崭新的红旗牌加重自行车，再穿上笔挺的料子裤子，雪白的的确良衬衣，身体健康，腰板儿笔直，除了脸皮黑点儿，风度还有，样子还挺精神的。

九点三刻，从街对面过来一个二十多岁的姑娘，梳着两条不长的小辫子，瓜子儿形的脸蛋儿红扑扑的，眼睛挺大，只是个子略微矮些。不然，满够得上美女的水平。她过来以后，就在森隆饭庄门口站着，看样子也是等人。她上下打量我，却又不说话，我不由怀疑起她是否就是张姑娘。不过此人眉清目秀，和照片上的浓眉大眼不是一个类型，我心里却在想：这样漂亮的姑娘，如果正是她，估计一定不肯嫁到劳改农场再远赴新疆去的，何况我还比她大那么多呢！

十点过几分，又过来两个女人，一个三十多岁，大高个儿；一个二十多岁，中等身材。那三十多岁的过来就问我：“你是吴同志吗？”我赶紧答应，知道这就是焦守信的太太刘大姐。这时候，先来的那个姑娘也迎了上来，跟后来的那个姑娘招呼说：“四姐，你怎么刚来呀，我都在这里等你好半天儿了。”

焦守信的太太虽然也没见过我，但总算是双方的介绍人，因此她首先给我介绍后来的那姑娘："这个就是小琴。"回过头去又向她介绍我："这个就是吴同志。"接着又问："这个是？"

小琴看了我一眼，很不礼貌地一歪嘴，算是打过招呼了。接着介绍先来的那姑娘："这是我的小姊妹，叫小李。"

小李倒比她大方，向我笑笑，又伸过手来跟我握了握，说了声："我估计就是你嘛。"我猜想她是小琴请来帮着相亲的。

这时候介绍人似乎已经完成了任务，直说："那你们就找个地方谈谈吧？我还有点儿事儿，先走了。"

这是介绍人为了给我们一个可以无所顾忌地详谈的机会，故意找的借口，但是就这样匆匆一面，似乎又太草率了一些。我正要阻止，小李姑娘听说刘大姐要走（她既不是介绍人，也不是被介绍的择偶者，纯粹是一个"第三者"的角色），她看了一眼小琴，征询似地问："要不，我也走吧，咱们下午再见怎么样？"

我虽然已经三十四岁，而且结过婚，但是被人家以"介绍对象"的形式去认识一个陌生姑娘，还是生平第一次。不过我并没有因此而手足无措，想到人家既然有意安排我们在森隆饭庄门口见面，这顿中午饭必然是要我请的。于是赶紧拦住她们两个说："不管你们怎么忙，中午饭总是要吃的嘛。来，咱们就这儿了。"说着，就请她们往饭庄里面走。

刘大姐说要走，一方面是客气，一方面是她趁早撤身，好让我们"畅所欲言"。就时间而言，上午十点半吃中午饭是早点儿，不过就这三五分钟结束了这样"隆重"的"人生大事"，似乎也太简单了。我一招呼，她一犹豫，小琴觉得扔下她一个会更加拘束，不得不说话了："要是你们都走了，我也走。"

刘大姐觉得她有责任把这个场面圆下来，只好说："那就大家都别走。反正都是刚吃过早饭的，还不饿，吴同志就随便点两个菜，咱们陪他坐一会儿，聊聊天儿吧！"

话说通了，于是四个人相让着进了饭庄。

时间果然还早，餐厅里连一个人也没有。这倒更好，地方清静，便于说话。我们进了一个小单间，我点了六个菜一个汤，无非是溜肉片儿、炒腰花儿、糖醋里脊、红烧排骨之类，个个菜离不开猪身上的，也是森隆饭庄最便宜的大路菜。三个女客，没一个肯喝酒的，于是我自己也免了。

席间，除了说一些饭菜方面的咸淡之外，谁也没有多说话。我看刘大姐和琴姑娘都吃得挺香，看样子说刚吃过早饭似乎并不真实；小李姑娘不知道是客气还是真的刚吃过，拨了小半碗饭用榨菜肉丝汤泡着吃，也不怎么吃菜。我比比两个姑娘：一个瓜子儿脸，一个柿饼脸；一个脸色红润，一个脸色发绿；一个面如桃花，一个面有菜色；一个鼻梁高嘴巴小，一个塌鼻梁大嘴巴；一个脸上老带着微笑，美不胜收，一个不说话就把嘴歪到一边儿，似乎鄙夷什么、不满意什么。——实际上她并不是真正的歪嘴子，而是一种下意识的毛病，也是缺乏教养或缺少风度的恶习，后来在我的监督下总算慢慢儿纠正过来了。

我心里想，这个琴姑娘，看起来也是个没搞过对象的大傻丫头，如果有些经验，怎么会带一个比自己漂亮得多的姑娘来作陪？聪明的姑娘，总是请一个比自己长得差些的姑娘来当“电灯泡”，以便对比之下，可以把自己的美衬托出来。不过我又想回来，再要找一个比她长得更丑的大姑娘，恐怕也不容易了。说心里话：我的前妻是个名门闺秀，美貌而有风度，而这个小琴，分明是个嫁不出去的“齐天大剩”，要我跟她过一辈子，天天看她的塌鼻梁、歪嘴子，该有多恶心？吃过饭，但愿她们全都走了吧。

吃完了饭，刘大姐发话了：“我真有事儿，不能再陪你们了。这里也不是说话的地方，你们两个，是不是到公园去谈谈哪？”

我既然是来搞对象的，当然不能说我没工夫，更不能说有事情去不了。琴姑娘继续歪着嘴，傻坐着，既不说去，也不说不去，在这样的场合下，意思就是不反对。小李姑娘很知趣，知道她的“观察员”任期已满，急忙也说自己还有事情，非走不可。于是出饭店陪琴姑娘逛公园就成了我的主要任务，也是非演出不可的节目了。

离王府井最近的公园是北海。一行四人步出森隆，送走了刘大姐和小李姑娘，我的自行车反正是锁在森隆门口的，就不去动它，和张姑娘坐电车到了北海前门，买票进园。

北海公园十年前我和怡姐姐常来，当然很熟，只是“反右”以后，就再没来过。今天既然来了，就干脆来一个苦中作乐，高高兴兴地玩儿半天吧。我租了一条船，两人面对面地坐着，划向了湖心。

秋高气爽，凉风宜人，蓝天白云倒映在水中，随着碧波荡漾，此情此景，和十年前一模一样，只是当年的人儿已经不在了。我沉浸在绵绵的回忆之中，不能自已，就信口唱起了当年和怡姐姐划船时唱过的歌："当我离开亲爱的故乡哈瓦那，亲爱的姑娘靠在我身旁……"

"那是封资修歌曲，不让唱了。"对面忽然响起琴姑娘半似严肃半似玩笑的话音，接着她用半压低了的嗓音唱了起来："我们新疆好地方啊，天山南北好牧场……"她这是在回应我的歌声，也是在向我展示她的才艺。

哟，没想到她脸蛋儿不美，嗓子可又脆又甜。我忍不住喊了一声："好！"接着又喊："放开嗓子唱！"

"戈壁沙滩变良田，积雪融化灌农庄……"她果真放开了嗓子，嘹亮的歌声沿着湖面向四周飘荡，招来了邻船中情侣们羡慕的目光。

有道是"一美遮百丑"，她的纵声一唱，立刻扭转了我对她视觉上的反感，而从听觉上对她好感起来。等她唱完了，我夸了她一句："你的嗓子还不错嘛！"

她一歪嘴，似笑非笑地答："那年我考新疆歌舞团，唱的就是这支歌。"

"考取了吗？"

"考取了。"

"那怎么不去呢？"

"我初中毕业以后，家里供不起我上高中，是我自己悄悄儿去报名投考的。那年我刚十七岁，我妈说我年纪太小，新疆离北京太远，不让我去。"

"如果现在还叫你去新疆，你去吗？"

"去，干吗不去？只要给我安排工作，我就去，有工作，总比这样赖在家里让人家养活强。是人待的地方，别人敢去我就敢去，哪儿的黄土不埋人哪！反正我妈死了，我爸也不管我。"

好，性格够坚强也够开朗的，我对她的好感又增加了一分。

本来，我只想陪她逛半天公园，然后打发她回家算完事，并不想探问她的身世。如今听她一唱一说，我就顺着她的话茬儿，问她不去新疆去了哪儿。根据她的回答综合，大概情况是这样：她初中毕业，下面还有一弟二妹，家里供不起她上高中，考上了新疆歌舞团，母亲说她年纪小，反对她离家远走。可是她又不肯下地干农活儿，好不容易找了门路托了人情在社办的地毯厂里学了一年多学徒，她嫌那活儿老有碎羊毛吸进肺里去，容易得职业病，也不想干。后来多亏她那个在公汽六场当书记的叔叔给她开的后门，总算进六场当了公共汽车的售票员。

才干了一年多，体检中发现她有肺病，很可能就是在地毯厂的这一年多里得的，她们地毯厂的女工得肺病的人特别多。进医院治疗期间，“四清”运动开始了，有人检举她叔叔任用私人，而且所用的人是农业户口。她叔叔没有办法，只好一边检讨，一边给她办了退职手续。她工龄短，只给她发了三个月的退职金。如今肺病倒是基本上好了，可是没工作，靠哥哥和弟妹们养活她：有吃的，没花的。也有人给她介绍过对象，可她属羊且是腊月里生的，加上她十个手指头一个“斗”也没有，全都是“簸箕”。农村人迷信，第一说腊月羊没草吃，命苦；第二说十个“簸箕”的姑娘不敛财、要败家，不论有多少财产，早晚都要让她给“簸”出去。另外，她要求的是“工作”，绝不下地干农活儿。农村人娶媳妇儿娶的是劳动力，不是娶摆设供品，要娶摆设她也不够格，所以提一个吹一个。她现在的处境是：只要有人给她安排工作，不论多远，她都肯去，反正她家人口多，谁也不留她，她也不恋谁。

我沉默了许久。这个姑娘，初中毕业，性格也还开朗，至少不酸不肉，说话痛快，何况嗓子还挺不错，唯一的缺点，就是脸蛋儿长得不漂亮，特别是那绿色的脸和瘪鼻子、歪嘴巴。仔细一想，她生过肺病，身体本来就弱，在人口这样多的家庭中，没有好东西吃，缺乏营养，脸色不好是必然的。再说，如果她长得漂漂亮亮的，用她自己的话来说，是个“摆设”，何至于到今年二十三岁了还嫁不出去？再想想自己，论人，三十四岁了，在农村人的眼里，已经是个半老的老头子，活了半世的人了，不但一事无成，打成右派以后还劳改了好几年，到今天才有机会离开劳改农场，实际上是以“充军新疆”作为代价的；论财，一个月挣三十二元钱，还不够一个阔气点儿的人一顿饭钱。到了新疆也许能加几块钱工资，但是新疆东西贵，加了等于不加。以这样的条件要想娶个漂亮媳妇儿，还要人家离乡背井，跟我上新疆去，岂不是痴人说梦吗？看起来，今天的我，也只配找个“烧糊了的卷子”瞎凑合着过下半辈子了。我们两个，谁的条件都不好，都只能迁就一下，谁也别挑剔了。何况我娶媳妇儿的真正目的，只为拿她当招牌，好给我换取一间七八个或者十来个平方米大的小房间，好有个自由活动的小天地。既然如此，何必斤斤计较女方的相貌呢？想到这里，我突然问她：“我最近有可能要调到新疆生产建设兵团去，你能跟我一起上新疆吗？”

我的单刀直入，倒没有使她吃惊，而是很镇定地说：“关于你要去新疆的事情，刘大姐倒是跟我说了。刚才我也说过，只要给我安排工作，别说是新疆了，就是西藏我也敢去。我是个农业户口，又没文化技术，不离开北京，我别想找到工作。这个我早想过了，问题是我对你还不了解。到新疆去不用考虑，是不是跟你到新疆去倒是要考虑的。”

她的话也在理。她当然知道自己的条件差，但是差尽管差，也不是摸着有脑袋的就算一个。这是一个女人一生的大事，我慎重，人家就不慎重了？

于是我只好拣那要紧的简单介绍我自己，除了说说家里都有什么人，主要说的是我原来在哪里工作，怎么被划的“右派”，怎么离的婚，以及现在为什么要到新疆去，等等。

她听了，沉吟半晌，这才说：“看起来，跟你去新疆，还不如上次我自己一个人上新疆好。那会儿我如果去了，是新疆歌舞团的学员；这次如果去了，干什么还不知道呢。不过我的要求也不高，只希望当个女工，不论什么工种都可以，只要我干得了的。我生过肺病，干不了农业活儿。这样吧，今天咱们谁也不要把话说死了，我先回去问问我爸和我哥。尽管事情要我自己拿主意，可他们总是我家的大人，‘水大漫不过鸭子去’，征求一下他们的意见，也是礼儿上的事情。”

看起来，本人已经有了跟我去新疆的意思，要不然，也用不着回去征求家里人的意见了。

于是我们说定：大家都考虑三天，三天之后正好是我们农场的休息日，星期日上午九点，我们约到天坛公园西门见面，是成是散，那时候再说。

出了北海南门，我送她上了开往朝阳门的电车，然后自己坐往南的电车，到森隆门口取了自行车回团河农场。

焦守信问我见面的情况和感觉如何，我如实作了回答。焦守信说：“那姑娘我见过，模样儿是没有，人倒是不坏，性格也开朗，并不婆婆妈妈的。她那么大姑娘了，农村户口，找不到合适的工作，不能总吃家里的，除了嫁人也没有别的办法。你们两个可以说是同病相怜，也可以说是有这缘分，你就别再犹豫了，大家就这样凑合着过吧。”

过了一天，星期六上午召集全大队的就业人员开会，宣布了批准去新疆的名单，正如焦守信预测的那样，果然有我而无他。

根据所公布的名单看，被批准去新疆的人，大致是这样两类：第一类，年轻力壮而又没有家室之累的。这一类人中，几乎把流氓、小偷儿、少年犯、“右派”分子的绝大部分都包括在内了。和我同一个班的改国安、茅东升，是两个回民，都是从少年犯管教所放出来的，原来是三大队的“少年职工”，年满十八岁以后，调到二大队来了，这两个毛头星经常惹是生非，是中队里最头痛的人。这次去新疆，他俩当然是“榜上有名”的。“右派”中凡是没有成家的，几乎“一网打尽”了，连四五十岁的“老光棍儿”也不例外。第二类是虽然有老婆但是没家室子女之累的。这一类人大都上无父母或者虽然有父母而另有兄弟姊妹可以照顾的，或者虽有老婆却无子女，老婆也没有正式工作的，有的是农村姑娘，有的是天堂河二分场的女流氓，这些人甚至连个自己的家也没有，称为“有妻无家者”，当然也包括近期突击结婚的人在内。至于老“反革命”，则一个也没有，因为这些人不但年龄都在五十岁以上，都有家室之累，而且是最服管教、干活儿也最巴结认真，种葡萄技术上都有一手，是农场的“主力”。

大会上场长宣布：放假三天，没家的打点打点，有家的回家准备准备，星期三上午九点准时到集中站集中，等待上火车。

这一来，更加促使我下决心和琴“凑合”了。因为时间紧迫，这是“独一份儿”的买卖，舍她之外，就没有另外的人可以选择了。为了我理想中的小房间，我不得不这样决定。至于她回家和父兄商量以后，能不能得到家里人的首肯，还不一定呢。

当天我就去找兵团来的政委，先跟他说了琴的情况，问他如果我带她去新疆的话，能不能不分配她干农活儿。政委明确答复：对于家属，可以根据各人的情况和特长分配工作。兵团的规模很大，可干的活儿很多，不但有纺织厂、粮食加工厂，还可以当售货员，也可以学习修理钟表，总之可以干的活儿多得很，不一定都干农田活儿。

得到政委肯定的答复以后，一者已经是中午，进城来不及了；二者也没有和琴约好，无法会面，只好先到大兴县邮电局给远在上海的父母发了一封电报，回来以后，再把自己的东西整理了一下，一个下午就这样打发了。

四、为娶媳妇，拜老丈人

星期天一早，我来不及吃早饭，就蹬车进城，去听琴的回话。从团河农场到永定门，大约四十多里路，八点半我到了天坛公园西门，在门前的小吃摊儿上买了几个炸糕吃，直到九点半过后，才见琴从车站那边慢慢儿走了过来。她从东郊来，我从南郊来，路途是差不多的；她坐车，我骑车，按说应该她比我快，可是她迟到了。这可能有两种原因，一是她早上起晚了，出门也晚了；二是大姑娘初次跟男人约会，出于矜持心理，总要故意晚点儿到，用北京土话来说，就叫作“慎着”或“拿糖”。

我迎了上去，没有问她迟到的原因，只问她一句话：“咱们是进去谈，还是就在这里谈？”

我的意思很明确：上次分别的时候，她说要回家去问问父亲和哥哥；这次见面，如果家里不同意，她自己的态度也不坚决，那只要告诉我结果就可以，没必要再跑到天坛里面去瞎磨蹭了。她似乎明白了我的用意，嘴一歪，说：“在这里说个什么劲儿，天儿还早着呢，咱们进去慢慢儿说。”

听她的口气，我知道有些文章，就依言买了两张门票，存上车子，一起往里面走。

从天坛西门进去，先往东走，再往北拐到祈年殿，有一段很长的甬道。她好半天儿没说话，只是跟着我走。我不能老保持沉默，就问她回家去以后，家里人都是什么态度。她依旧歪一歪嘴，接着扭一扭脖子，却什么也没说。我还以为她有什么难言之隐，正想告诉她场里公布名单的事儿，她倒忽然开口了：“其实我早就知道问谁也没用，谁都不开口，都怕以后落埋怨。只有大哥说了一句：‘三十四岁了，比你大十一岁呢。’我爹说：‘男人大十几岁不算啥，大二十几岁的也有的是，只要人品过得去。男人大点儿的好，知道疼人。’大嫂子这才说了一句：‘猴儿跟羊，属相倒是不克。’再问他们同意不同意，就都不说话了。问急了，都说这是我自己的事儿，大主意要我自己拿。”

“那么你自己的主意呢？”我听她说话大喘气儿，不由得有几分好笑。

“我这不是正在考虑吗？”

“那么我告诉你：去新疆的名单已经公布了，没有焦师傅，有我。现在让我们休息三天，星期三上午九点集中，等待上火车。我已经问过兵团来的政委，他说：如果你肯去，适合你干的活儿多得很，不一定非干农田活儿。去与不去，你拿个准主意吧！”

她听了，眼睛一睁：“那么急呀！刚才在大门口，你怎么不早说？”

这一回，轮到我不着急了，慢吞吞地回答说：“还有整整三天时间呢，急什么？你要是同意去呢，我到你家里去，见见你家里人，然后咱们准备准备要带走的东西；你要是不去呢，我光棍儿一根苔，倒是没什么可准备的，陪你在天坛玩儿半天，也算是咱们认识一场。”

她倒是真急了，站住了说：“你这个人哪，怎么连一点儿火性也没有？时间那么紧，哪还有心思玩儿啊？咱们这就上我家吧。”

“你还没说你究竟去不去新疆呢！”

“嗨，没时间考虑了。不跟你走，又能怎么办呢？是好是赖，听天由命吧！”

她突然间作出了这样的决断，好像是破釜沉舟了。我却笑笑：“不忙上你家。既然进来了，总得到一下祈年殿，没有就这样打回票的道理。咱们从这里慢慢儿走到祈年殿，大约要走十几分钟，你还有时间多考虑考虑。到了祈年殿，你要是不反悔，咱们在那里照一张相，就算是订婚纪念；你要是反悔了呢，咱们绕祈年殿转一个圈儿，然后出大门各奔东西。你看怎么样？”

“你这个人，真沉得住气儿！”这一回，她倒是没着急，却也歪着嘴笑了。

话虽然这样说，她还是继续朝前走了。不过那步子明显比刚才快了许多。

到了祈年殿，我问她："咱们是照相呢？还是绕着祈年殿转一圈儿？"

她白了我一眼说："先照个相，再转上一圈儿！时间抓紧点儿，你第一次上我家，总还要买上点儿东西吧？"

"照相"，表示要跟我结婚；"转上一圈儿"，表示要跟我分手。这个似乎还挺迷信的姑娘，这会儿怎么就不顾忌"口兆"了？难道她真的早就估计到：我们是先结婚，然后分手？

不过这话我不能说出来，至少不能从我的嘴里说出来。

我们找了个摄影师，在祈年殿前照了一张相。那年月，彩照还很稀罕，当然照的是黑白的。按照摄影社的规定，本应该一个星期以后取的，我跟摄影师说明：星期三我们就要上新疆，请他尽量提前。摄影师这才答应，让我们星期二下午到西门口取。

到了周二我拿到这张照片以后，曾经在照片的后面题了一首词，词名《西江月》，全词记不得了，只记得后半阕是："盛夏阳光灿烂，闲庭信步缠绵，郎才女貌福寿全，天生一对傻蛋！"

照完了这张相，她就算是我的媳妇儿了，尽管法律上还没有正式承认。我想想也有点儿可笑：找个老婆，简直比买条毛巾、买双袜子还简单，买毛巾、袜子还要挑一挑呢。这可好，人家给什么你就得拿什么，根本没有选择的余地，只有"要"和"不要"两个答案。我是个很富有感情的人，但是命运之神偏偏这样捉弄我，让我结两次婚，却不让我在婚前谈一次恋爱。第一次结婚，比我大五岁的怡，我一直叫她姐姐，进了一次电影院，出来就成了我爱人。在此之前，我们连一封情书也没写过，连一句"我爱你"也没说过。今天的事情更"神速"：三天前我还不知道她究竟是啥模样呢，仅仅见了一面，吃顿饭，进了一次公园，第二次见面，买卖就拍板成交了。世界上的事情，还有比讨老婆更简单的吗？

用哲人的话来说，爱人是极难找的，因为她必须是你的另一半儿；用丁玲的话来说，老婆是最好讨的，因为只要是"人，女人，活女人"，就都可以成为老婆。芸芸众生，人尽可妻，怎么会存在"找不到老婆"这样的事情？

当时二劳改们的婚姻情况，大多数夫妻只是在一起生活的伴侣，共同抚育子女的父母，有没有感情，是不是有共同语言，根本不考虑，也无法考虑。

看起来，琴是个办事挺有主见的人。“正名”以后，她立刻以主妇的身份吩咐：“时间紧，咱们别在这里耗着了。我这就回家，通知家里。你不是骑车来的吗，你到朝内菜市场买点儿酒菜和糖果，不一定要最好的，可一定要多买些。我家人口多，特别是小将多。”

现在我成了“先锋”，只能听从“主帅”的调遣了。

出了大门，她问我：“现在几点了？”我看看表，已经将近十一点。她接着发话：“你抓紧点儿，我一点钟到三间房汽车站等你。”

我要送她上汽车，她又发话了：“你快办你的事情去吧，我坐车，你骑车，我比你快。”

我只好遵命。我到朝内菜市场去转了一圈儿，买些什么菜呢？太贵的买不起，可又不能全买素菜，琢磨了半天儿，想到农村人最爱吃肉，就买了一个猪头、四只猪蹄、一副猪肠子、一挂心肝肚肺和四斤肋条肉——我听人家说过，在北方农村，一头四蹄一刀肉加上一副下水，这是象征整头猪的。此外，又买了几条白鲢和一些菠菜、莲藕、柿子椒、胡萝卜之类的蔬菜，总之是采购顺利结束——车把上、后货架上都放满了。看看表，已经过了十二点，上饭馆吃饭已经来不及了，只好买了三个芝麻烧饼，这才出了朝阳门一边吃着一边蹬着，往三间房而去。

当时的三间房，还是孤零零的一个村子，四周都是农田，不像现在这样，一出朝阳门，马路两边都是房屋和商店，究竟哪儿到哪儿算是三间房的范围，根本分不出来。

我还没到三间房车站，远远地就看见琴站在车站旁边等我。看见我车前车后都装满了，这才笑着迎了上来，第一句话就问：“烟和酒你都买了吗？”我一拍脑门儿，连喊“抱歉”。我自己不抽烟、不喝酒，进菜市场只知道买菜，却把这件大事儿给忘了。虽然今天女婿还是初次登门，但行的却是订婚甚至就是结婚的仪式，“喜酒喜酒”，当然酒是第一要素，缺少不得的，香烟和喜糖更是十分重要的东西。糖果是琴走前交代过的，我没忘记，可是却把烟酒都忘记了。幸亏是她一个人出来迎我，又没忘记检查一下所购的东西，要不然，今天的“怯”可就露大了。

好在当时的三间房已经是个大村子了，何况还是在马路边儿上，副食店、百货店都有。我把车子推到副食店门口支上让琴看着，我进去买了一条海河牌香烟、两瓶二锅头、两瓶葡萄酒（是当年那种一斤装的廉价甜味红葡萄酒，不是今天那种“干红”），又买了点儿香蕉、苹果、梨，这才两手提溜着走出店来。

我把刚买的东西递给琴，意思是我来推车子。不料她接过东西却歪了歪嘴，指着梨说：“你买这个干什么？”

我说：“香蕉、苹果不解渴，这个，水儿大。”

她白了我一眼：“你怎么连忌讳也不懂？买这个，不吉利。”

我突然想起，1956年秋天我和怡结婚的时候，婚礼桌子上摆放的糖果、水果中也有梨。难道真是因为不吉利，这才导致我们分手吗？不过我是个彻底的无神论者，从来不相信这些，所以仍然振振有词地说：“别信那个。无产阶级，无所畏惧嘛。”

她犹豫了一下，可能因为我已经买来了，既不能退，又不能扔，只好作罢。

她家在村东头的马路北边不远，从一家自行车修理铺旁边拐进一条小胡同，只走二三十米就到了。迎面是一个篱笆门，门里面是一个挺大的园子，种着黄瓜、豆角、茄子、西红柿之类。园子的北面是一溜儿平房，中间三间是正房，东西各有一间矮小的披房。——所谓“披房”，是正房盖好以后另搭的小屋，比正房要矮小得多。最东头，是一间只有锅台没有前脸和门窗的厨房，大概只有四五平方米，靠墙堆着一些玉米秸，大概是用来烧火的。

首先出来迎接的是一条大黑狗，冲我汪汪地叫了几声，可能是因为女主人就在旁边，所以并不扑上来。琴喊了一声：“黑子，别叫！”那狗果然就没喊，乖乖儿地跑进篱笆门里面去，在墙脚趴下了。听见狗叫，一下子从院子里涌出一大帮人来，男女老少足有十几个，可见都是早就在等着新女婿上门的。其中有一个清瘦的老人，年约五十六七，当然是琴的父亲，其余的估计都是琴的哥嫂弟妹以及她所说的“小将”们了。

这时候琴在旁边先向家人笼统地介绍我：“这就是老吴。”这一来，

琴的弟弟，小舅子“大眼睛”。

我倒拿不定应该怎样称呼他们了。因为今天早上琴出门的时候，还没有跟家里说定是不是嫁给我，而她回家之后，是不是已经把她的决定告诉了家里，刚才也没跟我说。根据她要我买烟买酒的话茬儿推测，应该是说过了的；但如果她把“许亲”的体面让给她爸爸，要我来这里演出一场“求亲”的喜剧呢？我正在犹豫，一个中年妇女推了一下一个小男孩儿，说了声：“小杰子，快叫四姑夫。”那孩子只有两三岁，口齿还不清楚，腼腆地喊了一声“戏姑夫”，就躲到那女人身后去了。

据说北方农村搞对象的习惯是，男方上门，如果女方打发小孩子上来叫“姐夫”或“姨夫”“姑夫”之类，就表示家里同意这门亲事了。既然女方表了态，我就落落大方地叫了一声“爸爸”。这时候该由琴出面了，除了父亲之外，她依次介绍了二哥、二嫂、三哥、三嫂、五妹、六弟、七妹，至于孩子们，就不介绍了。

后来我才知道，她家是大排行，不分男女。她母亲一共生了十五个孩子，但是开头的几个都是生一个死一个，一个也没成活。当年农村人迷信的说法，认为这是父母亲的“命硬不招子”，只要抱个孩子来，如果这孩子能够成活，下面的就都能够活了，这种做法，称为“压子息”或“压长子”。她母亲抱了个女孩儿来，那就是琴的“大姐”，当然早就出嫁了，今天没来。接着生的是个男孩儿，果然成活了。按照大排行，这是“二哥”，实际上是大哥。以后断断续续又生了不少，总计成活了六个，夭折了九个，加上大姐，一共是七个孩子。按照北方习惯，最小的女儿不叫“七妹”，而叫“老丫头”。第六个男孩儿小时候眼睛特别大，从小就叫他“大眼儿”，如今长大了，眼睛看不出来比别人大多少，但全家人依旧习惯于叫他“大眼儿”或“大眼睛”。

琴把我买来的菜蔬交给二嫂，让她拿进厨房去整治。我被一家人迎进屋里，在东房坐下。她家的三间正房，东房是二哥、二嫂和两个孩子住着，西房是三哥、三嫂和两个孩子住着，三个闺女住东披房，老头子和小儿子住西披房。

东屋是标准的农民房，靠南窗一排大炕，靠北墙一个大卧柜，炕头堆着被褥，炕中间放着小炕桌。他们把我让到炕上坐下，我把糖果、水果、烟酒等拿出来放在炕桌上。琴张罗着一份儿一份儿分给孩子们，省得他们争多争少。我特别注意了一下，她把那几个梨全都分给了孩子们，连一个也不剩。三嫂子用一个大号的搪瓷缸沏茶，然后倒进几个大小花色各不相同的玻璃杯里，依次递给我和几个男人。看起来，她家没有茶壶也没那么多茶杯，而且女性在这个家庭中没有地位。

老丈人年轻的时候在城里拉过“洋车”，也算是个“外场”人。他既不转弯抹角，也不藏着掖着，开门见山地说出他对我们婚事的看法和意见。话当然说得很婉转，大意是：他这个四丫头从小就娇气，什么农活儿也不会干，肩膀上不能放一点儿东西，不像五丫头和老丫头，如今在生产队里已经是整劳力。她从公汽六场回来以后，没下地干过一天活儿，长此下去，也不是办法。如今她自己愿意跟我到新疆去，家里人也不反对。不过谁也吃不准新疆生产建设兵团究竟是怎么一回事儿，为了留一条退路，他们全家的意见是：同意我们两个结婚，但是先不要登记，户口也不要迁走。到了新疆，如果一切都好，就把户口转去，再去补领一张结婚证；如果情况不像政委说的那么好，我必须保证让琴回来。因此，他要我无论如何一定要留下一张从乌鲁木齐到北京的火车票钱。如今公社里工分儿低，他们家目前的收入，勉强只够一家人吃饱，要准备这笔路费，还有些困难。

老丈人既然这样开通又这样通情达理，我还有什么可说的呢，当然是满口答应。新疆的情况我也不了解，任何轻率的许诺，都是不切实际的，还不如老老实实地听从他们家人的意见办事。

接着二哥和三哥说：他们家的大人，除了二嫂和琴不出工之外，都要出工。三哥是建筑队的电工，其余的人都下地。本来下午的出工时间是一点半，因为我来，临时给队里说了一下，大家晚点儿去，这会儿也该走了，不得不委屈我在家里多坐会儿，等他们收工了再聊。

事情既然是这样，我当然不能妨碍他们出工。于是大人们纷纷站起来拿上各自的工具走了。二嫂子还在厨房里拾掇猪头猪蹄之类，琴出任临时的幼儿园园长，一边领着四个孩子玩儿，一边也带着我参观他们的房前房后。房前的园子里，除了种着蔬菜之外，还埋着她的母亲。她说，在农村，这叫“死人看家”，本来不是一件好事情，可如今公社化以后，再没有坟地可批，她母亲生前坚决反对火葬，只好这样办了。她家的房后是一条小河沟，两岸种着高大的柳树，但是水很浑，还漂满了浮萍，只能洗洗农具或用于灌溉，不能洗衣服。趁孩子们走远的工夫，她指着最大的一个姑娘说：这是二嫂子的孩子，但不是二嫂子生的。二嫂子十七八岁的时候相当漂亮，在北京城里当过舞女，新中国成立后取缔了舞女，她这才嫁到了张家来，但是她不能生育。1960年有一帮逃荒的山东人从这里经过，有个两岁的小姑娘已经饿得奄奄一息，她出于好心给留了下来，如今已经八岁了，今天是星期天，不上学。又指着最小的一个说：这个小杰子，是二嫂子的儿子，不过是三嫂子生的。三嫂子已经有一儿一女，第三胎又是个儿子，就给了二哥。

我们从房后转到街上，我想再走走，琴就打发大丫头带着孩子们回家，嘱咐她们不许走远了，然后带着我一直向东走。在路上，她很直爽地告诉我：她手头可是一个钱也没有，退职回来发的三个月工资，早就用完了。这两次进城和我会面，车钱还是三哥给的，因为全家只有他一个是“工人”，能按月领工资，其余人都得等到年底分红才见得到钱。她身上穿的几件衣服，还是当售票员的时候做的，都已经很旧了。她跟我走，别指望家里会给她做一件新衣服。不过中午吃饭的时候他父亲也发了话，她跟我走，算是我帮她家解决了一个大困难，所以也不问我要一分钱彩礼。而她去新疆之前，还必须买一些东西。为此，她问我一共有多少存款，除了给她留一张回北京的车票钱之外，能不能给她买几件衣裳。

这个问题，其实她不问我也要跟她说的。我告诉她：我一个月挣三十二元工资，除去一个月十五元的伙食费和两元钱零花，每月最多能攒下十五元钱。回上海探亲，硬座车票是能够报销的，但总要给父母亲买些东西，所以现在手头一共只有二百多块钱。不过我也告诉她：我有一个好朋友，听说我要上新疆，又要娶媳妇儿，会支援我一些的。因此，我计划明天带她进城去买一些衣服和带到新疆去使用的东西。

她听到这里，不由得笑了起来说：“我知道你们农业工人工资不高，可是没想到每月只有三十二元钱，更没想到你一共只有二百多元钱存款。拿着二百多元钱就想娶媳妇儿，也就是碰上我了……”

我无言地低下了头。是啊，拿着二百块钱就想娶媳妇儿，在那个年头，大概也只有我了。这不是“瞎猫碰见死耗子”了吗？如果遇上一个要求稍微高一点儿的姑娘，准不跟我。

我们一走走到了管庄。这里虽然名叫“管庄”，但因为处于朝阳区和通县的交界，以前却是有名的“没人管”地区，流氓、窃贼成伙儿，经常发生强奸、盗窃案子。后来经过大力整顿，现在倒是好多了。这里有个建工学院，“文革”刚开始的时候，刘少奇在这里蹲过点。我们反正没事儿，就走进去看看。只见校园内到处都是“大字报”，有批判刘少奇的，有为刘少奇辩护的。我不了解前因后果，也不知道是谁对谁错，不过是看个热闹而已。

我们回家不久，出工的人大都回来了。一问，才知道公社的出工时间跟农场不一样：早上起得早，六点钟天刚亮就得下地，干到八点钟回家吃早饭；九点钟再出工，干到十二点回家吃午饭；一点半再出工，干到四点半收工，合计上午五个小时、下午三个小时。这样安排，是便于社员们下午四点半以后办点儿自己的事情，或在自留地里再干会儿活儿。

这时候三嫂子正帮二嫂子在厨房里忙活。我看见猪头、猪蹄和心肝肚肺肠都在一口大铁锅里炖着，鱼和菜已经做好，放在东屋的炕桌上。大嫂子把锅里的头蹄下水用筷子捞了出来，把热汤在院子里泼了，舀上了半锅清水，把头蹄下水放进去，加上盐、醋、葱、蒜、茴香、大料和酱油继续用大火煮。据说经过这样处理，就没腥味儿了。

哥哥和弟妹们都在洗脸洗脚，然后换上了比较干净的衣服，只有老丈人依旧穿着那件领子和前襟都油黑发亮的脏衣裳。可见琴虽然在家闲住，但也不怎么管她爸爸的生活，用她自己的话来说，是“我爸不怎么管我，我也不管我爸”。老丈人见我们回来，数落他女儿说：“这样的日子口儿，你也不帮你嫂子做饭，跑到哪里去了？你再不回来，我就要叫老丫头找你去了。”

我赶紧说这是我的不是，是我把她拉到管庄玩儿去了。有我圆场，老丈人也不再说什么。没过多久，嫂子们把荤菜端上来，就招呼我和孩子们赶紧入席。

按照当时农村的习惯，凡是家里有什么婚丧喜庆，大队干部是必须请来入席的。今天因为我们举行的是“非法”的婚宴，也就是说，婚事并不公开，以便他日即便琴从新疆跑回来，也依旧是“大姑娘”的身份，所以大队干部一个也没请。后来才知道，大队支书是琴的叔叔辈，就住在她家南面的一排房子里，关于我们的婚事，他第二天就知道了。

借来的一张大炕桌上放了八九个颜色形状各不相同的大盘大碗，挤得连放酒杯的地方都没有了。这一桌临时“凑”出来的婚宴，不图丰盛，但求喜兴热闹。当时农村生活水平极低，平时很少吃到肉，今天能上“八大碗”，就已经很不容易也颇感满足了。按照农村习惯，今天既然是我们的喜筵，就应该让新婚夫妇上座。但是从礼节上说，总不能女婿上座而让老丈人屈陪末座，所以推让的结果，是老丈人和我上座，二哥、三哥、六弟挨着爹，琴挨着我，下面依次是二嫂、三嫂、五妹和老丫头。我以前是不会盘腿的，一进劳改队首先学会的就是盘腿坐在炕上，以后的好几年，天天夜晚都要在炕上盘腿坐着“政治学习”，早已经习惯了。炕上坐了十个人，桌子小、人多，人和人之间，连一点儿空隙也没有；地下放一张小炕桌，桌上是八小碗，转圈儿坐着四员小将，倒挺宽松的。

我对他们全家都不熟识，不明底细，不知深浅，所以不敢多说话；他们对我也十分陌生，又不好意思多问，彼此都缺少谈话的资料。倒是老丈人装出一副很高兴的样子来，兴致盎然地寻找一些话题来跟我谈。说起近来的“文化大革命”，话也就多了起来。二哥、三哥偶然也插几句话，其余人只顾低头吃猪头肉，基本上不说话。说着说着，老丈人听说我原来是个编辑，也算知识分子，就问我懂不懂得外语。我很谦虚地回答：我的英文，也就是初中水平。他笑着说：“当年我在城里拉车，为了应付外国人，倒也学了几句洋话。”说着他举了举手中的茶杯：“比如说，‘你喝水’，就说‘油（You）瓦达（water）’。对不对？”我不敢笑，点点头。他接着说：“其实外语也挺好学的。当年我们都编成顺口溜唱，什么‘我’是‘爱’来‘你’是‘油’，‘来’是‘砍木’‘去’是‘狗’，‘我爹’就是‘卖发热’，‘一块洋钱’‘文达拉’……对不对？”他的三个女儿全都大笑了起来，还说她爸爸这是在“圣人面前卖《三字经》”，逗得我也忍不住笑。

在这样的场面上，我当然是被敬酒的目标。好在我有先见之明，入席之前就声明我是个滴酒不沾的人，今天为媳妇儿拜老丈人，不能不破例，但也只能将就着喝几杯葡萄酒。于是我敬老丈人一杯、敬大家一杯，大家合敬我一杯，一共只喝了三杯葡萄酒，就把场面绷了过去。为了避免多喝酒，也因为怕酒不够，我喝了这三杯之后，就装出一副醉眼蒙眬的样子来，谎称“不胜酒力，覆杯告免”。大家不知我底细，也不勉强。

那年月，人们的肚子里都很素，农村人要到年底才能分到钱，平时很难吃到肉。今天的餐桌上虽然有一个十多斤重的大猪头“镇着”，加上心、肝、肚、肺、肠和四斤肋条肉，总数也在十斤以上，但是禁不住许久没吃肉的十个大人和四员小将发起的总攻击，加上他们吃肉不是一块一块地搛着吃，几乎都是把肉盛到自己的碗里，像吃饭那样拨着吃，而且只吃菜不吃饭——也没准备饭，所以没过多久，就碗底朝天、杯盘狼藉了。

老丈人见我晕乎乎的样子，就发话叫琴把我扶到她的房间里去躺一会儿。我酒醉是假、疲倦是真，刚一躺下就迷迷糊糊地睡着了。

五、洞房之中，姐妹三个

一觉醒来，见房间里亮着一盏昏黄的电灯，窗户外面已经漆黑。看看房间，大约有六七平方米，正对着房门是一张铺，我就躺在这张铺上，估计一定是琴的；对面是首尾相连的两张铺，当然就是五妹和老丫头的了。靠北墙的两张铺之间，架着一只大樟木箱子当桌子用，除此之外，任何家具都没有了，连一张凳子也没有。张家的贫困，由此可见一斑。

这时候，姊妹三个正并排坐在对面的铺上说话儿，说的当然是有关我的事情，特别是我们两个到新疆去凶吉未卜的命运。

自从我进入张家，除了老丈人在饭桌上表明了自己的态度，同时也代表了全家人的意见之外，就没有另一个人再发表意见了。张家的人，似乎对这个女儿、妹妹、姐姐的婚嫁问题都十分淡漠，既没有积极支持的表示，也没有反对的意见。冷眼看上去，所有的人，似乎只对一桌颇为丰盛的晚餐感兴趣，既津津乐道也笑逐颜开。至于这个女儿、妹妹、姐姐跟这个姓吴的男人走了，究竟是祸是福，没人关心，实际上也可能是无法关心。不是吗？他们对这个时局，能知道什么？他们对新疆生产建设兵团，又知道什么？进一步问，即便他们都知道而且知之甚深，他们又能怎么样？是赞成，有什么理由？是反对，又有什么理由？再说，你反对琴跟我走，那么，你是能养活她一辈子呢？还是能给她解决工作问题或是吃饭问题？处在这个环境中的任何一个人，可不就是什么意见也不能表示吗？

相对而言，三个闺女天天住一屋，至少感情上比哥哥、嫂嫂又要深厚一些。这时候父亲、哥嫂不在身边，见我又睡着了，因此她们说话就比较自由，也比较诚挚。五妹说：第一眼看上去，这个老吴人品还不坏，至少挺随和的。老丫头则说：见一面，就结婚，姐姐此举，不免过于冒险，也过于仓促，简直就是稀里糊涂地跟人家走。琴说：她这也是没有办法，总不能老住在家里让妹妹们养活。看看这个姓吴的，好像人还不错，至少不是骗子，只能听天由命地走着瞧了。

我抬手看看手表，正好九点。琴见我终于醒来，损了我一句："不是装酒的材料，你就别逞能！才三杯糖水儿，就把你醉成了这样，一躺俩钟头，不带动窝儿的。"

老丫头却不满地嘟囔："我可是困了。人家明天还要早起下地呢！"

我听出这是要把我"驱逐出境"的意思，赶紧坐了起来，道歉说："这都是我的不是，我早就应该走的。"

老丫头冲我一纵鼻子，继续损我："我看你根本就不打算走。再说，我四姐能放你走吗？还是我去问问爹，看他让你睡哪儿吧！"说着，开门出去了。

没过一会儿，老丫头就蹦跳着回来了，进门就嚷："我爸说了，让老吴就睡咱们屋。"

自从我进了张家的门，除了小杰子叫过我一声"戏姑夫"之外，从上到下，包括老丈人在内，一律都叫我"老吴"。因为琴就是这样向大家介绍的，倒不一定就是嫌我老的意思。

我以为老丈人的意思是叫我一个人睡这屋，她们三姐妹到别人家里睡去，或者让我和琴都在这屋里睡，反正老丈人已经说过，"我们暂不登记，但可以算是夫妻"。没有想到的是，老丫头接着又跟五妹说了一句："四个人三张床，没办法，我只好跟你挤啦。"

她们自己把被子都摊开了，我也只好把被子摊开。老丫头把房门的插销插上，顺手又把电灯关了。她们三个在黑暗中摸索着脱衣服上床，我也只好脱衣服钻被窝儿。我有睡前洗脚刷牙的习惯，到了这里，入境随俗，也只好将就了。

老丫头和五妹先还为争被子嘻嘻地笑闹了一番，不久就鼻息匀称，进入了香甜的梦乡。我刚刚睡了一小觉，这时候反倒一点儿睡意也没有。听见琴在邻床频繁翻身，分明也没睡着。我越想越好笑：这算是哪一出？这究竟算是我们的洞房花烛呢，还是偶然的"醉入花丛"？要是算"洞房花烛”，新娘子没和我同睡在一张床上，既没有“软玉温香抱满怀”，更不能“汤她一汤消灾瘴”，如今是仲秋季节，本来就不是“春到人间花弄色”的时候。如果说本来就不是“洞房花烛夜”呢，我们可又是“明媒正娶”喝了喜酒、奉了严命住进一房的“正式”夫妻，尽管还没有登记，却可以说一切都过了“明路”的，尽可以大大方方地住在一起，用不着遮遮掩掩。看起来，关键的一笔，不是两床之间的那条“银河”，而是多了两个妹妹——洞房中的“第三者”和“第四者”。这样的事情，真是人间少有、世上难逢，也算是我人生经历中值得回味的一夜了！

百无聊赖中，我闭眼琢磨：我对琴的性格脾气一点儿也不了解，我们俩的仓促结合，对我来说，是只想带一个不用我管粮票的老婆到新疆去，从而求得以后有一间十来平方米的小房间，作为我劳作之余自由活动的小天地；对琴来说，无非因为她不愿参加农业劳动，在家里住不下去了，而农村人则不想娶她这个不会干农活儿的老婆，她也不想嫁给挣工分儿、见不着现钱的农业户，于是落到了我这个也算是居民户、也算是挣工资的落魄知识分子手中。如果到了新疆能分给她一份儿理想的工作，她是有可能跟我继续混下去的；但如果真如她父亲说的那样，政委的话只是不负责任的空头许诺，到了新疆也要她下地干农活儿，她必然不会安心，那就必然要执行“第二套行动方案”，于是我们这对儿没经过国家和法律认可的夫妻，也就要以分道扬镳作为“圆满的悲剧”而结束了。

浮想联翩中，我不知道自己什么时候迷迷糊糊地睡着了。忽然听见外面“当当当”地响起了一阵敲打铁轨的声音，接着五妹轻声地呼喊老丫头起床，还一个劲儿地用手捅她。看样子，这是大队敲的起床钟。我看看窗外，依旧是一片漆黑。既然早上出工的时间是六点，估计这会儿人概是早上五点半光景。两个妹妹在黑暗中窸窸窣窣地摸索着穿衣服，也不敢开灯，再过了一会儿，就开门出去了。——我这才想起来，她们是先下地干活儿，要到八点钟才回来吃早饭的。那么，我至少还可以睡它一个多小时吧！

这时候，我忽然听见琴也在摸索着起床，而且走到了房门那儿去，但分明没听见她穿衣服。我奇怪地问：“你又不出工，这样早起来干什么？”她轻声地说：“我把房门插上。”我说：“又没人会进来，插它干什么？”她说：“插上心里踏实。”我忽然意识到：只有两个妹妹都离开了，这间简陋低矮的小房间，才是我们真正的“洞房”。我掀开被窝的一角，说了声：“快过来，当心冻着！”立刻就有一个冰凉的身躯颤抖着扑进了我的怀里来。我抱住了她，把被子给掖严了，我的手指首先触摸到的，是她那件破了好多个窟窿，像筛子一样已经无法再补的汗背心儿。——可怜的穷新娘，我就算够穷的了，你却比我更穷。今天上午我就带你进城去，无论如何，也要让你上下内外焕然一新！

六、旧货店里，采买嫁妆

我们相拥着睡到了天色大亮。琴先醒来，问我几点了。我一看表，告诉她："七点。"她把我的手拉过去，把我的手表捋下来，看了一眼，就戴到她的手上去了。我知道，农村姑娘嫁人都讲究向男方要"彩礼"，当时最时兴的，是"三转一响"，也就是自行车、手表、缝纫机和一台收音机。她把我的手表拿过去，既有当"彩礼"的意思，也有当"定情物"的意思。我笑着跟她说：这块男表，她戴着显得太大了。今天进城去买东西，买新表第一是没票、第二钱也不够，看看信托商店有没有便宜的，一定给她买一块。她这才很舍不得地撸下来还给我。

接着她就催我起床，不是起来吃饭，而是要我去买油条。农村人平时不大吃得到肉，缺少油水，如果馋了，又恰好手上有零钱的，就吃几根油条解解馋。因此，在当时年底才能见到钱的农村，早上能够吃上油条的人家，也不是很多的，何况像她们这样十几口人的大家庭，一人吃两根，就要三十来根呢！

琴出去给我打来洗脸水和漱口水。我一摸，全是凉的，就告诉她："新郎官起床漱口，规矩必须用温水，不然，有可能要掉牙。"她笑着说了一声："就你事儿多，我们家一年到头都用凉水。"不过，她还是似信非信地把漱口杯拿到嫂子的房间里给我兑进了开水，这才端了回来。——她家里，只有二哥的卧柜上面有一把竹壳儿的热水瓶。

二嫂子已经在厨房里熬棒子面粥、贴玉米面饼子。看见我进厨房，她赶紧向我解释：去年分的大米早吃完了，新大米还没收割，早饭只能吃棒子面粥。我问她要了个篮子，说是去买油条。她眉开眼笑地把一个很大的篮子递给我，看样子，她家已经有好长时间没吃油条了。

我和琴一起上街。三间房村子好大，从东到西没有一千米也有八百米，但是只有尽西头的一家国营小饭店早上炸油条，每根七分钱，半两粮票。我问琴买多少合适，她说往常都是大人每人三根，小孩儿每人两根，至少也要买三十根。我说："今天就别限量了，多买几根吧。"我自作主张地买了四十根，钱倒不多，只是现炸现卖的东西费时，在我们的前面又有好几个顾客在等着，我们等了足足有三十多分钟，这才提着满满一篮子油条回家去。

走在路上，我在默默地想：这一家人家，人口这样多，吃一次油条就要三四十根，对手里没有现钱的农民来说，也真不容易。又想：她家除了二嫂子、小孩子和琴外，人人都出工，还有一个是月月领工资的工人，尚且这样穷，那劳动力少的人家，还不知道怎么样呢！也难怪农村姑娘愿意嫁给挣工资的，现实生活告诉她们：公社社员的生活，就是不如工厂工人嘛。

一篮子油条，又一次赚来了一家大小的欢声笑语。不一会儿，就被抢个精光。看样子，就是再买上四十根，也一样能够吃得光光的，绝不会剩下。

一边吃饭，我一边告诉老丈人今天的活动计划：带琴进城去给她买一些去新疆要用的东西。老丈人再三解释他家里实在是太穷，姑娘这样大了，也没件好衣裳。我笑着问他："是新中国成立前生活好还是新中国成立后生活好？"老头儿也笑着说："我家不是贫农，也是下中农，按理我不该这样说，不过现在你是我们家的人了，用不着跟你说那嘴不对心的瞎话。我不说别人，单说我家：那会儿我一个人在城里拉车，我爹再种点儿菜卖卖，我还能攒下钱来盖房子、娶媳妇儿、生这一大帮儿子闺女；如今我家七八个人干活儿，却只够一家人啃窝头的。房漏了，早就该翻盖了，可是没钱，只能眼看着它漏，没辙。"

我问："你们村里，以前有多少地主？"老丈人说："北京朝阳门外，穷人多地主少。新中国成立前，我们村绝大多数是贫下中农，只有四五家小地主、小富农，不过穷的并不特别穷，富的也都不太富，差别只在房子的大小和牲口的多少上。要说吃的和穿的，其实也差不多，就是地主家里，也不是天天吃大米白面。跟你说也许你都不相信：这些财主家的老太爷，个个都每天一早就起来去拾粪，不拾上一筐粪不回家，白天还要跟着长工下地干活儿，勤力得很。到了冬仨月，反正闲着也是闲着，还有人穿上破棉袄进城去要饭呢。不过那不是因为没吃的，要回来的剩饭剩馒头，是用来喂猪的。如今嘛，这些地主富农都没有了，只剩下一个地主了。”

我有些不明白，又问：“从前那些地主都死了，只剩下一个还没死，是吗？”

老丈人风趣地笑笑：“现在全中国不就一个地主了吗？我们全家都给这一个地主扛长活儿。”

我立刻明白了老丈人话中的意思，心想：农民的语言，自有他的特色。不过这话要是知识分子说出来，不打你一个“反革命”，至少也是个大“右派”！

早饭之后，我和琴一起坐车进城。

我有个老朋友叫杨超。1953年，我和他都是上海市行政干部学校的教育干事，不过他在校部教研室，我在班里。他是个研究老子哲学的青年学者，原是南京中央大学哲学系的学生，后来到科学院历史研究所工作，是侯外庐的秘书，也是侯外庐著《中国思想通史》的四个执笔者之一。他住在府右街枣林大院一号。他夫人顾桂菁是北师大的英语教师，云南人，i、ü 不分，老把“上剧院”说成“上妓院”，常常逗得我哈哈大笑。我“划右”以后，也只有他们夫妇还敢和我继续来往。我在教养期间，肚子饿得实在受不了的时候，曾经给他写信求援，难得他不避嫌疑又冒着烈日到德胜门外土城劳动教养收容所给我送吃的。可惜，他太老实，不知道公安局里的规矩，又不会说瞎话，因为他不是我的直系亲属，不但不许“接见”，连送给我的东西也不许留下，白晒了半天太阳，只好抱着带来的食品回了家。1963年秋天，我解除教养摘去帽子以后，第一个也是唯一一个去看望的老朋友，就是他。后来，我把一套跟着我在劳改农场旅行了好几年的《鲁迅全集》和一本郑易里编的《英汉大辞典》送给了他。当时的“右派”比洪水猛兽还可怕，谁都怕沾上，像杨超这样不怕受株连的朋友，是不多见的。——还有一个从小和我一起长大的同乡人，刚联系上，也高兴得不得了，约我星期天在天安门门洞内见面。后来，我写信告诉他我是“摘帽右派”，他就连回信也不敢写了。

那天是星期一，我知道杨超以在家里研究写作为主，因此不管三七二十一，撞上门去再说。一进门，不料他们两口子都在家。我简单地说了说我被动员去新疆以及临时抓了个老婆的经过，然后直截了当地说：“我这个老婆连换洗的衣裳都不多，必须给她买些衣服和用品，请他支援。”杨夫人二话没说，当时就到银行取出一百元钱来交给我。——那年月，一百块钱，是我三个多月的工资，可比现在的三四千元还管用啊。

可惜的是，杨超在不久之后的批斗中被迫害致死，现在他夫人和儿子杨治梵都定居在美国，和我已经失去了联系。

接着，我们去了府学胡同焦守信家。他们两口子是我们的介绍人，我们的闪电式婚姻，居然连媒人也没谢一声就入了洞房，当然是有悖“常礼”的。焦守信正在家里，他爱人上班去了。他听说我们昨天晚上已经完成了无仪式婚礼，似乎一切都在他的意料之中，只是傻笑。他的家里四世同堂，住房狭窄而拥挤，无法回旋，因此我们约他两口子中午的时候到魏家胡同五号——琴的一个本家内侄叫家彬的家里聚会。好在他爱人上班的地方离家很近，只要打个电话告诉她地点就可以。琴的这个内侄，两口子都是盲人，年龄比琴要大许多。琴退职以后，曾经在他家里帮助照看两个孩子，跟琴的关系相当好。

我们到菜市场买了几个半成品菜和一些熟食，又买了两瓶葡萄酒，就到家彬家里。家彬听说四姨有了丈夫，责怪她不早通知他。琴就蒙他说：朋友交了很久，本来还不想这样仓促结婚的，只因为我要调到新疆去，所以不得不提前结婚，所有亲戚朋友都来不及通知了，今天就是特地来补这个礼的。于是我们两个立刻动手，好在都是半成品和熟食，只要炒一下或者分装到盘里就可以了。一切就绪，焦守信两口子带着女儿小丽娟正好来到。

这是一桌“不成敬意”的谢媒酒。因为不谢不像话，可是这样的谢法依旧是“不像话”。好在焦守信和我是老朋友，又是在这样的前提下进行的“急就草”，只好“草中带草，草草不恭”了。

饭后，我们赶紧去买东西。我兜儿里多了这一百元，就可以大胆地买东西了，不用害怕把积蓄花完了无法给琴留车票钱了。

尽管那时候物价便宜，但我知道一二百元钱要“采办嫁妆”，也买不了多少东西。特别是手表，一块国产的北京牌，都要一百五十多元，还要票；进口的不要票，可是最便宜的也要二百多，我怎么买得起？为了省钱，我除了带她到百货商店购买新的内衣内裤、秋衣秋裤、毛衣毛裤、单衣单裤、汗衫、袜子、围巾、手套、布鞋之外，又带她到菜市口拐角的委托商行去买手表。看见有一块苏联产的女式小方表，样子挺好看的，只要十五元，拿到钟表店请师傅看过，证明没有问题，就买了下来。又看见一件狐皮大衣，蓝卡其的面子，还不太旧，只要四十五元，狠了狠心，也买了下来。琴已经知道我的经济实底，倒没有埋怨我给她买的是旧货，何况那狐狸皮还是真的。一算账，共计花了二百多元。按理说，也应该给她家里每人买点儿礼品，但是我只剩下一百多元了，这是要留给琴万一要从新疆跑回来买车票的，绝不能动用；再说，她家的人也实在太多，每人都买我没这样多的钱，只给这个不给那个又不合适，只好干脆都不买。反正他们家谁也没给我们送任何礼品，四姑娘出嫁，就好像没那么回事情一样，那么咱们就两下里拉平——谁也不送算了。

等到我们抱着大包小包回到三间房，家里人也都收工回家了。我一看桌上放的都是素菜和贴饼子，知道昨天的剩菜中午已经打扫干净，就到街上买了一只烧鸡和一包酱牛肉。不管怎么说，在这三天之内，即便天天吃贴饼子，至少菜总不能太素吧。

吃晚饭的时候，老丈人说：已经托便人带信儿给大姐，告诉她四丫头已经出嫁并且要远征新疆的消息，大姐带回话来要我们明天下午到她家里去。因为大姐夫要上班，白天不便请假，下午早点儿回家，争取与我们见一面。琴也说只有一天就要离开北京了，什么时候能够回来，谁也说不准，因此有几个要好的朋友必须在明天去见见。这样，明天一天的日程就这样安排好了。

吃过晚饭回到我们的“洞房”，琴就把我们买回来的东西一件一件摆出来给两个妹妹看。两个妹妹一辈子也没见过这样多的好东西，特别是那块手表和那件狐狸皮大衣，翻来覆去地看，简直爱不释手。老丈人走来看见床上堆满了东西，就招呼老丫头到他房间里把一只旧樟木箱子抬了过来，说是给琴装衣裳带到新疆去，这只箱子与她们架在铺与铺之间当桌子用的那只一模一样。老丈人说：这还是他老伴儿当年的嫁妆，东西虽然旧，但却是真樟木的，这样的东西，现在是想买也买不到了。再说，这也是一件“念心物儿”，往后远离家乡，看见这只箱子，就好像看见家人，特别是好像看见母亲一样。他的一番话，说得琴眼泪汪汪的。我心里明白，尽管她因为没有收入在这个家庭中不太受抬举，但终究是骨肉情深，一旦分离，说一点儿感觉也没有，那是瞎话。

当天夜里，我们老节目重演，依旧是四个人住一屋，等到天亮之前两个妹妹出工去之后，我们才插上房门同床共赋《燕尔》《于飞》。

第三天的行程倒是不短，我们一起去看了琴的几个好朋友，大都是和她一起从公汽六场退职回来的农村女青年，有的住在通县，有的住在东坝河。小姊妹分手，居然比亲姊妹还难分难舍，一个个都红了眼眶。可不是嘛，天有不测风云，谁知道她这一去，什么时候能够回来？能不能够回来？

中午是在一个叫李淑兰的家里吃的饭，我去买的熟肉。她比琴大一岁，长得可比琴漂亮多了。特别是她那个八九岁的小妹妹，滚圆的脸蛋儿红扑扑的，两只眼睛大得出奇，好看极了，简直活脱脱的一个小天使。但是她家似乎比琴的家里更穷，院墙倒了，都无力修好。她是长女，下面一大帮弟弟妹妹，只有父亲一个劳动力。她被公司辞退以后，又遭受离婚的打击，心情和身体都不太好。她倒是佩服琴有决心、有胆识，并不讳言如果有合适的人选，她也愿意和琴一起去新疆。可惜时间太晚了，要不去新疆的人中没抓到媳妇儿的还大有人在，满可以让她挑一个的。

下午四点，到了她大姐家。不久，大姐夫回来了。大姐夫也在公共汽车公司工作，还是个小小的干部。听说我是个“支边人员”，还是个“摘帽右派”，嘴上不说什么，脸色神态立刻就有些变化，说话也只以“嗯嗯”为主，不多发表意见了。当时那个“以阶级斗争为纲”的社会，强调的是“亲不亲，阶级分”，风气如此，我是见怪不怪，早习惯了。何况那时候正是“文革”的第一个高潮，讲究的是“阶级斗争，六亲不认”。在他的心里，也许正埋怨老婆不该把这个“右派”妹夫招进家里来呢。

在这样的人家里我坐不住，所以吃过饭以后，就借口天黑得早，要琴快点儿回家去。临走的时候，大姐拿出两双纯白色的无商标线袜来送给我。我虽然不迷信，但也觉得与“结婚礼物”特别不协调，可这是张家人送给我们的唯一礼品，又不能不要，只好拿着。

七、风云突变，不去新疆

三天假期很快过去，在我的“老就”朋友中，除了媒人焦守信之外，还没有一个人知道我已经“娶有妻室”了。

星期三早上起来，我给老丈人家最后一次买了烧饼油条。不等家人收工回来，我吃饱了早饭，把琴盛放“嫁妆”的那个樟木箱捆在我的自行车后货架上，以九点之前必须赶回农场报到为由，就匆匆上路了。好在昨天晚上都已经和家人道过别，人人都知道我必须九点前返场。而我要比琴先走的主要原因，是知道她离家的时候必然有一个生离死别、难分难舍的场面，我不想看见。我跟她约定：十一点到十一点半，我在大兴县北面的“棉纺厂”车站等她，只要她九点以前离开家，准能赶到。

我的自行车是天津出的加重“红旗”牌，能驮二百斤重的货；而我的车技不是一流的也算得上是二流的，驮一个巨大的箱子，并不影响车速。从三间房到团河农场，足有八十里路，但我只用了两个多小时，就在九时以前准时到达了。

我先到中队报到。不去新疆的人，是星期一晚上就返场了的，这时候已经出工去了。去新疆的人，反正就要走了，也没拿农场的纪律制度当一回事儿，何况有的人家里的确有许多分拨不开的事情，因此准时回来的人还不到一半儿：有的在用中队的手推双轮车装上各自的铺盖行李，准备往集中站送；有的在队部门前围着，议论纷纷。我到统计室报到，统计员告诉我：刚才有到集中站报到的人回来说，因为车厢不够，凡是带家属的，可能这一次去不了，要改期。具体情况他不太清楚，要我自己到集中站去问政委。

我赶紧把箱子从车上卸下来，问清了集中站设在原工程队大院儿内，蹬上车就走。

集中站内人来人往，有男有女，各种大小车辆装载着各种形状的行李，有往内搬的，也有往外搬的。看样子，往外搬的，就是带家属的、暂时去不了的那一部分人了。我不去向这些人打听消息，而是直接到了办公室找政委。进了办公室，其实不用我开口，政委正在向几个带家属的解释："去新疆的车，是一次专列，原来是十二节车厢，每节车厢坐100个人。昨天晚上忽然接到通知，其中一节车厢有严重损坏，无法使用，又找不到可以替换的，只好临时决定：凡是带家属的，这一次先不走。好在不久之后还有第二批，带家属的，和第二批人一起走。"

我心里"咯噔"一下子，这可真是存心跟我开玩笑。为了去新疆，我匆匆忙忙临时抓了个老婆，都进了洞房了，一切都准备好了，却又走不了了，还要回家去等待。我的这个老婆，跟别人可不一样，她没有收入，又不能干农活儿，家人巴不得她早一天离开，如今好不容易总算推出来了，却又要让她回娘家去住，虽然家里不至于不收，总也是一件麻烦的事情。我正想问政委第二批支边人员大约什么时间动身，这时候一个姑娘对政委说：她是天堂河农场的，为了跟丈夫一起去新疆，她已经办了离场手续，如今去不了，是不是还要先回农场？政委答复：第二批最多一个多月以后就要起程，你已经办了离场手续，就回家等几天吧，不必再回农场了。

我想，既然只有一个多月工夫，让琴回家去等个把月，家里还不至于轰她，大不了我交一个月的伙食费就是了。于是不再问什么，回到中队，找工具员说明情况，把箱子存进了仓库。等到十一点钟，就到"棉纺厂"车站去接琴。

这一回，她倒是很准时，十一点半就到了，只是眼睛红肿。看得出来，离家的时候，是和家人一起演出过一场《哭皇天》的。

我尴尬地告诉她：因为车厢不够，临时决定：凡是带家属的，要等第二批再走，时间大约一个多月。她听了，倒没有什么大的反感，只说这样更好。走得太匆忙了，有许多东西没准备，还有一些好朋友也来不及告别，能够再给她一个多月的时间，她还求之不得呢。

我问她是愿意到我们中队看看，就在中队吃午饭呢，还是不想去农场，我们直接到黄村小饭馆吃午饭，然后从黄村坐公交车走。她想了想说：到农场看看，在中队吃饭，这样省钱；饭后再让我送她到黄村上车，这样可以顺便看看黄村，更主要的是从始发站上车，可以保证有座位。我听她说得挺在理的，就依了她。

回到中队，正赶上收工。关于我在郊区农村娶了个媳妇儿的消息，焦守信已经先期帮我发布了出去。这时候大伙儿见我领着一个女人回来，都知道这就是我老婆，纷纷来道贺。琴倒还“外场”，没有在生人面前发怵，这可能跟她当了小两年公共汽车售票员有关系。我带着她到食堂打饭，管理员马义扬还特别关照炊事员从干部灶上给我打个菜，算是优待新娘子。

饭后琴要求取走几件换洗的衣裳，我又找工具员开仓库取东西，这才用自行车驮上她把她送到黄村车站。她身上大概还有十几元钱，我又给了她二十元钱，让她自己坐公共汽车回家去。然后，我拐到电报局，给父亲发了一封电报。

八、被封锁的，兰州事件

两天之后，去新疆的人终于上车走了，是半夜里在黄村车站直接上的火车，而且听说是由解放军押送的。当时的传言说法很多，多数人认为：既然是“同志”了，就不应该再用解放军押送。我倒认为：这是生产建设兵团，属于解放军系统，接送的时候由解放军带队，不能理解为“押送”，何况这也算是军事行动，军队讲究组织性、纪律性，如果不由解放军带队，只怕还管不住这些“小闯将”们呢！

一晃又是一个多月过去。这期间我去过两次张家，依旧先是四个人同住一室，然后天亮之前再和妻子同床。这一个多月中，琴已经和所有该道别的朋友都道了别，但是第二批去新疆的消息却一直没有。如今是连新疆来的政委也走了，想找个人问问也没人可问了。

就在我第二次从三间房回农场，中队里已经沸沸扬扬、传说纷纷。因为有许多人回家之后收到了新疆来信，终于得知这次去新疆的真实情况，特别是路上发生的重大变故。

综合各人收到的来信，情况大致是这样：那天上火车，确实是由解放军“武装押送”的。上车之后，每节车厢都由两名带枪的解放军把守，车厢与车厢之间的门上了锁，不同车厢的人不许来往，进站停靠之后也不许任何人下车。理由是为了安全和便于管理，因为这是一次军用专列，是在班车之间“插空”行驶的，没有固定的停靠与开动的时间，说停就停、说开就要开，有时候只停三五分钟，有时候一停就是几个小时。——这应该是实际情况，不能说是歧视。

开头一两天，大家都忍受了；两天一过，大家感到憋得难受。特别是上车之前发的干粮，都是些馒头、烙饼、饼干之类，第一是干得不行，车厢里开水供应又不足；第二是车厢里热，干粮焐在口袋里，都有些变味儿了。因此每逢进站停车，许多人都要求下车买点儿吃的和喝的，顺便活动活动腿脚，但是这样的要求，却得不到警卫战士的许可。他们口口声声只说这是上级的规定，进站以后，任何人不得下车，以免有人掉队。因为车子什么时候开，谁也不知道。——这应该说也是实际情况。军事行动嘛，哪有那么自由？

经过这样几次三番的交涉，都得不到允许，不满的人越来越多。开头只是一些“小哥儿们”吵吵，后来连老成持重的人也憋不住了，牢骚和不满情绪与日俱增。

第三天，列车进了兰州车站，一停就是几个小时，既不开门，也不开走。几个“小哥儿们”再也忍不住了，就打开车窗往外跳。有人带了头，就有人跟着，不一会儿工夫，月台上就到处都是“兵团战士”了。好在他们下车以后，不过是买点儿吃的，顺便活动活动腿脚，并不是想逃跑或闹事。但是负责警卫的解放军见“跑了人”，当然要出面阻止。于是“兵团战士”们先是和警卫战士们戗戗了起来，继而双方动了手。警卫战士虽然手上有枪，但是上级并没有下达开枪命令，实际上他们并不敢开枪。再说，每节车厢中只有两名战士，而且分守在车厢的两头，车厢里面却有上百名从前的劳改犯——今天的生产建设兵团战士，其中多数人则又是在北京城“玩儿闹”惯了的“小哥儿们”，一向是天不怕地不怕的“闯将”，这回一忍再忍，忍了两三天，就已经算是很不容易的了。如今既然戗戗了起来，其中有几个脾气暴躁的、惯于犯浑闹事儿的，就一哄而上，几个人对付一个，把警卫战士手中的枪夺了过来，然后打开车厢门一哄而下。

一节车厢闹开了头，别的车厢也照此办理。不一会儿工夫，警卫战士们手中的枪，大都被“建设兵团战士们”缴了械。于是，兰州车站月台上，到处都是乱窜的“小哥儿们”了。——这可是一千多号人哪！

兵团来的政委一看事情不好，立刻向当地驻军求救。据说不久之后当地驻军派出了一个营的兵力（当然这只是人们按当时月台上可以见到的军人数量估计的），企图以武力“劝说”下车购买食物的人回车厢中去，可是这些毛头星们既然做开了头，谁是那么听话的？驻军无奈，只好开枪。

“畏罪自杀”的程志雄。

难友朱源。

据说开头不过是朝天开几枪，无非是恐吓恐吓，并不真想杀人，没想到手里有了武器的小哥儿们，一看对方先开的枪，立刻也开枪还击。这一来惹恼了驻军，正式下令“镇压叛乱”。既然被称为“叛乱”，那枪子儿可就不是朝天飞，而是老实不客气地往人们的肉体内钻了。

月台上登时乱了套，有枪的躲在柱子或掩蔽物后面打冷枪，没枪的四处乱跑，有钻到车厢底下的，也有逃进车厢里面的。一场混战的结果，终于因为双方实力悬殊，夺过来的枪没有几颗子弹，于是持枪的为首的，都被绑了起来，没枪的，只为透透空气而下车的，则统统被赶上了车。——这一场事端虽然前后不过个把小时就平息了下去，也没有任何新闻媒体报道过，但是却被称为是“兰州事件”，事后在新疆建设兵团作为一件大案进行处理，为首者若干人被枪毙、若干人被判刑，还有的进了学习班被批斗。据说小改和小茅是这次事件的“为首肇事者”之一，有说当时就“死于非命”的；有说这俩小子机灵，很可能是逃跑了；还有人说八十年代在北京街头看见过他的。我的好朋友程志雄（原对外贸易部英文翻译，中共中央调查部特工，因乱搞男女关系被开除党籍和公职，被送到三余庄“右派”教养队来当值班员看大门）并不是为首者，充其量不过是“支持者”而已，只要检讨一下，估计是能够过关的，但是他却“畏罪自杀”了。——传闻不可能百分之百正确，但消息来自亲历者和目击者，情况应该基本属实。

至于到达新疆的人，据与我同班的“右派”朱源（“划右”以前是体育学院的学生，1980年落实政策回北京，在延庆县体委工作）给我写信说：他们被输送到南疆的大森林里去伐木，那里离乌鲁木齐坐汽车要六天，只能看见半个月以前的《人民日报》，什么蔬菜也吃不到，天天吃罐头，每天除了砍树还是砍树，人就像机器一样，或者说像牲口一样。但是那地方四周无人烟，想逃也逃不出来。凡是到了新疆的人，人人懊悔，劝我尽一切可能千万别再去。

关于这种传说，队部、场部当然都知道，但也不见有哪一位首长出来解释或辟谣，而是采取“黑不提白不提”的回避政策，根本不提此事。

发生了这样重大的事件，一方面是建设兵团不想再到团河农场来“招兵”了，另一方面即便还来动员、还来叫“同志们”，恐怕也不会有多少人积极响应的了。多数人估计不会再有第二批，事实上也没有再开动员会。

尽管领导上对这件事情采取“回避政策”，不再提起，多数带家属的这一次没有去成，纷纷念佛，大为庆幸，但是我却不能不提这件事。如果不动员我去新疆，如果不说带老婆到新疆有工作，我是绝不会在这样的节骨眼儿上违心地“抓”一个老婆来的。因为我“抓”了个老婆，导致我不能去新疆；既然去新疆是这样的结果，应该说这是“歪打正着”，是琴救了我。琴是一个大功臣，也是我的大恩人。但是我不去新疆，就只能在团河农场继续当我的“一级园林工”，只能继续每月拿三十二元工资。换句话说，我继续在团河当“工人”，是没有条件也没有能力养活一个老婆的。

事情既然不以人的意志为转移地办成了这样，下一步，我该怎么办呢？如果仅仅是订了婚，还没有入洞房，说明情况，退婚也就是了，但是我们的情况又比较特殊：明面儿上我们既没有登记，也没有同床，实际上暗度陈仓已经非止一次，琴已经实实在在地是我的老婆了。如果到了新疆以后她不满意，要求跑回来，那是她主动，而且是和家人协商好了的，我除了提供一张火车票之外，可以不负责任或少负责任；如今是没去新疆，我怎么能够以无力负担作为理由来解除婚约，否定这宗既成婚姻呢？

我陷入了左右为难之中。

九、惨淡经营，安个穷家

1966年10月，“文化大革命”正在白热化，我们不再去新疆的事情也逐渐明朗化。每次去三间房，我都告诉琴做好随时出发的准备，但事情既然到了这一步，不可能也不应该继续隐瞒下去了，因此第四个休息日我回到张家，就把这些日子来所发生的情况跟家里人统统都说了。我的原则是：是怎么回事情就说是怎么回事情，绝不隐瞒。至于该怎么处理，一是我听家里的，二是我绝不推卸责任。

琴首先表态：既然已经决定嫁给我，而且事实上已经嫁给我了，不管发生什么变故，都要跟着我。老丈人接着说：既然去新疆的结果是这样，不去倒是幸运。如今眼前要办的事情，是赶紧去领结婚证，不要把合法婚姻变成非法同居。至于今后的日子怎么过，古话说，“船到桥门自会直”，先不要想那么多，只能一步一步走着瞧。总之，没有过不去的火焰山，他也绝不会“嫁出去的女儿泼出去的水”，从此不管琴的死活。

既然新娘子和老头子都表了态发了话，其余人也不便说什么。我心里明白，这种兄弟姊妹合在一起过的大家庭，谁心里都有一本小九九儿，可又谁都不愿意出头露面。好在老丈人眼下还主事，只要老头子不死，至少琴还不至于被轰出来。

我们当即商定，琴这边先找大队开结婚介绍信，然后我们到大兴县登记结婚，喜事就在农场办，家里不再举行婚礼了。

我把近日来的一连串变化，写信详细告诉了我的父母亲。

几天以后，琴果然带着大队开的介绍信到农场来了。当时的劳改农场，不论是队部还是场部，对于就业人员的结婚问题，采取的是既支持却又不积极支持的策略。说支持，指的是凡有就业人员要结婚，只要女方开来了介绍信，农场一定也开男方的结婚介绍信。这叫“道义上”的支持。说不积极支持，指的是队部或场部绝不参与任何人的婚礼，干部们绝不来吃一块糖、抽一支烟，也不提供任何方便，包括居住、交通、饮食、礼仪等“物质上”的支持。我拿上琴的介绍信，到场部顺利地开来了我的介绍信，然后一起到大兴县民政科去登记。

那一天，正好是大兴县的县长、书记被游斗的日子。我们还没进县政府，只见一帮人敲锣打鼓地从县政府里涌出来，以红旗为前导，县长、书记头戴纸糊的大帽子，身上挂着写有名字、打着红“×”的大牌子，正被“革命造反派”押着游街。我们估计今天县政府里面一定没人办公，抱着姑妄试之的想法进去一看，民政科内居然还有人留守。我们问结婚登记在哪里办，那人把我们的介绍信要过去看了一下，只问了一句：“你们可是自愿结婚的？”我们同声回答：“是自愿的。”那人就没再问，拿出大红色的结婚证书来填上，问我们要了两毛钱，手续就算办完了，连例行的“我代表政府批准你们……”之类的官话都没说。我们没想到办结婚登记原来这样简单，要不是县长、书记正在被游斗，至少还要多问几句的。

从县政府出来，我们买了几盒烟、几斤糖，又一起到照相馆照了一张二寸的合影，就算是结婚照了（可惜，这张结婚照片连同在天坛照的订婚照片，以及许多相关照片都因为搬家而找不到了）。一切该办的手续都办完，回到中队，我却为把新房做在哪里犯了愁。中队根本没有一间空房，即便有，队部也绝不会答应借用。因为事情明摆着，只要一借出去想收回来就难了。想来想去，想到工具房是内外两间，里间放的农具并不多，归置一下，能腾出半间来，而且有可能借到，因为以前就有人在这里办过“喜事”。但是我和工具员的关系不怎么“铁”，怕碰钉子，想到班长王一民（新中国成立前是王府井“王府百货公司”的董事长，还开着两家面粉厂，同时又是宪兵队的日语翻译，却是地下党的“外围组织”，但新中国成立后找不到联系人，被捕判刑）与工具员是多年的老朋友，就托王班长去说情。王班长却说工具房里面太杂乱，帮我出了个主意：去找食堂管理员借用澡堂子。

我所在的团河农场二大队二中队，以前是国务院机关事务管理局办的机关农场，是干部们劳动锻炼的基地，也是蔬菜瓜果的生产基地，1957年以前我就在这里劳动过。后来，机关农场撤销，房和地都交给了团河农场，成了二大队二中队。因此，在二大队的各中队中，二中队的居住条件和生活设施都比较好，不但有一个像模像样的食堂（别的中队只有做饭的伙房、卖饭的窗口，没有可以放桌子坐着吃饭的食堂），而且还有一个澡堂子，内外两间，内间是水池子，外间是换衣服用的，还有铺板和凳子。澡堂子归食堂代管，每星期开放一次，平时锁着。食堂管理员马义扬也是个“右派”，和我的关系比较好。他被任命为食堂管理员，临时换人不方便，所以他是年轻未婚“右派”中唯一没被批准去新疆的一个。我去跟他一说，他只要求我第一不要长期占用，第二到了洗澡的日子一定要把铺盖搬出来。我一保证，他就把澡堂子的门给开开了。

我把我的铺盖搬进澡堂子，同时宣布：“文革”期间，到处都在“破四旧”，我今天结婚，不敢散发喜糖，但是谁进我的“新房”，烟和糖还是有的。

王班长是个热心人，他请宣传员用大红纸写了一张贺词，贴在我的“新房”内，然后让班内的人分批到我的新房来祝贺，还叮嘱大家千万不要喧哗哄笑打闹，以免队部干涉，自讨没趣。

那时候，果园里正是葡萄采摘的旺季，园林工白吃葡萄是公开的秘密，虽然是在“文革”期间也禁而不绝，看见那最大最好的，往大衣兜儿里一揣就带回来了。因此，在我的“澡堂子新房”里，各种品种的葡萄都有，当然都是“哥儿们”送来的“贺礼”，而且只能藏在铺底下，不能公开地放在明面儿上。

“老就”结婚，按例也有三天假期。这时候城里到处在斗“黑帮”、扫“四旧”，老舍已经跳湖自杀，北海公园已经被江青一伙儿独占，进城没什么地方可玩儿的了。于是，我干脆用自行车带上我的新娘子到团河农场四周去转转。离农场东面不远，有一个“团河行宫”，本是清代皇上秋季狩猎之后的休息场所，如今是团河农场的酒厂所在地，虽然没有经过修整，不过也有苍松、古柏、荷花池，池中游鱼可数，池边垂柳依依，御碑亭中还有乾隆亲笔书写的石碑，不是风景区，也是名胜地。如此广阔的一处胜迹，却只有我们两个人在闲逛，多么逍遥！

三天一过，我应该出工了。琴反正没事儿可干，就跟我进果园，帮我采摘或疏果。她是个不领工资的义务工，别的没有，葡萄管够，而且品种繁多，喜欢吃哪种就吃哪种。琴的一生中，恐怕从来也没有吃过这样多、这么好的葡萄吧！

不久就到了我们的休息日。我用一毛五分钱一斤的“内部价格”买了两箱子葡萄，每箱二十斤，当然都是最大最好的，又用五分钱一斤的价格买了一箱子疏下来的葡萄珠儿，也是二十斤，带到张家，去与家人共享。

我买的那箱子葡萄珠儿，是精选的。怎么回事儿呢？原来葡萄上市之前，要经过一道“疏果”的工序，把未熟的青粒或太小的葡萄珠儿剪去。出口的葡萄，凡是小于一分钱硬币的葡萄，都要剪掉。那时候，二中队还有一项特殊的任务：给市长疏剪“特供”葡萄，每天四箱，每箱二十五斤，每天下午由市长秘书开着小车来取走，当然是不给钱的，或曰是“记账”的，不过这账在中队统计员那里只是一个数字，从来没有变成钱过。这种“特供”葡萄，要求比出口葡萄的个儿还要大，因此规格和档次往上提，凡是小于二分钱硬币的葡萄珠儿都要剪掉。当时市长还没有被打倒，或者打而未倒，因此“特供”传统一直保持着，他的秘书或警卫员也依旧天天开着小车来取货。我专门用一只箱子把这些小于二分钱硬币的葡萄珠儿装起来，装满了一箱，再让统计员检查过，然后以五分钱一斤的“官价”买下。这种葡萄未经授粉，个儿虽然小，但是没有籽儿，吃起来则一样甜，因此实际上是“价廉物美”的好东西，是“穷就业”的带回家去给孩子们吃的最好的礼物。

两天休息日转眼过去。等到我们从家里回来，食堂管理员通知我：由于他自作主张把澡堂子借给我作新房，队长已经批评了他，他已经答复队长“下不为例”了，却没想到琴回家以后还会回来。

琴跟我回来，如今却连睡觉的地方都没有了，怎么办呢？像“天堂神女”那样住水泵房吗？采摘期间，葡萄园里的几个水泵房都已经住进了看守果园的人，别的地方根本就没有房子。考虑了半天，毫无办法。

这时候，王班长给我出了个主意：住狗舍去。

就在二中队的东边不远，有一排很漂亮的房子：洋瓦的房顶，绿漆的门窗，每间房子前面都有一个“小花园”，围着绿色的铁栅栏，只是房子和门窗都比通常的房屋要小三分之一。猛一看，倒像是“微缩”了的西式住宅模型。其实这是专门养狼狗的狗舍。公安局的警犬，有的是花大量外汇从外国进口的，要求很高，不但要保持品种纯，而且不许接触太多的生人，因此每头警犬都有一间房间，由专人饲养，那伙食标准，比三四个就业人员的工资还高。也不知道什么时候，这些警犬都转移到别的地方去了，于是狗舍一直空着。反正门没锁，只用一根铁丝拧着，如果不嫌矮，比住水泵房还舒服。

我犹豫了许久，一种“人不如狗”的感觉油然而生。但是有什么办法呢？我跟琴商量：要么让她回家去，要么先找个地方住下来再说。她说她不想回家，愿意跟着我。我知道，她回家去，日子也不大好过，就带她去看狗舍。

狗舍的房子还真不错，虽然矮了点儿，也有两米高，若不是两米以上的巨人，在里面完全能够站得直，比上海穷人住的“阁楼”强多了。可我们是人，是堂堂正正的人，而且是新婚夫妻，住进了狗舍，总觉得太“那个”点儿。琴虽然没有工作，但总还是个人，而且是个新娘子，让她住进“狗窝”里，我也觉得太对不起她。世界上哪有新婚夫妇是在“狗舍”里“度蜜月”的呀？可是她嫁给了我这样的“摘帽右派”，却连个睡觉的地方都找不到。尽管我认为这不是我个人的耻辱，但是对她来说，却是莫大的羞辱，至少是十分痛苦。

琴站在狗舍面前，好久好久一句话没说，两眼却湿润了。我知道她心里难受，狗舍再好，终究是给狗住的。尽管我当时的处境和身价都不如一条警犬，但我究竟是一个人而不是一条狗，让两个人而且是“新婚夫妻”去住狗舍，未免过于丧失人格。无可奈何之下，我只好决定立刻送她到汽车站，让她先回家住下再说，这时候天还不黑，晚了，我怕郊区车没了。

正在这时候，炊事员老钱推着泔水车喂猪来了。原来狗舍的尽西头一间喂着二中队食堂的两头“伙食猪”，也就是利用食堂的泔水喂养的猪，归食堂所有，和中队办的猪圈不相干。老钱的“家里的”就住在黄村一街，而且是街道积极分子，因为行动快速，外号人称“快颠儿大妈”。“颠儿”是北京土话，有“行走、小跑”的意思。——当然，所有这些，都是我以后才知道的。

老钱见我们两个站在狗舍前面发呆，就问我在这里看什么。我也不隐瞒，以实话相告。他听了，摇摇头说：“这里怎么能住人？甭说房子太矮，憋气得慌，就是高高大大，也总是狗舍不是？再说，这里四面没人，离中队又远，你们住在这里，也不安全。弄得不好，转眼间连被褥都会不见了。”他沉思了一下，说：“这样吧，让你媳妇儿今天晚上在我家凑合一夜，明天我让我家里的替你在一街找间房间住。哪怕小点儿呢，总是正经房子，也安全些不是？”

没想到“天无绝人之路”，正在我走投无路之际，忽然有人伸出了援救之手。等老钱喂完了猪，我和琴就跟着他到了黄村一街。

这是一条南北方向的农村小街，很窄却很长，北头直达村外田野，南头则与黄村大街相通，基本上与村外新修的公路平行。说它是“街”，其实两面根本就没有商店，都是农户。我在大兴县住了那么多年，不但没走过这条街，甚至不知道还有这么一条“街”。好在老钱家住在一街的尽北头，离二中队特近：出了农场管区，穿过马路，再走几分钟就到了（改革开放以后，这里是北京建筑大学大兴校区的校园）。

第二天一早老钱来上班，就告诉我：昨天晚上他老伴儿已经给我找定了房子，就在他家的东面隔着街路，是一间五六平方米的小披屋。琴也已经去看过，点头认可了，给房东说定的房租是每月四元钱，另外加电费一元钱左右。吃过中午饭，让我自己去看看，没意见的话就这样定下来了。

我连连道谢。没想到他老伴儿办事这样快，真是“快颠儿大妈”，果然名不虚传。马上就要出工，上午是没工夫去看了，一切等中午再说。

九点多钟，琴找到果园里来了。这几天，她几乎天天帮我采摘蔬果，不花钱的葡萄足吃，对果园已经很熟，道口上几个值班的也都认识她，不会拦阻。她一面疏果，一面跟我描绘那房子：虽然是西披屋，面积也小了点儿，但在院子里面，有围墙、院门，不是篱笆墙，跟街路并不直通，在农村还算是比较严谨的。缺点是木板门，门上没有玻璃，窗户是方格子的木窗楞，只能糊纸，也没有玻璃，所以光线暗了点儿。我说：“四元钱一个月的房钱，能够租到就不错了，哪儿还能挑这挑那的？我犯愁的，不是房子不好，是一点儿家具也没有。我把所有的钱都买了去新疆要用的东西了，如今不去新疆，却要买床铺和家里动用的东西，这笔钱，还不知道该从哪里出呢！”

我这话，其实是说给大家听的。琴知道我身边还有一百多元钱，那是她万一要从新疆逃回来的路费。如今“后顾之忧”倒是没有了，这笔钱，当然可以用来“安家”的，只是数目太少了。

吃过中午饭，琴带我到黄村一街看房子，当然同时也要拜访房东。房东叫周广金，虽然家住农村，却是北京特殊钢厂的工人，一个星期只回来一次，家里的事情都是房东大嫂作主。家里还有她婆婆和好几个孩子，大的已经十四五岁，最小的小姑娘才四岁。昨天晚上，“快颠儿大妈”就是带着琴来找的房东大嫂。房东大嫂也是个极痛快的人，听“快颠儿大妈”说我们结婚以后没房子住，就一口答应了，并对琴说：“只要不嫌房间小，你们就搬来住吧！反正空着也是空着。你们来了，我们还图个人多热闹呢，什么房钱不房钱的。”最后还是“快颠儿大妈”给说了个每月四元的价，大嫂也二话没说，就点头答应了。

大嫂领我看了看房间，里面还堆着一些杂物，看样子以前是小厨房，后来当作储藏室用了。这房间，的确如琴所说，关上房门，暗得就像地洞一般。不过我有办法：房间里四面糊上白纸，窗户不糊纸，改为半透明的塑料布，房间里面立刻就会亮堂起来。我还有一手绝活儿：在房顶拉几根细铁丝，在铁丝与铁丝之间糊上一层旧报纸，干了以后，再糊一层白纸，不用吊顶就是一个“顶棚”，也能够增加亮度。我关心的是房东能不能提供一些床铺和桌椅板凳之类的家具。大嫂笑着说：她自己睡的也是大土炕，家里缺的就是桌椅板凳。这个忙，她帮不上。不过，她却给我提供了一条信息：大红门木材厂，每天清早处理不成材的木板，也有六尺多长一块的，每块不过一两元钱，买那么七八块，就够一副铺板了。再买几根方子，也就是方形的短木料，钉两张搁凳，把铺板架起来，不就能睡觉了吗？不过这种木材眼下很缺，去买木料的人都是天不亮就出发，等天亮了一开门就蜂拥而入，买木板像抢的一样，好点儿的，一会儿工夫就抢光了。所以，要去的话，必须早起，去晚了就没了。

我谢过大嫂，当时就付了一个月的房租，然后打发琴先回家，嘱咐她在这段时间内到朝阳医院去放一个节育环，千万别在这个节骨眼儿上怀了孕。又跟她说定：这几天我集中力量先把这个“窝”絮好了，到了下一个休息日，她就可以到这个“新居”来住了。

我把情况向队长汇报，要求适当给一些时间。队长倒是挺同情的，因为我是个“极听话的”标准型“老就”，从来不惹事儿，没给队部添过乱。何况这一次我是因为去新疆而娶的老婆，如今突然变卦，去不成了，“善后问题”，农场不能不管。我没找队部闹去，就已经很客气了，如果连给点儿时间用于安家都不许，还让人活不?

一连几天，我都在忙这些事情。木板和方子都买到了，就用自行车运了回来。再买一斤寸半钉子，从房东处借来锯子和锤子，钉了两张搁凳和两张方凳，床铺也支起来了。剩点儿木料，又钉了一个书架子。我的财产中，除了被褥和一个皮箱之外，还有几捆书。我的“新居”中可以什么都没有，但不能没有文化气息。尽管忙得没工夫看，哪怕就拿它当“新房”的摆设，也是好的，何况这些书，也得有个地方存放。

“家”的概念，第一是休息睡觉的地方，第二是做饭吃饭的地方，特别是有了老婆以后。如今睡觉的问题解决了，做饭的问题怎么解决呢?要在家里做饭吃饭，就得有锅碗瓢盆，还得有炉子煤炭。何况天气一天天冷了下来，即便不做饭，总也得取暖不是?

锅碗之类好解决，价钱不太贵。小铁锅和饼铛之类，当时不过卖一两块钱，加上锅铲、笊篱、勺子，有五六元钱满够了。难办的是火炉，当时一个铸铁的新火炉要卖十多元钱，新的铁皮烟筒，也要两元多钱一节，买四节就要十来元。单这两项，就要花我半个多月的工资，尽管我手里还有几十元钱，但总不能全都花光了，不能不防个万一。“开源”是无望的，只能在“节流”上想想办法，正所谓“穷则变，变则通”：那时候，黄村汽车站对面，有一家很大的废品收购站，不但收购各种废品，也出售收购来的废品。这对我来说，简直就是一座开发不尽的“富矿”。二十世纪五十年代，北京居民冬季取暖和做饭用的大都是“花盆炉”：生铁铸就，下面是三条半尺来高的炉腿，中间的炉身周围套着一圈儿像草帽沿儿似的铸铁花边儿，可以用来烤馒头片之类，所以叫做“花盆炉”。上面是方形的炉盘，有三四个炉圈儿，后面加一个拐脖，可以接烟囱。后来出现了新式的取暖做饭两用炉，炉腿取消了，炉身加长了，增加了散热量，于是这种老式的“花盆炉”就逐渐被淘汰。而废品站中，却不乏这种炉子。

那是当废铁收购进来的，当然大都残缺不全。好在它数量多，只要肯花时间翻，东拼西凑，还是可以凑全的。废品站收购废铁是几分钱一斤，卖出来也不过一毛多钱一斤，一只二三十斤重的铁炉子，有三四元钱就买回来了。再买几毛钱青灰搪一搪炉膛，就跟新的一样使——铁器无新旧嘛！

废品站里也有旧烟筒，当然都是使用多年，有了窟窿，无法再用的。不过有的是半截儿烂了，半截儿还可以，或者只有少量的几个小窟窿。我就把这种烂烟筒买回来，剪去朽烂的部分，半截儿半截儿地接起来，再用旧布条儿蘸上石灰浆，一圈儿一圈儿缠上，外面再刷一层石灰浆，做到绝不漏气，把比较新的一截放在最下面，承受比较高的温度，这样廉价的旧烟筒就又可以当新烟筒使了。只有铁拐脖无法用旧的改造，只能买新的。

房东大嫂过来看了，笑着说：我这是“舍命不舍财”，这样的烟筒也敢用，一旦煤气泄漏，可不是闹着玩儿的。她哪里知道“一文钱难倒英雄汉”，身上无钱，寸步难行啊。不过我对自己的“产品”倒是信心十足的，知道它绝不会漏煤气。退一步说，即便真的让煤气熏死了，也是因为贫穷而死，对穷人而言，不正是“死得其所”吗？

人离不开水，有饭吃，还得有水喝。要烧水，最好有一把铝壶，用铁锅烧水，不是有油腥味儿，就是有铁腥味儿。但是买一把铝壶，价格也要十多元，小点儿的也要七八元。这对我这个每月只挣三十二元还要养个老婆的穷光蛋来说，简直是奢侈品。后来发现废品站中有好多没底儿的破铁壶，这也是早年“老北京”们使用的东西。后来有了铝壶，铁壶渐渐地没人用了。这些破铁壶，有的壶帮还挺好的，我就花个块儿八毛钱买回一把来，敲去沉积的水碱，到工具房找块薄铁片儿自己学着换壶底。叮叮当当地敲打了一个多钟头，壶底换上了，外面抹上点儿油灰，烤干了，装上水一试，居然不漏！没想到“小炉匠”的手艺并不难学，后来我还帮人家换过好几把铁壶的壶底儿，手艺也越学越精。换脸盆底儿更容易，找两个罐头盒儿拆开一拼，剪圆了，咬上口，抹点儿油灰，一小时不到就换一只，一分钱不花。那年月，我义务劳动帮人家换的脸盆底儿多了去了。难友们有儿女下乡插队，家里的洗脸盆漏了，又买不起新脸盆，也是我帮他们用罐头盒儿换的底儿。

将近半个月时间的惨淡经营，除了队部特批的三天事假之外，我利用午饭和晚饭的饭后休息时间，像燕子垒窝一样，一口一口地絮我的“窝”，总算四壁和房顶都糊上了白纸，窗户也钉上了半透明的塑料布，四尺来宽的床铺，也足够两口子同时躺下了，锅碗炊具，也勉强凑齐了，米面芝麻酱之类，也按定量向食堂买来了，除了还缺一张桌子，只好用琴的陪嫁——那口樟木箱子暂时代替之外，我的家，已经颇像一个家，甚至可以自豪地说：这个家并不比当地贫下中农的“家”差多少呢。

到了休息日，我不但已经把“新房”布置得井井有条，还从果园里偷偷儿拿出两个葡萄筐来，用铁丝拧上两根木棍儿，做成一副架在自行车后架上的“驮筐”，到黄村煤店买了两百块蜂窝煤（那时候蜂窝煤还不定量供应，给钱就卖）生上了炉子。案板是自己用木板拼的，擀面棍儿是用半根断了的铁锹把改的，再买来盐和酱油醋，炖上了一锅骨头汤，只等琴来擀面条了。——那年月，食油是定量供应的，每人每月半斤。我自己开伙以后，食堂虽然按月退给我油票，可是根本不够。肉铺里卖的大骨头棒子七分钱一斤，花几毛钱熬上一锅汤，下面条可以不用再加油，熬过的骨头拿到废品站去，还能卖四分钱一斤。所以那一段艰苦的日子里，我们经常买些大骨头来熬汤，而片儿汤、贴饼子，则成了我家的“保留节目”，几乎天天演出。

下午四点多钟，琴和她的五妹小红一起来了。家里虽然并不喜欢这个只会花钱不会挣钱的姑娘，希望她早日离家，但是一旦真的离开了，却又有些不放心，所以责成五妹一起来看看。五妹胖嘟嘟的，不但身体好，做饭也很利索，和面、擀面、切面，一会儿工夫，面条就下锅了。尽管只有白菜、酱油，因为有大骨头汤，味道还可以，姐儿两个吃得还挺香的呢。

五妹也和她姐姐一样，喜欢唱歌也善于唱歌，还是公社“毛泽东思想”宣传队的独唱演员。姐妹俩一高兴，引吭高歌，加上我的男高音伴唱，“新房”里搞得喜气洋洋，不但把房东的几个孩子都引了来，连房东大嫂子都站在房门外面听得笑眯眯的。

当天晚上，四尺宽的一张铺板上，愣是挤着三个人睡觉。我心里暗暗好笑：头一次入洞房，是三个姑娘陪着我；这次算是有了自己的“新房”了，第一次进“新房”，一张床上，除了新娘子之外，居然还有个“第三者”！

2010年6月，与张永贤（右）在周广银（左）家重聚。

这时候，同一个中队的“摘帽右派”张永贤，见我在黄村安了家以后，早上来上班、下了班就回家去，生活上自由多了也舒服多了，更主要的是：他的媳妇儿是延庆农村娶的，家安在延庆，不但休息日回家很不方便，夫妻二人分两地生活，开支也大。因此，他托我也在黄村替他找间房子。

我的房东周广金，有个弟弟叫周广银，两兄弟的房子在一个院子里，而且是并排的。我知道周广银还有一间朝北的南房空着，面积比我租的那间大一些，里面还有一张床。经与广银商量，同意租给张永贤。于是不久之后，张永贤夫妇带着一个孩子，也搬来黄村，和我同一院子居住了。

我还有琴的一只大樟木箱暂充桌子，张永贤则只有床而没有桌子。他是“右派”教养队出来的人中最早结婚的，已经有一个儿子，所以房间里没张桌子，什么活儿都只能盘腿坐在床上干，当然不方便。

和我同一个班的李群英（原是国家民委的干部，落实政策后出任中央民族大学设备处处长），比我早一些日子娶了老婆。他老婆原来是北京展览馆的解说员，如今下放到鸭场工作，婚后他们在朝阳门外神路街附近租了一间民房住。因为他有老婆，老婆又有工作，所以新疆之行他没赶上，也算是“托老婆的福”没到新疆去受苦的人。他老婆还带来一个很漂亮的十二三岁的小姑娘。为了给这个小姑娘做床，他到他家附近的废品站买来了一张刨花板。据他说，这种刨花板有的只是缺一个角，并没有别的毛病，一张刨花板有三尺多宽、五尺多长，只卖一两块钱，给小孩子做床满够了。我灵机一动：何不买一块刨花板回来，自己做张桌子？我跟张永贤商量，他也说这是个好办法，不妨去看看。

转眼又到了休息日，我和张永贤一早就骑车到神路街去找李群英。在他的带领下，到废品站挑了两块相当不错的刨花板。张永贤也是个生存能力极强的人，当时就在李群英家里设计好面板、底版、后板、帮板的大小，又借他的手锯一块块锯开，才绑在自行车的后架上，然后又顺路到大红门木材厂买了几根做桌腿、桌档用的方子。我们两个回到黄村，用螺丝钉一拧，两张虽然粗糙但却还算结实的桌子，就制造成功了。

2011年5月29日，李群英夫妇在我的婚宴上。

十、父亲被斗，死于非命

在我安家以后不久，我父亲给我汇来了一百五十元钱，来信中特别说明：这是“我自己”的存款。

我父亲青年时代思想进步，参加过辛亥革命，当过浙江军政府处州（今丽水市）分府督军吕逢樵的秘书，北伐时代是地下党派到国民革命军去的团党代表，抗战期间在抗日前线当军法处处长，抗战结束后当过法官和律师，新中国成立后是上海市政协政法研究小组成员，1955年出任上海市第一法律顾问处第一任民事组组长。1957年，因为有人说“律师给反革命和资产阶级辩护是站错了立场”，否定了律师的作用，上海市司法局因此被撤销，法律顾问处当然也只能关张。我父亲被调到苏南煤矿去当行政人员。他当时已经年过六十，不想离开上海，就申请退职了。

退职人员，只发几个月工资，连公费医疗都取消了。因此，我父母的晚年，是靠积蓄和子女们的“孝敬”度日的。

我父亲是个民主主义革命家，毕生追求的是民主宪政，他的座右铭是“当武官不怕死，当文官不爱财”。在他当法官期间，我多次亲眼见过他把送礼的人轰出门外去。在治家和教育子女方面，更有股子怪脾气。他在家里，总穿一件打补丁的蓝长衫，节约得近乎吝啬，从来不给子女零花钱。他的原则是：对子女只尽抚养教育的责任，不给子女留财产，子女长大成人以后，也不要他们给家里一分钱。1948年我在杭州上高中，除了给我应交学校的食宿费之外，一个学期写几封信、看几场电影他都给我明确规定好，多一分钱不给。我也是因此才大量写作四处投稿，为的是挣几文稿费好买书、看电影。1952年我从部队转业回上海，部队发的安家费

严厉而固执的父亲吴山。

（大米五百斤），他给我折合成钱存进银行。后来我分配工作，每月的工资他一分不要，甚至连我平时拿回家的水果、给家里买的煤球等，也要折合成钱存进我的折子。1954年我奉调北京，他曾经告诉我：我的存折上，一共有二百多元存款了。对于这笔存款，我当然不承认。这次我新疆去不成，要安家，他就从这二百多元中取出一百五十元，给我汇来了。——幸亏给我汇来了，不然，父亲被抄家之后，所有存款都被抄走，想汇也汇不成了。

我掂着这沉甸甸的一百五十元，心里很不是滋味儿。父亲已经七十多岁，由于他的固执，我工作以后，确实没有给他汇过钱。1956年我第一次结婚，我这个固执的父亲，除了一封嘱咐我们要勤俭持家不要浪费金钱的训导之外，没有给我汇来过一分钱。这一次，在他自己已经没有任何收入的情况下倒给我汇钱来了，而且声称这是“我自己”的存款，我知道他是什么用意。我的手头基本上已经空空如也，这一百五十元，我只能作为“基金”保存，不是急需，绝不能动用。因此对于这笔钱，我在琴的面前，连提都没有提起。

这时候，“文化大革命”已经如火如荼，紧张得很也热闹得很。根据中央发布的“公安六条”，公安局下属的劳改、劳教、就业三类人员，不得参加“文化大革命”，而是进行“正面教育”。在“文革”期间进行的所谓“正面教育”，当然主要是“活学活用毛主席著作”，加上“工业学大庆，农业学大寨，全国学解放军”。一方面联系自身所犯罪错，深挖犯罪根源；另一方面联系实际，向一切错误思想和行为作斗争，归根结底离不开揭发、批判这一套。不过，所揭发、批判的，只限于就业人员中的错误言行，绝不许涉及干部。在生活方面，在“大学解放军”“行动集体化、军事化”的口号下，除了出工、收工排队高举语录牌、高唱语录歌之外，甚至连到食堂买饭也要以班为单位排队去排队回，吃饭也要以班为单位在院子里围成一个圆圈儿集体吃，并由宣传员在一旁大声读报，称为“用毛泽东思想占领每一秒钟”。宿舍内高挂主席像，设立“宝书台”，张贴毛主席语录，还搞什么被褥一条线、毛巾一条线、茶缸一条线之类。至于本来是每周一到周五晚上七点至九点的时事政治学习，就从读报、讨论变为“讲用会”或“揭发批判会”，平时开小组会由班长主持，有时候开全中队大会，则由指导员主持。

于是全中队掀起了一个又一个揭发、批判的高潮，把一个原来死气沉沉的劳改农场搞得热火朝天。除了不许写“大字报”之外，和社会上的“革命形势”也差不多。

在“十年动乱”中，自始至终我是个没有揭发、批判过别人的人。我有我逃避运动的方法：本来我就是中队教唱歌的“教员”，“文革”期间号召大唱革命歌曲，我教唱歌的任务很重，每周都要用一个晚上专门教大家唱歌。每次开中队会之前，都要先唱十几分钟革命歌曲。指导员宣布开会之后，要由我指挥唱《东方红》，指导员宣布闭会，还要由我指挥唱《大海航行靠舵手》；开全中队大会的时候，还要由我担任会议记录。因此，尽管我从来没有在大会上发过言，却谁也不敢说我对运动不积极。

这期间，我和张永贤合作，谱写过一些“毛主席语录”歌曲，其中以“老三篇”语录歌为最多，我们很巧妙地选择一些意义深远的“毛主席语录”来谱成歌曲。例如关于“民主”，那时候是根本不许提的，但是我偏偏选了“老三篇”中“现在的世界潮流，民主是主流，反民主的反动，只是一股逆流。目前反动的逆流企图压倒民族独立和人民民主的主流，但反动的逆流终究不会变为主流。这种反动逆流，总有一天会要被克服下去”这样的语录来谱写，目的是用毛泽东自己的话来批驳他自己的话。因为这是出于“老三篇”中的名句，送到指导员那里去审查，他也绝不敢说这样的歌曲不能唱。

那时候，总政歌舞团军乐队的第二把手赵东晨先生正在团河农场二大队接受改造。他曾经把整个“老三篇”全文谱写成歌曲，由右派教养队组

“文革”期间，我谱曲的“老三篇”语录歌曲。

织成合唱团，在团河农场各队巡回演出。其中有一部分，就是采用我所谱写的乐曲。

在我和张永贤的共同策划下，我们还组织了一次“早期革命歌曲联唱”，组织了一支小型合唱队，专门演唱《流亡三部曲》《团结就是力量》《民主是什么》等歌曲，用来配合当时的“革命形势”。

就在“早期革命歌曲联唱”正式演出的那一天，我突然接到我父亲的

“绝笔”：一张红格信纸上，只有用圆珠笔写的“读毛主席的书，听毛主席的话，跟共产党走，一切服从红卫兵的指挥”这样四句话。而他以前习惯于用毛笔，一向不用圆珠笔写信的，可见写信的时候很匆忙。我当时就意识到问题严重，意识到父亲可能出问题了。

当天晚上在俱乐部演出“早期革命歌曲联唱”，我的手在指挥，我的眼前却老是出现我父亲那张固执而又严厉的脸。

三天后，我才收到大嫂从上海寄来的信，信中只简单告诉我：父亲已经于某月某日因抵触“文化大革命”而“自绝于人民”了，至于具体情况，可能大嫂怕寄到劳改农场的信都要经过检查，没有细说。

又过了十年之后，1975年，我攒下了一笔旅费，自费返浙江探亲，大嫂和母亲才详细地告诉我父亲自杀的经过。

关于我父亲革命的一生，我的另一本书《传奇作家的传奇家族》中单有一篇《我的爸爸是冤鬼》有详细叙述，这里只简单说说他自杀的经过：

我父亲退职以后，还积极参加街道文化活动。1966年8月的一天，他正在居委会阅览室看报，进来一批红卫兵，挨个儿询问各人的职业和身份。得知我父亲以前是法官，一个红卫兵就问：“你一辈子当法官，有没有判错的案子？”我父亲回答说：“我又不是圣人，判错案子的事情总是有的。”那个红卫兵就下令：“给你三天时间，把你判错的案子详细写出来。”说完，就走了。三天之后，红卫兵来要材料，我父亲一个字没写，理由是：“我说我不是圣人，难免会判错案子；如果我知道自己判错了还这样判，岂不是存心判错了？”那红卫兵“呸”地一口唾沫吐在他脸上，把他的脸用墨涂黑了押出去游街，还把家里所有的笔记、存款等都抄走了。我父亲一生没受过这样的侮辱，在“士可杀而不可辱”的理念主导下，先把我母亲带到医院去看病，他自己以忘记带钱为由，回家来在房间里用一根绳子上吊了。

我父亲一生革命，没有任何不光彩的历史，如果不自杀，顶多“文革”开始阶段冲击他一下，后期不会有什么事儿的。可他那种“宁折勿弯”的性格，注定他必然要走这条不应该走的路。

我父亲死后，我母亲回浙江老家，和我大姐、大姐夫同住，活到九十三岁，无疾而终。

十一、日食维艰，又添一女

我在大兴县黄村安了家，两口子天天贴饼子、片儿汤，艰难度日。所幸我没有受到批判，也没生什么大病，作为一个劳动力“苟活”而已。

1967年春天，琴忽然病了，病得还不轻，吃什么吐什么，吐到后来连苦胆汁儿都吐了出来。房东大嫂怀疑她是怀孕了，我却不信，因为她搬来黄村之前，已经到朝阳医院放了节育环的。大嫂说村里有个老太太会号脉，是不是怀孕一号脉就知道。趁我上班的工夫，大嫂把那老太太请来替琴号脉。我一下班，大嫂就给我道喜，说是老太太号脉以后，非常肯定地说是怀孕了，还给开了一张专治孕妇呕吐的土法偏方。我有些半信半疑，问琴是不是把节育环摘了，她又肯定地说没有。为了确切起见，我带她到黄村医院做了尿检，化验证明确实怀孕了，X光透视则证明节育环的确还在原来的位置，没摘也没掉。

这可真是越渴越吃盐，在这个时候，我怎么能要孩子？在劳改农场娶媳妇儿，已经不是我之所愿，那是在去新疆的前提下临时抓的老婆，后来变卦不去了，我不能不负责任地把生米做成熟饭的老婆退回娘家，这才勉为其难地组织了一个根本就不像家庭的家庭，过的也是苟延残喘的生活。三十二元钱工资，除去四元钱房租、一元钱电费，剩下二十七元钱，两个人的衣食住行包括一个月一百五十块蜂窝煤都要从这里面出，也实在太难了点儿。遇上特殊的情况，例如琴的肺病复查，就不得不动用爸爸在临死之前汇给我的那一百五十元“基金”了。如果再生个孩子，这日子怎么过？

我要求做人工流产，琴同意，医院也同意。医院给定了个日子，我带琴去，偏偏那一天停电；再定个日子，偏偏那一天大夫有事停诊；第三次去，那大夫听说琴患有肺病，不肯做了，要她先到内科检查、X光科透视。等到一切都检查完毕，大夫又说“胎儿太大了，做人工流产有危险”，先是动员她：“第一个孩子，做什么人流？生下来算了。”我们说经济力量达不到，她却鄙夷地反问：“生不起孩子，你们结什么婚？”真是“饱汉子不知饿汉饥”，连一点儿同情心也没有。我们再三请求，她又说“胎儿太大，孕妇又有病，这样的手术县级医院做不了”，要我们到城内去找大医院做。总之是这个大夫根本就不同情我们，明明是她把时间耽误了，却又不负责任。

一拖两拖的，琴的妊娠反应期倒是过去了。既然胎儿已经太大，做手术有危险，加上琴的两个妹妹都答应孩子生下来以后大家相帮着抚养，我们也就只好勉为其难地表示同意了。

琴怀孕期间，按理说应该增加营养，但是我的经济能力达不到，剩下的几个“私房钱”还要准备她生育的时候用，无可奈何，只能多熬些骨头汤给她喝。据说这玩意儿加上西红柿、土豆，不但能增加钙质有益于胎儿，对孕妇也有好处，味道还挺鲜，可以说是穷人孕妇价廉物美的最佳营养剂了。

为了迎接孩子的出生，我花两元零五毛钱到集市上买来一只小羊羔，每天上班就牵上，把它拴在葡萄床外面让它自己吃草，下班再牵回家来。

琴怀孕到七八个月，也许是骨头汤喝多了的缘故，胎儿长得不算小，肚子大得看不见自己的脚，穿着的长裤自己也脱不下来。那时候，中队的“正面教育”已经发展到了“白热化”阶段，几乎每天晚上的学习都要延长到十点钟以后，有时候还要延长到十一点。只有我是例外：第一我住在外面，第二我必须回家去给老婆脱鞋、脱裤子，不然她就无法上床睡觉。中队指导员叫刘耀先，斗起人来虎着个脸挺凶的，但对我却格外客气。晚上开会只要超过九点半，我一喊报告，不用我说什么，他就知道是什么事情，一摆下巴颏儿，让我先走，有时候不用我喊报告，到了九点半，他就主动让我走。

我在浙江的大姐听说琴快要生育了，给我们寄来了小衣服、小棉袄，这是我们老家的“催生”风俗。我又四处向人家讨破床单、旧被里子，用来做尿布。包孩子的小被子用的是新面子、旧里子，但棉花是全新的。我又在陶然亭公园旁边的废品站花五块钱买来一件绸里绸面的小娃娃披风，相当漂亮。琴说很可能是死鬼孩子用过的东西，怕不吉利。我说我是彻底的无神论者，百无禁忌，什么都不怕，只要把它放在火炉子上烘一烘，就算是“高温消毒”过了。此外，1954年把我从上海调到北京来的倪海曙老师（原文字改革出版社总编辑，“文革”后出任国家语委秘书长）又送给我一大包袱他的孩子用过的小衣服，都是比较高级的。这样，孩子的宝宝装基本上备齐了。

月子里吃的鸡蛋，我自己买了一些，几个“老就”朋友送来一些，装了满满一箱，足有二十几斤。为了让产妇产后好好儿休息，我又到大红门买了几块铺板，多搭了一张铺。屋子本来就很小，搭了两张铺，屋子正中只剩下一米见方的一块地，只够放一个炉子了。

琴的预产期是一月上旬，但是我们到大兴县医院去联系提前住院，还是那个动员我们把孩子生下来的大夫，如今却根本就不答应为琴接生，理由是“琴有肺病，必须到安定门一个专为肺病病人接生的医院去生育”。从大兴县到安定门少说也有五六十里路，等她肚子疼了再叫车送医院，第一是费用很高，第二是大兴县当时根本就没有出租汽车，第三是万一孩子生在车上，麻烦可就大了。

万般无奈，我只好决定自己接生。我的两个嫂嫂都是助产士，关于“怎么接生，要准备些什么东西”，平时听也听熟了，再买本农村接生员手册看看：无非剪脐带的剪子要经过开水煮；胎儿头部出来的时候要保护好产妇的会阴，避免阴部撕裂；脐带里面的血要向外挤掉，称为“钝性剥离”；婴儿落生以后不要用水洗，只要用棉花蘸上淡硼酸溶液轻轻擦去血迹即可，等满了三朝再用温开水洗，等等。

房东大嫂也说：女人生孩子，是件很平常的事情，她生了五六个孩子，没一个是在医院里生的，都生在家里，不过有个老婆婆帮着而已。为了更保险起见，她把这个老婆婆请来跟我们见了面。这个老婆婆已经七十多岁，新中国成立前本来就是“老娘婆”，新中国成立后接受过新法接生培训，懂得一些卫生知识，有一定的接生经验。她当即给琴做了产前检查，用土制的像高脚酒杯似的听诊器听了听胎儿的心声，告诉我们胎位和胎儿都正常。这我们就更加放心了，不过为了预防万一发生难产，我还是准备了随时叫车和送医院的现款。

预产期过了一天又一天，看看都过了一月中旬，我开始不相信那个不负责任的大夫了；再看看都过了一月下旬，我完全不相信那个产科大夫了。超过预产期的事情不是没有，但一超超过二十多天，是比较少见的。一月二十七日是除夕，琴连一点儿要生的动静都没有。我不管她生不生，把羊宰了准备过年。劳改十几年，什么活儿不会干？宰羊的活儿不敢说很拿手、特利索，至少也宰过好几头了，还不发怵。

除夕平静度过，一连三天什么反应都没有，年初四早上我们还一起包了羊肉馅儿饺子吃，晚上她就喊肚子疼，估计这个不该来又迟迟不肯来的孩子应该降生了。我去把老婆婆请来，她过来一看，说了声“还早呢”，吩咐准备好草纸和炉灰，让我把炉子生得旺旺的。为了准备熬夜，她回家睡觉去了，叫我等琴疼过两三阵以后，再去叫她。

过了半夜，琴已经疼过了三阵，我怕临时去叫老婆婆来不及，就先去把老婆婆请来，做了几个糖水鸡蛋，让老婆婆和琴都吃了，又安排老婆婆在另一张铺上躺着休息。

琴在那不足一平方米的房内空间围着火炉子一圈儿一圈儿转，“妈吔妈吔”地叫着，折腾了一夜，终于在年初五的清晨五点零五分顺利生下一女。——我在家里排行第五，我的政治排行，按“地、富、反、坏、右”数也是老五。老五的孩子，一定要在年初五的五点零五分出世，“天意”呀！

给孩子起个什么名字呢？我的第一个女儿名叫吴永，我连见都没见过，就归了她妈了，这第二个女儿，我仍给她起名叫吴永，但愿她能够“永远”是我的女儿。

年初六，正好老丫头给我们拜年带送大米和肉来，就留下来伺候她姐姐几天。她年纪小，性格也憨厚，有点儿没心没肺，对什么都无所谓，更主要的还是她跟我特亲，帮我家干什么活儿都要对她姐姐说：“你以为我是帮你干活儿呀？告诉你，我这是冲老吴，要冲你呀，我才不干呢！”我们的房间实在太小了，琴母女俩睡一铺，我睡一铺，没法儿再搭铺了，反正老丫头才十七岁，还是个大孩子，晚上就和我头并头一个铺上睡。

十二、高高兴兴，协议离婚

1968年冬天，因为团河农场的地盘奉命让出来改办公检法系统的“五七干校”，我被“转场”到天津北面的清河农场四分场继续就业。琴不可能一个人在黄村继续住下去，只好回到三间房娘家暂住。

我每月三十二元工资，除伙食费十五元（每天四五毛钱，早饭一毛，中午和晚饭各一毛五分或两毛，只能维持最低的生活）、零用钱两元之外，每月汇给琴十五元。这几个钱，当然不够她母女二人度日的，但是我的稍许好一些的衣服及皮帽子之类，都已经送进信托公司变卖了，再也没有任何值钱的东西可以换钱了。这时候琴的父亲因为患食道癌已经故去，兄弟姊妹分了家，五妹经人介绍嫁给门头沟煤矿的一个工人小王，而且有了一个女儿。五妹在三间房租了内外间的一套房，所以琴先回家住的是她父亲住过的那间小房间，后来为了节省煤火，就带着女儿搬去和五妹一起住，就住在五妹的外屋。小王在门头沟上班，每周只回来住一两夜，五妹在生产队劳动，自己无法带领孩子，所以琴回去以后实际上是给五妹做饭带孩子。我给她的十五元只是贴补这个组合家庭的家用，母女二人要靠这十五元钱活下来，那是不可能的。

“文革”以后，就业人员的法定探亲假已经被取消，每年我只能请七天事假回三间房去看看，多一天也不许。超假了，就按“逃跑”论，当地派出所可以立即拘捕，送回农场以后还要进行批斗。

这样勉强维持到1970年春天。一天晚上，中队刘指导员忽然把我叫到队部，交给我一张朝阳区法院的传票。我一看，原来是琴到法院把我给告了，案由是“骗婚”，要求是“与右派分子吴越划清政治界线”。由于我在清河农场劳改，而清河农场的地点虽然在河北省的宁河县，但是却属于北京市公安局管辖，所以传票上没写开庭时间，而是写“七日内随到随审”。我脑袋“嗡”地一下：这从哪儿说起？要离婚，好好儿说，我们一起到区民政科办个“协议离婚”，不就可以了吗？何必要上法院“打官司”呢？

指导员主动给我七天事假，要我第二天就动身回家，“和老婆好好儿谈谈，处理好这件事情”。

我找难友们凑了十五元钱。在那个时候、那个地方，人人都挣得极少，要向一个人借出十五元钱来，几乎是不可能的，只能这个三元、那个两元地凑，而且只有信用和人缘儿极好的人才能借得出来。

钱倒是有了，但是我不能把这凑起来的钱扔在铁路上。我有一辆红旗牌加重自行车，身体也比劳改以前好得多，自信靠自己的两条腿加上这辆车，一定能够把我送到北京的。

我看了地图，选好了路线，连夜找食堂买了五个馒头。第二天一早，我三点多钟就起来，穿上破大衣、戴上棉帽子，三点半准时骑车出发。

清河农场四分场属于河北省宁河县地盘，地处七里海南面，经北淮店、造甲城、西堤头可以到北仓接上京津公路。但是接上公路之前，所有的路都是农村的土道，不过倒是挺宽的，可以通马车，全长约六十里。这一带，新中国成立前都是大苇塘，也是土匪出没的地方，直到如今还很少有人敢走夜路。为了以防万一，我腰间别一把大活扳子——如果车子坏了，可以用来修车；如果遇上单身的劫贼，我就跟他拼了；如果遇上群盗，只好乖乖儿地把自行车、手表和十几元钱双手奉上，但求饶命。好在我走的是下半夜夜路，天亮之前，路上几乎没有碰见一个人。也真亏我胆子大加上本事大，仅凭一张32开大的河北省地图，仅凭良好的方向感，在几乎没有月光的黑夜里走从来没有走过的农村大车路，在纵横交错四通八达的路网间选择判断我所要走的“西方正路”，居然没有走任何弯路和错路，就在天亮以前到达北仓接上了京津公路，到达武清县的时候，才上午八点。这也算是我一生中所创下过的奇迹之一。

我在武清县街上的一家小饭馆里坐下，饭菜是买不起的，只花一毛五分钱要了一碗“高汤”（所谓“高汤”，就是酱油葱花汤，正确的写法似乎应该是“膏汤”），取出三个冷馒头来，就着热汤吃饱了肚子，再休息一会儿，八点半继续上路。

这一下，肚子饱了，道路明了，车速也快了。十一点半，终于到达三间房。算起来，八个小时蹬了二百四十里路，平均每小时三十里，不算快。

那一年，老丈人已经故去，子女们不再合伙儿，已经分开过了。三哥挣钱最多，自己盖了新房子；小弟也娶了媳妇儿，住进了原来三哥住的房间；五妹结婚以后自己租房住，只有老丫头一个人还住在东披屋。琴回去以后，本来住的是“大眼睛”和老丈人住过的那间小房间，入冬以后，为了少生一个炉子，琴和老丫头都搬到五妹的外屋来住，姐儿三个合着吃饭。我推车进了院子，“大老黑”还认得我，也不嫌我穷，扑上来跟我一个劲儿地亲热。二嫂在房里看见，迎了出来，第一句话就是：“你回来了就好了。小琴那脾气，你是知道的，任性得厉害。我们那么劝她，嘴皮子都磨破了，总不听。还是你们两口子坐下来好好儿谈谈吧，有什么过不下去的呀？如今家里的日子也好过一些了，有什么困难，我们大家都会相帮的嘛。”

我支上车子，进屋坐下，很感慨地说：“这个不怨她，主要是我太穷。柴米夫妻，有柴有米才是夫妻，没柴没米，这夫妻怎么做？多了不用，只要我每月能够给她三十元钱，我相信她绝不会提出来离婚。原来我们住在黄村，天天贴饼子、片儿汤，尽管日子苦点儿，至少还能够挨得过去，小琴也从来没说过要跟我离婚的话。现在我每月只能给她十五元钱，叫她娘儿俩怎么过？她跟五妹和老丫头不一样，她有病，又有个孩子，不能下地干活儿，又找不到不下地的活儿干，这就只能靠男人养活了。可我目前做不到，不是我没这本事，而是不让我施展我的本事。这个，我可是一点儿办法也没有。这次回来，能商量，当然要商量，不能商量，我也绝不勉强。趁她现在还年轻，这步棋如果往后一定要走，晚走不如早走。他和五妹现在住在哪儿？劳您驾给我指点一下。”

二嫂子也红了眼圈儿，很感慨地说：“你说的理儿都不错，不过能不离总是不离的好。别人离婚是为感情不合，你们只为一个‘穷’字，要走到这一步上来，好像还不值得。她现在就住在前面二叔家的东屋，你自己过去看看，我就不陪你了。”

我知道她这是怕有她在旁边，我们俩一见面不好说话，所以“回避”了。好在前面她二叔家我也挺熟的，就走了过去。

天气还挺冷的，房门关着，窗玻璃上全是水汽，看不清里面。我敲了敲门，也不等里面答应，就推门进去了。这是里外两间，外间靠北墙是一排土炕，不过没烧热炕，而是生着煤炉，烟筒则通到里屋，再从里屋通到窗外。二号吴永正和小妹妹在外屋地下玩儿，见有人进来，翻了翻眼珠子看了我一眼，似乎不认识，叫了一声“妈”，就跑进里屋去了。跟着琴踅了出来，看见是我，苦笑了一下，说的是：“你怎么来了？”

我也苦笑着：“不是你要我回来的吗？你想跟我分手，先写封信跟我商量一下嘛。只要双方自愿，离婚跟结婚一样方便，到区政府民政科办个手续就可以了。你这样上法院去告我骗婚，我没骗过你，当然不得不辩护，一来二去的，不是白耽误工夫吗？”

她一时语塞，掇张方凳过来要我坐，她自己坐在炕沿上。我把小永抱过来放在膝头，先跟她重叙父女之情。她已经领悟到我就是她爸爸，不像开头那么生疏了。这时候琴流下了泪来，轻轻地说了一声：“我这也是没有办法。这样下去，我们苦，你也苦，还不如大家逃一条活命。你放了我们，你不是也可以松一口气儿吗？”

“咱们现在这样维持下去，是太累了点儿。你有这样的想法，跟我直说，我是会同意的。为什么非得上法院？”

“这也是逼的。不是你逼我。你是不知道，小王近来和五妹闹别扭，一吵就拿小永撒气，五妹护着小永，两口子就大闹。那天为小永多吃了半个油饼，小王一脚把小永踢到桌子底下去了，还骂她：‘你这个右派崽子，也不是好东西！’一个才三岁的孩子，就是多吃了一口，至于把她踢到桌子底下去吗？我给他家做饭洗衣裳，一个月还交十五元钱，就是小永，也不是白吃他家的。”

“五妹两口子，为什么老打架？是不是因为经济问题？”我插嘴问。

“好像不全是。他们俩的事情，谁也说不清楚。小王工资并不低，刚结婚那会儿，手头还有点儿积蓄，花钱大方得很，每个月都往家拿钱。他是独子，他父亲是矿上的干部，工资也不低。后来五妹生了个闺女，他就不怎么喜欢了。月子里也不怎么回家，听说在矿上老是通宵地打牌，输了没钱了，就回家来和五妹吵架。五妹那脾气，你也是知道的，你跟她横，她比你还横，一吵起来，就没完没了；小王一认错、一说软话，她就没脾气了，两口子又好得了不得……”

说起这个小王，虽然和我也算是“一担挑”，我却始终没见过他，连照片都没见过，原因是他们两个谈婚论嫁的时候，我已经转场到清河农场去了。“文革”之后，“强制就业人员”取消了探亲假，连过年过节请事假回家探望也不行，所以总也遇不着他。开头有人给五妹介绍这个小王的时候，五妹问我：“你说煤黑子好吗？”我没见过人，无法表态，只能说“工人阶级是领导阶级，本质上应该是最好的”。后来听说他们准备结婚了，我穷极了，拿不出贺礼来，就给他们写了一张“贺词”。——事隔三十多年，这张贺词的底稿居然还夹在我笔记本里，如今也可以算是“文物”了。我的贺词是这样写的：

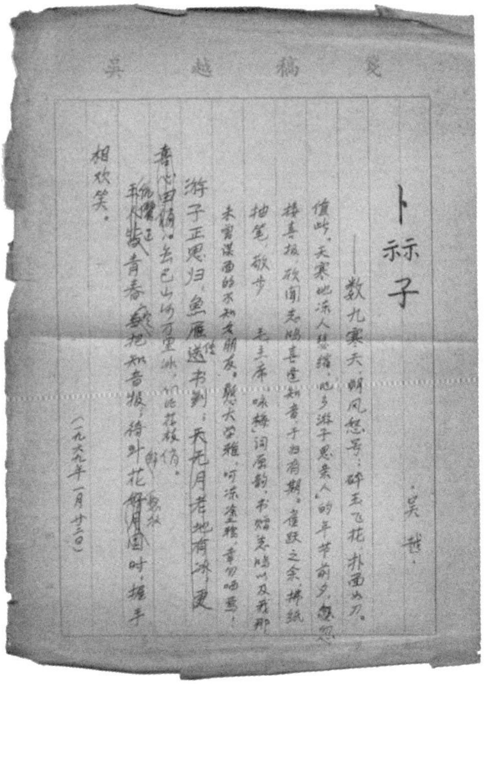
吴越稿笺

卜算子

——数九寒天

吴越

相欢笑。

（一九六九年一月廿二日）

作为五妹结婚礼物的贺词。

卜算子

数九寒天，朔风怒号；碎玉飞花，扑面如刀。值此“天寒地冻人瑟缩，他乡游子思亲人”的年节前夕，忽接喜报，欣闻志鸿喜逢知音，于归有期。雀跃之余，拂纸抽笔，敬步　毛主席《咏梅》原韵，书赠志鸿及我那未曾谋面的不知名朋友。憨大学雅，呵冻涂鸦，幸勿哂焉！

游子正思归，鱼雁传书到；虽已山河万里冰，心比花枝俏。

伉俪正青春，定把知音报；待到鲜花怒放时，握手相欢笑。

一九六九年一月廿三日

他们结婚之后，从琴来信中的点点滴滴，也知道一些他们婚后的生活。小王原来是井下工人，指着他父亲大小也是个干部，通过层层关系，被抽到地面上来了。当时正是“文革”期间，工人起来造反，也不怎么干活儿，他又是个“逍遥派”，干活儿不积极，“革命”也不积极。一天到晚没事儿，就和一群哥们儿在一起喝酒、打牌、看黄色录像。刚结婚那一段时间，对五妹还不错，时间一长，回家来就装大爷，一句话不对付，开口就骂、动手就打，吵过了、打过了又求饶。家里人都说他是“狗脾气”，五妹也拿他没办法。简单地说，是工人阶级的缺点他都有，工人阶级的优点他几乎都没有。原以为工农家庭“打打闹闹是夫妻”，打过了、闹过了，也就完了，没想到，他们夫妻两口子还没闹离婚，却因为他的缘故，害得我们夫妻先闹离婚了。

“在家里，二哥是老大。这些事情，你没找二哥商量吗？”我问。

“怎么没找？你知道的，二哥脾气也暴躁。每次小王欺负小永，我告诉二哥，他就去找小王评理；小王理亏，两个人说不到三句话，就打起来了，还打得挺吓人的。我想来想去，总怨自己命苦，所以这一次小王踢小永，我也没去找二哥，抱起孩子来就上了街。当时本想抱上孩子找你去的，到了永定门火车站，才知道到茶淀的火车每天只有一班，早上九点多钟开。我不能再回三间房了，就近走到你们王班长家去，想在季老师她那里凑合一夜，第二天一早再上火车。到了她那里，有个叫王大利的人在那里坐着，季老师说那是王班长的堂房弟弟，是孩子的叔叔，在公安局工作。我心里窝着火儿，正想找个人聊聊，既然是王班长的弟弟，又是公安局的人，也不避着他，就把家里出了什么事情，以及我想到清河农场去找你的事儿一五一十地都跟季老师说了。季老师还没说什么呢，那个姓王的就说了：‘这样的人，你别跟他了。我是公安局的，这事儿我清楚。他们这些右派，这辈子就别想翻身了。你跟着这样的人，一辈子也不会有出头的日子。不单你没出头，连孩子都得吃他的挂落。要听我的，你趁早跟他离婚，带上孩子，另找一个靠得住的。像你这样的人，就是闭着眼睛瞎摸，随便摸一个都比他强，何必非得在一棵树上吊死？’我当时正在气头上，想想也有道理，就说：‘就为穷离婚，法院恐怕不批准吧？’他说：‘你怎么这样傻呀？要告他，还能说是因为他穷吗？你告他骗婚嘛！就说他是个右派分子，跟你见面的时候没告诉你。你是个贫下中农子女，现在你要求和右派分子划清政治界线，法院还能说不准吗？这状子简单，多了不要写，有二百字足够。我给你起个草稿，你自己抄一张递到法院去，保证你不出一个月事情就了结了。’他当时就给我写了一张底稿让我抄好，然后他就把稿子撕了。当天晚上我还是在季老师家过的夜，是第二天回家的时候才到神路街朝阳区法院把状纸交了的。”

我心里明白，琴去得不是时候，冲撞了他们的“好事”了，所以那个姓王的才把火气都撒到了我的头上。这个姓王的，王班长不止一次和我说起过，他祖籍山东这不假，因为他父亲是从山东逃荒来北京的，但是和王班长什么亲戚关系也没有；说是公安局的人，这也不假，早先官儿还不小，前后当过公安局的“组织劳动单位”琉璃河砂石厂和东北旺生产大队的政委，是王班长当年的“老领导”，不过那已经是“明日黄花”了。因为他一贯乱搞男女关系，而且还“记吃不记打”，一次次不断在这个问题上犯错误，所以官儿是越当越小，先是留党察看、降级降薪，后来是开除公职，先劳动教养，后判刑劳改，释放以后，在一家专门做手铐的公安局下属工厂管仓库，是个货真价实、屡教不改的“警察败类”。而且他当时就已经和季老师勾搭上了，正在你恩我爱的热火朝天中。琴遇上了这个恶棍儿，算是她倒霉。

不过这样也好，没有他在中间挑，琴倒是还想不起来要离婚；既然人家一挑她就要离，这叫瓜熟蒂落，说明她心里的火候也到时候了。上一次我回北京过年，找我的皮帽子戴，琴说她卖了。这可是我劳改以前花二十多元钱买的呀！我问她卖多少钱，她说五元。再问她卖了皮帽子买什么了，她说买了两双尼龙袜子。我说："不是给你买了好几双尼龙袜子了吗？"她说："我没黄色的，我最喜欢黄色的袜子了。再说，你这帽子一年难得回来戴一回，藏着它干什么？"当时我就想到：她能够把我的皮帽子卖了拿去给自己买袜子，而且不是没有袜子穿，看来她已经不想继续跟我苦熬下去了。想想姓王的所说的话也有道理，我是个永远不得翻身的人，何必还要拉着她们娘儿俩给我当垫背的呢！这样一想，我就说："咱们两个，既然不是为感情不合无法共同生活而离婚，不如来一个好离好散。你也不要再提什么骗婚，你这样提，不但把焦师傅和刘大姐都搁在里面，我也不干，闹到最后，只怕连婚也离不了。你要是同意，咱们写一张离婚协议书，就说是阶级不同、立场各异、感情不合，无法共同生活，自愿离婚，反正家里也没财产，除了我自己的衣服，其余的全部归你。我只带走那台半导体收音机，好在劳改农场解解闷儿。你说行吗？"

她迟疑了一会儿，歉意地说："我也没主心要告你骗婚，这都是那个姓王的给我出的馊主意。只要你同意放我走，我什么都听你的。你写协议书，我一定签字。"

我说："这样才叫通情达理嘛！我一共有七天假，既然讲定了好离好散，从今天开始，咱们就高高兴兴地过这七天吧！我还有几块钱，我去买肉买面，咱们天天包饺子吃，就像当年那个王宝钏一样：吃一顿饺子算是过一个年。咱们三年加七年，就算是在一起做了十年夫妻，怎么样？"

她听我说得这样轻松，不由得也笑了起来："你这个人，到了这个份儿上了，还惦着吃饺子，真亏你做得出！"

我们这里刚协商好，五妹和老丫头都收工回来了。入冬以后，早上出工晚，所以中午要十二点半才收工。中午饭是琴已经做好了的，我们坐下来一起吃，我一边吃饭一边宣布我的"天天过年"计划，五妹说她家里面粉还不少，用不着我买。我说那我就多买点儿肉，吃得高兴些。老丫头见我和琴有说有笑，以为我们"讲和"了，笑着说："我就知道嘛，只要老吴一回来，这婚就离不了了。"我说："这你可说错了。我们已经定了协议，离婚照离，饺子照包，这叫打离婚、包饺子两不误。"说得老丫头有些似信不信，翻了翻眼皮，看看我又看看琴，见琴一本正经的，没点头也没摇头，更加不明白了。

吃过了中午饭，我写了一张离婚协议书给琴看了，如果她没别的意见，请她签字。协议书中只提我和琴分属两个对立的阶级，婚前互相了解不够，婚后生活不协调、感情不合，无法继续共同生活，协议离婚。条件是：孩子归女方抚养，家庭财产除了我的衣服和一台半导体收音机外，全部归女方所有。琴看了，也没有提出不同意见，就签了字。

下午，琴打开箱子，把我的一件长毛绒派克大衣找出来叫我换上。漂亮的皮帽子，已经被她卖掉，就剩下这件长毛绒大衣，还是1956年和怡姐姐结婚的时候买的，也是我唯一的一件“穿得出去”的冬季服装了。我们把两个孩子托二嫂子照顾一下，就用自行车驮着琴，直奔朝阳区人民法院。

那时候，朝阳区法院在神路街的一所平房大院落内。由于正值“文革”高潮，法院内部斗争激烈，公检法系统基本上被砸烂了，打官司的人也不多，法院里冷清得很。我拿出传票来，传达室的人看了，打电话进去，不久就出来一个胖乎乎的中年人，穿一身深蓝色涤卡四个兜儿的制服，手里夹着卷宗，把我们引到一间小房间内和我们面对面坐下开始问话，态度倒是挺和善的。他自己既当审判员，又当书记员，一边问一边写。大体上问的是相识经过及婚后的矛盾焦点，特别问了介绍人是不是跟女方说过我是“右派”、我们见面的时候我是不是说过我是“右派”这两条。根据我们事先统一的口径，答复是介绍人只说我是团河农场的农业工人，见面以后我自己说的是“摘帽右派”，工资每月三十二元。这一来，就把“骗婚”罪给推翻了。下面只问矛盾是否能够缓和，不能缓和的话，双方各有什么要求，于是我们把离婚协议书拿出来交了上去。那审判员看了我们写的协议书，指出一条：由于女方没有经济收入，无力抚养子女，而男方仍在劳改农场，也无法抚养子女，因此必须安排好子女的抚养方案，才能考虑离婚的问题。他让我们回去以后再商议一下，提出一个办法来，就宣布退庭了。

问题虽然没有解决，但是晚饭包饺子的决定不能变。我买了两斤猪肉馅儿，反正今天不是星期天，小王不会回来，何况他自从和琴吵了这一架之后，又和二哥大吵了一场，两人几乎动了手，所以短期内是不会回来的了。四个大人和两个孩子吃两斤肉馅儿是少了点儿，但我一共只有十几元钱的底子，要实现“天天吃饺子”的诺言，就只好“细水长流”了。

回家后我拌馅儿、琴和面，同时商量子女抚养问题。我们两人都没有抚养子女的能力和条件，除了把孩子送人之外，没有别的办法。我们的孩子，在村子里以聪明伶俐闻名，长得虽然不是很美，但却十分风趣，小嘴儿还特别能说，三间房张家家族上下都很喜欢她，只要放出话去，愿意领养的人是不会少的。

等五妹和老丫头回来，我们说起法院的意见和我们准备把孩子送人的打算，两个妹妹都表示坚决反对。老丫头首先嚷了起来：“不许把小永送人。要送人，就送给我。”琴反问她：“你能养活个孩子吗？”她也反问：“我有劳动力，我怎么就养活不了一个孩子？”琴又问他：“你还没结婚呢，连个老公都没有，怎么收养子女？”老丫头生气地嚷：“我这一辈子不结婚了，我就和小永过。要老公干什么呀？像你们两个，一个天天吵架，一个闹着要离婚，还不如一辈子不结婚呢！”

五妹本来要说什么的，听见老丫头把她也拉扯在里面，就欲言又止了。老丫头说的也是实话，尽管我和琴在闹离婚，但五妹明白，那是让一个“穷”字给害的。从感情上说，直到今天从法院“打离婚”回来了，还在一起包饺子，不像她和小王，三天两头吵架，一吵就是三两个星期不见面，也不再给家里钱。事情明摆着，我和琴的事情一解决，她和小王离婚的事儿就该提到日程上来了。因此，在这样的节骨眼儿上，她连自己的孩子归谁抚养还不知道呢，怎敢像老丫头那样说“响话”？

我知道，老丫头这是舍不得把小永送人，说的气话。我也知道，一旦离婚手续办成，琴没有独立生活的能力，是很快就要“往前走一步”的。为了达到离婚的目的，这时候她说愿意把孩子送人，到了再结婚的时候，要把孩子带过去，必定是她再婚的条件之一。因此，目前只要有人肯在协议书上签个字，就可以从法院把离婚书领回来。我看穿了琴的这一心思，所以就对老丫头说：“你年满十八周岁，又有劳动力，当然有资格领养一个孩子。只要你真的愿意，与其把小永送给别人，还不如送给你更好。我表示同意。你再问问你四姐，要是她也同意，你就在协议书上签个字吧。”

老丫头立刻逼着琴表态，琴只好也说：“只要你能养活，我当然同意。”就低头不语了。

我把协议书取出来，放在桌上，在后面加上一条：“所生女儿吴永（三岁），由小妹张××自愿抚养。”老丫头拿起笔来，在协议人后面加上了她的名字，说了一句：“从今往后，小永就是我的，你们谁都管不着了。”接着就开门出去，到后面二嫂子家接吴永去了。

这一新闻轰动了整个张家，二哥、二嫂、三哥、三嫂、六弟和他新娶的媳妇儿一下子都拥到了五妹的外间房子里来，七嘴八舌地劝说着、议论着。二嫂对我说：“我不是叫你们好好儿商量商量吗，你们怎么没商量就上了法院？好好儿一家人家，怎么能就这样拆了呢？”

二哥则说：“都是姓王的那小子闹的，要没他在这里面搅和，小琴也不会想起来要离婚。等他回来了，看我找他算这笔账。”他说的“姓王的”，指的是五妹的丈夫。王大利的“搅和”，当时他还不知道。

三哥听了，只是嚷：“你们这不是胡闹吗？老丫头自己还是个孩子呢，她能养活个孩子？快把那协议书撕了，作废！作废！”

屋子里乱哄哄的，等他们说够了，我只好打圆场说：“这几年，小琴跟着我受苦了。要不是大家相帮着，只怕早就已经各走各的路，也拖不到今天了。当年我们两个走到一起，前提是一起去新疆，两个人都有工作，这样维持一个简单的家，不会有太多的困难。后来情况突然变化，去不成了，等于她没有了工作，只能靠我一个人维持，再加上有了小永，现在我们确实已经到了山穷水尽的地步。古话说：救得了急，救不了穷。大家的日子过得都不宽裕，我们也实在不好意思再拖累大家。小琴的意思很明确：只要我肯同意离婚，她就有活路了。我不能硬要她继续跟着我受苦。可是法院认定我们两个都没有抚养子女的条件和能力，为这个，法院一定要我们先解决了子女的抚养问题，才许我们离婚。让老丫头在协议书上签个字，不过是为了让法院好判决，我相信小琴也不会真把小永推给她。我这边，只要小琴还没有往前走，多了我拿不出，每个月十五元，我一定照寄。”

经我这样一解释，大家知道再劝也没有用，又说了几句“再考虑考虑”之类不关痛痒的话，就先后离去了。

事情算是这样“顺利”地解决了。我们接着包饺子、煮饺子、吃饺子。孩子不知道家里发生了什么事情，更不懂得什么叫离婚，平时难得吃饺子，都吃得很香。琴和五妹心里有事儿，吃得不多。我这个人心里搁得住事儿，加上蹬了二百多里路的自行车，下午又驮着个人跑了一趟神路街，体力消耗大，吃得比她们俩加在一起的还多。

饭后，我见炕头放着一架手风琴，一问，才知道是大队里为“毛泽东思想宣传队”买的。五妹是宣传队的独唱演员，经常练歌，所以把琴放在她这里了。我打开琴盒一看，是一架80贝司的国产手风琴。这玩意儿，我在上海行政干校的时候，也学过几天，能凑合拉几下，就背上它坐在炕沿上拉了起来。我先拉的是《我爱北京天安门》，这是一首儿童歌曲，老丫头会唱，连小永都会唱。老丫头是个没心没肺的姑娘，喜怒哀乐，心里都存不住，刚哭过就会笑。听我拉曲子，她就跟着哼哼起来，小永也奶声奶气地跟着唱，沉闷的空气渐渐被打破。那年月，西洋名曲都受到了批判不许拉了，但是俄罗斯民歌和苏联革命歌曲还允许唱。我拉起了《喀秋莎》，这歌小妹妹不会唱，我就动员五妹暂且忘记烦恼用唱歌来为自己也为大家增加一些欢乐。五妹正为她自己的事情和我们的事情烦恼至极，也许是物极必反的作用，我一动员她居然唱了起来。我接着拉起了《小路》，她的情绪感染到了小琴，不用我动员小琴也跟着唱了起来。

歌声充溢着小屋，也透过门窗的缝隙传向了左邻右舍。同住一院儿的二婶儿首先过来，一脸疑色地问：“你们商量好了，不离婚了吧？”我笑笑说：“是商量好了，明天上法院，办离婚手续。”她更加惊讶了：“那你们还这样高兴？”我说：“大家都解放了，都有活路了，还不高兴？”二婶儿摇摇头说：“你们也真是的！琢磨不透你们……”

大家穷欢乐了一阵，我终究是早上三点半就蹬车上路的，尽管当时身强力壮，禁不住折腾了一整天，确实困了，就问：“我可盯不住了，上下眼皮直打架，让我睡哪儿？”

照我估计，既然老丫头一直在这里睡，她自己的屋子现在空着，一定会安排我到她那屋里去睡的，反正已经是春天了，没火炉也没关系；或者，反正里屋是一条大炕，小王又不在家，姐妹三个加两个孩子完全睡得下，可以把我一个人撂在外屋睡。没想到琴却主动地说：“判决书没下来，这里还是你的家，你不睡这儿，还能睡哪儿？”

两个妹妹见我要睡觉了，琴又这样说话，很知趣地一个抱起了被褥到后面去，一个抱起孩子进了里屋。琴给我在炕西头铺了被褥，让我脱衣服先睡，又在炕东头铺了被褥，这才给小永脱衣服哄她睡觉。等到把孩子哄睡了，她自己也脱了衣服，却一掀我的被子钻了进来，说了声“判决书没下来，我还是你老婆”，就把我紧紧地抱住了……

五妹和她的孩子睡在里屋。早上她先起床，开门出来一看，见我们俩睡在一个被窝儿里，不由得也笑了起来，却不好意思说什么。我昨天累了一天，上半夜两口子不免又要折腾一番，其实只睡了小半夜，当时倒不觉得，这时候感到浑身酸懒，起不来了。琴起来以后，我又眯了一小会儿，等到妹妹们都出工去了我才起床。

琴把昨夜晚吃剩下的饺子用油煎了，给我吃。我说：今天到法院递交协议书，反正有她和老丫头的签字，她就不用去了。我跟她商量：我穿来的这件棉大衣，虽然是下地干活儿穿的，可已经补丁摞补丁，实在太破了。家里有我的一件风衣，反正也不穿，是不是可以用它做面子，再把这件棉大衣拆了，把棉花弹一弹，重新翻做一下？她说这完全可以，只要弹棉花的不忙，有三四天时间就可以做好。

我到了朝阳区法院，那个胖子审判员见我一个人来，问我原告为什么不来，我说我们已经找好了子女抚养人、写好了协议书，她在家里给我拆洗翻改干活儿穿的棉大衣，就不来了。审判员笑笑说：“你们感情还不错嘛！”我也笑笑说：“这叫通情达理。不离婚是夫妻，离了婚是朋友。我们无冤无仇的，夫妻一场，互相帮助，总是应该的。”审判员苦笑了一下，轻声说：“我知道，你们不是为感情破裂而离婚，而是为无法生活而离婚。你一个月三十二元工资，能够维持好几年，也难为你。”我说：“您能理解，我十分感谢。”——在那个年月，代表“无产阶级专政”的法院审判员能够对一个“阶级敌人”说这样的话，而不是竖眉立目地训斥，就已经很不简单了，怎么可以这样说话？幸亏他是一个人开庭，要是有两个人，非得揭发他“丧失阶级立场”不可。

这一庭，审判员收了协议书，只说了一句“回去等待判决”，就退庭了。

1967年，我和琴在三间房路边合影。

下午，我骑车带着琴，琴抱着小永，到通县的一家照相馆去拍了一张“离婚纪念照”：我们分坐一左一右，小永在中间。照完了相，我要求照相馆给写上“离婚纪念”及年月日，摄影师说：“从来只有在照片上写‘结婚纪念’的，没听说过有人写‘离婚纪念’的，还是写‘离别纪念’吧。”我不便坚持己见，只好点头。由于要放大两张，自取来不及了，只好留下地址和邮费，请照相馆给我寄到农场去。——可惜这张具有历史意义的“离婚照片”，后来连底片被琴带走并毁掉了。

从此以后，我们俩再也不提“离婚”二字，而是像度蜜月一样，两人形影不离，天天在家里拉拉手风琴唱唱歌，逗着孩子玩儿，每天晚饭都包饺子吃，每天夜里都在一个被窝儿里搂着睡觉，真正是“天天过年，夜夜新婚，朝朝暮暮，欢歌笑语”。——难怪后来琴回忆起这一段日子来，无限感慨地说：“跟你结婚三年，只有那七天是最幸福的。”由此可证，她的幸福观，就是“有吃有穿，有说有笑，有个老公搂着睡觉”，要求并不高。

这几天中，琴把我的棉大衣换了面子、重弹了棉花，也把我穿来的衣服洗得干干净净，还把我的所有衣服都拿出来检查了一遍——有破绽的补上，掉了扣子的缝上。如果不是知道内情的人，怎么会想到：这是即将永远分手的一对儿？

不论是甜是苦，七天时间很快过去，终于到了我必须返回农场的日子了。琴把我要带走的衣物打成一个包袱，放在炕头，以免我走的时候落下什么东西。走前的最后一夜，我们组织了一场别开生面的家庭晚会，依旧由我拉手风琴、由姐妹三人大唱革命歌曲，连嗓子嘶哑不爱唱歌的老丫头都唱了起来，连说话都还说不怎么清楚、走路也还歪歪扭扭的小永，都在炕上又蹦又跳，还“咿咿呀呀”地唱：“我家的表叔……”到了九点多钟，琴说明天一早我要起早上路，建议早点儿休息，大家这才余兴未尽地不再闹了。

趁她们整理房间的工夫，我抽笔填词一首，以记当时的“盛况”：

浪淘沙·别离

离别笑开颜，
愁锁心间，
强颜欢笑假团圆。
悲剧且作喜剧演，
难辨悲欢。

今宵别梦寒，
泪湿春衫，
别时容易见时难。
孩提不解人世苦，
依旧春天。

——1970年3月12日

我把这首词抄出一张来，压在茶壶底下，算是我给琴留下的最后纪念。

五妹已经带着孩子进里屋去了。琴正在铺被子，按例仍把我们的被子铺在炕西头，打算把小永的被子铺在炕东头，就在这时候，老丫头忽然把她的被褥从后面抱到琴的炕上来，说：“老吴明天就要走了，也许再也不会来了。今儿晚上，我得跟他睡。”

这可真是出于我的意料之外，我知道，老丫头说这话，可不是开玩笑。自从琴生育以后，我们就分两张床睡觉，老丫头每次到黄村来看望姐姐都和我睡一床。对她来说，我就是她的亲哥哥，甚至比亲哥哥还亲，绝没有什么忌讳。那时候她才十七岁，我们也都拿她当孩子看待，可今天她已经十九岁了，完完全全是个大姑娘了。她这样说，却又完全出于真心，并没有一点儿假意、恶意。我苦笑着对她说："今天晚上，是我和你姐姐最后的一夜了，你就让我们'春风一度尽余欢'好不好？"

老丫头没上过中学，不懂得什么叫"春风一度"，竟梗了梗脖子说："让她？门儿也没有！还是咱们俩一起来尽余欢吧！"说着，冲我做了个鬼脸儿，不管三七二十一，就把被子和褥子在炕东头铺开，用最快的速度脱去外衣钻进被窝儿里去了。

见她这样任性，琴也没有办法，只好把小永的被褥铺在炕的中间，然后给小永脱衣服哄她入睡。等到小永睡着了，回头再看看老丫头，已经微微打起了鼾声。我知道，她是个觉重的人，只要她睡着了，你就是把她抬走，她也不会醒的。因此，虽然她就睡在我们的身边，完全可以当她不在房间里。

尽管我有话在先，在我离开这间屋子之前，谁也不许再说"离婚"二字，更不许哭。但是当琴关了电灯钻进被子里来的时候，却怎么也忍不住，抱住我伤心地哭了……

按照原来的计划，我应该在五点钟起来，然后六点钟出发。但是为了避免和哥哥妹妹们道别时的伤心，我临时改变了计划：不到五点就起来，也不开灯，以免吵醒同一炕上的老丫头和里屋的五妹妹。我在琴的耳边轻轻地说："你也不要起来，我一个人悄悄儿地走，这样彼此都好受些。"但是她不听，还是固执地起来了。我摸索着穿上琴刚刚给我做好的棉大衣，抱起昨天夜里就放在炕头的包袱，跟她说了声："咱们的夫妻关系，到这里就算到头了。"我正要开门出去，她突然扎进我的怀里来紧紧地抱住了我，似乎有不放我走的意思。我趁势把她按倒在炕上，给了她一个长长的热吻，然后趁她不注意，突然抱起包袱，快速地打开房门，推上自行车投进了乌黑而又寒冷的夜空中。

十三、刘指导员，帮我解脱

过了五一节之后不久，一天下午我收工归队，忽然班长通知我到队部去一趟，说是有人找我。我不知道会有谁找到这里来，急忙跑到了队部。一进门，就看见琴在旁边坐着，小永依偎在她的怀里。

我顾不得和指导员说话，先问琴："你怎么来了？"

她理直气壮地回答："咱俩还没离婚呢，我没饭吃了，不找你找谁？"

这时候指导员插话了："你们离婚的案子，法院还没判，能够缓和还是缓和一下吧。你带她找间空房子住下来，两个人再好好儿商量商量。"

指导员显然已经问过琴为什么来了，他既然这样说，我当然没有别的话，就把她们母女带了出来。我一边走一边问她："家里怎么啦？真的没饭吃了吗？"

她白了我一眼，说："姓王的那小子回来，两句好话一说，五妹就又跟他和好了，可我受不了他那窝囊气。反正法院的判决书没来，咱们俩还是夫妻，你总得管我饭。"

清河农场不比团河农场，专门盖给家属住的房子本来就很多，1969年大批职工疏散转场到山西去以后，空房子就更多了。反正是指导员发了话的，我就直接把琴带到了家属区，找了一间门窗玻璃齐全、土炕也干净的房间打扫打扫，然后回班里去把我的铺盖行李和暖瓶、脸盆之类搬了过来，又到食堂打来饭菜吃过了，这才把被褥铺开。我见房间里没电灯泡，又找电工借了一个，一切安排好以后，天已经黑了下来，晚学习开始了。我让她们好好儿休息，自己回班里去学习了。

“二劳改”们的晚学习，如果不是队部特别布置，一般都是读当天的《人民日报》社论和主要新闻，然后是漫谈。这无非是用这个方法把这批“不安定因素”控制住，省得闲得发慌到处闹事儿。既然是正在与我闹离婚的老婆突然杀上门来，自然这就成了当天的“最新新闻”，漫谈的内容也离不开这个主题。大家都在预测：既然主动来了，说明她又心软了，不想跟我离了。什么“没饭吃”之类，不过是个借口。要不，怎么好意思在等待法院判决期间又到农场找男人来了？

等到我下了学习回到房间，她们母女已经进了被窝儿，小永都已经睡熟了。我洗了脸、洗了脚，也上炕睡觉，反正我只有一床被子，她也无法不和我一个被窝儿里睡觉。等到我把电灯关了，把她搂进怀里来细细问她究竟为什么来农场，她才说：五妹的丈夫回来是事实，她直到今天跟那小子没话说也是事实，不过更主要的是我走了以后，哥哥、嫂子和妹妹们都劝她说：离婚容易，再要找一个像我这样好脾气的，可就不容易了。困难嘛，总是暂时的。他们在生产队劳动，日子就已经比三年前好过得多。兄弟几个分家以后，“大眼睛”两口子劳力强又没孩子，日子过得最好，连彩电都已经买来了。只要全国形势好，农场的形势也会好转的。所以要她来农场亲眼看看，只要这里能够维持下去，最好继续维持下去。出一家再进一家，也不是那么容易的事情。她想想也有道理，特别是经过我回家办离婚手续的那七天的考验，说明我不是一个坏人，更不是一个浑人。“闹离婚”的那七天，本来是她最痛苦的日子，没想到她反而觉得结婚以来从没有那么融洽那么甜蜜过，也有点儿舍不得离开我，所以就顺着这个台阶，突然杀来了。

既然她说了实话，又不是我要跟她离婚，我的态度只能是：你要走，欢送；你要来，欢迎。反正在我这里，过的也是苦日子，只要你不嫌苦，咱们就一起过吧。

她们母女是农业户口，平时外出没有粮票可领，我们住黄村的时候，每个月都是由老丫头把棒子面给送来的。如果要粮票，只能到秋收分口粮的时候，把粮食卖给粮库才能换取。我每月粮食定量虽然有四十二斤，但由于平时油水不足，加上劳动强度大，因此这四十二斤粮食也只能勉强维持，稍稍放量就会不够吃。如今突然来了两个人，虽然她们饭量都不大，但三个人吃这四十二斤粮食肯定不够，何况食堂打的饭分量根本就不足，所以不到半个月我就闹粮荒了。

当时我们一家三口，早饭我一个人吃窝头、咸菜和棒子面粥，一毛钱就够了；中午和晚饭各买一斤米饭或馒头合三毛钱，一毛钱一个的菜买一个半合一毛五分钱，一顿饭至少要四角五分钱。我要下地干活儿，一顿饭吃半斤，不能再少了，她们母女二人合着吃半斤，有时候还要拨点儿给我。像炒三丁儿之类带一点儿肉的荤菜，卖一角五分钱一个，尽管主要是胡萝卜和土豆，里面多少也有几颗肉丁儿，我偶然也花两角三分钱买一个半回来给孩子解解馋。孩子平时极少吃肉，看见肉就眉开眼笑，我从菜里面把肉挑出来，一口一口地喂孩子，她还拍着小手“肉！肉！”不住口地叫，张大了小嘴等我喂她。琴见我把肉都挑光了，也喊了起来：“你把肉都给她吃了！我还一口没吃呢！”我听了，忍不住眼泪刷地流了下来。天下做母亲的，把自己身上的肉割下来给孩子吃的心都有，要不是我太穷了，难得吃一次肉，哪有母亲跟孩子争肉吃的事儿发生啊？

有道是“穷则变，变则通”。我当时解决不够吃的办法，一是向伙房买锅巴，一斤粮票给二斤锅巴，锅巴是干的，分量和生米差不多，用水泡了再煮一煮，能变成两斤多米饭；二是用粗铁丝磨尖了绑在竹竿上做成一根扎签，每天一早一晚都出去扎青蛙，每次都能够扎一大串儿，尽管没有油，不过用酱油一焖，味道也还挺鲜的，不但填饱了肚子，还改善了生活。但这总不是办法，我既不能长期吃锅巴，青蛙更不是长期都有。

我班里有个叫杨家增的，上海人，学的是无线电，当过志愿军，复员后在北京无线电器材厂当技术员，因为跟领导的关系不好，莫名其妙地以“无理取闹”的罪名给送来劳动教养。解除教养以后，他一直在写材料申诉，大家都叫他“翻案专业户”。我和他关系比较好，总叫他“杨家贼”。他家里怕他在农场吃不饱，常给他寄全国通用粮票，他身体弱，饭量也不大，因此他手头攒了有近一百斤粮票。我闹粮荒，谁也无法借给我，只有他经常支援我三斤五斤的。琴的针线活儿不赖，人也不懒，为了感谢他，就给他拆洗被褥和棉衣棉裤。杨家增对她的活儿还满意，就主动帮她张罗买卖，拉来了许多拆洗缝补的活儿。农场的单身汉们，有的人自己不会做针线活儿，棉衣、被褥之类脏了破了，都是请家属拆洗缝补的，而且早就形成了基本上固定的价格，例如拆洗一床被子一元钱，拆洗一件棉袄三元钱，洗一床蚊帐八毛钱等。当时肥皂是定量供应的，有钱也买不来，所以谁要洗被子，肥皂还得人家自己出。琴到农场以后，在杨家增的帮助下，断断续续地收了一些活儿，一个月时间居然有三十多元钱的收入，比我的收入还高。如果这样的活儿经常有，队部也不轰她走，我们来一个穷日子穷过，三个人勉勉强强也能活下来了。

但是这件事情终于被当时无处不有的“积极分子”汇报到了指导员那里，指导员并没有找我谈话，却指示中队宣传员就此事出了一期“大批判”墙报。一天下午，中队部门前的墙报栏上突然贴出了“大字报”形式的批判稿——通栏标题是“右派分子吴越开黑店，坚持走资本主义道路”，下面的文字指责我不该让老婆脱离集体劳动，到这里来开黑店、赚黑钱，走资本主义道路，“御用画家”还特地为此画了一幅夸张丑化我的漫画。

我是个安分守己的人，十年“文革”期间，我没有在大会上批判过任何一个人，也没有被任何人批判过。没想到今天我为生活所迫让老婆给别人缝缝补补赚几个辛苦钱，居然受到了“大字报”批判，而且说我这是“走资本主义道路”，这我哪儿接受得了？我看了这样的批判稿，一时火起，按捺不住，转身就进队部，向刘指导员请教两个问题：第一，我以前是“右派”分子，但是1963年秋天已经由小队长代表政府宣布摘去我的‘帽子’了，因此现在仍称我为“右派分子”是错误的。第二，请问刘指导员，古往今来，哪一个资本家是靠老婆给别人拆洗衣被发的财？我只听说过国民党时期的穷教授因为物价飞涨无法生活，让夫人给学生洗衣服，赚几个钱贴补家用。现在我也是因为被生活所逼，不得已才让老婆给别人拆洗衣被的，如果我一个月能够挣六十元钱，我绝不会让老婆当“缝穷婆”！

刘指导员听我这样说，十分在理，他根本就理屈词穷，无法回答，不由得勃然大怒，铁青着脸大声呵斥：“吴越你嚣张！你以前是‘右派分子’，今天还是‘右派分子’，摘了帽子怎么样？摘了帽子的‘右派’，叫作‘摘帽右派’，跟‘右派分子’没什么两样！”

好，你胡搅蛮缠，我也豁出去了，继续跟他辩论：“请问指导员：如果摘了帽子的‘右派’还是‘右派’，那么开除党籍的党员是不是还是党员呢？”

指导员让我给噎得说不出话来，吭哧了半天，突然有了词儿了，冷笑两声说：“你以为你摘了帽子就万事大吉了？你不想想这帽子是谁给你摘的？是我们！摘下来的那顶帽子哪里去了？告诉你，就在我手里拿着呢！你不要嚣张，只要你想戴帽子，这个帽子随时可以给你戴上。回去以后好好儿反省，写出检查来，写得不深刻，我处理你！”

我还要说话，让中队长给推出来了。

一连三天，我没写检讨，也没去队部。第四天一早，班长忽然通知我到队部去，我猜还是“开黑店”的事情，估计还不至于为此再给我戴上“右派分子”帽子；再说，即便再次戴上，在这样的地方，戴着“帽子”和不戴“帽子”也没什么区别，指导员不就公开说“‘右派’摘了帽子还是‘右派’”吗？我神态自若，坦然地走进了队部。不料，指导员并不问我“开黑店”的事情，却指着桌子上的一封信说：“你看看，这封信是谁写给你的？”

我一看，信封上写的收信人是我，寄信人的地方却写着“本场内详”字样。我认了一认，这字体我不熟悉，就回答了“不知道”三个字。指导员又说：“你拆开来看看。”我奉命拆开一看，原来是焦守信写来的（转场以后，他分到了五八三分场），信中的大意是：“今天有两个从南京来的警察找我，问我跟王同竹是什么关系，我什么都没承认。如果他们去找你，你就说什么都不知道。”

王同竹原是“马恩列斯著作编译局”的俄文翻译，是和我一起在团河农场“右派”教养队教养的难友，自从我离开团河农场右派教养队以后，关于王同竹的消息我根本就不知道。事后才听说，王同竹在1970年因为企图逃亡国外，与姚祖彝、陆鲁山、孙本乔这几个三余庄右派教养队难友一起在南京被枪毙了。警察找焦守信，是因为从王同竹的笔记本中发现有焦守信的通信处，找他谈话不过是例行公事，作一般了解而已。我和王同竹没有任何联系，焦守信根本没必要通知我。他也是出于好意，要我当心，结果我反而说不清也道不明了。

这封信，刘指导员当然是拆开来检查过了的，但他偏要装得好像没看过似地问："信里都说了些什么呀？"我没好气，把信往他面前一推，说了声："您自己看吧。"他拿过去装模作样地看了看，说："焦守信要你'就说什么都不知道'，那么可见你是什么都知道的了？"我说："尽管王同竹也是团河农场三余庄右派教养队出来的右派，不过我和他从没来往。"指导员摇摇头说："那，不大可能吧？先不要封门，好好儿考虑考虑。"我说我没什么好考虑的。指导员就又板起了面孔，说了声："你不想在这里说，那就到毛泽东思想学习班里去慢慢儿说吧。"

指导员把班长喊来，叫他把我直接送到毛泽东思想学习班去。我说我得回去拿被褥，还得跟我老婆交代几句，指导员说："没必要了，你老婆，我们会打发她回家去抓革命促生产的。"

那时候，为了配合"正面教育"学习，各分场都设有"毛泽东思想学习班"，集中有问题的人从严管理，限期交代问题。四分场的"毛泽东思想学习班"设在分场部附近，指导员姓倪，大家都叫他"安东尼奥尼"。他倒不像刘指导员那样倔，亲自带着我到家属宿舍区去取被褥。我一进门，就看见刘指导员在动员琴回家去，大概是琴在问他我怎么了，我听见他在说："……吴越有严重的问题，我们已经把他抓起来了。"琴说我们两人只有一床被子，我抓走了，她怎么办？刘指导员很干脆地回答："立刻回家去，抓革命促生产嘛。你也有两只手，怎么可以在这里吃闲饭呢？"他看见我进门，就转过来问我："你还有多少钱？都拿出来。"

我把衣兜儿里的钱全都掏出来，零的整的一共不到十元。他倒公平，知道我没钱活不下去，琴没钱上不了火车，就给了她五元，给我留下不到五元。

这时候，一辆带拖斗的拖拉机开过来停在家属宿舍区路口，中队宣传员来报告：拖拉机已经开出来了。刘指导员逼着琴马上上车，说是从山海关开过来的车十点二十分到茶淀车站，晚了就赶不上了。

在这样的场面下，琴也没有办法再跟我说什么，她负气地收拾了一下她带来的提包，抱起孩子，就爬上了拖拉机。宣传员随后也爬了上去，估计那是中队派他押送琴上火车，以免她借故不上车又跑回来。

拖拉机开动了，小永已经和我混熟，突然间要离去，她张着两只小手"爸爸——爸爸——"地大叫着哭了起来。我一向自称是"铁石心肠"，一副铐子把我铐进公安分局、怡和我离婚，包括父亲自杀都没有掉过一滴眼泪，但是听到小永声嘶力竭地哭喊，我怎么也忍不住了，那眼泪就像泉水似的涌了出来。

我回屋收拾东西，发现我们的离婚纪念照原大的、放大的连同底片全都不见了。

琴经此一役，对我再也不存在幻想，回到北京立刻到法院催促判决。不久之后，我还没有把王同竹问题解释清楚，一纸离婚判决书就由邮政局用平邮寄过来了。——更不解的是：外面连个“朝阳区法院”的信封都不用，只用一张薄纸一卷，在寄件人的地方盖一个收发室的便章，就寄来了。

我遵守诺言，每月依旧给琴汇去十五元生活费，但要求她把离婚纪念照和粮票寄回来。可惜的是，我们前面的戏唱得都很和谐，最后的压轴却唱得不怎么样：她不但照片和粮票都不寄，连一封信也没有。

第三个月我发了工资，正好同班有个姓郭的要借我的自行车回北京，我托他把钱带去，并讨一个回话。小郭回来告诉我说：琴托他给我带话，钱以后不用再汇了，她即将结婚，小永她会养大，叫我放心。但是关于照片和粮票的事儿，她却没有提起。

她也许无法想象，我要经受多少天饥饿的熬煎，才能每月省下两三斤粮票来，才能把她欠下的五十多斤粮票还给人家。幸亏杨家增宽宏大量，欠他的二十多斤粮票，一斤也没要我还。

开头我对这件事情很生气，后来设身处地地来了一个“换位思考”，想想她也的确很为难：她一个农村户口的人，根本就拿不到粮票，要她去找五十斤粮票，恐怕比我还要困难呢！只是把“离婚纪念照”连底片带走，却分明是不想让我“纪念”、她自己更不想“纪念”的意思。可是，照片能毁掉，印在心里的历历往事，能够毁掉吗？

十四、如此结局，皆大欢喜

1979年12月，我的原单位国家语委发来一封电报，要我回去落实政策。我到了北京，语委落实政策办公室代表组织宣布我为“错划的右派”，并宣布彻底改正，恢复原级别、原工资。我当了二十多年的“三等公民”，终于又恢复了“一等公民”的身份。

1980年2月—6月，我住在朝阳门内南小街51号国家语委招待所，一面等待安置工作，一面修改我的长篇历史文化小说《括苍山恩仇记》，并协助我的老师、时任国家语委秘书长的倪海曙同志创办《语文现代化》杂志（几乎没人知道，创刊号上有十几篇短文，竟是我一个人写的。当然，用的是不同的笔名）。这期间，我抽空到三间房去了一次，见到了二哥、三哥、五妹和六弟。这时候五妹已经和姓王的离婚，两个孩子都归她抚养，她自己盖起了三间朝南的平房，一个挺大的院子，种满了各种花儿，环境满不错的。可是生活的重负和精神上的磨难，使她原来胖嘟嘟的身材变得消瘦而憔悴，根本就不是从前那个丰满而爽朗的五妹了。在五妹的房间内，我看见一张放大了的“离别纪念”照，不过我的画面已经被剪掉，只剩下琴和小永。

通过张家人的叙述，我知道琴和西四中药店一位姓杨的老店员喜结良缘以后，又有了一个女儿，加上他前妻留下的一个抱来的女儿，再加上小永，一共是姐妹三个，却是三个血统。老丫头则嫁给百货大楼照相机部的一个营业员，搬到城里去住了。

一天下午，我正在招待所内改我的稿子，忽然门上响起了剥啄之声，我喊了声“请进”，没想到进来的居然是琴和五妹。琴进门来以后就大声喊："吴越，咱俩离婚，不赖你也不赖我，咱们赖'四人帮'！"

我急忙招呼她们姐儿俩坐。琴笑嘻嘻的，在这样的场面下重逢，丝毫没有痛苦或悲戚的迹象，性格还像原来那样开朗。

我仔细打量她，比原来胖了，也白了，可见生活过得还算可以。我问她日子过得怎么样，她说："凑合着活呗。"我想起我说过的"跟我离婚，再要找我这样好脾气的人恐怕难"的话来，问她现在这个丈夫对她怎么样。她骄傲地回答说："他呀，脾气比你更好！我们结婚十年了，不但从来没吵过架，脸都没红过一次！"

真是傻人有傻造化，天下的好脾气男人都让她赶上了。

我想起小永在他家的处境，就问继父对小永怎么样。她说："这你就放心吧，他对小永，比他自己的亲生女儿还关心，下班回家，先问的就是小永。"

十年不见，算起来，小永已经十二岁了。我要求她把孩子领来给我看看，她说："这事儿可不好办。第一，小永不知道她还有个亲爸爸；第二，老杨知道了也不好。"我说我可以不以父亲的身份出现，只说是"一个叔叔"，还不行吗？五妹就给我们出主意：下次把小永接到老丫头家，让我以同事的身份到老丫头那里去看她，不就可以了吗？

后来，这一计划果然实现。只是老丫头没有遵守约定，终于忍不住对小永说："傻孩子，这就是你的亲爸爸呀！"这样一来，几乎把小永给搞傻了，她眨巴着眼睛说："唔，我记得小时候家里是有一个戴眼镜儿的……"

我到西四中药店去买药，见过几次老杨，确实是个很善良和气的老头儿。他的善良，可以用一个例子来说明：那年月，子女的户口必须随母亲，不许随父亲。琴是农业户口，因此小永必然只能是农业户口。尽管他是居民户口，他和琴生的女儿，也因为生母是农业户口，而不得不从"母系"报了农业户口。小永职高毕业以后，为了便于找工作，他把自己的户口跟小永对换了——他把居民户口给了小永，自己换成了农业户口，而且让小永当"户主"。至于他的亲生女儿以后怎么办，他当时似乎连考虑都没考虑。这样的好人，在如今这个社会上，似乎也不多见了。

可惜这样的好人，老天爷偏偏不让他多活几年，还不到七十岁，就作古了。他是非正常死亡的，说起来，还是因小永而死：那年冬天刚下过雪，地上挺滑，小永回家晚了还没吃饭，老杨急急忙忙出门去给她买包子，不小心滑了一跤，可能是脑袋着地，当时就不会说话了，送到医院抢救没有成功，也没留下遗嘱，就这样撇下老婆孩子走了。他一个人工作，要养一个老婆三个孩子，生活的不富裕也可以想见。据小永后来告诉我：他下班回家，夜里经常捏着手电筒去捉土鳖，烘干了作为药材卖给药店，一个可以卖三分钱。他是辛辛苦苦地劳碌了一辈子，才养大这三个不同血统的女儿的。当然，他至死也不知道我落实政策回来和他老婆孩子都有来往。不过，我绝对对得起他，跟他老婆没有任何出格的事情——琴每次来看我，都带着五妹，我每次跟小永见面，总是要小永最爱这个把她抚养成人的善良的父亲。

若干年以后，琴又“往前走了一步”，嫁了第三个丈夫。从此，琴就和我失去了联系。关于这个丈夫，我一无所知，只听说是个铁路工人，我也从来没见过，但愿他也和老杨一样有一副好脾气！

小永结婚有了孩子以后，琴就给她们看孩子。如今她和老杨生的女儿也有孩子了，她又给“三闺女”看孩子。她的晚年，虽然谈不上很幸福，但至少还过得下去。老杨在鼓楼前的雨儿胡同有一间半平房，拆迁后给了她30万元补偿，她的晚年，就靠这30万元养老了。

1983年8月，我的长篇历史文化小说《括苍山恩仇记》出版，在王府井新华书店签名售书，两个小时卖了2300套，开创了书店签名售书的最高纪录。由于我这部小说是在清河农场的田埂上写成的，清河农场早先属于河北省，后来属于天津地盘，因此天津市新华书店特地请我到天津去签名售书。原计划在天津待三天，不料仅仅两天时间，就把所进的《括苍山恩仇记》全卖出去了。于是，我利用这一天空闲时间特地到清河农场去走了一趟，除了看望一些老朋友之外，也去拜访了刘指导员。

刘指导员看见我，一副惊奇的模样：“哟，你怎么来了？”我很虔诚地说：“特地来看望老首长啊！”他有些受宠若惊：“什么老首长啊，现在你是我的首长啦！听说你现在很有名，昨天晚上我还在电视里看见你了呢！……我那个大孩子，今年高中毕业了，没考上大学，你门路广，能不能帮我……”

第四章

一场错位的“昏恋”

打仗靠的是“一鼓作气”，时间一长，不免就要“再而衰，三而竭”。

史无前例的“无产阶级文化大革命”，也是一样。1966年开始的时候，全国上下，大小单位，山头林立，文攻武卫，确实也曾经疯狂过一阵子。特别是那些整人的人，飞扬跋扈，唯我独“革”，皮带与棍棒齐飞，唾沫与墨汁共洒，无所不用其极。但是天下没有不散的筵席，曾几何时，“昨嫌乌纱小，今叹罪裙长”，当年整人的人自己也挨了整，也去亲口尝了尝“梨子究竟是什么滋味儿”。大批红卫兵小将们，当年上街“破四旧”、横扫一切“牛鬼蛇神”的时候，多么革命，多么英勇，可是“狡兔”还没死绝，“飞鸟”仍在飞舞，如今他们就已经完成了历史任务，被发配到边远荒凉的地区“接受贫下中农的再教育”去了。面朝黄土背负青天的艰苦生活，当然不如挥舞皮带、拳打脚踢有趣而过瘾。更想不到的是：当年他们曾经那么起劲儿地反过的“四旧”，现在居然一点一点地逐渐全都学会了；他们曾经那么深恶痛绝的“资产阶级生活方式”，现在也深深地爱上了。于是他们逐渐醒悟到：这场轰轰烈烈席卷全国的群众性运动，真正从中得到利益的人，其实并不是他们。然而运动已经成了强弩之末，当年最积极的人，一变而成为最消极的人了。

对我来说，在劳改的二十多年中，开头几年，的确是“相当积极”的。因为送我劳动教养的那天，办公室主任谆谆嘱咐：一定要好好儿劳动，尽快改造好思想，争取在一年或者最多一年半左右回来工作。他连我的办公桌抽屉钥匙都不让我交，可见他不是故意说假话安慰我。但实际情况是：他也没想到，仅仅是“说错了几句话”的小事儿，后果竟这样严重，居然会“关一辈子不放”！

我一直在做着“回去工作”的梦，所以劳动非常积极，真想在劳动中脱胎换骨地改造自己。由于我在劳动教养收容所协助学习组长主持“入所教育”，做得很有成绩，特别是让我去当严管组值班员以后，彻底改变了严管室值班员打人骂人的传统恶习，让好几个“反改造分子”安静下来，不再闹事儿，居然破例地让我在收容所一住就是四个多月。考虑到我“态度端正，表现良好”，公安五处一位姓蔡的副处长亲自下来和我谈话，表扬并肯定了我的成绩。鉴于我的肺部有一个乒乓球大小的结核瘤，不适宜从事强体力劳动，最后决定把我送到病号队去“休养”，这可是人人都想去而去不成的地方啊！

但是我到了清河农场五八五分场病号休养队没几天，就发现这里不是“休养队”而是“等死队”。如果我不赶紧离开这里，非死在这里不可。这种底层的真实情况，估计蔡副处长根本就不知道，还以为这里是劳改队中最好的地方，是对我最好的安置呢。我当机立断，做出了一个惊人的决定——主动申请到生产队去劳动，这可是病号队从来没有过的事情。我除了有肺瘤之外，由于1949年秋季在湖北雨中行军，一个多月裤腿儿从来没干过，走到重庆，就因为关节炎发作而行走困难。这次到了生产队，时值严寒，正是我的关节炎最严重的时候。当时的生产任务是打苇子，定额每人每天一千斤。我用一双破胶鞋绑在膝部，跪在地上爬着打，一天只打了五百斤，队长却表扬了我。后来做土方，我这个从来没有摸过铁锹的书生，居然创造了一天甩方33.3方（合33000公斤）的中队最高纪录，夺得了优胜红旗，连我自己都觉得惊讶。

三年五年没放我，我还怪自己不够积极；十年不放我，我还怪“国内外形势不好”；过了十五年还不放我，而我周围的人，特别是一大批比我年纪大、身体比我更差的“右派”，等不到“解放”的那一天，就撒手走了。

我终于醒悟到：当局其实是要把我们一直关到死，是拿我们当廉价劳动力使用，根本就没有放我们回去工作的意思！

我更醒悟到：对民主自由宪政的不同看法，仅仅通过体力劳动是不可能改变的。何况经过小二十年的反思和否定之否定的结果，我不认为自己在整风座谈会上关于民主自由宪政的发言有什么错误。也就是说：真正错了的，是他，是他们。——后来的“改正”，恰恰证明我的判断一点儿也不错。

这时候，我不能不为自己的“前途”着想了。

我所谓的“前途”，已经不是“等待”当局施恩释放我，回原单位去工作，而是想要凭自己的主观能动性，去“创造”自己的前途。因为前者已经不可能，而后者，则还有可能，甚至很有可能。

具体地说，第一，我不能把一生中的最佳时光都扔在劳改农场。我有自己的“事业”，我的岗位不在这里。我虽然没有什么大学问，却有一肚子“杂碎”，所以我要把它好好儿利用起来，写一部传世的文学作品，留给后人。第二，即便我这一辈子永远离不开劳改农场了，但也不能一辈子住集体宿舍，睡不足一米宽的铺位。我必须创造条件，去找一个老婆，借老婆的光，以求得一间属于自己的小房间，这才有可能在老婆的关怀和掩护之下展现自己，以实现我那“死后而志成”的“伟大计划”。

在“解除劳动教养、摘去右派帽子”之后，看见有家的就业职工扛着“枷”过的苦日子，特别是去了一趟天堂河农场之后，我曾经有过一个坚强的信念：不离开劳改农场，我绝不结婚。1966年8月和琴结婚的前提，也是“已经成了生产建设兵团战士，即将离开劳改农场”。现在，由于发觉自己这一辈子根本就不可能离开劳改农场，于是观念随之改变：看样子，我是只能而且必须在劳改农场娶老婆了。

但是，劳改农场未婚女性极少，“正派”“干净”的女人更少。我到哪里去找一个既不嫌弃我还同情我，又能和我同甘共苦，并且还能帮助我的老婆呢？

一、男女就业，最佳搭配

清河农场有两个女队，一个是女教养队，一个是园林队的“女就业队”，也是女犯和女教养们“恢复自由”以后的最后归宿。

“男就业”的要想结婚，最佳人选莫过于找个“女就业”的，在劳改农场被称为“双就业”，相当于社会上的“双职工”。这有两方面的好处：第一，彼此“肩膀一般高”，身份相同，政治地位相等，经济收入也差不多，不存在高攀或低就的问题。第二，只要在园林队找到一个对象，立刻就可以申请结婚，同时可以申请把女方调到男方所在的分场来，还可以分到一间十几个平方米的带火炕的住房，从此在农场艰苦安家，既不会婚后两地分居，也可以免除在集体宿舍中挤大炕之苦。清河农场不比团河农场，家属院儿里有大量的住房，甭说双方都是“老就”了，就是你从农村带个女人来，也一样分给你住房，都是玻璃门窗，阳光充足，绝不会比落后贫困地区的农村住房差。在“文革”之前，还可以把女方的户口迁进来（这可是农村姑娘向往已久的“北京市居民户口”哇，单是这一条就可以很容易地把一个农村姑娘骗上手），并在农场当一名“合同工”，所干的活儿并不比农村重，工资虽然不高，也有三十几元，比穷困地区的农村男劳力挣得还多呢。

因此，清河农场的光棍儿男“老就”，每每把眼光瞄准了“女就业”队。关于“女就业”队里有几个女光棍儿，新来的“女就业”中有几个是没老公的，“男就业”队中的光棍儿们往往一清二楚。

相对而言，就业女队人数并不多，其中没丈夫的占比例更少。在这样“求过于供”的前提下，“男就业”趋之若鹜，单身“女就业”就成了

“可居的奇货”，身价也就越来越高。稍微年轻漂亮点儿的，甚至仅仅平头整脸的，哪怕犯过大罪、至今仍有恶习的，也自视甚高，挑起老公来，比公主还公主。

“男就业”的想找个“女就业”的做老婆，其实“女就业”的也愿意找个“男就业”的做老公，因为前提是大家都离不开劳改农场。“男就业”的还可以到农村去找一个或骗一个大姑娘或小寡妇，成一个每年回去住几天的家，或者把老婆从农村迁来农场安一个比在农村好得多的家；而“女就业”的几乎无一例外不肯嫁给公社社员做老婆，更何况不论农村还是城里，也几乎没有一个男人愿意在劳改农场娶个老婆却一年只在家里住半个月的。

好在“物以稀为贵”，既然单身“女就业”的在清河农场是“可居”的“奇货”，只要不是太老、太丑，她们选老公的范围，可就比“男就业”的宽得多了。

“女就业”的选老公，第一选有钱的，第二选年轻漂亮的，第三才选有没有学问。因为有钱才能改善生活，年轻才能满足性欲，至于有没有学问，在劳改农场则是次要的甚至是无用的。常常听见队长对就业人员说这样挖苦的话：“就算你会造原子弹，政府不用你，管个屁呀！”

因此，有钱的华侨“男就业”的，就成了“天之骄子”，在女队找老婆也最容易。

1973年，我在清河农场四分场的于家岭西村园林队就业，常常听见一些单身汉们在谈论就业女队中的“最新情报”，诸如现在还有多少个“女就业”人员没老公，都有谁谁谁在追她们，进展如何，谁最有希望，等等。消息之准确，不但像小报记者，简直就和派出所片儿警差不多了。

于家岭四分场西村食堂有个炊事员叫高回，是老一辈翻译家高植（《战争与和平》的汉译者）的儿子。高回生于1945年，当时还不到三十岁，长得一表人才，脸色红润，眼睛大大的，眉毛却不粗。高级知识分子家庭出身，多少也培养了他一些文化气息，耳濡目染，也知道不少文化界的逸闻趣事。在他的同龄人中，他属于颇受人“侧目”的佼佼者。

1966年，二十一岁的高回也参加过红卫兵，而且以红卫兵的身份跑遍了全中国，也以红卫兵的身份犯下了错误或过失，最后被送进了劳动教养所。也有人说他的红卫兵身份根本就是假的，是冒充红卫兵去串联，从而达到“免费旅游”的目的。其实，红卫兵都是“自发”成立的，本无所谓真假。

他的老婆，就是园林队的“女就业”人员，姓季，二十六七的年纪，相貌一般，但是来头挺大：第一，她父亲是老红军，还是个少将；第二，她本人当过“西纠”（红卫兵西城区纠察队）的组织部长，“文革”初期整死过人的；第三，还是个女诗人，善于写诗云云。

不过她被判刑“劳改”，倒不是因为这条人命，而是她高中毕业以后，在某单位担任出纳员期间，挪用公款二百元，和朋友到广州去逛了一趟。回来之后，款项就已经补上了，说起来算是小问题，单位严厉批评了她之后，并不打算处理她，但不适合做财会工作了，只想给她换个岗位。可是她那个老红军的爸爸却不答应，为了教育她，愣是“坚持原则”，主动把她送进了监狱，好在刑期不长，只判了两年。老红军本想以此教育子女，让她记取教训，没想到当时的劳改政策是：凡是三大城市户口的人，只要一进劳改队，就甭想再出去，一辈子都得在劳改单位当“就业人员”。老红军只是个医院的院长，虽然是少将军衔，但也只是有力量把女儿送进劳改队，却没力量把女儿从劳改队中接出去，尽管后悔，可也来不及了。

既然小季知道自己的前途只能在劳改农场当一辈子就业人员，不可能再回到社会上去，就不再摆她的“少将小姐”“西纠部长”的架子，降格以求，最后嫁给了在劳改农场中属于少年英俊又风度翩翩的高回。

不过她婚后没有申请调到四分场来，而是继续在园林队当园林工，只是到了周末，才到四分场来和高回团聚。

自从高回娶了园林队的女职工，他就成了园林女队单身女子情报站的消息灵通人士。凡是想到园林队搞对象的人，只要问一问高回，他就能告诉你一篇八九不离十的权威性情报。

不久，小高就发布了一条最新消息：园林女队又来了一个从劳改女队释放出来的女犯人，名叫金末玉，平时她自己也写作“金默玉”。

金末玉平反以后出任北京市政府参事室参事，已经于2014年5月去世，享年九十六岁。关于她的身世，其实高回知道的并不比我多。我和金末

十七格格金末玉。

肃亲王善耆。

玉混熟了以后，她曾经对我断断续续地说起过她这大半生的经历。2012年8月，红旗出版社出版了我写的《爱在疼痛时》一书，这是一部专门描写劳改农场中“二劳改”们婚姻生活的报告文学，其中“金格格”一章，写的就是一部金末玉小传。由于金末玉在我即将提到的“昏恋”中是个至关重要的人，因此特地从“金格格”这篇文章中摘录一部分作一比较详细的介绍。

金末玉是爱新觉罗家族中最小的一位“郡主”，排行是“十七格格”。她的父亲，就是清末八大亲王之一的肃亲王善耆，是清朝建国元勋八大世袭王室的第一家，是“铁帽子亲王”之一。善耆当年的思想算是比较“开明”的，也曾经有过“中兴清室”的抱负。他一生追求的是开明立宪帝制，但可惜他晚生了若干年，“生不逢时”。1912年，也就是辛亥革命后的第二年，他在日本势力的帮助之下，举家逃到当时是日本租借地的旅顺定居，然后在日本人的支持下积极开展清王朝的复辟活动。

这个末代郡主金末玉，更是“生不逢时”，她没赶上她父亲当“亲王”那个“好时候”。她是在清王朝覆没以后出世的，不但没得到“出身名门”的什么好处，反而因为有这样的出身而受到了牵连。

肃亲王有一个正妃、四个侧妃，一共生有三十八个子女，其中二十一个儿子、十七个女儿。最小的第四个侧妃，生了三个女儿：最大的叫显玗，汉化姓名叫金碧辉；中间一个叫显瑠；最小的一个就是1918年在旅顺出生的金末玉，正式的满族姓名叫爱新觉罗·显琦。

肃亲王投靠日本，到了旅顺之后没多久，就把显玗送给了日本浪人川岛速浪作养女，还给她起了一个日本名字——川岛芳子。

肃亲王的复辟美梦一做就是十年，虽然他已经全力以赴，但是并没有取得什么成绩。到了1922年，只好无可奈何地离开了人世。不到一个月，金末玉的生母也去世了。

金碧辉比金末玉大十二岁，金末玉还没出生，金碧辉就被送到日本去了。所以她们虽然是一母同胞的亲姊妹，却一直没有见过面。直到1927年，改名为川岛芳子的金碧辉在日本经过特务训练以后，奉命回到旅顺来和蒙古巴布查布将军的儿子干珠尔札布结婚，九岁的金末玉才第一次见到这个二十一岁的亲姐姐。

出于金末玉意料之外的是：她的这个姐姐竟剪着短发，穿着男装，有时候还穿着日本军服的马裤马靴，不但像个男人，在家里也趾高气扬，颇为蛮横。

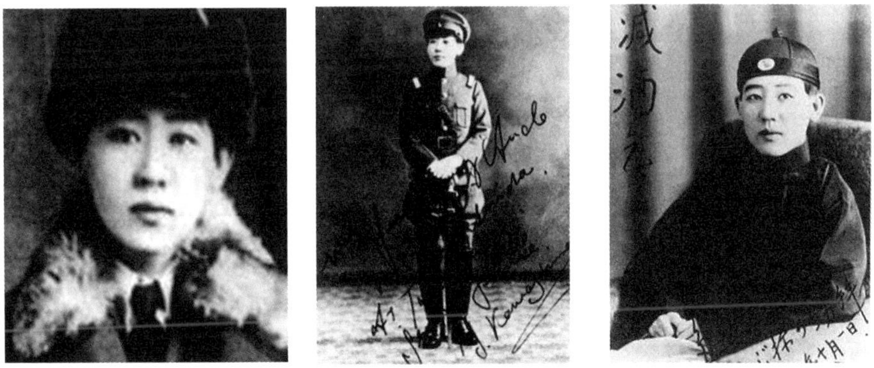

不同装扮的川岛芳子（金碧辉）。

十三岁的金末玉进了日本最有名的贵族学校“学习院”读书，六年之后，又考进了东京女子大学英语系。金末玉正在读大学二年级，珍珠港事件爆发，中国侨民在日本受到排斥，她和大哥及日本嫂嫂只好离开日本经长春回到了北京。

金末玉回国以后，在王府井一家日本人开的公司工作。这时候，已经很有名气的川岛芳子也在北京从事特务活动。她要求金末玉搬到她那里去住，但是长大了的金末玉对这个姐姐的所作所为很不以为然，坚决拒绝。这一下子得罪了姐姐，金碧辉就带着一帮人闯进了金末玉的家里，居然拔出军刀来威逼。金末玉见姐姐如此蛮横，也不买账，理直气壮地顶撞，引得川岛芳子大发雷霆，举起军刀来，先砸了橱柜门窗，接着竟要猛击金末玉，最后还是在大哥的劝说和制止下，方才带领众打手扬长而去。从此姐妹视同陌路，金末玉也没有再见过这个姐姐。直到1945年抗战胜利，川岛芳子在北京监狱被秘密处决引起了舆论的怀疑，金末玉才在报纸上看到姐姐血肉模糊的尸体照片，但却没有流下一滴眼泪。

1948年秋天，解放军即将包围北京，时局紧张起来。她大哥先将日籍妻子送回日本，接着自己也去了香港。已经三十岁的金末玉一直没有结婚，却要负担起一家九口人的生活：大哥的四个孩子、二哥的两个孩子、大哥的老保姆和老保姆的女儿。家里老的老、小的小，都是只会花钱不会挣钱的主儿。

她自己收入不多，为了维持生活，只好一件一件廉价变卖家中的物品。本来就是破落贵族的家庭，渐渐显出萧条的景象来了。

北平“和平解放”以后，金末玉失去了公司的工作。1950年，正在一家人生活无着走投无路的关键时刻，大哥从香港汇来了一笔钱。她用这笔钱在家里开办了一所“益康家庭食堂”，专门经营风味名菜，收入逐渐增多，一家九口的生活方才安定下来。

金末玉爱好书画。一天，她在画店看见一幅著名画家马万里画的水墨荷花，画很有气派，她很是喜欢，就向画店经理打听马万里的情况。画店经理告诉她：马万里妻子和他感情不合，已经离婚，目前住在北京的大女儿家里。

金末玉通过画店经理跟马万里见了面，两人谈得颇为投机。随着见面的机会增多，两人的感情日见融洽，金末玉就盛情邀请马万里住到她家里，给他布置了一间颇为像样的画室。不久两人就宣布结婚，马万里从此成为她家的第十个成员。

1956年6月，金末玉把饭店关了，考进了北京编译社，在日文组当

少女时代的金末玉。

中年时代的金末玉。

画家马万里。

翻译。

这一年秋天，北京西直门外的苏联展览馆（今北京展览馆）举办了首届日本商品展览会，金末玉奉命当翻译，接触了许多日本人。当时“肃反”运动刚刚结束，人们对外国人十分敏感，她被社里的“积极分子”们当作“里通外国分子”注意上了。到了1957年的整风运动中，揭发她的材料越来越多，她终于无法逃脱厄运。到了1958年2月1日那天，她刚下班回家不久，一辆囚车开到她家门前停下，一下子下来十几名警察涌进她家，其中一人拿出逮捕证向她晃了晃，说声：“金末玉，你被捕了！”一副铐子，就铐上了她的双手。

囚车开出她家的胡同，透过囚车后面的小铁窗，她看见丈夫带着一群号啕大哭的孩子正在大门口目送她远去。

逮捕她的理由，不是“右派”，而是“叛国”，这当然是莫须有的。中国大陆经过“肃反”和“反右”两次政治运动的锻炼，培养出一批政治嗅觉特别敏锐的“积极分子”来，他们只要随便一分析，就能够把一个忠心耿耿的爱国者分析成卖国贼，何况金末玉是个平时言语不太谨慎的人呢！

不过案件到了法院，倒是相当“慎重”的。一拖拖了六年，直到1964年，正在看守所劳动的金末玉忽然被叫到了办公室，一个看守“代表政府”庄严地向她宣告：“经过审查，现在决定判处你有期徒刑十五年。……”

事后她才知道：“文革”期间，马万里也没有幸免于难，最后还是因为他“是大特务川岛芳子的妹夫”而被迫害致死了。

十五年的监狱生活不好过，也终于熬过来了。1973年，五十五岁的金末玉终于服满了十五年有期徒刑，被送到清河农场就业女队来开始那没有期限的“二劳改”生涯。

十五年的铁窗生涯，她落下了关节炎、腰痛、痔疮等许多病。颠沛流离加上劳改度过了大半生，本来希望劳改释放以后可以好好儿过几天安生的日子，好好儿治一下病，没有想到的是：过去的十五年，是有期徒刑；接着而来的，是变相的无期徒刑——“终身就业”，意味着要永远在劳改农场继续“改造”，意味着“要把这牢底坐穿”。每每一念及此，她就不由得浑身哆嗦。

尽管她是就业女队中年纪最大的一个“单身女子”，但却是出身最高贵、最有学问的一个。有道是“入境随俗”，既然来到了就业队，也知道“女就业”的唯一能够改善生活面貌的方法，就是嫁一个“男就业”人员，求得有一间小小的房间，算是自己的“小天地”。星期假日，丈夫可以出去打柴火或捕鱼摸虾，自己可以在家里包饺子、擀面条，改善改善生活，也能得到一丝儿家庭的幸福，叙一叙最低水平的天伦之乐。

于是，这个精通英语、日语的女学士，只好决定降低条件，打算嫁人，而且只求嫁一个劳改释放的“二劳改”。

金末玉想结婚的消息，当然是高回的新媳妇儿小季带来的。高回和我谈起此事，特别提起这个人不但来头大，而且有学问，年纪虽然大了点儿，不过相貌风度，也都还可以，问我有没有兴趣。我一算年龄，她1918年出生，到1973年已经五十五岁了，而我却只有四十一岁。尽管我有胆量敢娶一个比我大五岁的大姐姐，却实在没那胆量去娶一个比我大十四岁的老姐姐。

二、末代郡主，降格以求

金末玉年龄比我大那么多，虽然我觉得自己不适合做她的丈夫，但是对她那坎坷的身世却很同情，特别是她有那么高的学历和知识，如今屈居在劳改农场种葡萄，凭体力劳动吃饭，所以我很愿意替她找到一个对她“最适合”的男人。

我数遍了我所认识的五十五岁以上的“老就”，学历相当的，的确一个也没有，年龄、相貌相当的，似乎只有一个人：施有为。

这个施有为，上海市人，新中国成立前一直在上海当水上警察。二十世纪五十年代中期，他和几个朋友来北京出差或旅游，在前门外的一家饭店吃饭，饭后一算账，大概相差十几元钱，可谁的身上都没钱了。服务员说他们存心诈骗，他光火起来，摘下手表往桌子上一拍，说声：“不就十几元钱的事儿吗？我这手表是一百多元钱买的，押在你这里，明天我拿钱来取。还不行吗？”

按说，这应该是可行的，关键就在于他说话的态度，不是商量、恳求的语调，而是气愤的语调。服务员听了不但不买账，而是把警察给叫了来。到了派出所，他还是态度强横，不肯认错。如果警察善于调解，让他把手表押在那里，过后拿钱来取也就完了；偏偏那个警察也是个爱生事儿而不是爱“息事宁人”的主儿，竟抓住他的“态度”不放，于是小事酿成了大事，最后以“无理取闹”罪给判了“劳役半年”的处分。

于是，他这个户口和工作原来都在上海的人，因为到北京来旅游，因为跟服务员吵了一架，因为被爱生事的警察判了个“无理取闹”服了半年劳役，因为赶上了“肃反”运动，因为当过水上警察，因为被单位除名，因为……因为……从此就变成有了正式北京户口的北京人了。

他在劳役改造部门干了几年之后，国家取消了劳役改造，他就被合并到清河农场来。十几年时间中，他学会了水稻栽种技术，当上了中队技术员，是全中队唯一的一个五级工，工资有五十多元，比劳改警察衔儿的“小队长”还高，而且也算是个“土专家”了。

十几年来，施有为从来没考虑过娶媳妇儿的事情。我给他一介绍金末玉的情况，他立刻表示愿意，怕只怕人家是个日本留学生，而他仅仅是个初中毕业生，而且还当过旧警察，很可能人家会不乐意。

这也是我唯一感到两人不相配的地方。但是彼一时此一时，有多少学问高深的“右派”和“反革命”分子劳改以后当了“老就”，娶的还不是大字不识几个的农村姑娘？客观因素先不管他，我让高回把施有为的情况介绍给金末玉，请她考虑是否可以大家见上一面。

高回把信息传了过去，金末玉别无选择，表示可以先见见。于是在一个休息日，我和施有为在高回的带领下来到了就业女队。

金末玉见了施有为，他是个什么样的文化层次，用不着多说，只要一开口，就完全明白了。

临走的时候，我悄悄儿问金末玉对老施的意见如何，她也不隐瞒自己的看法，直说“如果他有你这点儿文化水平就好了”。

我知道这事情不是一句话就能够解释得通、说服得了的。回到于家岭分场以后，我花了整整一个夜晚的时间，给金末玉写了一封六张16开大的办公纸的长信，足有五六千字。我从婚姻的基础谈起，说到在不同社会、不同环境中处理婚姻大事的准则，最后归结为：首先，从目前情况看，大前提是，大家都不可能离开劳改队，如果考虑婚姻问题，最好是在就业人员中选择。其次，你现在所要选择的丈夫，既不是陪你出席外交使节的宴会，也不是帮你完成某一项研究或著作，而是在劳改的坎坷旅途上一起跋涉。所以，互相帮助、相濡以沫就是在劳改队找丈夫的主要标准，而从这个角度看问题，施有为正是最佳人选，如果你强调文化水平、共同语言和更高层次的思想共鸣等，那是既不可能，也不现实的。

经过我这封长信的启发，或者说事实上金末玉也不可能在劳改队找到比施有为更好的丈夫了，终于不得已而求其次，无可奈何地点了头。

下面的事情虽然热闹，说起来却简单，这一对儿超大龄新婚夫妇的婚礼，终于在大家热情的张罗和帮助之下，在于家岭分场举行了。

婚后不久，施有为调到了离就业女队不远的教养大队去了，在大门口当一名看大门的值班员。老两口儿闲来无事，养几只鸡、养几只鸭，过的是清静的田园生活。家里的活儿，大大小小、里里外外，全都由施有为一手包干，几乎不用金末玉动一指头。大家都说：这一对儿，取长补短，那才真叫最佳拍档呢!

三、郡主为我，穿针引线

施有为是清河农场建场之初的“元勋”，在农场称为“老河底”。他的老朋友特别多，和他关系最好的是老陈。施有为结婚以前，这陈家就和他自己家一样；陈家的孩子，也像老施自己的孩子一样。老施结婚之后，和陈家仍保持密切来往，何况老施仓促安家，连锅碗瓢盆都没有，星期假日要改善一下生活，也还是到朋友家方便。我因为是老施的媒人，不但老施的新家我常去，连带着他的老朋友家，也经常带着我去。一来二往的，我和老陈的家人，也逐渐熟识起来。

老陈是个木匠，上海人。因为和我、施有为都是同乡，来往得就更加亲密。抗战期间，老陈为了逃避兵役，在家乡当过几年忠义救国军，当年也说是“抗日的队伍”。新中国成立以后，他不过是个小兵，却也按“历史反革命罪”判了五年刑，而且释放以后从此永远留在劳改农场了。他学过木工，就在劳改农场当个木匠，反正这里也不做什么细巧的家具，能对付就行。他的老婆，是他劳改释放以后从老家带来的，也是上海人，比他小很多，甚至连丈母娘都比他小好几岁。他老婆给他生了“五朵金花”，最大的姑娘是老陈劳改以前生的，都二十一岁了，下面四个妹妹，都是老陈劳改释放以后生的，老二就比大姐姐小五六岁，最小的一个，刚上小学一年级。这个大丫头，因为下面要说她和我怎么“发昏”的故事，又不便于暴露她的真名实姓，因为她属龙，本应该叫她“阿龙”的，可是太不像个姑娘的名字了，和“龙”相对的是“凤”，那就叫她“小凤”吧。这个小凤，说起来算是初中已经毕业，因为是在“文革”期间毕业的，学校里根本就不上课，所以实际上连小学毕业的水平都没有。她父母都要上班，下面还有四个妹妹，所以她初中毕业以后，也没工作，就在家里管家务，每天就是洗衣服、做饭。家里当然不宽裕，几件简单的家具，也是老木匠自己做的，都是最简陋的款式，却被她收拾得干干净净。

小凤姿色平平，不过并不难看，所谓“十七十八无丑女”嘛。她脸色红润，身材匀称，特别是一双眼睛，明亮而有神，即便是不会说话，至少也是“滴溜乱转”，一副聪明相，让人一见就有好感。她拿施有为当干爹看待，我去了，她就叫我叔叔，“先天”地带有三分亲热。

1974年春节，老陈邀请我和老施两口子到他家过年。在吃饭聊天中，说起金末玉文化高，又说我的文化也不低。老木匠不由得感叹：现在的中学生，吃饱了只知道打打闹闹，根本就不读书，像他的大闺女，说起来初中已经毕业了，居然连封信也写不明白。他也感叹自己没文化，无法辅导她。金末玉似乎懂得了他的意思，就说她在园林队上班，离四分场实在太远，不能来给小凤辅导功课，于是就郑重推荐我来给他大闺女当家庭教师。老木匠求之不得，并说：反正她也不想上高中了，不用补习初中的中英文、数理化，只要求她能把信写通顺，没有错别字，就可以了。

这样的任务不算重，我常来陈家“蹭饭吃”，像这样小小的要求，也不能推托。何况那姑娘其实挺聪明的，是个点头知尾的人，对我也很亲热，到了她家，有一种到了自己家的感觉。

我接受了这一任务之后，想出了一个独特的教学方法：你不是要学会写信吗？那好，你就每天给我写一封信，把你这一天来的所作所为、所盼所想都写信告诉我，这就算是她的作业。我每天都抽时间到她家去，给她改错别字，纠正不妥的语法和用词，告诉她怎样分段落，怎么用最简练的文字说清楚一件事情。不会写的字，暂时空着，等我去给她填上，然后记住。

当时我的工作是管理八十多亩稻田。管理稻田的人，一人一个责任区，离居住区很远，四周也没有别人，都是单独行动的，也不用按作息时间出、收工，但是夜间的“政治学习”却必须参加。因此，我经常把中午饭带到田头去吃，中午不休息，而下午则提前一个多小时收工。我就用这一个多小时，到她家里，去给她上语文课。

这一个多小时，当然只有我们两个人单独相处。时间一长，除了说说语文常识和改正错别字之外，往往也会说一些与功课无关的“题外的话”。孤男寡女，一个妻离子散，孤独而极需异性安慰；一个情窦初开，也有点儿跃跃欲试。何况在劳改农场那个环境中，说一句自夸的话：有我那样仪表和谈吐的人也不是很多。每天见面，又没外人，耳鬓厮磨，互相之间逐渐有了好感，一种超出师生之外的感情就不知不觉地产生了。

在闲谈中，她首先说自己既没文化，又是就业人员的女儿，户口虽然算是北京市的，但是没有特殊的关系，也迁不走。唯一的出路，就是在农场当个工人，找一个门当户对的就业人员子弟结婚，然后生孩子管家务，比一般农村姑娘强不到哪里去。我问她对婚姻有没有什么理想和追求，她说：有本事的、有门路的，或者长得特别漂亮的，还能在北京市内找个对象离开清河农场，去北京当个工人或者售货员什么的。她是什么门路也没有，既没文化，又没本事，也不漂亮，看样子，只能在农场过这一辈子了。如果还有什么盼望，那就是希望有一个真心实意爱她的男人，不嫌她文化低，不嫌她长得丑，这就满足了。

她说的，其实都是大实话，客观情况明摆着。她能够有自知之明，不好高骛远，不作非分之想，应该说还是明智的。

不能说我一到陈家，就看上这个姑娘、爱上这个姑娘了，不管怎么说我比她大二十一岁，是她的叔叔辈儿，差着辈分儿呢。当时的情况，也仅仅是从相识到相知，即便已经很亲热了，也还没到相爱的程度。

清河农场不像团河农场、天堂河农场那样，要两个星期休息一次，这里是逢周日就休息。当时施有为刚刚安家，小凤是每逢周日就到施家去帮他干一些家务活儿。我呢，也几乎是每个星期天都要到施家去，而且不是我先到，就是小凤先到。这种周期性的“偶然相逢”，金末玉首先觉察到有些“不正常”了。她问我：“你们是不是约好了时间一起来的呀？”我说：“不是，是偶然，是凑巧。”她当然不相信，还打趣地说：“你们一天见面一小时，还不够吗？还想在我这里待一整天？”我也不讳言，在劳改农场一待就是十几年，生活枯燥而刻板，周日到她那里去，是分享一点儿家庭的温馨和乐趣。她一语道破：“因为小凤每个星期天都来我这里，你才跟着来的吧？”我笑笑，不置可否，因为真实的情况是：我们彼此之间，都已经有那么一点儿意思了，只是碍于“辈分儿”，找不到突破点。

我当时的想法是：既然我有了在劳改农场结婚的打算，而女就业人员中我又没有可以物色的对象，那么剩下的，就只能从就业人员的女儿中挑选了。清河农场带家属的就业人员倒是不少，但是已经成年、没有结婚、还没对象的姑娘却不多。在于家岭西村，小凤就算是年龄最大的还没对象的姑娘了。她虽然文化水平不高，却总算是个干干净净的姑娘，没有任何不良历史。从目前相处的经历来看，她虽然和我很亲热，甚至还很崇拜，我说什么她都听，可以说还是一张白纸，可塑性很强，我也觉得自己有信心能把她按照我的意志加以塑造。再说，她的母亲，就比父亲小二十多岁。从这样的家庭中出来，我想她也不会觉得自己嫁一个年龄大一些的男人是不可思议的事情。

金末玉已经看出我们两人之间有了“私情”，她不但不反对，还尽力玉成，主动约请我们两个“下个星期日”如何如何，尽量给我们创造“在一起”的条件。她似有意似无意地说起了她的少女时代，就曾经悄悄儿地爱上了她的家庭教师，只是当时她胆子小，没敢把藏在心底的情爱向他透露，以致人家根本就不知道。

她这样明白的暗示，小凤是个很聪明的姑娘，她心里能不明白?

四、缠绵情诗，用来求爱

客观条件其实已经相当成熟了，难的是我怎样去捅破这层窗户纸，怎样向她表达我对她的爱。她是个大姑娘，爱只能表现在眉梢眼角上、言谈话语中，总不能要求她先开口对我赤裸裸地、火辣辣地表示吧?

我决定发挥我的所长，用情诗去打动她。

我忐忑不安地用诗歌向她表示了爱意，效果在我的意料之中：她连一点儿拒绝的意思都没有，因为有了激情，她默默地接受了，欣然地接受了，甚至可以说是高高兴兴地接受了。从她的表情上看，她突然接到生平第一首求爱的情诗，脸上洋溢的是一半儿羞涩一半儿幸福。她的态度似乎还很坚决，连一点儿顾虑都没有。

写诗是需要激情的，激情来临，诗句自然而然会涌上心头，想按都按不住。在那一段“昏恋”时间中，因为有了激情，我自从给了她第一首情诗而她“欣然接受”之后，几乎每天都要给她写一首诗，前后一共写有五十多首。其中多数诗她能够看懂；有不懂的，经过我的解释，她也能理解。

在此之前，我虽然和怡姐姐结婚了，却没有经过恋爱这一阶段。在怡姐姐之前，虽然和李萍有过一年的“初恋”，却完全是“纸上谈兵”，不管信写得怎么热情洋溢，实际上连一次握手的机会都没有过，根本就没有实打实地体会过恋爱的感觉，所以也没有产生激情、产生情诗。不像这一次，两个人天天有机会关在房间里面对面说说笑笑，感情从淡到浓、从浅到深、从自发到真挚、从温情到激情。

短短的两三个月时间中，我经历了人生中的第二次恋爱、第一次“实爱”。这次恋爱，虽然时间短暂，却热情高涨，是一种火辣辣的激情在燃烧，也可以说，是两个人都“发昏”了。

最后，在她父母的反对下，在世俗的干预下，她经受不了家庭和舆论两方面的压力，不得不和我断了。

李萍给我的信在“肃反”中被抄，我一气之下全烧了；我写给小凤的诗，一共有五十多首，底稿却全部都保留着。事后我把它编成了一本诗集，起了个名字叫《我们这里没有爱情》，并把它翻译成了世界语，书名就叫“Che Ni Ne Estas Amo”。

唯一遗憾的是：她的那点儿语文水平，只能勉强看懂我的诗，却连最简单的顺口溜也写不出来。我写给她的诗文，有去无回，是半导体，是单向导电。

春风带来的烦恼

春天的微风摇曳着窗外的树枝，
无端的烦恼袭击我一次又一次，
藏在心里的爱情最难用言语表达，
何况我爱上的人儿还是个孩子。

我把我的烦恼凝成一首小诗，
语言无能为力，只能借重文字；
短短的几行文字怎能吐露爱情于万一？
只不过用它来表明我的一片痴心万种相思。

春天的晨星

我诅咒过夏天的赤日炎炎，
我埋怨过冬令的长夜漫漫，
我诅咒烈日的残酷暴虐，
我埋怨寒夜的寂寞孤单。

有一颗春天的晨星出现在遥远的天边，

一闪一闪向我频频眨眼，
你预告光明和温暖即将到来，
你预告黑暗和寒冷即将离开人间。

我赞美晨星的无比勇敢，
你替我们赶走了寒冷和黑暗，
虽然你本身不发热和光，
但你却能够给我带来内心的温暖。

我赞美晨星的气宇非凡，
你既不是太阳的仆从也不是月亮的旅伴，
当群星都在黎明中脱去光辉的外衣，
独有你依然昂首挺立迎着朝阳而站！

谁在拨动我的心弦?

我仿佛听见有人在敲我那心中的房门，
一时间分不清这声音是假是真。
在绝境中哪会有人来拨动我的心弦?
哦，这敲门的准是我那被锁在心中的灵魂。

敲门声为什么一阵紧似一阵?
弄得我也觉得稀奇纳闷儿；
等到我钻到心里去看个分晓，
没想到却是我那漂泊多年久不还乡心中的爱人！

死水狂澜

静止的水动荡起来就是波涛，
静止的心动荡起来就是烦恼，
是谁在我恬静的心中投下了一块巨石?

激起这死水狂澜心潮如海潮！

只有最勇敢的人才敢进入深山，
只有最亲爱的人才能进入心间，
是谁在我的心房外面频频敲门，
引起我心乱如麻坐立总不安？

这是我最初写给她的几首诗，是用来试探她的态度的。小姑娘虽然文化不高，这样明白如话的粗浅诗文，她倒是完全能理解。她看了我写给她的诗，脸上洋溢着幸福的笑，半带羞涩地说：在这个世界上，我是她最尊敬的人，所以她一定要做我最知心的人。我有什么烦恼，都可以向她倾诉，她也一定会用她的全部力量，来解除我的烦恼。

咱们的距离

我把你比作天上银色的月亮，
而我只是地上一口幽暗的池塘；
明明你已经印在我的心中，
可在你我之间，还隔着无际太空云海茫茫。

我把你比作天上明亮的星星，
而我只是地上一口深沉的古井；
明明你已经住在我的心中，
可在你我之间，还有那么遥远的一段路程！

这是在她表示接受我的爱以后，我对她的进一步表示。我说出了我的担忧，看到了我和她之间的阻力。

自 投 情 网

你是一只多情的蜘蛛，

我是一只失群的蚍蜉，
我要去追赶我的蚁王，
你却用情网拦住了我的去路。

不怕你把情丝牵到天上，
我还是要追求我的理想，
为了寻找我失去的幸福，
我奋不顾身自投情网。

这是在她表示我和她之间不会有什么阻力之后，我给她的答复。至于诗中的“蚍蜉”，她倒是知道“蚍蜉撼大树，可笑不自量”，却不知道究竟是什么动物，要我给她详细解释。我给她详细解释之后，她笑着说：“懂了，懂了。”我情不自禁地把她拥进怀里来，第一次轻轻地吻了她。

多情的眼睛

我爱你那两只会说话的眼睛，
一闪一闪像是秋天夜空的星星。
从你的眼睛中我看到了一汪清水，
波光闪闪比秋天的溪水还清；
从你的眼睛中我看到了一对宝珠，
玲珑剔透比荷叶上的露珠还晶莹。
当我第一次离开你的身旁向你告别，
是你用闪亮的眼睛吐露出心中的热情；
当我第一次亲你的小手吻你的脸颊，
是你用深情的眼睛表达出心田的温馨。
就是这两只乌黑的眼睛点燃了我心中的爱火，
就是这两只明亮的眼睛驱散了我心中的阴影。
有谁知道这是不是眼睛的罪恶，

有谁知道这算不算罪恶的眼睛？

人们常说“情人眼里出西施”，对自己所爱的人会有一种“什么都好”的感觉。小凤不是什么美女，她两颊瘦削，脸型一点儿也不美，嘴巴虽然不大，上唇却有点儿向上翘，北京话叫作“小拱嘴”。不过两只眼睛滴溜乱转，特有神，说它“会说话”绝不为过。她也很善于发挥所长，经常噘着嘴不和我说话，却用火辣辣的眼神传递她心中的爱火。恋爱中的情人都愿意赞美自己的所爱，我当然也不例外。

黑夜里送情人

时间是夜阑人静，
周围是冷冷清清，
就在这漆黑的夜里，
恍惚惚一双人影。

手拉着手儿肩靠着肩，
为啥脚步这样慢？
送你到家路不远，
怕你到家嫌路短。

直线不走走曲线，
大路不走穿庭院，
阵阵春风风送暖，
绵绵情话话不断。

走时爱抚站时吻，
不知不觉到家门，
刚要回头又止步，
难别难舍难离分。

我歌唱黑暗

除了夜间行窃的小偷，
人们总是把黑暗诅咒，
它在大地上蒙上了一层黑幕，
让我们分不清好坏美丑。

今天我却要为黑夜歌唱，
我看见花儿悄悄儿地在你的怀抱中开放，
爱花儿的人们都不知道这个秘密，
却把功劳归之于白天的阳光。

这是我们之间的爱情突飞猛进之后，白天在她家里的见面已经不能满足，我们开始悄悄儿在夜间约会了，相会的地点就在村外大堤的斜坡上。这里四野空旷，没有一个人会来打搅，完全是我们两个人的天地。黑夜的朦胧，可以让爱的表达更加如意、更加深沉，也更加大胆，甚至更加放肆。

又红又酸的海棠果

亲爱的你不要向我投来迷人的眼波，
你不要，不要让我闯进你心窝；
在这场梦幻一样的柔情蜜爱里，
我分不清你给我的是安慰还是折磨。

亲爱的你不要把整个心儿都给我，
你不要，不要把深情热吻给得我太多；
在这场闪电一样的奇情异爱里，
我分不清你给我的是幸福还是灾祸。

亲爱的你不要对我热情似火，
你不要，不要把知心话儿全对我说；
虽然你把心儿肝儿肉儿全都给我我也嫌不够，
却又怕得到的越多失去的也越多。

亲爱的你不要替我安排美好的生活，
你不要，不要准备美酒佳馔为我把饭做；
虽然你把爱园里的蜜果全都给我我也嫌不够，
却又怕你给我的全是又红又酸的海棠果！

吻（小令儿：一半儿）

静悄悄窗外无人，
拦腰儿搂住亲吻，
轻相拒躲不开身，
却含笑把我嗔，
　　一半儿推辞一半儿肯。

口索舌难解难分，
猛可里有人推门，
没想到是你父亲，
险些儿掉了魂，
　　一半儿害羞一半儿愠。

热恋中的男女，刚见面、将分别，或者在热情如火的时候，一个接一个的热吻是经常要演出的，这是谁也难免的，甚至是无法控制自己的。

我们之间的亲热，当然是躲着人的，在人前还必须装得一本正经，但是一颦一笑、一个眼神，旁观者还是能够觉察得到。我有时候在陈家吃饭，小凤不但总是挨着我坐，而且总把最好吃的菜不断地往我的碗里搛，尤其言谈话语间那种亲热的语气，分明已经超过学生对老师的分寸了。老木匠看在眼里，却没说话。他知道我每天下午四点钟左右到他家给小凤补习功课，五点钟我走之后，小凤才开始做晚饭。就在一天下午的四点半左右，老木匠突然回家来，当然也可能是偶然的。当时我们两个正搂着接吻呢，听见外屋房门响，我们赶紧分开，但是来不及了，尽管他没看到我们相互搂着亲吻的场面，可是写在我们脸上的那副尴尬神态，肯定被他看了个一清二楚。

第二天，我依然按时到陈家去，小凤却一脸凝重地通知我：叫我以后不要再去她家了。她父亲已经觉察到我们之间的秘密，而且态度很明朗：不同意这门婚事。他很干脆地说出了自己的意思：女儿虽然不成才，但绝不能再嫁给就业人员，不能一辈子也离不开劳改农场；何况身份、地位之外，年龄也不相配。我原本以为，她的母亲是会支持我们的，没想到她的态度更坚决。她现身说法：悄悄儿跟小凤说了许多男女双方年龄差距太大的坏处。小凤对我表示：事情到了这一步，她也无可奈何，口口声声只埋怨我办事过于张扬、不知道收敛，没等她在父母亲面前把工作做通，就过早地暴露了。她说她没有“三节”那样的胆量，不敢和父母闹翻。现在剩下的最后一条路，只能请老施两口子慢慢儿去做父母的工作了。

她所说的“三节”，是村子里的一个姑娘，年龄比她还小，不过也已经满十八周岁。因为是三八节那天生的，父母给她取了个怪名字叫“三节”。她爱上了我们中队一个姓康的就业人员。这个人思想极左，曾经在《红旗》杂志上发过一篇大批判文章，因此在整个农场都很出名，给他起了个外号叫“康马列”。他对政治气候非常敏感，懂得紧跟形势，也最善于整人。领导利用他的这一积极性，让他长期担任全分场的严管组组长。不过他却很“文明”，从来不打人骂人，也不设体罚私刑，而是苦口婆心，说服教育，当然口口声声都是“马列主义”教条和大帽子。他的年龄比我还大，“三节”的父母坚决不同意。她就和父母决裂，公然抱着被褥搬到康马列的宿舍里去住。有“康马列”给她出主意，她当然不会“违反政策”。她没和康马列睡同一条炕，而是在炕下支起一块铺板来一个人单独睡。另外，康马列睡的炕上还有一个男人，她也不怕，还说这样更好，更能证明她的清白。此事轰动了全村，因为双方都年满十八岁，又都是单身，外人无法干预。队长找她谈话，她还振振有词地说是她父母干涉子女婚姻自由，她这是坚决反抗。队长也没有办法，只能用好言好语劝她先离开“男宿舍”。

从此，我只能在星期天和小凤一起到施有为家里去见面，并请他帮忙了。对于此事，金末玉本来就是支持的，但是施有为却表示反对，至少是不支持。反对或不支持的理由，首先是辈分儿错位，年龄差距太大，说是目前看起来似乎没什么大关系，他日一定会后悔的；其次，因为我是他带到陈家去的，出了这种“不光彩”的事情，他已经被埋怨了，再要他去当说客，他也不好向老朋友开口。他的态度是：作为男子汉，要我“大包大揽”，把一切责任都揽到自己身上，把小凤“择开”。

爱情的天气

在爱情的花园里天气变化无常，
说不准在什么时候会出现雨露冰霜。
刚才你还是满面春风歌声多嘹亮，
为什么忽然间雷霆闪电大海翻波浪？
昨天是热情似火火光高万丈，
为什么今天滴水成冰气温又下降？
前几天赤日炎炎万里无云多晴朗，
为什么这几天连日阴雨不见太阳光？
你脸上的愁云迷雾叫我难猜想，
你眼角的雨后残珠叫我怎思量？
恨只恨我不是神机妙算诸葛亮，
借一阵东风把满天乌云都吹光。

这首诗是老木匠不许我登门以后写的，趁小凤到井台上洗衣服的时候递给她。于家岭西村当时只有一个公用的自来水龙头，家家户户都要到这里来挑水、洗衣服。小凤告诉我她每天上井台洗衣服的时间，当时还没人知道我和她之间的关系，所以趁井台上没人说几句话或递给她一张纸条儿，还是做得到的。

又欠一笔账（小令儿：乱弹）

眼睁睁一夜想到大天亮，
泪涟涟心潮起伏翻波浪，
眼前事风云突变教我心儿凉。
看起来：东也一堵墙，西也一堵墙，
怎能够驱散云雾重返天台温柔乡？

一声声怨言愤语耳边响，
影绰绰往事映在心幕上，
儿女情历历在目一桩又一桩。
风月债：已欠一笔账，又欠一笔账，
真好像春蚕吐丝自己做茧自己绑。

恨不得剖开心儿（小令儿：乱弹）

虽未曾与你同衾共罗帐，
却把你半点朱唇恣意尝，
惹得我肝不搭肺揪心扯肚肠。
真的是：日也把你想，夜也把你想，
恨不得剖开心儿把你搁在心坎儿上。

虽不能与你双双入洞房，
却也曾山盟海誓许情郎，
只怕你意志不坚难拗爹和娘。
心里话：长也对你讲，短也对你讲，
恨不得剖开心儿让你看个透心亮！

虽未见露滴花下牡丹开，
却已是软玉温香抱满怀，

招来了流言蜚语父母也疑猜。
嗔着我：这也不应该，那也不应该，
恨不得剖开心儿让你自己看明白。

并没有泄露春光天台外，
为什么阴差阳错把我怪？
只见你满心窝火噘嘴不理睬。
数落着：横也是我坏，竖也是我坏，
恨不得剖开心儿叫你看看该不该！

情海风暴（沁园春）

情海风云，千顷巨浪，万顷波涛。
驾扁舟一叶，出海渔猎，帆染彩霞，撒网捕捞。
小船颠簸，乘风破浪，渔歌高唱入云霄。
未返棹，已鱼虾满舱，活蹦乱跳。

平地忽起风暴，刮满天愁云压人腰。
且舵裂橹折，网撕帆破，方向难辨，几乎触礁。
一场辛劳，半点指望，满船汗血海底抛。
归去兮，要扬帆举网，且等明朝。

那一段时间，我依旧每天写一首诗，趁下午四点多钟小凤去井台洗衣服的时候悄悄儿递给她。但是井台上终究人多眼杂，这个秘密不久就被老木匠发现了，或者是有人向他“告密”了。他一生气一方面把女儿关在家里不许她出门，一方面到中队部找指导员告状，还说已经有人给她女儿介绍对象了，我这是“第三者插足”，要指导员处理我。

由于双方都是未婚的身份，谈情说爱并不违法，老木匠也说不出我有什么出格的行为，所以连“违纪”也算不上。我们中队的指导员个子不高，办事雷厉风行，说话直来直去，既不顾影响也不计后果，基本上是个没脑子的粗人，所以人送外号叫“台风”。他没办法处理我，也不找我个别谈话问问前后经过，就在一次全中队的大会上点名公开批评，还说我是“癞蛤蟆想吃天鹅肉”。这件事情本来是没有“外人”知道的，老木匠这一告状，加上“台风”指导员做工作不懂得方式方法，把不应该公开的事情公开了。这一来，我的“绯闻”在全村传得沸沸扬扬，变成人人都知道的新闻了，多数人都把这件事情看成是我“乱搞男女关系”，谴责我“不安好心”，竟去勾搭朋友的女儿。我是无法分辩，也不想分辩。

老木匠也没想到“台风”指导员会用这样的方法“处理”我，弄得他也很恼火。

从此我再也没有机会和小凤单独见面了，不过“情诗”照写不误。下面这两首是我托金末玉转交给她的，算是我给她的最后“绝唱”。这以后的诗，虽然还写了不少，却都是我的感慨，无法也没必要交给她了。

爱情和痛苦

爱情和我走了个面对面，
手里端着“幸福”的灯盏，
在那昏暗的一线微光中，
我看见的却是你那“痛苦”的脸。

爱情向我迎面扑来，
手里端着“愉快”的灯台，
在那微弱的一线光亮中，
我看见你的脸色怎么这样苍白?

爱情悄悄儿地走进我的房门，
我以为你正是我想望中的爱人，
我要求你安慰我心中的创伤，
你却叫你的“痛苦”和我亲吻。

爱情默默地离开了我的身边，
我倒反而睡得又香又甜，
我盼望你长住在我的心中，
却又怕你老带着“痛苦”这个丫环。

我的心愿

我曾经爱过你，
　　聪明的姑娘！
尚未熄灭的爱火，
　　也许还在燃烧着我的胸膛。
我偷偷地爱过你，
　　默默无言，不声不响；
只在相遇和临别的片刻，
　　匆匆地交换着闪电一样的目光。
我倾心地爱过你，
　　热情奔放，如痴如狂；
每逢你我单独相处，
　　令人陶醉的亲吻就会像雨点一样落在你的双唇上。
拥抱着你还把你想念，
　　一天不见好像比三年的时间还长。
你我互相倾吐着心中的秘密，
　　讲不完的绵绵情话啊，就像是蒙蒙细雨淡淡月光。
人言可畏，障碍重重，
　　你我估计过周围复杂困难的情况；
山盟海誓，以身相许，
　　你我共同安排过多少个妙计锦囊。
就在这如火如炽的伊甸乐园中，
　　有谁相信陡然间情海中竟会吹卷起狂风巨浪？
朝欢暮爱的热恋与欢乐，

又有谁会想到今天的苦闷与彷徨？
是不是有一层薄雾轻纱朝霞晚霭把你的心儿笼罩？
是不是你心中另有一个人影儿出现在遥远的地方？
为了寻找我前生爱人的坟墓，
我走遍了山南海北黄河长江。
但我绝不从恋人的心中攫取爱情，
也绝不爱别人怀抱中最令人可爱的姑娘。
神秘的爱神在荒凉的心田里播下了烦恼的种子，
刚刚开出细小的花朵可就已经根枯叶黄。
秘密的爱情在秘密中开始，
又在秘密中进行秘密中收场。
我把我的心儿一层层地剖开又剖开，
要把这恼人的情丝和痛苦在心底里一齐埋葬。
如今我只留下了唯一的一个心愿，
愿有人爱你就像我爱你这样！

——1974年4月9日

我的头发，原来又浓又密，那一段时间烦恼之极，早上起床掉在枕头上的头发一把一把的。不久之后，前额的头发几乎掉光，成了“秃子”了。

——也就是在这件事情之后，我和小凤断了来往，心无旁骛地把全部精力投入《括苍山恩仇记》的写作中。

——也就是在那件事情之后，我醒悟到：我打算在劳改农场娶媳妇安家，以写作终了一生的打算根本不现实。当时北京市公安局有一条规定：为了北京、上海、天津的治安安定，凡是家在这三大城市的劳改释放、劳教解除人员，一律不许回家，强制性地留在劳改单位就业，继续改造。但是家在农村的，却允许回家务农。于是，我转变做法，打算回我的老家浙江省缙云县去，在农村找一个老婆，然后申请回家务农，但求在家乡平平安安地过日子，把我计划中的小说写出来，了此一生。

五、九年之后，再度相逢

九年之后的1983年9月，我到天津新华书店签名售书，顺便到清河农场四分场看望老朋友们，意外地在村口遇到了小凤。我到她家里坐了一会儿，送给她一套我写的《括苍山恩仇记》。那时候，她已经嫁给农场的一个炊事员，有了孩子了。家里是一套她父亲打的新家具，依然是干干净净的。临别的时候，我给她留了地址，说了一句客气话：请她来北京的时候，到我家坐坐。

我从清河农场回北京不久，她抱着孩子、提着一箱子葡萄真的来我家看我了，目的是想让我在北京给她安排一个工作。可是我的关系户都是文化单位，她连小学毕业的水平都没有，除了当服务员、炊事员，也的确很难安排别的工作。我劝她报一个进修班，学学会计、出纳、中文打字之类，尽量多创造一些就业的条件。她虽然没提当年的“旧情”，只是在言谈话语中，也有些埋怨她父母不该拆散了我们。但是事过境迁，覆水难收，如今两人都已经有了自己的家庭和孩子，也不可能再走回头路，只是“默默相对，唯有泪四行”而已。她在我家住了一夜，那时候我家里屋住着两个从清河农场来的姑娘小华和小芬，我把外屋我的单人床让给她母子睡，我在走廊睡折叠床。第二天，她就走了。从那以后，我和她没有任何来往，也不知道她今天在哪里。

我的一生有过四次婚姻，但几乎都是“闪电战”，在婚前都没有经过恋爱的阶段；而能够算得上“恋爱”甚至“热恋”的，只有和小凤的这短短的一次，可惜没有结果，而且被许多人诟病谴责。

她来看我的那天，我已经把写给她的诗词编成一本集子，而且抄出两本来，打算有机会的时候给她一本。如今这个机会来了，我考虑了很久很久，不但没把这个本子交给她，连提也没提起。理由嘛，很难说，似乎有那么一点点“不能一错再错”的感觉。我心中隐隐觉得：这本诗集如果交到她的手上，真的难免会旧情复发，后果不堪设想！这首集子的序诗，就是我当时的心态：

为了说明傻事而做的错事

——序　诗

我做了一件并不太傻的傻事，
招来的烦恼和伤心却无休无止。
虽然这些事儿早就已经过去，
我还是把它全部记进这个本子。
咱俩的秘密只有我和你才能理解，
写下来也不是为了公诸于世。
分明是不打自招的供状，
哪里是什么恋爱的情诗？
分明是内心痛苦的实录，
哪里是什么旖旎的艳词？
有朝一日要是我能够得到你的谅解，
我可以毫无怨言含笑而死。
留下这一本杂乱无章的诗词合集，
也可以表明我的一片赤诚半点心思。
如果你永远不理解我的衷情，
你不妨恨我一生骂我一辈子。
留下这一本血泪写成的诗词合集，
也可以让世人知道你我相爱的真情和历史。
即便我这样做是大错而特错，
也不过浪费我一些不值钱的时间和廉价的纸！

第五章

落叶归根难归根

自从我进了劳改队，二十多年来，大约可以分为三个阶段：第一个阶段，积极争取，充满了希望；十年之后，进入第二个阶段，消极等待，但还有一点点希望；十五年之后，希望破灭，完全绝望，于是进入了第三个阶段——“顽强拼搏”。

所谓的“拼搏”，并不是去和什么人斗，因为在强大的国家机器面前，我知道自己的弱小，所以我只和自己斗、和命运斗。换句话说，我知道自己改变不了牢牢控制着我的“权力”，却相信发挥自己绵薄的力量，一定能够改变自己的“前途”。我的前途，以前是党在安排、国家在安排、领导在安排；现在我分明已经被抛弃了，除了作为一个劳动力像牲口一样活着之外，没有我的什么前途了。但是一个人还应该有主观能动性，可以发挥自己的主观战斗力，在没有前途的绝境中，为自己创造一个独特的，但不一定光明的前途，哪怕是死后而志成，也在所不计。

经过近二十年艰苦的劳改生活，经过否定之否定的反思，我的思想认识逐渐提高了。第一，我体会到所谓的“劳动改造”，其实是一场骗局，实质上不过是一种惩罚。因为当局根本就没有打算放我们出去继续工作的意思，这种“关到死算”的变相无期徒刑，更不是什么“治病救人”的妙方良药。我不是剥削阶级，从来不好逸恶劳，用不着通过劳动来改造自己。凡是属于认识的问题，只有通过理论的学习、实践的检验，才能提高，单纯的体力劳动，是不可能解决“思想问题”的。第二，当时“四人帮”所推行的文艺理论，例如“高大全”“英雄无缺点”“好人坏人仅仅依据阶级出身来判断”等，完全是僵化的教条；按照这种理论所创作出来的文艺作品，必然简单化、脸谱化、公式化。第三，我觉得自己虽然没有一肚子治国安邦的学问，却有一肚子可资利用的“杂碎”，就这样作为一头会说话的牲口老死在劳改农场，实在太冤屈，总想把自己的所闻所见所思所想写下来留给后人。再说，一个人活着，失去了追求，生活没有了目标，还有什么意义呢?

于是，我做出了第一个决定：要用我的所学写一部文字风格、思想内涵都与当时“四人帮”文艺理论完全不同的历史文化小说，留给后人。

第二个决定，是关于自己的个人问题，我也有了与以前不同的看法。1963年秋天，我“摘去右派帽子、解除教养”成了“劳改职工”，特别是经过天堂河农场的一次“探奇猎艳”之后，得出了“绝不能在劳改农场讨老婆”的结论。1966年和琴结婚，那是在“支援边疆”，也就是在“即将离开劳改农场”这样的前提下才进行的。后来琴离我而去了，我把这事儿看成是一种解脱，是坏事儿变成好事儿，而且再一次证明：绝不能在劳改农场娶媳妇儿。

到了1973年，也就是我做出了将用终身的力量来完成一部巨著的决定之后，通过思考，特别是对所处环境进行认真分析之后，经过否定之否定，我又一次改变了原先那个“坚定不移”的看法。因为集体宿舍中人多眼杂、环境恶劣，很难、甚至不可能从事文学创作，只有通过结婚，才有资格“成家”，才有可能得到一间属于自己的“小天地”。也是因为有了这样的认识改变，才会发生和小凤那一段背时的恋情。许多人都说我那是逢场作戏，谴责我存心不良，其实我是经过反复考虑之后才认真进行的。我想把她娶过来，因为她的确是当时当地唯一的“最佳选择”。如果能把她娶过来，就既有了一个相对来说比较“舒适而安定”的家，也有了一个比较良好的写作环境。我和小凤的恋爱失败，等于宣告在劳改农场娶媳妇儿的可能从此破灭。

当时的北京市公安局有一项规定：凡是家在农村的就业人员，允许回家去务农。我觉得这是一个契机。我的家本来在上海，父亲在1966年8月被红卫兵迫害致死以后，我母亲去故乡浙江省缙云县大姐家居住。如果我能够在缙云县农村找到一个合适的对象，建立起一个自己的家，在劳作之余，以写作为目标或者为寄托，未尝不是一条新的出路。

于是，从1974年4月开始，我一方面利用稻田放水的空隙时间，坐在田边地角，悄悄儿地开始写我的长篇历史文化小说《括苍山恩仇记》；一方面积攒路费，打算等钱攒够了，回故乡去寻找恰当的对象。

一、离别故乡，二十六年

1975年，史无前例的“大革文化命”已经进入第十个年头。我在劳改农场，第一，不许参加运动，只许加深认罪；第二，生产不但照常，而且更加紧张；第三，解除劳动教养以后，刚刚得到的一年一度的十四天探亲假，因为我们属于“牛鬼蛇神”体系，不属于“职工”体系，已经在运动一开始的时候就被宣告撤销，平时没事儿不许外出，除了两报一刊上报道的“各条战线生产总值年年增长”“国内外形势一片大好，不是小好”之外，连小道儿消息也听不到。

我自从和琴分手之后，卸下了包袱，真是无“枷”（家）一身轻。我一个月三十二元钱的工资，花二十元在生活上，伙食费从每天五毛钱提高到每天七毛，偶然也吃吃那两毛五一个的红烧肉或溜肉片儿，不再老吃那五分钱一个的“纯素斋”菜肴，腮帮子上的肉逐渐增多，脸色也逐渐红润起来了。

我一个月存五至十元，每年可以存六十至八十元，五年下来，积少成多，也攒了有三百多元钱了。我决定请假回浙江老家去看看老母亲，顺便看看有没有合适的女人，打算落叶归根，以回家务农为契机开创我的另一条出路。

我家里的情况是：1966年我父亲在“文革”初期“自绝于人民”，大哥在1965年死于肺癌，二哥在“文革”前因为当“星期日工程师”（他是制冷专家，利用周日帮电器修理部修冰箱增加收入）受到“留用察看”处分，接着又下放农村，一个月只有二十八元生活费，下面有二子一女，生活相当困难。我母亲年老体弱，除了二姐每月汇来的十元钱之外，没有其他收入，她一个人住在上海根本无法生活，所以父亲去世后不久，就到浙江缙云老家我大姐家住。我大姐本来是个小学教师，教了三十多年书，五十多岁马上就要退休了，仅仅因为耳朵重听，竟以“退职”的名义被打发回家，只发给了三个月退职费，从此再没有任何收入，靠姐夫种田、养猪、养兔子勉强过日子，生活也很艰苦。好在我二姐在四川银行系统工作，虽然也受到了冲击，不过每月三十八元工资照发，所以每月能够照常给母亲汇十元钱生活费。

一个月十元钱生活费，即便是在当年，住在城市里的人也简直是不可想象的事情。但是住在农村，不但够用，还要让它有节余。这事儿听起来稀罕，其实却一点儿也不奇怪。

我母亲是上海户口，如今住在农村，每月可以从上海寄来二十四斤全国通用粮票。在农村，全国通用粮票是宝贝，出门到外省的人愿意用一斤大米来交换一斤全国通用粮票，这样等于买米不用花钱了。菜是姐夫自己种的，可以不算。因此，真正的花费不过是油盐酱醋柴而已，其中却以柴为大宗。浙南虽然是山区，但是1958年疯狂炼钢铁，为了凑那个“1070”竭泽而渔，把漫山遍野的树木几乎剃了光头，如今木柴卖到七八分钱一斤，比北京城里生火用的劈柴居然贵出好几倍。

我母亲住在大姐家，虽然不至于冻饿而死，但也仅止于温饱而已。我二姐算是境况最好的，也因为上中学的时候有个关系比较密切的同班同学被认定是个“女特务”（为此被判了十几年徒刑，直到“文革”结束后清查，才知道她的姐夫确实是特务，新中国成立前就到台湾去了，而她只是在上中学的时候在姐夫家里住过一个暑假，其实连特务的边儿也不沾），于是我二姐也受到了株连，被莫名其妙地隔离审查了好几年。我们一家，几乎没一个不“出事儿”的，我母亲一想起屈死的丈夫和分崩离析天各一方都在挨整的子女就眼泪汪汪，生生地把一双眼睛哭瞎了。

这些情况，我虽然身在劳改农场，但从大姐的来信中，大体上也知道一些。“文革”初期，一者我被剥夺了探亲的权利；二者场方对“二劳改”的控制很严，想请假也很难；三者由于自己的身份，不敢外出“招灾惹祸”，在劳改农场有如置身于台风的中心，反而安全；四者也没那么多钱，因此不可能请假回浙江探亲。如今“文革”已成强弩之末，而我也攒

大姐和大姐夫。

够了往返浙江的路费，何况我母亲已经八十多岁，又患有多种疾病，有如风中残烛，不知道哪一天就要熄灭。再说，我父亲故去已经十年，骨灰一直放在上海大嫂的家里，也应该入土为安了。还有一个不便于和家人明说的目的，就是想“顺便相机”找个合适的对象，想借此达到离开劳改农场的目的。于是，我决定请半个月事假，加上三天春节假期和两个星期日，一共二十天时间，到浙江去探望母亲、为父亲营葬建墓，同时物色对象。

但是，劳改农场对于事假的控制也很严，要是明说回家探亲、葬父或找对象，根本不可能批准。要想请假，必须找个理由，哪怕队长明明知道这是谎话，他也好“对上面”有个交代。因此，我写信请姐夫给我发了一封“母病危速归”的假电报，请准了事假，动身上路了。

从清河农场到上海，倒是有直达车，那是从东北三棵树到上海的慢车，只在汉沽车站停车一分钟。上车以后，不但没有座位，还挤得连站脚的地方都没有，每到一站，连门都打不开。一直等到车过南京，车上的人稍微空一些了，赶紧坐在自己的行包上，就算是有了座位了。

车到上海，我归心似箭，到南市大嫂家里取来父亲的骨灰，立即返回车站，反正从上海往南开的车很多，随便哪一趟车都要在金华停车。我买了一张时间最近的车票，上车以后有了座位，就呼呼地睡着了。

我大姐子女众多，自己无力全部抚育，其中有一个女儿送给了表兄领养。这个表兄就住在金华汽车站旁边，汽车站设在城里。新中国成立前，他本来是自己开小旅馆的，新中国成立后先搞“联社”，后来与国营旅馆合并，如今两口子和领养的女儿都在国营旅馆工作。指着这么点儿关系，我下了火车以后就直接上了表兄家。

我1949年6月参军离开金华，以后再也没有回来过。二十六年过去，“弹指一挥间”，金华已经发展成一座中型城市。当年的火车站，是孤零零地建在远离城区的郊外的，从城里到火车站的那条土路叫“中山路”，除了站前路两旁有一些低矮的店面房屋之外，其余路段路旁都是农田。现在从火车站到城里，路两旁已经被建筑物占满，也分不出来哪儿是城内哪儿是城外了。

“文革”期间，浙江有三个地方最出名，所谓“杭州是修正主义，温州是资本主义，金华是帝国主义”。因为金华的武斗最厉害，两派都有解放军支持，都有枪支弹药。从火车站到汽车站，不过短短的一两里路，但是沿路的墙上还遗留着许多弹孔，一根电线杆子上，居然有一百多个窟窿，可见当时“战斗”的激烈。尽管事隔多年，我从“风平浪静”的劳改农场来到这个武斗的中心，仍有点儿“洞中方一日，世上已千年”的感觉。

在表兄家里，我碰见了表嫂的一个表弟，名叫徐子豪。他本是缙云县新建区黄碧村人，但已经在江西铅山县落户，这次是从江西回缙云探亲，也是“到表嫂家中转落脚”的。指着“表嫂”，我们也算是“亲戚”了。他听说我在北京工作，就跟我攀谈起来，谈得还挺投机。当然，首先谈的是当年的武斗。据表兄表嫂说：武斗虽然激烈，但是双方基本上都没有死伤，因为开枪的人都不是会打仗的人。双方各占据一个宾馆或招待所做据点，用好几床被子把窗户遮住，然后把枪从被子的缝隙中间伸出去，向对方同样也是用被子做掩体的据点开枪。这时候街路上根本就没人，因此开枪只图好听，只要求把子弹打出去，并没有目标。后来听说也有几个“路人”死伤，不过那都是吃了流弹，是真正的“飞来横祸”。

聊了一会儿，他见我身上穿的灰涤卡上衣和一条假哔叽裤子料子似乎还不错，就问我像这样的料子北京好买不好买。我说很好买，但是都要“工业品购买券”。他问一套衣服要多少工业券，我说大约两张半。他问我们一个月发多少张工业券，我说每月一张。他听了就不说话了，我知道他很想买，就告诉他：如果他需要，我可以帮他买，只要把钱给我就可以，工业券由我出。因为我穷，根本买不起新衣服，几年来攒的工业券不少，也没有太大的用处。再说，如果他买的数量颇大，工业券是可以用钱买到的，价格也不贵。他听了当时就给了我两套料子的钱，还给我写了地址，要我回北京以后帮他买，然后寄到江西去。

二、一片落叶，幻想归根

我二十六年没见大姐和大姐夫，跟母亲也整整十年没见面，她们都苍老了，特别是母亲，瘦得只剩下一把骨头。一见到游子回到膝下，抱住我的脑袋就放声痛哭，诉起离情别绪来，真是三天三夜也说不完。

第二天，我就在姐夫的陪同之下到了我的出生地择宕村，也就是我在《括苍山恩仇记》中描写过的吴石宕村。爷爷手上传下来的百年老屋已经破败不堪，早已无法住人，成了堆放柴火的地方了。

这里本来是我们吴姓族人聚族而居的小村落，新中国成立后由于房屋出卖、寡妇招婿等原因，如今也有了好几户“外姓人”了。除了“农业是基础”之外，村民主要从事两种副业：一种是打石头，一种是镶牙齿。

打石头当然是我祖先传下来的看家本事，如今村子里有一半儿人还从事这一副业。镶牙齿的本事是这样来的：我父亲到上海特区法院工作以后，因为参与拍卖上海大世界游乐场认识了黄金荣，把我的大姑夫介绍到黄金大戏院打杂，戏院管饭，每月净挣三十个银元。我姑夫知道这是吃的“面子饭”，不可能干长，就借机会和戏院对面一家楼上照相、楼下镶牙的小铺子老板交朋友，混熟了以后就在这家小铺子里当免费的帮工。这家小铺子由两口子经营，店里没学徒，有我姑夫这个不花钱的伙计，也很高兴。我姑夫是个极聪明的人，三年下来，把照相和镶牙的全套技术都学会了。那时候他手头已经攒了近一千银元，于是提出五百元钱来买了全套的照相和镶牙设备，主动辞职回家了。他又用另五百元钱盖了一座不大不小的房子，也是楼上照相、楼下镶牙。这是缙云县第一家照相馆和镶牙社。我姑夫又把全套手艺教给我二叔，我二叔在壶镇街面上也开了一家店，依

我出生的房子（摄于2007年）。

旧是楼下镶牙、楼上照相。但是我姑夫生性风流，不久就因为在偷情之后淋了雨，得夹阴伤寒死了，从此“西法镶牙”就成了吴家的传统手艺。新中国成立后包括“文革”期间，吴家都有十几个人长年在全国各地跑码头摆地摊镶牙齿，其中有人专跑少数民族地区，远到东北、新疆、云南，甚至泰国、缅甸、俄罗斯都有他们的踪迹。

当然，在家里干石匠活儿的，大都是有体力但缺文化的一群人，而外出镶牙的，则是比较有文化也比较灵活的一群人。

我先找我堂弟帮我打了一块墓碑，然后定了一个日子，和母亲、小姑夫、大姐、大姐夫一起到祖居择宕村坟山去营葬。我捧着骨灰盒，小姑夫敲锣，姐夫挑着祭品，大姐扶着母亲，在村里亲族们的簇拥下把墓葬完成了，然后请村干部们吃了一顿饭，就撤回姐夫家来了。这是我母亲最后一次到择宕村去。从姐夫家到择宕村虽然只有七八里路，但都是山路，母亲年纪太大，眼睛又不便，这一次是因为给我父亲安葬，她不能不去，基本上也是我大姐架着她走的。——我父亲的这个坟墓，因为是在“文革”期间营葬的，只是一堆黄土、一块石碑而已。“文革”后迁葬过，但是此墓也因为整座坟山卖给了开发商，推平之后建设工业基地，山上所有坟墓都在2013年年初统一搬迁到公墓去了。

姐夫所在的那个村是个大村子，名叫雅化路村。但是村里的人，包括姐夫的几个孩子在内，我都不认识。不过没人知道我的真正身份，只知道我是从北京来的，所以对我都很客气。那时候我正在写我的长篇历史文化小说《括苍山恩仇记》，而这部小说的地理背景，正是以雅化路为中心的方圆十里之内的各个村镇，包括缙云第一大镇壶镇在内。为此，安葬了父亲的骨灰以后，我除了一早一晚和母亲聚谈之外，其余时间都在这些村子之间游走，也搜集一些当地的民间传说以充实小说的内容。

我大姐夫住的老房子，还是他父亲手上建造的，时间大约在二十世纪的二三十年代。所以，房屋的格局，完全是按当地中产人家的民居标准设计的，即：楼下正房五间，中间最大的一间是客厅，没有隔扇和门窗；东西厢房各两间，南面一个大门，两个旁门，有廊而无房。不办喜事，大门是不开的，都从旁门进出。楼上是粮仓和客房，平时基本上不住人。一

大姐夫的房子（摄于2007年）。

个鹅卵石砌的院子，种着盆栽的花草。从格局看，比我的祖宅稍小一些，却精致一些。由于年代短，保养得好，所以还很新。我大姐夫兄弟二人，分家的时候，按传统习惯他哥哥分到了东半座，他分到了西半座。他就在这里养老，而我外甥已经在村东头盖了新房子，但是仍喜欢在老房子里生活。——有个颇大的院子，比住现代化的楼房舒服多了！

西厢房北面的一间，就是我来探亲期间所居住的房间，《括苍山恩仇记》的一部分就是在这里写成的。当时我就关照我的外甥："一切保持原状，不要变动"，所以房门外面的"文革"遗迹，至今依然如故。

探亲期间的创作室（摄于2007年）。

姐夫和我大姐一样，师范学校毕业，当了一辈子小学教师，老了却生活无着，要靠自己种田、养猪、养长毛兔过日子，晚景凄凉，对于世事纷争，已经淡漠得很。关于我的前途，他的看法很简单也很明确：中国人多得很，人才也多得很，共产党只相信工人和贫下中农，从来不信任知识分子；属于资产阶级体系的知识分子尚且不用，何况我已经成了"右派"？因此，不管我怎样努力改造，一切全都是白费。今后，我只能作为一个劳动力生存在这个世界上，凡是属于意识形态领域的事情，都不要去干，干了也不讨好，甚至还要遭灾惹祸。他以我父亲为例，劝我不要再写什么文章了，写文章不但写不出美妙的前途来，还很有可能会为此而毁了我自己。他从我自身的安逸和下半辈子的生活安定出发，要我“认命”，安心地从事体力劳动，但不是在劳改农场，而是在故乡农村。他的主意是：先在农村找一个合适的对象结了婚，然后向农场申请回家务农，做一个老老实实、勤勤恳恳的农民，了此一生。

他的看法，和我父亲的看法完全不同。我父亲生前的意见是：打死也不回缙云，只要活得下去，宁可在北京捡垃圾，也不到缙云去种田。他的理由，除了一个文化人需要有一个良好的文化环境之外，还需要一个安定的生活环境。他认为：缙云是山区，所以缙云人大都眼光短浅。如果我从小就生活在缙云，倒也罢了，如果人到中年，又是一事无成、一败涂地之后回来，不但会被当地人看不起，一有风吹草动，还会成为众矢之的，就好像一条一尺长的鱼，在大江、大河、大海中，这是一条小鱼，显不出来，如果一旦投进小河沟、小池塘里，可就成了大鱼，要被人人所注目了。

姐夫的想法虽然和我不同，但是“通过讨老婆回家务农”这个目的，我们的想法倒是一致的。姐夫见我同意了，就四处托人打听做媒，条件是“一个希望”“三个无所谓”：希望女方有家有业，是寡妇还是离婚都无所谓，年龄大小点儿也无所谓，是地主、富农、“反革命”的家庭也无所谓。

四处撒网，还当真有打上鱼来的时候。不久之后，媒人们就一个个地找上门来，要我去相亲——也就是送上门去让人家相了。

第一个是个离婚回来的姑娘，年龄才二十多点儿，只比小凤大两三岁，长得细皮嫩肉的，脸蛋儿还挺白，打扮得也还朴素淡雅，读过两年初中，不论长相模样还是文化知识，都比小凤强多了。离婚的原因，媒人也不瞒着：因为她婚后跟村里的干部有些不清不白，被丈夫知道了，反正也没孩子，就分手了。可那个村干部是有老婆的，没法儿娶她；家里父母兄弟不可能养她一辈子，特别是因为那个村干部就在附近，因此本地男人谁也不愿意娶她，为此她也愿意嫁到外地去。姑娘见了我，倒是很客气，也挺会说话，一个劲儿地说自己这也不好那也不好，还笑嘻嘻地沏了杯糖茶双手捧过来给我喝——这在缙云可是接待“上客”的礼节，一般不是正月里拜年，是不会在茶里加白糖待客的，何况那年月，白糖是紧俏物资，没有后门的农村人，根本买不到。

见面之后，姐夫问我印象如何，我说年纪比我小一半儿，未免太小了点儿，怕她不肯跟我。姐夫请媒人去问女方的态度，回来说：女方倒不嫌男方年纪大，听说男方有学问，也愿意跟随男方到北京去，但不知道男方一个月挣多少钱、能不能养活她。媒人说我一个月挣五十多元，女方说太少了，一个人过还凑合，成了家，有了小孩子，就没法儿过日子了，说是还要再考虑考虑。——五十元钱还嫌少，要说三十二元，还不把她给吓一跳?

第一个是女方对男方的收入不满意，没谈成。何况我是要在缙云当“上门女婿”的，不是要把老婆带到北京去。

第二个是民办小学教师，高中毕业，三十多岁了，没结过婚，尽管每月工资只有二十四元，却给自己做了一箱子嫁妆，还买了一辆挺新的男式自行车放着，轻易不骑——意思是婚后给丈夫用，看起来是个很会过日子的姑娘。她家里是富农成分，不过这并不是她嫁不出去的原因，至今未婚的关键性原因，是她右额角一直到眼睛部位有一块很大又很红的胎记，平时都用头发遮着，但也遮不全。女方家里有哥哥和弟弟，因此不可能招婿，如果我肯娶她，只能在女方的学校里安家。

媒人带我到她的学校里去看了，一个小小的山村，不到一百户人家，离村外老远有一座祠堂，这就是学校。全校就她一个人，既是老师，也是校长，还是工友，全校共有四五十个学生，却只有一间教室，从一年级到四年级的学生都在这里了，当然所有的课程都由她一个人教。应该说，这样的本事，我还没有。见面的那一天，她听说我从前在中国文字改革委员会工作，编过许多种拼音课本，就很虚心地请教我汉语拼音中in和ing、en和eng怎么区分。听了我的详细讲解，对我的语文水平还是挺佩服的。

但是我发现她的脸上不仅仅额头上有一大块红色胎记，脸上别的地方星星点点地还散布着许多小红点，好像是她的额角被人砍了一刀，不但伤口上大出血，还溅了一脸血点点似的。说心里话，我看着都有点儿害怕，何况她自己没有家，即便我愿意娶她，我却无法在她的村子落户口，既不能教书，也不能务农，等于没收入，根本就无法生活，只好婉言谢绝了。

这第二个，是我不敢领教，也无法落户。

第三个是一个烈士的遗孀，家里有三个儿子，最大的十三岁，小的才四岁。她的丈夫是个工人，还是个共产党员。一次，在溪边发现有人溺水，他下水去救，结果救起了别人，自己却溺死了。他被认定为烈士，发了抚恤金，三个孩子每人每月发八元救济金，一直到十八岁为止。如今她自己在壶镇十字街头摆摊儿卖甘蔗、荸荠之类时令水果，家里生活十分困难。媒人带我到壶镇街上她的摊位前直接和她见了面：这是一个小个子女人，三十五六岁年纪，头发梳得光光的，围着雪白的围裙，一副干净利落的样子。她见我穿着呢子大衣，皮鞋贼亮，戴着眼镜儿，不知道我是个多大的干部，显得有些手足无措，一开口就说："你在北京当官……"媒人是她那个村的村干部，立刻纠正她："不是当官，是当干部。"她接着说："我们是乡下人，没读过书。不过我会洗衣服做饭，可以伺候你。"媒人又纠正她："不是你伺候他，是互敬互爱，互相帮助。"她接着说："我一听说上北京，心里是很愿意的，可我的三个孩子都还太小。你能不能再等我两年，只要我的大孩子能自己做饭，能照顾两个小的，我就跟你走。"说着眼眶里涌出了泪水。

面对着这样纯朴的女人，我能说什么呢？我只好说："你的孩子还太小，离不开母亲，过两年再说吧。"我感到自己像一个骗子在欺骗她，也想到清河农场有许多家属就是这样以"上北京"为诱饵被骗来的。我真不忍心告诉她我是个"二劳改"，不是什么官儿。她也不想想，如果我是个官儿，在北京还找不到一个老婆？怎么会回缙云来娶她？

出于我的意料之外，她对我的话没什么反应，却蹲下身子去摸了摸我的皮鞋，惊讶地问："这鞋，得一百多元钱一双吧？"

她说的还真靠谱儿。我的这双鞋是1953年在上海买的英国产最高级的宽边硬底皮鞋，是专为进舞场买的，当时的价格只要五十多块，将近我一个月的工资了，这还是处理新中国成立前的存货打了对折的。我穿着这双鞋进的劳动教养收容所，天冷以后队长发给我一双劳改棉鞋才把它换了下来，从此一直保存着没穿。这次回浙江，实在没有"漂亮"鞋可穿，这才把它穿出来了。

回到姐夫家里，我告诉媒人说："如果她没有这三个孩子，这样的女人是最理想的，但我不能为了自己娶媳妇儿让三个孩子失去母亲，成了孤儿。像她这样的情况，最好还是带着三个孩子改嫁，或者招一个女婿进来。”媒人说：“农村人讲究‘田要亲耕，儿要亲生’，她三个都是儿子，谁愿意娶个带着三个儿子的女人？招婿吧，她现在家里除了三张嘴之外什么也没有，有劳动力的人谁愿意到这样的人家来给别人供养儿子？再说，如果是外村人，这户口也还报不进呢！”

媒人走了，我给姐夫说：“有一句话我不好意思说出口：即便我愿意进这家人家，也愿意给人家供养儿子，只怕儿子长大以后，会说他们的亲爹是烈士、是共产党员，不肯认我这个右派分子的后爹呢！”

在缙云，像这种给人家供养儿子的“上门女婿”老了之后让儿子给赶出家门来的故事，我听了不知道有多少了，难道我会让自己也走这条路吗？

一连见了三个女人，我姐夫也体会到像我这样的条件在缙云找个老婆有多难，就不再张罗着给我找媳妇儿了。

三、少年知交，老大重逢

我是“八·一三”上海抗战回到故乡缙云县的，那一年我还不满六岁。因为我已经认识两千多字，没上一年级，就直接上了二年级，所以我小学毕业，是十周岁。1945年抗战胜利，我已经上初中。当时父亲从抗日前线复员，回到司法界，我也在1946年离开缙云，跟随当“法官”的父亲到温州、嘉兴、杭州、金华、丽水这些地方转，直到1949年6月在金华参军去了四川。在缙云县的八年时间中，我当然有许多同学，但是三十多年过去，有的连名字都忘记了，有的也和我一样远走他乡，不知道流落何处。不过，多数同学应该还在缙云县。

闲谈中，大姐告诉我：我从小学到中学最好的同班同学何同仁，二十世纪五十年代在杭州中医学院毕业以后，参加一个医疗队到新建区黄碧街村根治性病（黄碧街村在缙云与永康的交界，从明清时代就是缙云县的“红灯区”，一向梅毒猖獗）。后来他一直在缙云当医生，但不知道如今在哪个医院。几年前我大姐在县里碰到他，他还打听我的下落呢。

经她这样一提醒，我怀念起我这个最好的少年朋友来了。上小学的时候，我和他同班又同坐一张课桌。每天上学，不是他到我家来约我，就是我到他家去约他，连课间上厕所都要一起去。他家以前在县前街开春寿堂中药店，那是他家的祖产，即便现在中药店不开了，只要那房子还在，总能够打听到他的下落。反正从壶镇到县城有直达公共汽车，三十公里路，一个小时就可以到达。于是第二天一早我就进城寻找这个少年时代的老朋友去了，不过没坐公共汽车，而是借用我外甥的自行车。这一方面是因为当时从壶镇到缙云的公共汽车每天只有两班，车票很难买，更主要的还是

2007年10月，在何同仁家合影 。

为了省几个车钱。

到县前街一看，春寿堂药店果然没有了，原址开的是一家杂货店。进店一问，才知道何同仁一家依旧住在店堂后面，不过现在开的这店不是他家的，所以前后隔开，他家另从后门进出，并告诉了我门牌号码。我转到后门去一问，更巧，他正好在家里。

三十多年不见，当年小巧玲珑的何同仁已经发福，胖胖的身子，红红的脸蛋儿，前额的头发已经掉了不少，变成当年他父亲的模样了。不过那脸型基本上没变，我是点名找的他，所以他一出来我就能够认识，而他根本就想不到我这个三十年没见的不速之客会登门拜访，何况我的样子已经大变，所以他半天儿想不起我是谁来。等到我自报姓名，这可大大出乎他的意料之外，欢愉之情，溢于言表，立刻把我让进他的房间里去，殷勤接待，互诉离情。

来找他之前，我就打定了主意，在老朋友面前，什么也不用藏着掖着，是怎么回事儿，就说怎么回事儿。我先问他在哪个医院工作，他告诉我：在离新建镇只有三里路的河阳村卫生院。新建镇是缙云县“四大镇”之一，是缙云县西乡的“首府”。河阳是个大村子，居民全部姓朱，是宋代河南的移民到这里落户并建设起来的一个大村落，世代耕读，村民文化颇高。宋代以后，出过八个进士，所以村子里房屋高大，和缙云县别处村落很不相同（现在已经开辟为“河阳古民居”旅游景点）。缙云民谣“有女嫁河阳，好像做娘娘，住的白粉墙，穿的新衣裳”，可见居民的富庶。河阳卫生院的规模不小，占一所大房子，有好几个医生。上个星期天他值班，所以昨天、今天轮到他休息，下午就要回卫生院了。我暗暗庆幸自己的运气不错，不然，就要赶到河阳去找他了。

我们坐下来聊天，当然首先要问问他参加“文革”的情况。他说他是“革命造反派”的小头头儿，参加了区里的夺权斗争，每次区里开大会，他都要上主席台的。我犹豫了一下，虽然他是“革命派”，但关于我自己的身份，仍决定以实相告，绝不隐瞒。如果他以坚定的“无产阶级革命派”面目出现，我站起来拍拍屁股就走。没有想到的是，他的态度非常明朗：“不管你是什么派，咱们是老同学。今天相见，咱们只叙旧情，不谈政治。”不过我还是现身说法地劝了他两句：像他这样正牌儿大学毕业的医生，以治病救人为天职，到处受人欢迎，最好不要参加说不清楚、扯不明白的政治斗争，以免像我这样卷进政治漩涡中去无法自拔。他也认为我的话有道理，但是现在已经骑上了虎背，有些骑虎难下，只能慢慢地相机撤身了。

谈了一会儿，打听一些老同学的下落，不知不觉已经中午。在他家吃了午饭，接着谈起了我的处境，他劝我说：既然都是种田，与其在举目无亲的北京种，在“劳改”队长们监督之下种，不如落叶归根，回到故乡来种，不但亲戚朋友多，有个照应，将来年纪大了，也有个归宿，不至于在他乡外地当孤魂野鬼。何况我已经掌握了全套种葡萄的技术，而缙云全县至今还没人会种葡萄，找个山坡地把葡萄园建起来，准有我发展的前途。我叹了一口气，告诉他：我因为劳改之前的户口在北京，现在母亲的户口还在上海。政策规定“凡是家在北京、上海、广州三大城市的，一律不许离开农场”，只能终身在劳改农场当职工，除非我在缙云娶个媳妇儿，先制造一个“家”，才能回来，要不然，就只能一辈子在“劳改”农场当“二劳改”了。接着谈起了我姐夫给我张罗的三个女人的情况。他沉思了一下说：如果我真愿意在缙云安家，他一定帮我物色一个对象，当然女方条件不会太高。我有文化又有种葡萄的技术，生活苦一些的村子，地主、富农的女儿等，还是有人愿意嫁我的。不过女方最好有点儿文化，不然感情上无法融洽。他说这种事情可遇而不可求，急也急不来的，他随时帮我注意就是。等有了合适的对象，再写信和我具体商量。

又聊了一会儿，他要动身回河阳去了。可我们匆匆一面，虽然已经谈了不少时间，但仍意犹未尽，他盛情邀请我到他的卫生院去看看，在他那里住一晚，好接着聊。好在路并不远，三十几里路，骑车有一个多小时就到了。我反正闲着没事儿，也想多走走多看看，就答应了。

四、意外媒人，从天而降

我们一人一辆自行车出了北门，刚蹬了十几里路，迎面碰见了徐子豪。他也骑着自行车，见了我，喊了我一声，就立刻跳下车来，高兴地说："真巧，我正要去找你呢！"

我也跳下车来，问他有什么事情。他说："我姐一定要见见你，逼着我立刻骑车上壶镇去找。没想到在这里碰见了，真巧！要不，我赶到壶镇，还是找不到你，岂不是两头错包了？"

"你姐为什么要见我呢？她是干什么的？"我十分惊讶地问。

"她是个小学教师。不为什么，就为我回家以后，说起我托你在北京买灰涤卡和混纺哔叽的事儿，我姐说：我和你根本就不认识，第一次见面，就肯帮忙，还要你贴工业券，这可是一个人将近半年的工业券呢！这样的人现在太少了，所以一定要见见你。"

"可我现在是跟我这个老同学到河阳去，我们三十年没见了，想多聊聊呢！"

"那不行，你得先跟我走。你先见了我姐，再到河阳去，还不行吗？好在并不绕多远，最多多走五六里路，骑自行车，不过十几分钟的事情。怎么样？"

我还在犹豫，何同仁说话了："人家都要上壶镇去找你了，那可是来回一百八十里路呢，没要紧事儿，谁愿意走这一趟？就冲她这股子热情，你也得去见见。我先回去，回头你就直接到河阳来找我好了，到那里打听卫生院，没人不知道的。"

事情到了这一步，看样子我不去是不行的了。我只好笑着跟老朋友道别，骑上车跟新朋友走。

不过半个多小时，过了黄碧街村，就到了黄碧村，这是一个离公路约三里的大村子。村小学设在一所挺大的祠堂内，墙壁刷得雪白，倒挺干净。——当年袁枚带着几十名仆从到缙云县来游仙都，县太爷太穷，接待不起，躲出去了，是本村的财主接待他到这所祠堂里过夜，并陪他游览了仙都风景的。袁枚《游仙都记》的序言中写到了这件事情，因此在当地，只要有点儿文化的人大都知道这个典故。——子豪把我带到他姐姐的房间里，见姐姐不在，就让我先坐着，他出去到办公室寻找，一会儿回来说他姐姐正在上课。她没想到我会来得这样快，据她估计，最快也得明天才能到。接着就给我沏茶，陪我聊天儿，问问我跟何医师的关系之类。他长年住在江西铅山县，尽管何医师当年在黄碧街一带治疗性病非常出名，可他却不认识。

没过多久，他姐姐就下课进屋来了。她叫徐子玲，是一个三十多岁的小个子女人，小鼻子、小脸、小嘴巴，不过眼睛却挺大的，脸色红润，显得很精神也很干净利落。她嘻嘻地笑着，跟我解释她很想见我的原因，是听他弟弟说起我的为人，很佩服我；再说，我是她表姐夫的表弟，拐个弯儿也算亲戚，应该认识一下，赶明儿她到了北京，也好找我帮助办事儿。

我看她很健谈，也随和地应着，说一些客气的“外场”话。刚说着，她上课的时候就已经请同事帮她做的点心做好了，由那个同事端了进来，是炒米粉干加两个荷包蛋，我和子豪一个人一大碗。——这是缙云的风俗，第一次进门的客人，请人家吃面条加鸡蛋或米粉干加鸡蛋，这是最客气的招待。既然到了这里，我也只能入境随俗，说两句客气话，坐下来就吃。其实刚吃过午饭不久，肚子根本就不饿。

吃过了点心，子玲又沏上茶来，接着聊天儿。她介绍她自己：她是缙云新建中学高中毕业生，今年三十五岁，已经当了十几年小学教师了。丈夫叫雷一声，是畲族人，如今在景宁畲族自治县文化馆工作，有一个十一岁的儿子，跟她一起住。她问我做什么工作，北京都有什么人，缙云老家还有什么人。我以实相告：原先在中国文字改革委员会工作，1957年被划为“右派”，1963年“摘帽”，如今在北京清河农场种葡萄，是个园艺工人。同时，我还告诉她：我的老同学何同仁医师正劝我在老家找个对象，然后申请把户口迁回缙云来，图一个落叶归根。她立刻说：她有一个同班同学，姓楼，叫楼兴娟，高中毕业，现在在食品公司新建食品站当收款员，家就在新建镇镇内，今年三十四岁了，因为高不成低不就，至今还没有结过婚。她的同班女同学，大都已经做了母亲，只有她是唯一的一个大姑娘了。从女方的年龄大小、文化程度、长相模样、居住地点等因素考虑，和我都很般配。何况她的父亲是生产队会计，两个妹夫一个是村长、一个是村支书，在村子里都是实力派。如果我打算在缙云找对象落户务农，这是“最佳选择”，她可以负责给我介绍。

我没有想到子豪巴巴儿地把我请到他姐姐这里来，原来是要给我介绍对象。这可真是天缘凑巧的事情：上午正和同仁学兄谈这件事情呢，下午就有人主动地给我介绍了。看起来，她一定要让子豪把我叫到她这里来让她见见，就有了给我介绍对象的心思，只是不亲眼见见不放心，也无法开口。如今见到了，对我的“第一眼”似乎也还满意，至少她个人对我这个“摘帽右派”的政治身份并不太计较，所以才把这个意思说了出来。既然我有了回缙云务农的打算，总不免要实行“撒网政策”广泛接触，然后从中选择一个，因此并不一定非得等何同仁给我介绍。何况我在缙云的时间有限，听她介绍的这个女方，条件比我见过的那三个都好。于是我向她们姐弟俩表示感谢，并说今天晚上我计划住在河阳卫生院，那里离新建镇只有三里路，最好明天能够约一个时间，我到新建镇去与女方见一面。不料子玲是个急性子，办事讲究麻利脆，立刻说：“何必等到明天呢，从我这里到新建镇，不过十二三里路，骑自行车去，有半个小时就到了，现在时间还早，咱们说走就走吧。”

我更没有想到她办事这样痛快，既然是她负责介绍，当然只能一切都听她的。于是她把她儿子叫来，嘱咐他不要到处乱跑，她要出去一趟。她儿子一听母亲要到新建镇去，非得跟着一起去不可。我们都上车走出好远了，她儿子还光着脚丫子奔跑着追了上来。办这种事情，多一个孩子一起去其实无所谓，糟的是子玲母子都不会骑车，子豪则不会骑车带人，也就是说：去新建必须由我骑车带着子玲，却没人带着她儿子。为此，子玲是软硬兼施、连哄带骂地总算把她儿子轰回去了。

到了新建镇上，时间已经是下午五点左右。这个时候一帮子人跑到人家家里去，岂不是“赶饭”去吗？子玲是个很仔细的人，她建议先到饭店吃饱了肚子，然后再去看望人家。我觉得很有道理，表示同意。于是一行三人来到新建镇街上唯一的一家小饭馆里坐下，一问：主食只有米饭，交粮票，三毛钱一斤；菜只有一种：青菜豆腐，两毛钱一碗。——当时，政策还不许私人开饭店，这家饭店是大队办的，算是“社办企业”，目的不是为了赚钱，而是为了方便到镇上来赶集或办事的各村农民，因此主要供应中午饭，晚饭只好剩下什么卖什么了。——既然饭店一定要给我省钱，我也无可奈何，要了一斤米饭、三碗青菜豆腐，一共还不到一元钱。我和子豪都是刚刚吃过米粉干的，肚子还很饱，子玲的饭量本来就不大，加上那种米叫作什么“杂交稻”，也许产量比较高，吃起来简直味同嚼蜡，所以叫的饭菜只吃了一小半儿。

吃过晚饭，天色已经暗下来了。由于来前没给女方打招呼，也不知道她这时候在哪里。不管三七二十一，先到她上班的地方问问。那是全镇唯一的一家肉铺，属于镇食品站管，楼兴娟就在这里管开票收款。

当时买肉要凭肉票，居民户每人每月大概有两三斤肉，农业户不按人头份儿发，而是每家每户每年都要交给食品站一头猪，称为“任务猪”，任务完成，才一次性“奖励”多少斤肉票，常年通用。猪的分量越重，奖励的肉票也越多，这就是一户农民一年所能够吃到的猪肉了。

肉铺一般只营业大半天，早上天刚亮就开门，到不了中午以前肉就卖完了。不过肉铺里还有人，一打听，说是楼兴娟刚吃过晚饭，回她自己的宿舍去了，她的宿舍在镇西头的火腿厂内。

火腿厂与肉店同属新建食品站，也算是同一个单位，我们按地址找到了火腿厂。进门之前，子玲嘱咐我一切按她的口气和眼色行事，不该说的话，尽量不要说，更不要一开口就说自己是“右派”。

进门之后，我发现这是火腿仓库的一间小外屋，在这里睡觉，实际上等于值夜班看守仓库。不过真正值班看守的是一个永康籍的老头儿，是个腌火腿的老师傅，就住在她房间的对面。

房间只有七八个平方米，床上铺着粗线毯，连床单也没有，床边的绳子上搭着衣服、毛巾、袜子，桌上放满了杂物，整个房间就突出了两个字：一穷二乱。房间里已经有两个三十多岁的男性客人在聊天，据介绍都是食品站的工人。子玲进门以后就说：她弟弟从江西回来了，在金华认识了一个在北京工作的缙云人。今天她们姐弟到新建来办点儿事情，顺便送这个朋友到河阳去看望他的老同学何医师。如今事情办完了，先一起来看看老同学，然后再上河阳。——她这样说，把我的来访说成是“偶然路过”，倒是避免了介绍对象的那种拘束感，彼此说话可就方便多了。

室内原来在聊天的人听说我是从北京来的，都把注意力集中到我这里来，要我说说北京的近况——当然是关于“文化大革命”的最新动态。这是我最近几天来谈论得最多的话题之一，倒是不用准备，张嘴就能说上一大套。说着说着，子玲故意把话题引向“文革”初期在新建的一场大武斗，目的似乎是让我知道一些楼兴娟的个人历史。所以话题又故意从大武斗谈起了楼兴娟所遭受到的迫害，你一言我一语的，谈得倒挺热闹。我不明就里，当然要更详细地问明一些情况。综合大家的话，可以得知这个楼兴娟当年的大概经历是这样：

她1961年高中毕业以后，因为有个堂房舅舅是地主，按当时当地的“教育要为无产阶级服务”的土政策规定，尽管学业不错，却不许她考大学。她先在信用合作社干了两年，1963年以后就一直在新建区粮食管理所门市部当营业员，管现金收付。“文革”初期，缙云县的革命派分为“红联总”和“革联总”，两派都标榜自己最忠于毛主席，是路线最正确的革命派。双方观点不一致，讲理讲不通，其实都是盲从，根本无理可讲，最后只好动武，而且打得相当激烈。不过也只是冷兵器加上扁担、铁管子，没有动枪炮。楼兴娟是管现金和粮票收付的，一打起来，不管是“红联总”还是“革联总”，一大帮人集中在一起都要吃要喝，因此都有可能来抢门市部的现金和粮票，这也是当地每次武斗经常发生的事情。如果现金和粮票在她手上丢失，不管是哪一派抢走，责任都在她这里。所以她一见两派要动手，现金解送银行已经来不及，只好不管别的，立刻把所有现金和粮票都装进一只手提袋里，悄悄儿拿到自己家里的房梁上藏了起来。等到武斗结束，她把现金和粮票一张不少地拿回粮管所了。但是这次武斗，最后是“革联总”取得胜利，粮管所的大权，落到了“革”字派的手中，而她恰恰是属于“红”字派的，于是本来应该是“保护现金粮票有功”的人，在对立派掌权之后，却愣给她揞上了一个“非法转移现金”的罪名，真正应了“欲加之罪，何患无辞”这句古话了，结果有功的反而变成了有罪的。单是这一件事情，还无法处理她，因为现金没少一分、粮票没少一两。恰巧有一天下班之后大家都集合在一起做“晚汇报”仪式，而她却在井台上洗衣服，没有参加。——那年月，全国人民几乎每天都要做“早请示、晚汇报”的仪式，也就是在毛泽东和林彪像前面手举《毛主席语录》高呼：“毛主席万岁，万岁，万万岁！祝林副统帅身体健康！永远健康！永远健康！”她对这种近似于“宗教礼拜”的仪式从心底里极为反感，所以能逃就逃，能溜就溜，以前也不知道逃避过多少次了。“红”字派当权的时候，属于“同观点”，没人抓她，也无所谓；这回让对立派抓住，借此题目做了文章，打她一个“对毛主席不忠”，以“下放农村劳动”的名义打发她回家了。

她不服，先到县里告，没结果；后到地区告，也不理她；最后干脆约了两个也是受迫害的人一起上北京告“御状”，像叫花子似的坐慢车、睡车站，千辛万苦地总算到了北京。党中央办公厅、国务院秘书厅联合信访接待站接见了她，并且拿回来一张盖有大印的公文，要地区“认真处理”。地委书记接到这个印有“党中央、国务院”特大号信封的时候，两手都嗦嗦发抖，但是看到具体内容，不过是要地区“认真处理”，可就不认真处理了。结果是她花了五百多元钱，掉了二十多斤肉，回来以后还生了一场大病，吃了好几十副药，最后身体既没恢复，冤案也没平反。

告状回家病好以后的开头一个阶段，她知道告状没用，走投无路，就业无门，只得买来一架木质织布机，替人家织布，本想赚几个手工钱维持生活，没想到却赔了本。因为人家送来的是棉纱，拿走的是棉布；拿来的棉纱是湿的，拿走的棉布是干的；双方根据重量交付，那当然要赔了。好在她的父亲是生产队会计，她从父亲那里学来一手过硬的打算盘本事，她的“铁算盘”在全县都闻名，什么复杂的账目，一般只要打一遍，基本上不会错。后来总算指着这本事到新建食品站当收款员，不过是临时工，一个月挣二十七元钱。

真是不听不知道，一听吓一跳。再一问，二十七元的工资并不是最低的，多数民办小学教师的工资，只有二十四元，而且没有过硬的关系还当不上。看起来，北京劳改队的工资，比地方上特别是农业户的教师、临时工工资还要高一些呢。

坐在房间里的她的那两个同事，都是屠宰工人，其中一个还是复员军人，但是对“文化大革命”都持不满和否定态度，有这样的共同基础，所以谈话倒是挺融洽的。我们只顾说“文革”中的怪事儿了，还没怎么提起我的情况，时间就已经过去了一个多小时。我怕何同仁久等，告辞要走。他们告诉我：从火腿厂到河阳，只有两里路。又怕我黑夜里路不熟找不到卫生院，她的一个同事愿意主动送我去。至于子玲和子豪，反正她们镇上朋友多，只好找个地方借宿一宵明天再走，而且子玲只能坐公共汽车走了。

子玲送我到火腿厂大门口，悄悄儿问我对楼兴娟的印象如何。我说此人热情开朗，观点鲜明，敢于表达，敢于斗争，特别是她说的“死也不嫁造反派”，简直是斩钉截铁、掷地有声，对她印象很不错。她说：那么明天就问问她对你的印象如何，如果也还可以，你们就先通通信吧。

我到了河阳卫生院，同仁都等急了，问我究竟什么事情这么晚了才来。我告诉他有人要给我介绍对象，并跟他说了见面的经过。他听了哈哈大笑起来说：这个楼兴娟，因为被处理后到处告状，还上过一次北京，在缙云出名得很，他也认识的。如果能够成功，当然更好；如果不成，他再努力努力，另给我介绍一个，一定要在缙云给我找个老婆，好让我回缙云来“落叶归根”。

同仁听说我在饭店没吃什么东西，怕我饿了，就用煤油炉子给我煮挂面吃，还加了香肠和鸡蛋。那一夜，我们同床而寝，一直聊到半夜过后，当然是“只叙友情，不谈政治”。其中主要谈中小学时代的同学近况如何，也谈起了他所知道的有关楼兴娟上北京告状的情况。看起来，在我的那么多同学中，真正不怕受到株连的，也只有他这一个了。

五、诗歌小说，用来求婚

在回北京的火车上，我感慨万千，反正闲着也是闲着，就在笔记本上写下了一首长诗，题目就叫《仙都探亲行》（1985年缙云县文联成立，聘请我为名誉主席；1986年由缙云县文联编辑出版的内部文学刊物《仙都》第一期上，全文发表了这首长诗）。

仙都探亲行

回到阔别三十年的故乡，
去探望分别已久的老娘；
故乡的景貌啊依然如旧，
老娘却已经泪眼昏花白发苍苍。

缙云县的水土哺育我逐年成长，
好溪两岸是我放牛割草的地方；
仙都的旖旎奇景曾使我迷恋忘返，
一生中没见过比这里更美的风光。

这里的山水美在天然号称仙乡，
这里的百姓勤劳困苦俭朴善良；
流传下来的神话故事千古绝唱，
一篇篇都是美妙诗词锦绣文章。

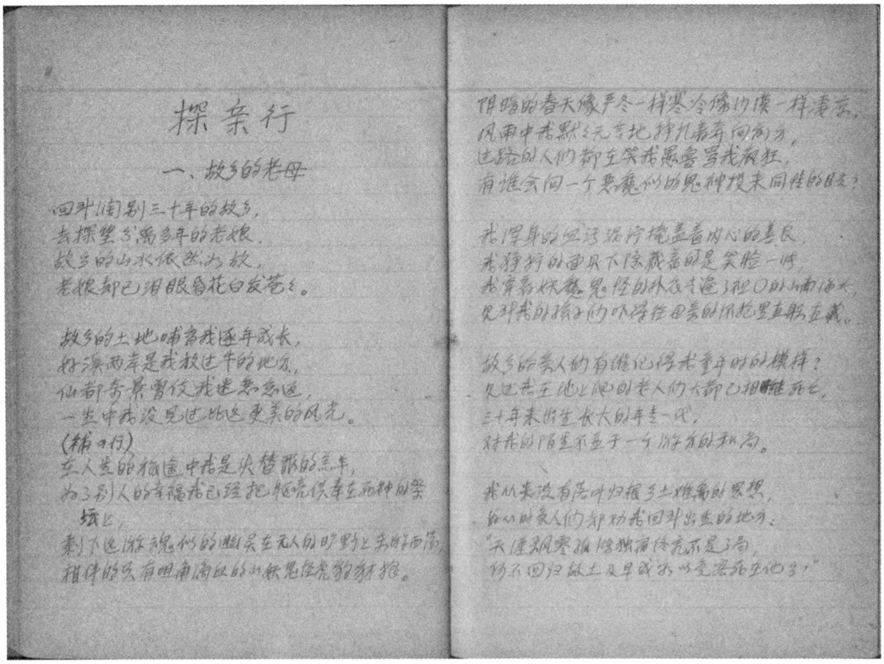
探亲行

一、故乡的老母

回到阔别三十年的故乡，
去探望分离多年的老娘。
故乡的山水依然如故，
老娘却已泪眼昏花白发苍苍。

故乡的土地哺育我逐年成长，
好溪两岸是我放过牛的地方，
仙都奇景曾使我迷恋忘返，
一生中我没见过比这更美的风光。
（补四行）
在人生的旅途中我是失群的孤羊，
为了别人的幸福我已经把躯壳供奉在祭神的祭坛上，
剩下这游魂似的幽灵在无人的旷野上到处流荡，
相伴的只有咀角滴血的小妖鬼怪虎豹豺狼。

阴暗的春天像严冬一样寒冷像沙漠一样凄凉，
风雨中我默默无言地挣扎着奔向前方，
过路的人们都在笑我愚蠢骂我疯狂，
有谁会向一个恶魔似的鬼神投来同情的目光？

我浑身的血污泥泞掩盖着内心的善良，
我狰狞的面貌下隐藏着的是笑脸一张，
[illegible]
[illegible]

故乡的亲人们有谁记得我童年时的模样？
见过我在地上爬的老人们大都已相继死亡，
三十年来出生长大的年青一代，
对我的陌生不亚于一个游方的和尚。

我从来没有落叶归根乡土难离的思想，
好心的亲人们都劝我回到出生的地方：
"天涯飘零孤独寂寞终究不是了局，
何不回归故土及早成家以免客死他乡？"

长诗《探亲行》手稿。

这里没有十里洋场的熙来攘往，
这里没有妖形怪状的粉头暗娼，
这里没有妙手空空的神偷扒手，
这里没有花衣窄裤的阿飞流氓。

孔雀开屏掩不住一个漏洞在中央，
梨花带雨正是斑斑点点眼泪汪汪；
恶溪[1]西去象征着罪恶之水无穷尽，
满山杜鹃正是那英杰鲜血映红光。

离别故土三十载远走四方，
从军游学去拜谒大河长江；
自古来奇志男儿腰金衣紫归故里，

①恶溪——横贯缙云县城的好溪，因为经常洪水泛滥，原名恶溪；后来兴修水利，水灾减少，改名"好溪"。

谁像我半生漂泊却戴一顶“桂冠”回家乡？

我是块顽石无才补天救洪荒，
我是段朽木无法作柱当栋梁；
只不过心有灵犀一点未泯灭，
为天良不避刀锯鼎镬加铁窗。

青年时代带笔从戎扛起抢，
当兵多年却未上阵打过仗；
解甲归来交枪留笔笔难留，
为笔招灾离别书案进牢房。

阴司的地狱有刀山油锅没有电网，
人间的牢狱设有禁闭室不见阳光，
饥饿的熬煎比一切的酷刑都残酷，
在饥火焚烧中念念不忘的是老娘。

老母亲目不识丁是个地道的文盲，
可是却经历过三个朝代两个皇上；
她不问国事只会洗衣做饭与烧菜，
却明白好坏美丑世态冷暖和炎凉。

她熟悉生活了八十年的缙云故乡，
她知道仙都奇景一百零三处风光，
她懂得这里婚丧娶嫁的奇风异俗，
她惊叹这里迎神赛会的如痴如狂。

每当仲夏之夜阖家在门外纳凉，
她轻挥蒲扇在竹榻上半卧半躺；
孩子们爱听她讲述神奇的故事，

都把小板凳儿端来围在她身旁。

一滴水可以测出江河浑浊抑清亮，
一句话可以判断世人凶恶或善良；
缙云县山多地少小得就像个巴掌，
闻所未闻的奇怪事情何止千万桩！

母亲的故事曲折离奇跟旁人不一样，
那里面有狐仙有鬼怪也有王母娘娘；
一件件一桩桩好像是她亲眼目睹过，
讲完了阴司地狱接着讲人间和天上。

我爱听人间真事不想听天上的仙女海里的龙王，
我爱听乡邻的喜怒哀乐不愿听政界的飞短流长，
世人的悲欢离合就在我的村内、村前和村后，
更容易引起我的兴趣触及我的愁绪和欢肠。

缙云县地处浙南是个偏僻的山乡，
地方虽小却出过不少文臣和武将；
大老爷荣归故里声势显赫人人都侧目，
身死之后还要用金童玉女双双来陪葬。

卢尚书的十八圹疑冢东一圹来西一圹，
每一圹花坟中都埋有童男童女各一双；
牧童詹骙拾得纹银百两还本主，
鳌头独占放牛岭上建起状元坊①。

①缙云县南门外状元岭上的石牌楼状元坊，建于明代嘉靖年间，是詹姓族人为纪念其祖先、缙云县唯一的一位状元詹骙而建。詹骙，宋代大中祥符年间人。传说他少年时代在岭上放牛，捡到一个装有一百多两银子的扎包，还给了温州客人。后来温州客人招他为婿，在家读书，终于考取了进士第一名，即俗称状元。此事缙云县的《詹氏宗谱》中有记载。这个故事，我曾用作素材写进《括苍山恩仇记》中。近年来出土詹骙的墓志铭，证明他只是一个“处士”，关于他曾经中状元的传说都是其后人编造的。詹骙实有其人，是南宋的状元，绍兴人，和缙云人詹骙无关。

死人娶活妻事情已经够荒唐，
更稀奇新娘送进庙里去拜堂；
官绅耆宿正为神婚忙贺喜，
小伙子爬上神案痛打夺妻的老城隍①。

讲过了地狱讲天堂，
说过了外处说本乡；
一提起吴家祖先怎么来缙云落脚，
却原来还有一本斑斑血泪账……

我父亲追求自由平等具有民主的思想，
参加过辛亥革命北伐时代打过孙传芳，
退伍归来当律师只谋一家大小温和饱，
抗战中为御敌寇又一次穿上了绿军装。

解放后任人民律师当的是民事组长，
年迈退休在家里一心一意只写文章，
要写出一生经历六十年的风云变幻，
用事实告诉后人救中国全靠共产党。

六六年“文化革命”风暴一场，
我父亲受到冲击含冤悬梁！
一生经历十年心血四十万字回忆录，
半夜之间荡然无存全部散失光。

我父亲饮恨含冤进入了永远安静的地方，
是忠是奸是好是坏自有历史去评讲；

---

①抗战期间，缙云县演出过城隍娶活人为妻的闹剧。为此“城隍奶奶”的未婚夫曾到城隍庙去痛打城隍老爷，并把神像推翻。这一素材，我曾写进《括苍山恩仇记》中。

只有他尚未完成的遗志著书传后代，
却落到了我这个最没用的幼子身上。

我不是阻挡历史车轮前进的小螳螂，
我不是兴风作浪推波助澜的海龙王；
尽管我满腔热血一片忠心要把衷情诉，
只可惜文章写得再漂亮也没有发表的地方。

看四周浑沌荒凉，
看前途迷雾茫茫，
犯愁犯难难入梦，
寒冬寒夜夜更长。

“地狱不净永不成佛”的是地藏王，
“我不下地狱谁下地狱”是佛祖心肠，
观音菩萨大慈大悲专门救苦救难，
为什么“中央首长”一心只想当“红都女皇”？

革命先烈不怕屠刀对准胸膛，
鲁迅先生惯以秃笔当作投枪，
失去了刀剑的战士牙齿也是武器，
怎见得文弱书生就不能奋战魑魅魍魉？

我已经妻离子散家破人又亡，
我已经横遭缧绁锒铛入牢房；
一切的身外之物全非我所有，
只剩下脑袋一颗加热血一腔。

我已经失去一切不惜热血洒光，
我已经流干眼泪不再苦恼彷徨，

人世间只有受不完的罪没有享不完的福，
又何必在个人得失之间苦苦多思量？

年过“不惑”应解世态炎和凉，
已近“知命”偏要与命争短长，
缺德无才不争虚名不夺利，
争的只是千金难买好时光。

我自愧幼年失学写不出半篇好文章，
我自恨改造不力满脑子全是旧思想，
大半生颠沛流离起落浮沉人海上，
行路多读书少浑浑噩噩游四方。

天生我叛逆性格比那蛮牛还要犟，
明知道有理无权难讲公道和天良，
从不信乌云遮天永无晴朗的日子，
难的是不知何日再见温暖的阳光。

人生如寄正是过眼烟云四处飘荡，
白驹过隙如箭如梭更比流星匆忙，
骚人墨客秉烛夜游只恨光阴太短暂，
傻瓜才会夜以继日争分夺秒抢时光。

我是个杨修式的聪明人反为聪明遭祸殃，
痛定思痛方才明白甘当傻瓜的有福享，
如今我自认笨伯专拣笨事儿干，
为只为继承父志哪怕死后志成也该当。

不登泰山不知道东海中怎样跳出太阳，
不回故里哪知道家乡的人丁如此兴旺，

三十年的变迁今日重返恍然有如隔世，
亲友稀父老死面目生疏简直难辨梓桑。

在人生的旅途中我是头替罪的无辜羔羊，
为了他人的幸福我把躯壳供奉在祭坛上；
剩下这游魂幽灵在黑暗的旷野上到处漂泊，
相伴的只有嘴角滴血的山妖鬼怪虎豹豺狼。

阴暗的春天像严冬一样寒冷像沙漠一样荒凉，
凄风苦雨中我默默无言地挣扎着奔向远方；
过路的人们都在笑我痴癫愚鲁骂我背时晦气，
有谁会向一个恶魔似的鬼魂投来同情的目光？

我浑身的污秽泥泞掩盖着内心的善良，
我狰狞的面具下隐藏着的是笑脸一张，
我穿着妖魔鬼怪的外衣回到生我养我的故土，
孩子们看见我都吓得往母亲的怀抱里直躲藏。

故乡的亲人们有谁记得我童年时候的模样？
见过我在地上爬的老人们大都已相继死亡，
三十年来在故乡出生长大的青年一代，
对我的陌生并不亚于一个游方的和尚。

我从来没有落叶归根故土难离的思想，
好心的亲友们却劝我回到出生的地方：
“天涯飘零孤眠独宿终究不是了局，
何不回归故土及早成家以免客死在他乡？”

我惯在人海中随波逐流四处飘荡，
我惯在荒山里攀藤附葛宿露餐霜；

孤栖独止有如闲云野鹤一身无牵挂。
怎能够贪图安逸鼻子眼儿里穿牛缰?

山里的姑娘秉性善良都有一副好心肠,
可有谁愿意光着脚板跟我四处去流浪?
尽管是跟我命运相同都是扁舟一叶苦海上,
可谁又会相信彼此能同舟共济安全返迷航?

只有在母亲的心目中独具一种神秘的目光,
在儿子的眼睛中她看到了两股无邪的光芒,
昏花的泪眼见到游子归来突然放射出异彩,
透过血污的皮肉一直看透我那鲜红的心脏。

慈母的心像早春的东风严冬的阳光,
她吹散了满天阴云融化了积雪冰霜,
她舔净了游子身上的斑斑血迹,
也抚平了逆子心上的累累创伤。

在慈母的眼睛里多大的儿女也和娃娃一样,
在慈母的孵翼下多冷的寒冬心花也会开放,
有多少如泉热泪曾为思念游子滔滔而涌,
有多少别恨离愁要在母亲膝下详说细讲……

我要在母亲的责备下痛哭一场,
我要在母亲的爱抚下治好创伤,
我要从母亲的诉说中寻找旧梦,
我要从母亲的心田中挖掘宝藏……

沙漠里的海市蜃楼美景不长,
江南的新春幻梦有如一枕黄粱,

二十天团聚悲欢难辨恨光阴短促，
怕离别又别离何年何月再见娘？

老母亲独自一个躲进了昏暗的厨房，
分明是强忍着生离死别的过度悲伤，
哆嗦着两手摸索着点上了炉火，
煮上了老腌鸡子儿整整十双。

炒米粉麦芽糖都有吃完的时光，
老布鞋暖肚兜更不是铁底铜帮，
只有这慈母爱子之心疼儿之情，
永远不会变更，永世不能相忘。

老母亲年已耄耋有如风中残烛在摇晃，
亲儿女颠沛流离相隔在天南地北各一方，
今日一别也许我从此不能再见娘的面，
要相会再相见除非是南柯梦中黄泉路上。

我是个无情汉长一副铁石心肠，
既懵懂又昏聩从小还缺乏教养，
打不哭逗不乐好像是木头一块，
为什么今天也心凄楚热泪盈眶？

我是个化外人到处流浪，
不敬神不念经更不烧香，
既无亲又无友六根清净，
为什么今天也悲戚惆怅？

人生一世好比是春梦一场，
镜中花水中月幻想百世流芳；

三十年权势显赫槐安招驸马，
黄粱熟后依然一身破衣裳。

人生一世短得有如朝露见太阳，
你挤我轧总想钻进宦海名利场，
奔波劳顿拼命争抢高官和厚禄，
到头来只落得披枷带锁罪衣长。

金鸡高唱分明东方欲晓天将亮，
为什么春眠难醒依旧酣睡恋梦乡？
到底是我变蝴蝶还是蝴蝶变成我，
稀里糊涂浑浑噩噩谁也不能讲周详。

奔驰的列车远离难忘的家乡，
我两眼凝神向窗外痴痴张望，
葱绿的大地在眼前迅速旋转，
我的心哪，也在奔腾跳跃倒海翻江！

——1975年3月17日写于46次列车上

我回到农场，立刻给楼兴娟写了一封长信，首先亮明自己的身份，然后简单介绍自己的历史，说了说目前我正在写作的长篇历史文化小说《括苍山恩仇记》，并对她的处境表示同情。结尾是相信人类必然走向进步，一切落后的、封建的、迷信的东西都将被历史所淘汰，对于我们个人来说，力量过于弱小，无力抗击，只能在历史面前做出牺牲，但也还是要尽自己的绵薄力量，一方面是为祖国的文化事业做出小小的贡献，一方面也表示自己对恶劣命运的不服，要用“自己的”方式进行抗争。

用诗歌求爱，是我的“强项”，小凤就是被我的情诗所“倾倒”的。这一次我照方抓药、故伎重演，所以在信中附了我所写的这首长诗。这首诗虽然不是情诗，但是对不同的人要用不同的内容和方式。我相信这首诗对于楼兴娟这个在政治上受到迫害的人来说，具有更强的“杀伤力”。为了避免诗稿传出去引来麻烦，我嘱咐她看过以后，必须立刻烧掉。——我这是“投石问路”，如果她看了信和诗对我表示同情，这个朋友就有可能继续交下去；如果没有共同语言，那么这第一封信，也就是最后一封信了。

不久她的回信到来，第一句话就说：根据那天晚上我所说的话，她就已经意识到我是个“犯了思想性错误”下放到农场去的机关干部，估计我不是“右派分子”就是“右倾机会主义分子”，却没想到我居然严重到进了劳改队。不过，她立刻表示并不因为我身在劳改队而对我有所歧视。根据她自己的亲身体会，她十分明白：进了监狱的人不一定都是坏人，而盘踞在领导岗位上的人则不一定都是好人。她既然已经被下放到社会的最底层，早已经一无所有，所以她也不怕再丢失什么，更不怕有我这样一个身在劳改队的朋友。然后她说：也曾经有许多人给她介绍对象，第一次见面或者第一次通信，这些人总是把自己吹得天花乱坠，还没有一个人肯于把自己的不良处境和盘托出的。因此，她觉得我这个人有点儿与众不同。特别是她看了我写的那首诗，很受感动，也从诗中了解到我的心态和志向，如果不是我再三嘱咐看后必须烧掉，真想把它保存起来。诗虽然烧掉了，但她对我的认识更加明确了。还说：只可惜她的水平太低，不然，她一定要帮助我完成我的事业，共同来写这部反映故乡风土人情和矛盾斗争的长篇小说——《括苍山恩仇记》。

从来信中可以看出，她对我的第一印象还是好的。既然她明确表示对我同情，话也说清楚了，以后的通信可就方便多了，想说什么就说什么，双方都没有任何顾忌。从她的来信中还得知：她有一个哥哥、四个妹妹，哥哥是个复员军人，现在合肥锻压机床厂当党委办公室主任；两个妹夫，一个是大队长，一个是大队支书。加上她父亲是生产队会计、她自己是民兵连连长，看起来她家在当地的“势力”还是不小的。如果我真的回到缙云去务农，有这样一家人家作“保护伞”，跟她一家人把关系搞好了，不说有什么大的作为吧，至少可以不受苦或少受些苦的。

在我们通了若干封信以后，她寄来了一张她的照片。在我们当地，一个未婚女子，一般是不会轻易把照片送给未婚男子的，除非是亲戚或老同学。我体会到双方都有了一些感情基础，觉得进一步试探的火候似乎已经

婚前的楼兴娟。

到了。那时候，我的《括苍山恩仇记》初稿已经写完了前两卷，就把第一卷四十章的稿子共八十多万字抄了一份寄给她，告诉她这就是我下半辈子的事业，不管受到任何挫折，我一定要把这部稿子写完。第一，请她看看，这样的小说，是否值得继续写下去；第二，如果她愿意，请她代我保管好这份誊清稿，一旦条件成熟，就可以拿出去出版；如果条件不成熟，只好继续等待，哪怕像《红楼梦》那样，即便作者死后三十年再出版，甚至像《水浒传》那样，一直到作者死后二百年才出版，也在所不惜。

当然，这也是再一次“投石问路”。如果她答应代我“保管稿子”，那我们就成了“合伙人”的关系，下面的话说不说都很清楚了。

不久之后，她回信来说：她用最快的速度夜以继日地看完了我写的这部稿子，认定小说写得很好，值得继续写下去。她还把小说稿拿给几个信得过的老先生看过，他们异口同声都说写得不错，甚至有人说“这样水平的人，在缙云找不出第二个来了”。所以，她答应一定尽她所能地替我把这部誊清稿保管好。不过，她也很明确地告诉我：她的前途和命运都被“革命造反派”所害，“文化大革命”不结束，“造反派”不倒台，她是绝不结婚的，所以目前她只能以好朋友的身份替我保管，然后共同等待时机的成熟。

话说到了这一步，还需要再说什么呢？毛主席说：“利用小说反党，乃是一大发明。”他老人家万万没有想到：利用诗歌和小说求婚却是我的一大发明，而且行之有效、立竿见影！

六、难测时机，是否成熟

1976年8月唐山大地震，我以半分钟之差冲出了摇晃中的住房，刚刚抱住了院子里的一棵树，住房就轰然倒塌在我的身后，万幸没被砸死。在这样的时刻，对我来说最要紧的事情应该是立刻通知家人我的安全。可是当时农场的领导也不知道出于什么心思，或者是接到什么上级命令，第一件“紧急措施”，竟是立即封锁消息，不许我们给家里写信，更不许离开农场。有一个美国人叫丹尼尔·凯莱（他是北京协和医院一个美国医生在中国生的儿子，他自认是美国人，中国政府则说他是中国人。二十世纪五十年代父亲死了，十六岁的他想回美国他哥哥姐姐那里去，当局不许，他就偷渡国境，因此以“叛国投敌罪”被捕）的难友，打算当夜骑自行车回北京安抚家人，知道我曾经深夜骑自行车回过北京，来向我打听怎么走法。我想托他给楼兴娟寄一封信，可是时间紧迫来不及细写，只得在一张纸上写下了“我还活着，没有受伤”八个大字，就装进了信封托他带到北京去寄。这不仅仅是我写给她的“最短的情书”，很可能也是世界上最短的情书了。

地震之后，我被管生产的焦队长分配到远离中队一里路之外的一个水泵房中住宿值班，负责浇灌二十多亩地的大白菜。实际上很可能这是焦队长知道我在悄悄儿地写小说，有意给我安排这样一个清闲而又清静的工作，好让我有更多的时间、更安静的地方用来写作。

焦队长脾气暴躁，外号“焦大炮”，张嘴就骂，动手就打，小流氓们特别怕他，但对我却爱护有加，从来没对我说过一句重话。新中国成立前他是个“红小鬼”，新中国成立后分配到中南海当机要通讯员，往来于毛、刘、周、朱之间递送重要文件。他虽然文化不高，却是个“政治上绝对可靠”的人，也是个见过大世面的人，他夫人则在传达室工作。有一次两口子吵架，脾气暴躁的焦大炮拔枪就打，把他夫人的一条腿打伤了。据说中南海的工作人员包括警卫人员除上岗外不许带枪，和他的那次闯祸有直接关系。为此，他受到处分被送到劳改农场来“教育别人，提高自己”，但是暴躁的脾气一直不改，官儿也越当越小，当时他已经被降到只管生产的副中队长了。——现在他已经故去，听说有一个儿子是北京市某区现任的反贪局局长。

1976年9月中旬的一天深夜，毛泽东死了不到一个月，我正在全神贯注地修改我的小说，忽然听见房门上有急促的剥啄之声。我这里是个绝对自由的“解放区”，绝不会有第二双眼睛看着我。此时此刻，深夜敲门，不是“夜奔”就是“夜袭”。我早就听说过，住在这个水泵房中的几个前任值班的，大都有过风流韵事，难道是哪个难耐空房寂寞的家属找上门来了？如果有“旷妇夜奔”这样的事情，一般必然是白天先上门来露出一丝儿口风，让人家有个思想准备。我这里是远离居民区的单门独户，一天到晚连个鬼都不来照顾我一下，可见绝无此事。那么是“仇家夜袭”？更不可能。我与世无争，总以忍让为主，劳改将近二十年了，从来不曾和别人发生过争执，哪里来的仇人？不管他，我先壮起胆子来问：“谁？”

“快开门，是我！”是一个男人的声音，而且已经分辨出来是中队宣传员赵植林。

这个赵植林，已经在2015年1月5日故去。他是二十世纪五十年代初派到苏联去留学的学生，在莫斯科大学学新闻，回国以后在交通部工作。在苏联期间，亲自听过毛泽东的讲话，也就是被毛泽东称为“早晨八九点钟的太阳”的那一批留学生。1957年“反右”运动时他在莫斯科，虽然没有亲自参加，国内的情况倒是知道的。回国以后，“反右”运动已经结束，但是他对“反右”运动的做法不但很有意见，而且耿耿于怀，居然在1961年写了一篇认为“反右过火”的“意见书”上交党组织。于是，他就被“补划”为“右派分子”了，而且很可能是全中国“最后一名右派分子”。为此，他被送到东北兴凯湖劳动教养。1962年，他没有赶上集中到团河农场“右派”队，解除教养以后却直接送到团河农场“强制就业”来了。

2005年5月《括苍山恩仇记》再版，赵植林在新浪网访谈中介绍此书的写作经过。

此人能歌善舞，能写会算（出国前是安徽大学数学系的学生）。在团河农场的时候，全大队集合开会，都是他上台指挥唱歌；合并到清河农场来以后，又被任命为中队宣传员，同时协助中队统计员工作，在中队里也算是"一人之下，百人之上"的红人。1974年4月，我的"小凤事件"被"台风"指导员当众揭批以后，遭到了许多人的冷嘲热讽，为此烦恼之极，从此避开众人，强制自己静下心来，开始长篇历史文化小说《括苍山恩仇记》的创作。由于我的写作是秘密进行的，因此不能坐在宿舍里写。那时候我负责管理八十亩稻田，每天清早带着馒头、咸菜和凉开水出工，空阔的稻田里基本上只有我一个人。我做好水平畦口，让田水自动流入，然后每丘田巡视一遍，看看没什么问题了，趁一早一晚天气凉快割一割田埂上的杂草，大中午的就坐在树荫凉底下吃冷馒头，然后用我的一笔"吴体"狂草低头疾书。有一天，我正在全神贯注地写"师兄弟校场比武"那一章，竟没注意身后有人走来。突然一声："写什么呀？这样认真！"回头一看，原来是中队宣传员赵植林巡查来了，吓得我毛骨悚然。那时候，除了浩然，全国的作家几乎都受到了批判，以前出版的小说，几乎都成了"毒草"。如果他发现我在写小说，又汇报上去，那是绝对说不清楚的，弄得不好，批斗之外，还要吃不了兜着走。我破釜沉舟，豁开去了，干脆直说我在写一部以清末农民起义为主题的历史小说。他立刻表示颇感兴趣，我也就眉飞色舞地给他朗诵了一段，没想到的是他对我的小说居然称赞不已，不但不批评我，反而鼓励我继续写下去，从此他成了少数知道并支持我写小说的难友之一。我来水泵房之前，每逢星期假日，他总是把我倒锁在放宣传用品的仓库里让我清静地写小说，而且我写一章他看一章，以他“莫大新闻系”毕业的高深造诣指导我写作，成了我劳改期间唯一的文学老师。

这时候已经接近深夜十二点，没有特别重要的事情，他是绝不会跑这样远的路来找我的。

我赶紧开门，只见老赵上身裹着棉大衣，下身只穿一条秋裤，看样子是刚从被窝儿里爬起来匆忙赶来的。他像一阵风似的卷了进来，也不在炕上坐下，而是站在那里迫不及待地说：“有好消息！刚才我听莫斯科电台的俄语广播，江青一伙儿被抓起来了。”我还有些不大相信，他接着说：“我天天看报纸，正奇怪这几天怎么没有江青他们的消息了呢，没想到毛主席死了不到一个月，这么快他们就倒台了。”

据他分析，江青一伙儿是代表中国“极左”思潮的，他们一垮台，政治形势必然会有所放松，我写的小说就很可能有机会出版了，因此他连夜赶来通知我这个好消息。他知道我的小说已经在9月9日（1976年）那天杀青，现在正在修改第三卷。他的意思是，要我先把一、二两卷的修改誊清稿寄出去，争取赶紧出版。

他走了以后，我不是立即着手整理稿子，而是立即给娟写信，告诉她“天气阴转多云，马上就要放晴了”。尽管我的政治问题一时半会儿可能还解决不了，但我的稿子可能会有出路，她也可能有出头的日子了。

不久，老赵传来的“莫斯科消息”就被《人民日报》的报道所证实。“四人帮”倒台是我的小说能够出版的前提，也是我和娟能够商谈婚事的基础。我们都认为，只要“四人帮”一倒台，不但她的冤案有可能解决，我们有可能考虑婚姻问题，甚至连我的政治问题也有可能解决，即便不能官复原职，至少可以放松一些。例如不再把“摘帽右派”列为专政对象，恢复真正的公民身份并适当安置工作，等等。而我则认为：只要允许我出版小说，我有信心肯定会一炮打响，从而我的命运和前途必然也会有根本性的改变。

在这样的前提下，我们开始商谈婚事了。但我提出了极为苛刻的结婚条件，我写信告诉娟：第一，我是因为直言而获罪的，但我这种“宁鸣而死，勿默而亡”的性格，不会因为获罪而不再直言。写小说，就是另一种方式的直言。目前“四人帮”虽然打倒了，但是根据《人民日报》发表的“两个凡是”的社论，今后执行的仍然是毛泽东路线，也就是说，“广开言路”的可能性是不大的，“因言获罪”的可能性依旧存在，说不一定哪一天，我还可能进监狱。在这样的前提下，如果她愿意和我结合，首先要有“送牢饭”的思想准备。如果万一他日我再次因言被捕，她那边立刻宣布和我划清政治界线，那就不如今天干脆不要考虑。第二，从“两个凡是”的精神来看，我目前暂时还不可能离开劳改农场，而且我们是没有探亲假的“三等公民”。如果和我结婚，我每年最多只能回家住二十天，至少在几年内要忍受两地分居的苦楚与不便。第三，我一个月只挣三十二元钱，除了最节省的每天六七毛钱的伙食费，我每月只能存十一二元钱作为一年一度回家探亲的路费。如果我们结婚，最好干脆不要孩子，如果一定要有个孩子，也只能靠她独力抚养了。

这样苛刻的结婚条件，在全中国来说，恐怕也是少有的。我这不是以进为退，而是以退为进、破釜沉舟，是一次性把丑话都说在前面，成败得失全在此一举了。因为事情明摆着，如果我不把这些不利因素统统摆出来，一旦遭遇到“不测”，再来做思想工作，可就太晚了。

没有想到的是，她的回信到来居然是斩钉截铁的一句话：“你所提的三个条件，我完全接受。”她解释说：她知道这等于用她自己的政治前途来交换这桩也许会遭遇到许多艰难挫折的婚姻，但是她第一出于爱才，第二出于支持正义，她义无反顾地下决心这样做了。如果她只求组织一个安逸的小家庭，如果想当“官太太”，这几年来给她介绍的对象中，不乏复员军人和机关干部，有的还是造反派的小头头儿，但是她的态度非常坚决：“要我嫁‘造反派’，我宁可一辈子不嫁人！”“文化大革命”的十年中她坚持不考虑婚姻问题，主要也是为了避开这些造反派们。既然十年时间都等过来了，当然要找一个与自己志同道合，有共同观点、共同语言、共同命运的人。

决定这件婚事，她没有跟任何人商量，包括她的父母和哥哥。她知道，只要和别人商量，和盘托出不说假话，可以预计几乎不会有人表示同意或支持的。不过事后她也曾经征求过一个人的意见，这个人是她的好朋友——缙云县法院副院长应章恩同志。她比较详细地介绍了我的情况，老应同志当时就预言："这些受迫害的同志，早晚是会给他们平反的。"——要知道，关于要给"右派"平反的烟台会议当时还没有召开，即便召开了，按他的级别当时也不可能知道，他是完全出于他自己对"文革"以后中国形势的认识作出这样的判断的。有了他的支持，娟对自己的大胆决定更加有信心了。

1976年，支持我们婚姻的缙云县法院副院长应章恩同志。

七、当前时机，并不成熟

与婚事同时进行的，还有我的小说。我的小说《括苍山恩仇记》第一卷八十万字早就已经修改后誊清，一共八大厚册，就在娟手里。我一方面夜以继日地修改誊清第二卷，一方面让娟以作者的名义把第一卷稿子寄给浙江人民出版社。因为我是浙江人，小说写的也是浙江省的事儿，我觉得这样的小说在浙江出版，应该是名正言顺的。10月3日（1976年），娟从新建把稿子挂号寄出。

在我看来，“四人帮”一被打倒，文艺的春天就会到来，因此我把我从1950年在四川开始创作，直到1974年方才写完的一首长达3344行的长篇叙事诗——《望娘滩的故事》也寄了出去：寄给了当时刚刚复刊不久，但是发行量达到一百多万份的《诗刊》。

《诗刊》的回信首先到来：他们看了稿子，觉得可用，要我到北京去修改。我傻乎乎地拿着编辑部的来信找分场部管教股的张干事请假，张干事看见这样的信，瞪大了眼睛愣了好半天儿，这才结结巴巴地说：“把你的稿子拿来，拿来我看看！”我依言把我的底稿送到了管教股。过了三天，我去催问，张干事瞪着眼睛绷着脸，严肃中带着鄙夷和不屑的口气说：“你写的那叫什么玩意儿？乱七八糟的！”一句话就把我写了二十四年的一部长诗给彻底否定了，不但请假不准，连原稿也被扣留，一直没有还给我。

没过几天，《诗刊》编辑部终于把我的稿子退了回来，附信写得还算客气：“由于稿挤，发表长诗有一定困难，只好割爱了。”

幸亏分场部传达室不了解情况，没扣留这份退回来的稿件。不然，稿子全没了，二十四年的心血，可就付之东流了。

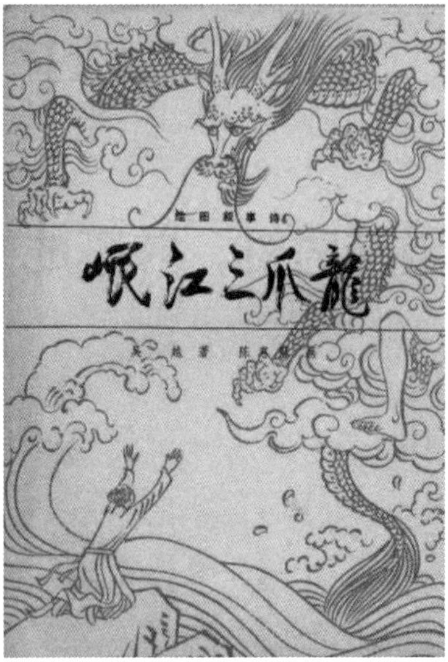

1985年，长诗《望娘滩的故事》以《岷江三爪龙》为题出版。

直到1981年10月，我调到了宝文堂书店当编辑，在东四北八条52号四楼上班，二楼就是《民间文艺》编辑部。一次偶然的机会，我认识了该刊的副主编吴超先生。由于我大哥也叫吴超，见了他不免多几分亲切，还开玩笑地叫了他一声“大哥”。攀谈之下，才知道他原来在《诗刊》当编辑。我讲起1976年我和《诗刊》的这一段姻缘，吴超同志说：我的那部稿子，当年就是他处理的。他对我的诗文很欣赏，说服了主编，打算上版，但是发函政审，没想到我的所在单位以我的“摘帽右派”身份不宜发表作品为由加以否定了。当时发表作品必须经过“所在单位”的政审，政审不合格，他也没有办法。于是我就和他协商，宝文堂正计划出版一套“绘图叙事诗”，已经有了马萧萧的《石牌坊的传说》，我的这部长诗也在计划之中。为了纪念他的“识诗人于劳改之中”，这部长诗打算就请他当责任编辑，他也欣然同意了。1985年，也就是事隔十年之后，这部长诗终于由著名画家陈惠冠先生绘图，以《岷江三爪龙》的书名正式出版了。

插话表过，再回到1976年的清河农场。

1976年10月底，我收到了浙江人民出版社10月24日发出的来信，告诉我长篇小说《括苍山恩仇记》已经审读通过，计划在年内出版。

收到这样的来信，我一则以喜，一则以忧。喜的是作品得到肯定，而且时间这样快：稿子是娟10月3日从缙云挂号寄出的，出版社最快也得在10月6日收到。一部80万字的小说稿，仅仅半个月时间，至少要经过三个人通读并讨论，即便用“流水作业”的方式读的稿子，能够这样快就通过，不能不说是“神速”。而且他们还打算在“年内”出版，当时已经是十月底，也就是说，只有两个月的运作时间了，没有巨大的决心，几乎是很难做到的。但是我有了长诗被“枪毙”的经验，心知这部书稿能不能在浙江成活，还两说着呢。

果不其然，没等我去找张干事，分场部张场长就把我叫到他的办公室里去了。见面第一句话就是：“吴越，听说你写了一部小说，有这回事儿吗？”

我心知政审的公函又到了，也就实话实说：“是的，有这么一回事儿。”

“你的小说写的是什么内容？”张场长没见过我的小说，不能像张干事那样用“什么玩意儿，乱七八糟”来一句话加以“枪毙”，所以必须先问问是什么内容。

“清朝末年的一次农民起义。”我昂首挺胸，以十分自信的口气说。其实我的小说主题是反对血统论的，是用形象思维来说明工农的子弟并不一定个个都好、地主的子女不见得个个都坏，并且全方位、广角度地描写了清朝末年浙南山村的风土人情，其中虽然也有“官逼民反”的内容但不是主题，至少不是第一主题，可是在他的面前，我不能不“拣好听的说”。古今中外，凡是农民起义，从来就没有“真正”成功过，而历次农民起义所造成的，只是生产力大倒退，社会发展停滞，百姓流离失所，百业萧条，生灵涂炭。但是无产阶级革命家同情“造反”，一贯支持并歌颂“造反”而不问目的和效果，所以凡是“描写农民起义”的小说，都被认为是具有积极意义的。

“你在清朝生活过吗？”张场长凝神半晌，冷丁爆出了这样一句。

“张场长，我今年刚四十四岁，怎么可能在清朝生活过呢？”

“对呀，你既然会写小说，总应该知道文学来源于生活；既然你没在清朝生活过，那么你所写的小说，岂不是缺乏生活基础，岂不是主观主义的作品吗？既然你写的作品是主观主义的作品，我们党的基层组织，能让它出笼吗？现在我代表党的基层组织正式通知你：你的作品，我们不同意出版！”

张场长不愧是分场长，水平比张干事高多了，至少他还学过哲学基础，懂得三段论证法，逻辑分明，大前提，小前提，条理清楚，结论也就十分准确，不像张干事那样讲不出道理来，只会用“乱七八糟、什么玩意儿”来加以否定。面对这样英明的场长，发出这样的神奇高论，并作出了这样毅然的决定，而且是以“党的基层组织”的名义出面的，我一个“摘帽右派”“三等公民”身份的人，还能够说什么话呢？我心里十分明白，此时此地，跟他讨论文学问题，百分之百地是对牛弹琴，是一点儿用处也没有的。中国的文学，居然要由这样的人来“把关”，真是历史的悲剧、中国文学事业的悲剧！说句玩笑话：即便《括苍山恩仇记》能和《红楼梦》媲美，不是也要被这种代表无产阶级专政的“把关者”所枪毙吗？我实在无言以对，只好沉默。张场长见我不说话，笑了笑，接着说：“告诉你，文学是党的事业，你私自写小说，私自往外寄稿子，都没有通过我们党的基层组织，这是……这是……一种……走私的行为，我还没有处分你呢！回去吧，往后别写什么小说了，好好儿劳动，通过劳动改造你的思想和世界观……”

从张场长办公室出来，我明确了一件事情：我的小说是成功的，至少是过关的，问题在于我的身份。我与赵植林商量对策，他建议我把稿子寄给中国青年出版社（简称“中青社”），因为中青出版过姚雪垠的《李自成》，姚雪垠就是“右派”。中青社既然可以出版姚雪垠的作品，那么也就应该可以出版我的作品（当时，我还不知道姚老的稿子是经过毛泽东点头，“御批钦定”的）。

几天以后，稿子从浙江人民出版社退回来了，退稿信写得非常简单：“吴越先生：你的稿子，经过我们再次考虑，决定不出版了。”连退稿理由都不说。——事后据张抗抗的父亲张白怀先生说，处理这部稿子的编辑是郎忆倩先生。当时刚刚打倒“四人帮”，整个编辑部的所有稿子包括已经发下去的稿子都不能用了，手头好小说奇缺，突然之间来了这样一部大稿子，不由得眼前一亮，所以立即组织编审力量突击审读，而且决定快速出版，可见他们当时的确是下了很大决心的。但是浙江的出版界一向以

“左”出名，只要“作者所在单位党支部不同意出版”，他们就毫无办法！

我考虑了一下，决定双管齐下：立刻重新包装，以“楼兴斶”的名字，用缙云县新建公社第五大队的地址，把稿子寄给了中国青年出版社。

中国青年出版社直属团中央，相对而言比较开放，当时已经不实行“政审”制度了，《第二次握手》的作者张扬还关在湖南监狱里，团中央书记胡耀邦就敢于拍板：先在《中国青年报》连载，接着由中国青年出版社出单行本！

我这部稿子，在中国青年出版社经过四个编辑审读，两个说好，两个说不好，第五个编辑李荣胜同志（现任中国作家协会现代文学馆馆长）读完了稿子，拿不定主意。他当时正要调往《中国青年报》，为了避免他的“关键一票”产生举足轻重的影响，只好“弃权”，还没写出审读意见来就走了。在这样的情况下，另一个编辑组的黄伊同志（现在已经作古）主动要求把稿子拿过去看看。他看了稿子，对稿子是肯定的。为此，他写出了审读意见，又把稿子送请刚刚落实政策回到中青社的前总编辑李庚同志（现在也已经作古）审读。李庚同志排开杂务，腾出十五天时间来通读了全稿，写出了七千多字的基本上肯定的审读意见。一直到稿子通过，快要出版了，责任编辑黄伊同志竟然还不知道此书作者的真名究竟是吴越还是楼兴斶！——这一段故事虽然有趣，但是说起来话长，和我的婚姻大事关联也比较少，所以这里只能蜻蜓点水地简单一笔带过，有兴趣的读者请看《括苍山恩仇记》的“再版后记”吧。

八、简陋婚事，别开生面

婚事既然已经决定，我们觉得宜早不宜晚，打算在1977年年初的春节期间把结婚手续办了。

尽管娟的一家子都是共产党员，但是当时她自己还不是党员，而是被培养入党的对象。按照组织原则，她向党支部汇报了自己即将结婚的事情。关于我的身份，她不想过早暴露，所以只说我在“北京地方国营清河农场工作”。为了搞清我的政治面貌，支部书记决定发文到农场外调，她当然不能表示异议，但是支书写好了外调信后，她却要求自己寄，支书也没反对。只是她拿到外调信以后却没有发出，而是锁在抽屉里了。

我这边立即打报告，第一要求请结婚假，第二要求开结婚介绍信。前面我说过，劳改农场对于就业人员要求结婚，道义上是支持的，因为“婚姻无着”正是就业人员普遍不满的问题，因此只要“老就”们找到了对象，农场一定支持。这方面，清河农场比团河农场要松得多也积极得多：团河农场是必须先看见女方的介绍信才开男方的介绍信，清河农场不但一打报告就批，而且开结婚介绍信根本不翻档案，全听你自己说，你说什么管教干事就写什么。因此，尽管我已经离过两次婚，但我开出来的结婚介绍信，居然写的还是“未婚”。

1975年，我回缙云探亲，已经把我几年来的积蓄用光了。经过一年的“再积累”，也不过攒了一百多块钱，所以1977年年初，我几乎是两手空空地到了新建。不过清河农场的哥们儿听说我又要结婚了，这个五元那个十元的（要知道，当时“二劳改”们一个月的工资，多数人只有三十几元，还有不到三十元的），居然也收了一百零五元钱的“贺礼”。我用这笔钱给娟买了一只八成新的手表，除此之外，没给她买任何东西，没给她的家人买任何东西，也没给我自己买任何东西。不过我倒是在北京买了两条好烟，到金华又买了五六斤水果糖，这是娟点名要的。因为缙云买不到好烟，出的水果糖吃起来虽然一样甜，价钱也不贵，但是颜色太黑，不大好看。

那时候，从金华到新建还没有直达汽车，我必须先从金华坐车到一个叫做“外堰”的小站，然后等待从缙云到新建的班车到来。这趟班车一天只对开四次，所以等了很久才上车，到达新建已经是下午四五点钟了。我到肉店找到了娟，这是我与她第二次见面。她并没有通知任何人她要结婚的消息，店里也没有任何人认识我。她给店里人打了个招呼，就把我带到了她住的火腿厂仓库外面我们第一次见面的那间小屋里。

难友张永贤听说我要结婚，用他老婆筛沙子挣的钱买了一丈二尺布票，再买了一丈二尺花布做成一床被面给娟寄来了。我二哥听说我要结婚，而且听我说娟的床上连条床单也没有，急我之所急，尽管那时候他依旧一个月领二十八元钱生活费，还是给娟寄来了一条印花床单。

这是我第二次来到这间小屋，照我估计，这将是我们的新房了。屋子经过整理，铺上了新床单，叠着新被子，撤了天罗地网似的晾衣服绳子，房间里干净利落多了。

我们同时在床沿上坐下，我第一句话就问：“咱们现在还没登记，你后悔不？要是后悔，现在还来得及。”

她笑了起来，说：“都到了这个地步，后悔也太晚了吧？何况我根本就不后悔！”

“既然你不后悔，那你就是我的了。”我把她拥进怀里，给了她我们相识以来的第一个吻，由于她不习惯亲吻，浅尝即止，而且以后也再没有过，所以这也是此生我们之间唯一的一个吻。

婚事再次敲定以后，她把我带到她家里去和家人见面。她的哥哥在合肥，四个妹妹中三个已经出嫁，家里只有一个十九岁的小妹妹，加上她的父母亲，全家一共四个人。家里似乎对她选择了这样一个丈夫并不太满意，或者是一家人都不善于辞令，总之是见了我大都冷冷的，没什么话可说。在她家吃的第一顿饭，也是贫下中农的家常饭，全是素的，并没有因我的来到而添菜。

也可以这样说，直到这时候，不但街坊四邻都不知道她家来了一个新女婿，就连她家里人，似乎也没做结婚的任何准备。

吃过晚饭，娟把我送到火腿厂她自己的房间里。我问她婚事将怎么进行，她叫我不要过问，一切都听她的安排。还没有登记，法律上我们还不是夫妻，我长途旅行、一路辛苦，她要我早点儿休息，自己则回家睡觉去了。

第二天一早，她照常到肉店上班，忙过了清晨最紧张的那一阵子，她找了个人代班，这才到宿舍叫我带上两包比较好点儿的糖块儿，带我上公社去登记。

新建公社是个大社，相当于乡镇的建制，下面有六个大队，大院子里有许多房子。她先找到了公社书记黄金保，这是一个挺瘦的高个子中年人，烟瘾极大，把一口牙都熏黑了。据娟后来告诉我说，当时农村的人，凡是家里有婚丧喜庆，办酒席招待，按例都要请大队干部和公社干部到家里坐上席。一个大队长或支书之类的农村干部，一年三百六十五天，总有二百多天是在别人家里吃饭的，而且不喝醉了不回家。独有这个黄金保是例外，尽管他烟瘾很大，一个月抽烟的钱就要占去他收入的小一半儿，家里生活也相当困难，但从来不在别人家里吃饭。不过也有例外，那就是和娟的关系相当好，早先娟当民兵连连长，黄金保当大队支书，晚上带着民兵一起出去巡逻，回来以后就在她家一起煮面条吃，没油，只是酱油汤加点儿葱花儿而已。但就是这样好的干部，“文革”期间还是挨整了。他是打倒“四人帮”以后新任的公社书记，难怪我刚一下汽车就看见广场上挂着红布横幅：“坚决拥护黄金保同志主持公社日常工作！”

娟把我介绍给黄书记，并献上了一包喜糖。黄书记听说这是结婚的喜糖，连说：“这糖我可得吃。”我连忙递上了好烟，尽管他从来不抽人家的烟，一天到晚就熏那三毛多钱一包的“西湖牌”，但却接过我的烟去立即点上，并说：“这烟我可得抽。”接着就数落娟，他们之间关系密切，不该连婚事也向他保密。娟也有说词儿：早在半年之前，就已经向食品站的党支部汇报了，是支书没向他汇报。再说，现在不是把丈夫带来请他当面审查，请他办理结婚登记手续，还要请他喝喜酒吗？他呵呵笑着：“是你挑的丈夫，不用审查，准没错儿。别人不了解你，我还不知道？都挑了十几年了，不是好样儿的，你能点头？这手续，我去帮你办；这喜酒，我也一定要喝！”

说着，他就把我们带到了一个姓江的文书面前，指着我们两个说：“你把他们的结婚登记手续给办了。”

在公社时代，一个文书，可不是连队里的“上士”级兵头将尾，而是书记不在可以代行书记职权的“大干部”。江文书当然是公事公办，伸手就向我们要结婚介绍信。黄书记笑了起来：“这结婚介绍信，是应该你开的呀，你怎么反倒问她要了？何况有我亲自带来，还要什么介绍信哪！”

黄书记的意思是，娟的介绍信就不用了，反正是本公社的人，谁都了解，何况有他在场，比介绍信还硬，即便要开，也还是要他这个文书开。江文书却错领会了意思，以为有书记担保，连我的介绍信也不用看了。因此立刻拿出大红结婚证书来，问了问我们的出生年月日，就把结婚证书递给了我们，连“我代表政府，批准你们结婚”之类的官话也没说。我说了声“谢谢”，娟取出一包糖来放在他办公桌上，就拉着我赶紧“逃跑”了。——她知道，在这样的场合，如果不赶紧逃，是要被四面包围，无法脱身，就是带上十斤糖，也不够分的。

拿到了结婚登记证，我们就是合法夫妻了。按照当地的传统习惯，新郎新娘应该挨家挨户去分喜糖的。但是娟没让我出面，而是全权委托他母亲去办。她看看我带回来的喜糖数量不多，根本不够分，又到百货店买了十斤一袋的两袋本地产水果糖，然后把我带回来的好糖和这些本地糖用一个大笸箩掺和在一起，这才打发她母亲捧着出去分喜糖了。

喜糖一分，等于登出了结婚启事，街坊四邻和亲戚朋友们都知道了，于是就有娟的女友们登门来送礼。大家这才醒悟到：楼家昨天进门的客人，原来就是他家的新女婿！可是人们明明看见昨天晚上娟是在家里睡觉的，丈夫从几千里外的北京赶回来，两口子居然不在一起睡觉，在当地人看来，简直不可思议！而更加不可思议的，还是这个新女婿的身份。因为据娟的介绍，我是个在北京某国营农场工作的缙云本地人，可是看我穿着呢制服，戴着眼镜儿，文质彬彬，显得挺有学问的，特别是伸出手来，红润而柔软，绝不像是干农业活儿的人。因此就有人猜是下放干部，有人猜

1977年春节，婚后我和楼兴娟在大雪天留影。

是故意保密，还有人猜是娟上北京告状的时候认识的，甚至还有人言之凿凿地说我是汪东兴的秘书。总之，我在新建成了一个来历不明的“神秘人物”了。

中午刚过，我的大姐、大姐夫、一个外甥、两个外甥媳妇儿，还带着一个五岁的孩子，一行七人，按照我们原定的计划，依照当地风俗，用青麻布口袋挑着大馒头，作为男方的客人到新建贺喜来了。我母亲没一起来，因为她自从患上老年性白内障以后，就老眼昏花，行动不便。我和姐夫商量好了，等婚后我再到壶镇去接她。

尽管我们不想、也无力为婚事大操大办，但是客人登门后，一杯水酒还是应该招待的。此外，据说娟被下放处理之后，丈母娘曾经对天许愿，如果女儿有了出头之日，一定要以生猪、生羊和大红金鸡对天还愿的。如今“四人帮”被打倒，女儿于归，虽然冤案未曾平反，但也是指日可待的事情，因此也要提前还愿，以了心愿。为此，家里宰了一头大肥猪，又到市上买了一头不太肥的山羊。禽类本来就归食品站卖，娟带我到食品站去看，发现铁丝鸡笼里有一只收购来的大红公鸡，站起来那脑袋能有我胸口高，估计至少有十斤重。我就要求把它买下来，一过秤，居然有十二斤多。自己人，就按十二斤的整数付钱买下来了。正在这时候，水库又送鱼来了。我看见有一条大白鲢，足有一米五长，一过秤，整整十八斤，也买了下来。

下午四点，院子里点上了香烛，供着去了毛的生猪、生羊和大公鸡，全家人都来对天磕头。我没有磕头的习惯，就作了三个揖，算是感谢老天爷的“天作之合”吧。——可惜我的老式照相机，已经在琴的时代因为生活困难而变卖了，这样难得的场面竟没有留下一张照片！

据说农村人请客，最难请的是公社和大队的干部们，不跑三趟四趟、不强拉硬拽，是绝请不来的。只有娟这次请客，却与众不同，只要打个招呼不但统统都来，还带上了好几个因公出差到公社来的县里干部。别以为人家是吃“蹭饭”来了，要知道，在当地这可是天大的面子，一般的人家办喜事，县里来的“大干部”是绝不肯光临的。娟的二妹夫是大队长，交游广阔，善于辞令，酒量也大，就请他负责接待客人；四妹夫是大队支书，善于烹饪，就系上了围裙亲自下厨掌勺。席上有公社书记坐镇，村干部们虽然嘻嘻哈哈地大块吃肉、大碗喝酒，却不像平时那样大喊大叫的，显得文雅多了。

我悄悄儿问娟：怎么没通知我们的大媒人徐子玲，才知道她已经调到景宁县她丈夫那里去了。——很可惜，徐子玲、徐子豪姐弟俩，自从给我做媒见过一面之后，就再也没有机会重逢了。

新房当然就是娟的那间宿舍——火腿厂库房门口的“值班室”。不过经过她的整理和我的布置，已经不那么杂乱了，床上用品也是全新的：花床单，是我二哥寄来的；新被子，被里是我买的一丈四尺新棉布，被面是张永贤送的一丈二尺花布，棉花套是以弹棉花为业的外甥民光送的。桌子上还多了一台半导体收音机，这是我和琴离婚的时候，法院判给我的唯一财产；墙上还贴着用虎皮宣写的诗词，诗是我写的，全文是：

春风送我故乡来，恰似刘郎到天台。
女子有情多壮志，男儿缺德少奇才。
经霜种子今宵结，傲雪鲜花此日开。
夫妇同心勤垦植，荒原野地肉芝栽。

词名是《贺新郎》，是我的劳改难友安才子写的。安才子本是个会计，1957年被错划为“右派”，送来清河农场劳动教养。他是个业余书画家，写得一手好字，也能够画一些仕女花卉之类，长得面目清秀，谈吐斯文儒雅，一副标准的“才子相”。他还有一手“绝活儿”，不但能演奏各种中国民族乐器，还能制造各种民族乐器，所制琵琶、二胡、月琴之类，不论从外观到演奏质量，绝对超过乐器公司出售的商品。因此，大家都叫他“安才子”。劳改农场里藏龙卧虎，能人极多，善于书画的人也不少，至少比他的字写得更好的人，就有好几个。但是安才子却自视甚高，傲得厉害，除了书画之外，还自称善于诗词。我对诗词一道没有下过什么功夫，只是少年时代父亲给我讲过一些诗的平仄和对仗，也似通不通地勉强写过几首，不过是为了交作业。词呢，也背过几首，韵脚能记住，没有词谱，平仄就掌握不好了。这次写《括苍山恩仇记》，因为故事行文的需要，东抄西凑地在小说中也勉强写了一些诗词，为了不露怯，就特地拿去请“安才子”斧正。没有想到他看了以后，却用一句话完全加以否定：“你写的那东西，根本就不能叫诗词，只能算是顺口溜！”意思是根本就不值得他大笔一改，因此也就没给我改。我自感汗颜，只好默默地把稿子撤回来算完事儿。

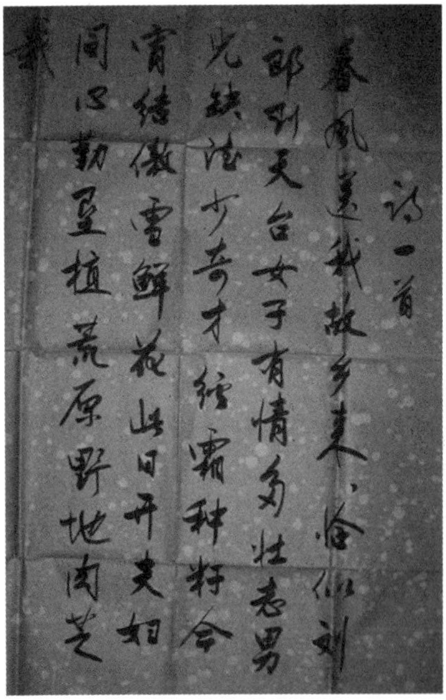

新房中张贴的安才子手书的诗词。

我请了婚假，动身之前写了上面的那首歪诗。我从小就没学过毛笔字，写的字不是龙飞凤舞，而是春蚕秋蚓、天真烂漫，像一年级的小学生。于是我就买了两张虎皮宣，又选了辛弃疾的两首七律，一并拿去请安才子帮我大笔一挥，同时赧颜向他求一墨宝，他倒是很痛快地答应了。他用风流潇洒的行草写了我送去的诗，又用大红纸写了一词，名《贺新郎》。词曰：

岁历翻新页。喜回头，一年经过，奇峰千叠。铁臂银锄东风舞，改变乾坤陈设。看不尽山飞水越，亿万雄心学庆寨，凯歌声洋溢乎中国。传捷报，满腔热。　岁始由来春寒烈，任凭他迷天雪乱，魑魅魍魉。高举大旂红浪涌，多少英雄豪杰。开天地宏伟事业。宇宙无穷无尽愿，愿征尘奋翼冲天阙。射白虎，揽明月。

他在交给我的时候，还再三声明没有工夫填新词，以旧作塞责，不堪入目，不要见笑，也不要见责。

我拿到之后，高兴之极，也感慨万千：果然不愧为才子手笔，气势磅礴。虽然有一点点淡淡的赶潮流的“时代”味儿，但是落笔不俗，至少比那些肉麻当有趣的马屁诗强万倍。回到缙云，就在我的新房里张贴起来。

不料小小的缙云县却不乏辞赋高人，有几个老先生进我的新房来“随喜”，见了这两张诗词，吟咏之后当即指出诗是新作，词却是赵朴初的作品。我当然不相信，告诉人家这是我们单位的大才子所写。人家倒是比我更认真，也不跟我争执，回家去把《赵朴初诗词集》捧来给我看。我一对照，这一回可是真的赧颜了，这首词一个字也没抄错，果然是赵老的作品。羞得我无地自容，当时就揭了下来藏进了箱子，至今仍在箱底卧着。

一连热闹了好几天，大姐一家也回壶镇去了。虽然是在“新婚蜜月期”，由于“文革”的“破四旧”，加上娟是临时工，她的“单位首长”根本就不考虑“有没有婚假”的问题。

婚前婚后，她一天也没休息，照常上班。我一个人坐在她的宿舍中，倒是可以静静地修改我的《括苍山恩仇记》第三卷。

我在劳改农场写《括苍山恩仇记》需要参考书，可是农场根本没有图书馆，即便有的话，“文革”期间也不开放。我手头原有的几本参考书，也在“文革”初期被队长抄走，名为“封存”，实际上就是被没收了。因此，所有的相关历史资料，只能全凭脑子记忆。“肃反”中由于日记被抄走，暴露了隐私不说，还因此引起了许多怀疑，要费许多口舌方才说清，因此“肃反”以后，一把火烧了所有的日记，发誓从此不再记这惹祸的东西，却强迫锻炼自己的记忆力。所以我的记忆力超强，被人称为“超电脑”，不然还真的不敢在没有任何参考资料的劳改农场写历史文化小说。不过，我以前有做读书笔记的习惯，有一些资料是从自己的笔记本中抄的。这次回到缙云结婚，心知肯定会有许多空闲的时间，所以仍带着原稿和笔记，以便随时随地抓空修改。

一个偶然的机会，娟的一个朋友带我到新建中学图书馆翻检可资参考的书，发现有一本新中国成立前缙云县文华阁印刷的线装本《缙云文征》，其中有许多缙云籍文人描写缙云县山水风光的诗词。于是，我就把书借出来，一个人坐在宿舍里边读边抄。

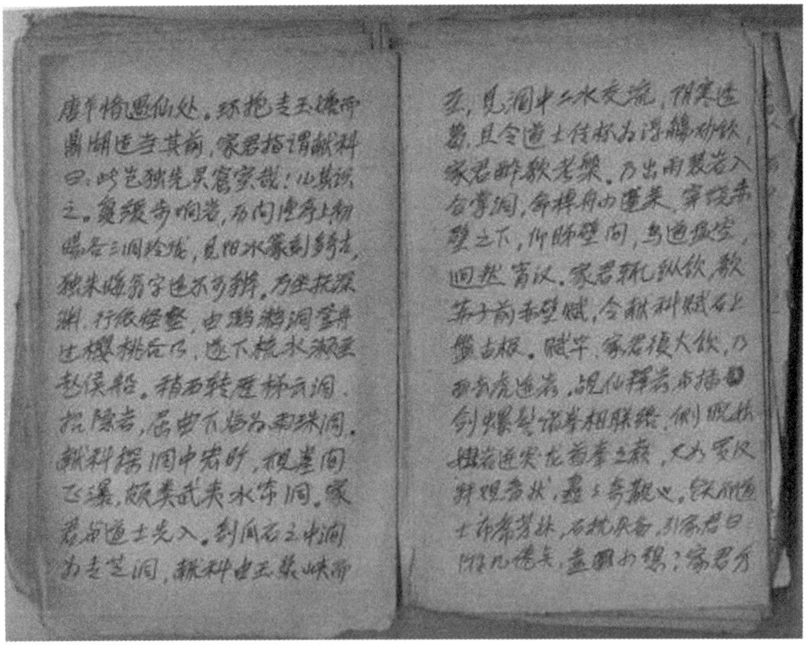

手抄线装书《缙云文征》中的资料。

春节放假期间，我正准备带着娟到壶镇去看望母亲并把她接到新建来，却忽然接到同仁的女婿从城里给我打来的电话，说是我母亲摔坏了腿，现在他家里，要我赶紧去接。这可真是事出非常，怎么办呢？我和老丈人一商量，只好推上家里的一辆双轮车，再铺上一床毯子，先到县里把母亲拉回来再说。

从新建到县城三十里路，我的腿脚还算利索，走快点儿，用不了三个小时就到了。到了何家，见到了母亲，才知道她急于想见到儿媳妇，不听大姐和大姐夫的劝告，一定要独自一人到新建来。按照她的想法，有姐夫在壶镇送她上车，到了县里，再买张到新建的车票，只不过转一下车，反正都是熟极了的路，绝不会出问题的。姐夫拗不过她，只好由她，上车的时候，居然连根拐杖都没带。到了县里，买了到新建的车票，如果老老实实地坐在候车室里等，那是不会有问题的。可她一看时间还早，仗着路熟，想去看看抗战期间我们的老房东王师母，就一个人从南门汽车站走了两三里路到了东门王家。一路上转弯抹角，过桥上坡，倒是平平安安的，没出什么事儿。见到了王师母以后，聊了一会儿天儿，从王师母家里出来，在大门口斜着身子一面辞行一面走路，错把两步台阶当作一步迈，踩空了一脚，跌倒了。因为不是在奔跑中摔倒，当时站了起来，走两步也不觉得疼，自己并没觉得受了伤，也没放在心上。等走到县前街，就觉得大腿疼得钻心，迈不开步了，这才不得已就近摸到了何家。何同仁因为是“革命派”，正在“学习班”学习，由他女婿扶了进去，先给她贴了一张止痛膏药，这才打电话通知我。

老人怕跌，我母亲双目视力极差，根本就不应该独自一人行动，可她思念儿子心切，想见儿媳妇的心更迫切，又是个固执的老人，如今跌伤了，除了赶紧把她拉到新建医治之外，还有什么办法呢？

到了新建，据医生检查，说是没有骨折，只贴了几张膏药。后来伤好了，但腿却瘸了，从此一直到死，走路都离不开拐杖。

就为母亲腿脚受伤，婚后我没到壶镇去过。直到我的假期满了，也只好把母亲留给娟再照顾几天，然后把她送回壶镇去。

九、缙云虽小，笔杆子多

按照预定的计划，婚后我和娟应该到姐夫家里去看望母亲，如今母亲大腿摔伤正在医疗阶段，加上天下雪，公路不通车，只好“一动不如一静”，在家里待着，静静心心地继续修改我的《括苍山恩仇记》。

这期间，因为食品公司的书记、公社的书记都是娟的好朋友，对他们都不保密，把我写的小说分头给他们看了。此外还有几个在我们婚前就看过这部小说第一卷的老先生，他们一致认为像我这样的人才不可多得，县里一定用得着；何况现在打倒了“四人帮”，拨乱反正，百废俱兴，我这样的人应该大有用武之地。因此他们都建议我直接去找县委书记谈谈，想办法调回缙云来，一方面夫妻团聚，一方面也为缙云办点儿实事。——这其中，也有一个原因促使他们这样提出来，那就是新任县委书记马存孝，不但“文革”期间是被打倒的“走资派”，而且是“红”字派，所谓的“大家都是同观点”。那一段时间，只有“同观点”的人，才是真正的“同志”。

这当然是我所希望的，能够由县里安排工作，怎不比回来务农强？与娟商量的结果，她也认为不妨一试。

可是路上结冰，汽车不通，娟又不会骑自行车，而我假期将满，不能再拖了，不得已，只能陪着娟步行进城，一试命运。

到了县城，我们先去找派出所所长，因为他原来是新建公社的干部，跟娟比较熟识，而且也是“同派同观点”的真正的“同志”。在他家里吃过中饭，再由他夫人陪同，趁中午下班的时间，到县委书记家里去登门拜访。

县委书记马存孝，是打倒“四人帮”以后新上台的，并不是缙云本地人。“文革”期间，因为他是“红联总”头头，不但挨过整，还被下放到东门大队劳动过。他住在被当地人称为“官厅”的县委宿舍楼内，那年月还不兴装修，房内的布置摆设倒很朴素，连张沙发也没有。娟先告知自己已经结婚的喜讯，并送上一包喜糖，然后介绍我和书记认识。我着重谈了自己原来是国家语委的干部，曾经在《光明日报》和文字改革出版社当过编辑，因为1957年划为“右派”被劳改，好在如今已经摘去帽子。近来在写一部以缙云为背景的长篇历史文化小说，为了便于深入生活，广泛搜集创作素材，我希望能够回到缙云来当一名文化馆馆员，专门从事文学创作，希望能够得到县委的支持与帮助，等等。

他沉吟良久，这才不置可否地说：刚刚打倒“四人帮”，县委主要抓的是拨乱反正方面的工作，关于文化馆是不是需要笔杆子，他不大清楚；再说，他也不能直接插手下级单位的人事安排，因此建议我到文化局去问问看。只要文化局需要，编制上也还有名额，他个人一定支持，至少可以建议组织部考虑。

我知道他的话一半儿是实情，一半儿是官话。关键是彼此了解不够，关系也不铁；特别是对于我那“摘帽右派”的身份，中央还没政策，他也不便表态。不过有他这样一句话，到文化局问问看，总也是一条路子。于是我们告别了县委书记，直奔县政府大院儿。

县政府与县委同在一个大院儿里，共用一座四层的办公楼。所谓的文化局，不过是三楼的一间房间，一共不过三四个人。局长姓陈，缙云本地人，原来是县医院的书记，因为当时把文教和卫生认为是一个系统，早前只设一个局，后来才分开的。

陈局长说话比县委书记痛快得多，他说：缙云县有的是笔杆子，县文化馆、县报道组都不缺人，倒是县剧团缺一个作曲的，如果我会作曲，他可以考虑安排。

我心里也明白，就凭我自己说会写小说，是没有用的。尽管我带着厚厚的一摞稿子，但是稿子不值钱，他也不可能坐下来认认真真地看。其实，厚厚的一部妙笔生花的原稿，绝不如一部狗屁不通的小册子更能够唬人。缙云人文化底蕴深厚，尽管至今还不见有一部当代作家的传世之作出版，但我相信从事写作的人一定不少。他作为文化局局长，看见过的原稿估计也不在少数，难怪他要说“缙云有的是笔杆子”了。我也知道，我的稿子还没有印成书，今天来找他要求安置工作，的确是太早了点儿。不过我也明白，一旦我的五卷二百万字巨著出版，我大概也不会回到缙云县文化馆来当个馆员了。

至于作曲，我虽然也学过，而且也有不少作品，但那只是逢场作戏而已，不是我的强项。何况缙云剧团演出的是婺剧，而对于婺剧，我简直是一窍不通，这个差使，我干不了。——后来县剧团果然调来一个编剧兼作曲，叫丁予炎，义乌市人。他曾经到北京来拜访过我，并把我的《括苍山恩仇记》前二卷改编为婺剧《天国恨》，由他自己作曲。但是剧团缺乏经费，没钱做服装道具，尽管剧本都通过了，也列入排演计划了，却始终无法兑现。

谋职之行，无果而返，一切都只能等待小说正式出版以后再说了。

十、三号吴永，艰难出世

新婚之夜，我就与妻商量要不要孩子的问题。从经济角度考虑，我根本没有做父亲的资格，但从日后考虑，孩子似乎还是应该要一个的。如果决定要孩子，考虑到她的年龄，晚要不如早要。商量的结果，是一切听其自然，如果上天一定要给我们一个孩子，好歹她一个月还有二十七元工资，比平时见不着现钱、年底分红钱也不多的公社社员还强，无非是生活要更苦一些，不过总也还能够把孩子拉扯大。

在我临离开新建的前几天，从来不爱吃苹果的她，忽然发疯似的想吃苹果，非得让我立刻就去买。当时我就觉得她有些反常，估计很可能是怀孕了，但是妊娠反应一般都在受孕的两个月以后，我结婚还不到一个月，怎么会这么快就反应呢？我嘱咐娟赶紧到医院去检查一下。等我回到清河农场，她来信说，经过妇产科大夫检查，证实的确有一个小宝宝要到我们家来了。

从经济负担看，这个孩子当然来的不是时候；但从娟的生育年龄看，却又是来得正是时候。我的积蓄不但已经全部用完，还有小小的负债，加上我还要准备明年的探亲，正像我们在婚前所协议的那样，所有与孩子有关的花费，都要由她的这二十七元工资中开销了。

预产期是1977年的11月15日前后，结果在11月10日就接到了娟的来信：11月5日，一个女孩儿来到了我们家，并要我给孩子起个名字。其实，关于孩子的名字，我是早就想好了的。我的第一个女儿名叫吴永，那是她外公给她取的，她那一辈儿的哥哥姐姐们的名字都是我父亲取的。我父亲取名字有一个原则，第一是单名，第二是笔画要少，最好不超过四笔

1979年冬，小吴永两岁（摄于缙云新建）。

或五笔，目的是好写，省得孩子进了小学，连自己的名字也写不进一个格子里。所以我哥哥的几个孩子，从吴天、吴平、吴文、吴元、吴方、吴丹、吴太、吴立……排下来，都是四笔或五笔。我的第一个老丈人之所以给外孙女起名吴永，第一是沿袭哥哥、姐姐们单名且笔画从简的传统，第二"永"字是汉字中笔法的总汇，点、横、竖、撇、捺、钩、折、提八法俱全，利于小孩子开笔学字。孩子起名为"永"，本应该"永远"属于我，可惜我跟怡结婚的时候，筹办婚礼的工会委员们不知道避讳，买来了整筐的梨，于是不出三年，我就和怡离婚了，于是孩子不是永远属于我，而是永远离我而去。第二个孩子出世，我希望这个孩子能够永远属于我，因此仍旧起名叫"永"，可惜在老丈人家举办婚宴的时候，是我自己又一次买了梨，结果难逃第二次离婚的恶运，本来应该永远属于我的"二号吴永"，又一次离我而去，而且还改姓成了杨家的孩子。这一次与娟结婚，我连一个梨也没买，这个孩子总应该永远属于我了吧！因此，这第三个女儿，我依旧给她取名叫"吴永"。

十一、无端裂痕，从此开始

我的第一个老婆，是因为政治上的原因离婚的；第二个老婆呢，则是因为经济上的原因而离婚的；第三个老婆，在政治上、经济上都经过十分严酷的考验，我有充分的理由相信，即便我再一次进监狱，即便我穷得穿不起裤子，我这个老婆都不会因此而跟我离婚。我唯一的顾虑是：她性格坚忍不拔，“斗争性”很强，而我们在婚前只见了一面，没有彼此增进了解的恋爱阶段，对于彼此的性格爱好和生活习惯，都不怎么了解，因此这是我们两人之间最薄弱的一环，矛盾也最容易从这里产生。好在生活方面的矛盾都是小问题，我这个人脾气好，懂得忍让。只要在生活方面的小矛盾不引发争执，我相信，在其他方面是不会发生矛盾的。关于这件事情，我其实早有预见。因此1977年年初我到缙云新建去结婚的时候，进了洞房之后，我当即向她提出了这样一个保证：由于互相之间在性格和生活习惯方面了解不够，为避免发生无谓之争，我保证在任何误解或不满的情况下做到克制自己、冷静处理，绝不开“第一枪”。我的理解是：如果夫妻双方都能够做到克制自己、理解对方，不放“第一枪”，那就永远不会发生战争了。当时虽然她也信誓旦旦地说过一定不在她这方面开“第一枪”，但是我对她的这一保证，始终有些不大相信。

好在我每年只回老家去住十几二十天，在我探亲期间，因为她是个临时工，仍旧天天要上班，连星期假日都没有，每天早出晚归，只有晚上才见面，因此接触得少，产生矛盾的概率也小。

1979年的春夏之交，小永已经一岁半，快要会走路了。娟的意思是，年年都是我回浙江去探亲，这一次应该由她来了，趁此机会，也见识见识北方，特别是劳改农场。于是在“五一节”前夕，她带着小永，在老丈人的护送下，到清河农场探亲来了。

清河农场是一个很特殊的单位，全场最兴旺的1958年，据说有好几万劳改犯和教养人员，也算是一个大单位了。地点虽然在河北省宁河县（当时宁河县还没划给天津市），但是却属于北京市公安局管辖，一切行政管属，包括户口、学校、粮食和百货供应，都有自己的系统，和宁河县没有任何关系。但是也有一项例外，那就是信件、电话、电报等通信方面的设施和投递，不得不借重宁河县。因此，各地打到清河农场的电报，都要由宁河县转。可是宁河县的电信局在芦台镇，离清河农场远着呢，所以打电报到清河农场，有时候还没有写信来得快。而从缙云到清河农场，只有一种出行方案，即：一早坐汽车先到金华，搭乘46次从福州到北京的快车到天津，然后改乘从北京到山海关的慢车，才能到达茶淀这个三等小站。尽管中途转车要等待很长时间，好在当天都能够上车，只是所有车次没有一趟是始发站。当时铁路交通严重超载，上车以后肯定没有座位，带着个吃奶的孩子，辛苦是难免的。我写信详细告诉娟各次列车到发站的时间，再交代中途转车的注意事项，估计问题不会太大。娟来信告诉了我她动身的日子，我算准了她到茶淀车站的日期和时间，事先找了一间空房间铺排好了，然后到车站去接她们。

清河农场的面积大，分场多，从火车站到最远的五八五分场，足有二十多里路。因此总场部特设一辆交通车，一天两次接送北京始发和山海关始发到茶淀车站上下车的旅客。我同中队有个叫庄信杰的难友，是上海亨达利钟表店的小老板，钢铁学院的“右派”学生，和我的关系比较“铁”（他也想在缙云去找个农村姑娘结婚，娟给他介绍了一个小学教师，他曾经到新建去和那个姑娘见了面，可惜没有成功。此外，他的妹妹庄国英，1950年通过正当渠道去了香港，后又转赴美国嫁给了怡的哥哥，因此他和怡也是亲戚。他回上海探亲期间还去看望过怡，是我的朋友中唯一见过我三个老婆的人。落实政策以后，他在钢铁研究院工作，年纪虽然比我小，可是现在已经故去）。他在机械厂找了个朋友，偷偷儿开出一辆手扶拖拉机来，和我一起到车站去接。同时请了在机械厂当电焊工的杨小兵（湖南人，杨得志的本家亲戚，如今也已经故去）掌勺，打算用煤油炉做“杨式西餐”给楼兴娟举行“接风宴会”。

但是我们两个人“八只”眼睛盯住了出站口，等下车的旅客全部出来，班车都开走了，却不见娟和老丈人的影子。我们估计她不是延期出门，就是46次车误点（那年月列车严重超载，误点是经常发生的事情），没赶上北京到山海关的这次车，只得到机械厂去吃杨小兵已经做好了的那顿饭。

等我吃完了饭骑车回到四分场，一进自己的房间，不料他们母女和老丈人都已经坐在房间里，而且已经用我特制的电炉子炒了饭吃过了。——原来茶淀车站是个小站，月台很短，也没有护栏、铁丝网之类隔着，旅客下车以后，并不一定要从出站口出站。她们下车以后，看见站外广场上停着交通车，怕人多车上挤，也没想到我们会到车站接，慌急慌忙地抄小道儿就上了车了。我们几个只是傻盯着出站口，哪儿看得见？糟的是她不知道四分场分东、西两个村子，交通车只在东村停一下，就开到西荒地去了，并不直达西村，而从东村到西村，还足足有五六里路。她抱着孩子，老丈人挑着担子，一路问到了西村，天都黑了。幸亏和我同住一屋的刘元凯知道此事，急忙把她们领到我事先安排好的房间里去。

第二天正好是星期天，庄信杰再次在机械厂杨小兵的宿舍举行“接风宴会”，娟和我老丈人都出席了。——大家都是单身汉，谁也没有炉灶，加上当时在农场买肉也很困难，阿庄只能买几个午餐肉罐头，再买点儿黄瓜、土豆、西红柿之类，由“特级厨师”杨小兵在煤油炉子上做西餐招待我们。阿庄还自己打鸡蛋自制沙拉酱，做了一大盆沙拉，大家吃得津津有味。对娟来说，很可能还是生平头一次吃沙拉呢！

当时我在四分场西村当电工，这也是焦大炮对我的照顾。在劳改农场，电工是个最舒坦的差使，有“溜溜达达是电工”的俗谚。不是麦收和秋收的脱粒季节，电工不用进场院盯着，只要保证照明线路畅通，基本上没什么事情。即便某一排房子保险丝断了，只要找到短路所在把保险丝接上，也不过十几分钟的活儿，更何况只要没人故意捣乱，断保险丝的情况十天八天才发生一次。倒是列为“附带工作”的开电视机，却是天天晚上要干的，不过那也是每到晚上七点钟之前打开电视室的门，再把电视调到中央台第一套节目的频道上，到晚上十点钟再去关电视机和电视室，就完成任务了。我干这样的差使，每天有许多空闲时间可以用来写作，所以娟带着孩子来了以后，我基本上每天守着她们。这是我回缙云探亲，娟所绝对做不到的。

在四分场西村扬水站，有个姓宋的电工，因为两个门牙特别大，外号人称“宋大牙”。他是个“外雇职工”，而且是个党员，但是不识几个字。“文革”中期，在“工人阶级领导一切”的口号下，他被推上了工宣队队长的宝座，还进驻清河中学代行过一阵子中学校长的职务。终于因为他文化水平太低，无法领导革命师生们进行教育改革，所以不久以后又被撤了出来。

在劳改农场，即便不是“文化大革命”期间，“阶级路线”也是分得很清楚的：不但干部和外雇职工不许和就业人员交朋友，就是在学校里读书的干部和外雇职工的子女，基本上也不跟就业子女来往。但是老宋深深体会到文化水平太低的苦处，不但把两个正在上初中的女儿领到我的房间里来要我抽时间辅导她们，逢年过节不是把我请到他家去吃饭，就是打发孩子给我送鱼肉菜肴来。这在当时当地，可是一件十分不容易的事情。

大宋的两个女儿，大的叫小华，十五岁，小的叫小红，十四岁。由于大宋是党员，不便于和我“兄弟相称”，指着我叫他爱人“刘姐”的关系，两个孩子都管我叫吴舅舅。

娟来到农场以后，两个孩子按照以前的老规矩，吃过晚饭就带上作业，到我的房间里来问这问那，一坐就是一两个小时。这一来，娟在旁边没事情可干，又见我和她们滔滔不绝说起来没完，觉得我在冷落她了。头一两天，尽管她不太高兴，但是还没有发作。第三天，她见两个孩子又来了，顿时沉下脸来，抱上孩子就出去了。我也不便制止，一直等到把功课讲完，两个孩子都走了以后，才出去找她，发现她在刘元凯的房间里坐着。我问她为什么要躲出去，她说：“这两个孩子也太不懂事了，天天晚上来找你。我一年才来住这么十几天，就不能让让我吗？”我说：“你这叫什么话？难道你还跟两个十四五岁的孩子吃醋吗？你来了，一天二十四小时我都陪着你，人家来问问作业，最多不过一两个小时。你怎么这样不能容人呢？……”

其实我心里完全明白，她不是不能容人，而是醋母菌在起作用。如果这两个孩子都是男性，她绝不会生气躲出去。这就不由我不想起前面两位妻子的“大度”来了。怡来北京以后，原先跟我“搭伙儿”吃饭的一个女同志不但依旧和我们合伙儿（目的是三个人可以吃到三个不同的菜），中午还经常和我们挤在一床上休息；琴的两个妹妹来了，都经常跟我睡一床。这要是换了娟，还不得翻了天？我知道这是一个人的性格，和是不是乡下人或文化程度高低都没有关系，而且绝不是我的一两句话就能够说服她使她改变这种性格的。我只能给她解释：在劳改农场，我们这些“二劳改”属于“三等公民”。在队长和外雇职工们的眼睛里，我们都是洪水猛兽，简直不是人；在中学里，校长和政治老师一再告诫学生们，要离我们远远的，不许跟我们说话，更不许有任何来往。大宋是个外雇职工，不但是个党员，还是工宣队的队长，他能够把两个女儿带到我这里来要我辅导她们，这就说明他不但不歧视我，而且很尊重我，节假日还特地让孩子悄悄儿来请我到他家里去吃饭。有道是“人敬我一尺，我敬人一丈”，我更应该珍惜这种特殊场合下建立起来的特殊关系和特殊感情。至于孩子们不懂事，不知道人家家里特别是晚间还有别的事情，在这里坐的时间太长，这我可以叮嘱她们，让她们抓紧时间，问完了作业就离开。

在我的劝导之下，刚刚露头的争端，总算平息了；在我的再三要求下，她也到宋家去看望了他们全家，算是把这个场面给圆了过来。实际上两个孩子根本就不知道她生气了，还以为她到谁的家里串门去了呢！

但是我一直不希望会出现的“第一枪”，终于由她打出。我知道，没有第一枪，就不会有第二枪，战争也永远不会打起来；如果有了第一枪，第二枪就会接踵而至，无谓的战争就很可能会爆发。——好在这一枪她只是生气躲出去，还没到发脾气吵架的程度，外人也不知道这事，而且在我的解释、劝解之下，她的气似乎也消了。如果诸如此类的事情以后不再发生，我们之间应该还是能够和平共处的。

两个在不同社会、家庭环境下长大的人，不经过长期了解、相处，是很难做到亲密无间、完全融洽的。像我们这样的“急就草”婚姻，只能“忍”字当头、互相谦让。如果双方都要求对方按照自己的生活习惯生活，而不能“克己复礼”，战争不免就会爆发，矛盾就会越闹越大，甚至不欢而散。

十二、先后两次，落实政策

娟回浙江不久，就有小道儿消息传来，说是中央组织部、统战部、公安部、民政部等五个部委在烟台召开会议，要给“右派”平反。不久又说中央有了一个第五十五号文件，专门规定了如何给“右派”落实政策的具体条文。“右派”们个个人心振奋，准备迎接“解放”。但是老听楼梯响，不见人下来。

到了1979年深秋，我的原单位国家语委派人来给我第一次落实政策，口头宣布我为“错划右派”，恢复原工资级别，但却没给我看书面材料，并以“单位紧缩”为由，不给我分配工作，却要求劳改农场“妥善安置”，为此外号叫“焦大炮”的副中队长跟他们吵了起来。焦大炮说：“人是你们错划的，也是你们送来劳改的。我们公安局是执行单位，没有责任和义务给你们擦屁股。吴越在这里，只能当电工，拿三十二元钱！”

来人无可奈何，答应回去以后向领导反映，当天就走了。

没过几天，赵植林也接到通知，回到原单位宣布平反，并且安置了工作，还发给了五百元安家费。我虽然先他而平反，但我的安置工作则搁浅了。

我估计，这是原单位没认真执行中央政策，虚应故事而已，因此虽然宣布平反，却又不给我安置工作，只想能推就推、敷衍了事。

我心想：只要我的小说能够出版，哪怕果真留在劳改农场，至少能够给我安排一个文化方面的工作，不至于还当没有电工本子的电工。为此我到队部去请事假，要到原单位去“说道说道”。焦大炮也很支持，还嘱咐我得不到结果就“赖”在招待所，不要回来。

这是我第一次到国家语委去“上访”。我天天到“落实政策办公室”去询问，其实不过是扯皮而已，根本就没有结果。原单位强调“没有具体政策”，加上单位紧缩，没有编制，要我再等一等。我无可奈何，只好离开国家语委，回到清河农场。我写信告诉娟，她认为，“只要中央果真有政策，谁也不敢不执行”，甚至还想到——只要我的政治问题解决了，她的问题估计也快了。

一晃到了1979年年底，我忽然接到原单位国家语委的一封电报，要我到原单位办理落实政策手续。电文太简单，不知道落实的究竟是什么政策。我请假回到北京，由原单位接待，住在招待所里。这一次虽然看到了书面材料上的确有“撤销一切处分，恢复原工资级别，重新安置工作”字样，但是国家语委也的确属于紧缩单位，新编制只有五十个人，而当时实有一百多人，现有人员尚且要调出一半儿还多，我想挤回原单位，困难确实很大。当时国家语委的秘书长是陶静（就是杨沫《青春之歌》中的女主角林道静的原型之一），她一再表示对我的问题一定负责到底，考虑到我爱人在浙江，只要我答应到浙江去工作，他们负责按下调干部派人去浙江联系。

我提出了两个意向：第一，到浙江人民出版社去当文学编辑。他们看过我的书稿，原来打算出版的，当时仅仅因为我是“摘帽右派”而退稿了，但他们应该知道我具有的水平。现在平反，稿子已经到了中青社，人却是可以到浙江的。第二，重新提出到缙云县文化馆去当一名馆员的要求，专门从事文学创作。

国家语委果然派出一名姓袁的人事处长到浙江去联系。我就住在招待所里等待安置工作，但是我的编制不在国家语委，他们不但无法给我开工资，还要我交住招待所的住宿费和取暖费。而劳改农场则因为我不出工干活儿，不但不给我开工资，连每个月的粮票都扣下了。我在招待所一住半年，全靠娟向友人借来的人民币一百元和全国通用粮票五十斤维持最低生活：每天五毛钱伙食费，早饭一毛，午餐和晚餐各两毛，天天吃豆浆馒头和素炒饼。

袁处长在浙江跑了几个月，人都累病了，可我的工作还是没有结果。浙江人民出版社表示欣赏我的文字水平，可以接受我去当编辑，但是他们也有困难：没有住房，要我自己解决住宿问题。我在杭州举目无亲，当时的政策还不许居民出租房子，这不等于婉言拒绝吗？缙云县当地答复得更干脆："我们县里有的是笔杆子，缺的是作曲家，要是吴越会作曲，欢迎他来。要不然，就让他回来在中学教英语吧。"——我的英语不过初中水平，当不了中学老师；我倒是学过作曲，但是自知不是天才，缺乏灵感，也不想在这方面继续发展。

后来还是通过赵植林的介绍，认识了科幻作家郑文光，郑文光又介绍我认识了科学普及出版社总编辑郑公盾同志，才由他点头把我安置在科学普及出版社当科学文艺编辑。可惜的是，郑文光和郑公盾两位无私地帮过我的好人，如今都已经先后去世了。

十三、我既当爹，又要当妈

科普出版社，其实并不缺少编辑，缺的是校对。因为有一期刊物上，第一版的一个小标题，居然把“华主席”印成了“华主度”。这要是在“文革”期间，不打你一个“反革命”那才怪呢。尽管当时已经不那么“左”了，但是总编辑郑公盾同志想想还是有些后怕，就四处托人物色一位能最后把关的校对高手。郑文光知道我早先参与创办文字改革出版社（今语文出版社），相信我的文字水平，就推荐我到科普出版社去当校对科科长。郑公盾同志看了我的简历，也没考试，就当场拍板，叫我到人事处去办手续。——他还特别关照我，到了人事处，千万别说你没地方住。你可以到附近租一间农民的房子暂时住着，我们不久就要建宿舍了，到时候会给你分配住房的。

到了报到的那一天，郑公盾忽然把我叫到了他的办公室，对我说：“你的原职务是编辑，也知道你的长篇小说即将出版，让你当校对科科长，怕委屈了你。经我们研究，决定让你到科学文艺编辑室去当编辑，专管科幻小说和少儿科学文艺这一摊儿。”

就这样，我没到校对科去上任。后来才知道，科普出版社的校对科，是各类出版社中人数最多、分门别类最多的，一共有八十多个人。因为科普出版社所出版的书籍和杂志中，数理化、天文地理和公式分子式，以及各种外语，无所不包。每一个校对员，几乎都是对口专业的大学毕业生。我是个数理化不及格的初中毕业生，让我去当这个校对科科长，根本就当不了！

我也没辜负郑公盾同志的厚望。上班以后，我虽然也在附近租了一间农民的房子，但是反正回家去也没人给我做饭，一切要我自己动手，就干脆在办公室睡沙发，以便于夜以继日地工作。半年时间中，我不但创办了《科幻世界》杂志，还发了十几本科学文艺小册子。在年底的总结大会上，受到了社长的表扬。以致有的编辑当面挖苦我："吴越，你要干什么？显得你能干怎么着？"我跟他们解释："我和你们不一样，我已经被耽误了二十多年，我要把失去了的光阴找回来。"结果是受到了一通冷嘲热讽："别他娘的唱高调了！"

1981年2月，我回缙云去过春节。这时候，小吴永已经三岁多。在当地的小孩儿中间，她以聪明和调皮出名，人们都很喜欢她。但是当时当地还没有幼儿园，孩子白天寄托在一个老太太家里照看，晚上领回家来。我冷眼旁观：第一，孩子的确很聪明，但是交给一个农村老太太看管，只不过看住她不跌倒而已，什么知识也学不到；第二，由于母亲和外公、外婆都很疼爱她，把她惯出毛病来了——特任性，有什么事情不顺心、不如意就哇哇大哭，把小脸儿憋得通红，睁着眼睛看着大人哭，不达到目的绝不罢休。

我一回去，街坊四邻就告诉我：这孩子特能哭，谁也治不了她。我却有办法治她：有一次她妈不在家，她哇哇大哭，我把她抱进一间空房间里，把门一锁，让她一个人在里面哭。她见没人理她，哭了一会儿，就不哭了。我打开门，问她还哭不哭，如果还要哭，就还把她关进屋子里。于是，她乖乖儿地表示不哭了。

孩子放在农村，只是自然地长大，缺乏良好的教育。我和娟商量，说要把孩子带到北京去亲自教育，娟还不信，以为我说的是玩笑话。我说我是认真的，我自信能把一个三岁的孩子看管教育好。娟还怕孩子不肯，一问孩子，不料她听说上北京，高兴之极，自己跑到街坊四邻那里去一一告别。

到了要离开家乡的那一天，我们估计小吴永一定会大哭一场，甚至临时变卦，赖在家里或母亲的怀里不肯走。因此，娟决定送我们到杭州，以便临时发生变卦孩子死活不肯走了，好把她带回去。一路上，我们谁都不敢提起"到北京"三个字。特别是娟送我们上了去北京的火车，按原计划，是我指着窗外的景色让小吴永看，娟悄悄儿溜走，不料小吴永一点儿没有留恋的迹象，反而几次对她妈妈说：“妈，你下车去吧，我跟爸爸走，我不哭。”我示意娟趁此机会赶紧下车，小吴永果然笑眯眯地和妈妈挥挥手，一声都没哭。

一路上，小吴永看着窗外，向我提“山为什么那么高”之类连我也无法简单回答的问题。那年月，火车票很紧张，能买到座位就不容易，哪儿还想睡卧铺？三岁的小孩儿，连半票也不用买，但也就没位置可坐。深夜了，我只能让孩子躺在我的大腿上，听她呼吸均匀地入睡，我自己，就只能“眯瞪”着了。

到了北京，在找到幼儿园之前，我只能天天带着孩子去上班。当时科普出版社还没有自己的办公楼，租的是紫竹院公园内的房子。我让孩子坐在我的办公桌旁边，给她一张纸、一支笔，教她画圆圈儿，要求尽量画得圆。她居然一声不响，认认真真地画。整个办公室的人，都说从来没见过这样听话的孩子。其实她是在给我“挣面子”，回到家里，她可是又喊又叫又闹一刻也不消停的小捣蛋。到了上午九点半、下午三点半工间操的时候，我带她出去在湖边溜达，回来以后这个叔叔给根冰棍儿、那个阿姨给包糖果，小吴永成了大家的“开心果”了。

从此，我开始了又当爹又当妈的生活。除了洗衣服做饭，我还给孩子织毛衣，自己买布买棉花回来给她裁剪缝制棉衣棉裤，把我在劳改农场学会的生活技能全部发挥出来了。

在我的屋后，有个小朋友叫马国文，比小吴永大几岁。星期假日，他们两个是最好的玩伴儿。尽管小吴永一口缙云方言，却能听懂北京话，于是他们两个一个说北京话一个说缙云话，居然玩儿得挺融洽。小孩子学话快，不久，小吴永就能说几句不太标准的北京话了。

我刚刚走上工作岗位，总惦着多干一些活儿，所以晚上的时间，总是帮作者改稿子，一般总要到十点以后才上床。也不知道这个调皮的马国文是怎么跟小吴永说的，估计总是“你没有妈妈，你可要把爸爸看住了；要是你爸爸逃走了，你可就是一个人了”这一类话。所以那一段时间，一到晚上，小吴永总是坐在床上眼睁睁地看着我，困得东倒西歪，还挣扎着坐起来强睁着眼睛看着我。我问她为什么不睡，她说：“我一睡，你就逃跑了，我可就没有爸爸了。”

我只好收起稿子，陪她一起睡，她还不放心，要紧紧地搂着我的脖子，这才放心地沉沉睡去。——我这才体会到：一个小孩子，不管怎么坚强，也有她无法理解的矛盾和烦恼。

我估计是马国文这小坏包挑拨的，第二天找他算账，他却瞪着眼睛否认："我没说，我不知道！"

从此，我不得不改变生活习惯：每夜不到八点就上床哄着小吴永睡觉，早晨三点半起来给人家改稿子。

前面提到的那个李群英，是河北省南宫县人，他娶了一个极漂亮的讲解员做老婆。"文革"初期，凡是老家不是北京、上海、天津的就业人员，按政策一律被轰回原籍去交贫下中农监督改造，他们两口子就被轰到了南宫县。他那个漂亮老婆一方面受不了强大的政治压力，一方面受不了农村贫困的生活，终于含恨自杀了。李群英不是"右派"，落实政策没有他，但是他不甘心，觉得自己属于"冤假错案"，至少也是处理过重，就到北京来上访。他找到了我，我帮他在我家的后面租了一间五六平方米的小房子，这房子就是马国文家的。马国文的父亲，是四季青锅炉厂的工人，但却是农业户口。李群英没有收入，我就把我改过的稿子给他抄写，或到出版社找一些稿子回来请他抄写，赚几个抄写费勉强维持最低生活。

有一天，他路过万寿寺幼儿园，想起我的孩子还没找到幼儿园，灵机一动闯进去找园长商量：有一个老作家，因为冤假错案劳改了二十多年，如今落实政策回北京，自己带着一个三岁多的孩子上班，生活很不方便，是不是请她们这里照顾一下，多收一个，以减轻老作家的困难？

这个幼儿园，是属于四季青公社的大队办幼儿园，园长叫吴淑琴。她听了，思考了一下，说："我们这里，名额早就已经满了。不过为了减轻老作家的负担，我就多带一个吧。"

连李群英也没想到，这个园长居然这样痛快，回来就告诉了我这个好消息。第二天一早，他就带我去交费办入园手续。我当然是千恩万谢，交了钱，就把孩子留下了。这一回，孩子可不干了，哇哇大哭起来。吴园长向我挥挥手，叫我不要管她，她自然有办法。等到我提前下班去接孩子，小吴永已经和小朋友们在一起玩儿得挺高兴，不觉得陌生了。

但是，也还有三个问题不好解决。第一个问题，是园长发现小吴永头

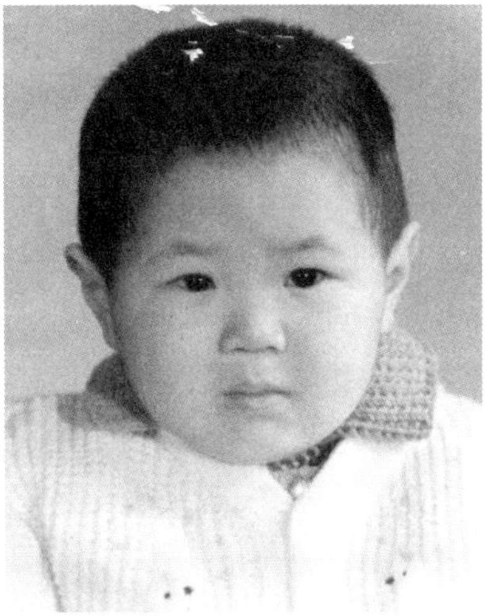

幼年剃光头的小吴永。

上有虱子。在浙江老家，由于卫生条件太差，几乎每个女性包括大人孩子都长虱子，不但头上长虱子，身上也有。楼家算是比较爱干净的，至少楼兴娟就从来不长虱子。但是小吴永是放在人家家里看管的，和她一起玩儿的小朋友也几乎都有虱子，因此她也免不了有虱子，尽管母亲和外婆经常用篦子给她篦，却总也断不了。这回进幼儿园，所有的小朋友没一个有虱子的。园长和我商量：没有别的办法，只有把吴永的头发全剃了。我当然不能说不行，于是第二天就带吴永到理发店去剃了个大光头（上面这张照片就是剃了光头、像个小男孩儿的小吴永）。——孩子让我喂得胖胖的，她妈看见照片应该放心了。

第二个问题，是吴永连一句普通话也不会说。她拉屎说“放屙”、撒尿说“放尿”，而且是浙江语音，幼儿园老师谁也听不懂。我告诉园长：小吴永有语言天赋，一岁半到北京来，就能听懂普通话，而且学得挺快，我估计有半个月、一个月，这语言关就能过去。吴园长半信半疑的，只好答应先看看再说。

第三个问题，是接送孩子的时间。万寿寺幼儿园很小，只有两间平房、一个院子，只收日托，不收全托。孩子的父母都是农民，按照他们出收工的时间，每天早上八点送，下午四点半接，而我上下班的时间是早八点、晚五点。当时我在蓝靛厂租的农民房住，早上七点半把孩子用自行车驮着送到幼儿园，让她早点儿到，问题不大；下午如果我五点以后来接孩子，可就晚了，别的孩子都已经接回家去了。我偶尔一天早下班，问题不大，如果天天提前半个多小时下班，就不好说了。如果仅仅比别人晚半个小时去接孩子，她们多等半个小时，也还可以通融，但是编辑部还有开会讨论问题不得不推迟下班、甚至晚上接着讨论的时候。总不能因为我要推迟下班，让人家幼儿园也推迟下班几个小时吧?

这个问题还真不好解决，多谢吴淑琴园长好心，开头一段时间里，所有的小朋友和老师都走了，只有她一个人带着小吴永留下等我。即便我五点正点下班骑车快速赶到幼儿园，至少也是五点一刻或者五点半了，而我怎么能够让吴园长天天晚一个小时回家呢?

十四、本是好事，变成坏事

有道是机缘凑巧，也可以说是“天无绝人之路”。前面提到过的那个扬水站电工“宋大牙”，他的女儿小华，经常要我补习功课的。我落实政策回到北京后，宋大牙考虑到清河中学的高中毕业生，历史上就没一个考上过大学的，深知这样的场办中学师资水平不行，有心要把女儿送到北京上学，就求我帮他把女儿转学到北京来。好在小华的姨妈家住在打磨厂，报户口没问题。正好我们“右派”改正的难友们，一回到北京，都纷纷组建家庭，其中一个“右派”的夫人，就是某中学的语文老师，而且是我介绍的，学校就在打磨厂附近。我把情况跟她一说，她见转户口没问题，跟校方一说，也没请客送礼，就把事情很快办成了。如今小华已经高中毕业，却因为底子太差，还是没有考上大学，打算再自修补习一年，明年再考。她姨妈家住房狭窄，只能给她一个铺位，而她姨夫是个工人，没力量辅导她功课。为此，她来和我商量，想搬到蓝靛厂来和我一起住，生活上她照顾我，功课上我辅导她。

这可真是踏破铁鞋无觅处，天从人愿。我立刻答应，跟她说好了：每天下午四点半接小吴永的任务就交给她。另外，她住在我家里，算是自己家里人，她不给我交房饭钱，我也不给她开工资。——出版社有抄稿子的活儿，就给她和李群英两个人。这样，她至少不至于连零花钱也没有。

这时候，小华已经十八岁了，是个大姑娘。在一间房间内生活，又没卫生间，总不大方便。于是，我买来一块大塑料布，在房间中间拉了一根铁丝，晚上把房间一分为二。由于房间很大，本来就是两间，后来干脆用竹竿和竹席把房间隔开，先糊上报纸，再糊上白纸，分成了里外两间，她住外屋，我和小永住里屋，这样就方便多了。

这样维持了将近一年，她依旧叫我舅舅，外人都以为她是我的亲外甥女。

这一两年来，楼兴娟也在为自己的落实政策四处奔走，难办的是：她是以“下放农村锻炼”的名义被遣返回家的。“下放”不是处分，落实政策办公室的同志说：哪怕判你一个“反革命”，我们都有办法给你落实，如今你是“下放”，却让我们没办法处理了。

扯皮一年多，最后总算“回到”原单位“继续”上班。虽然是正式工，前面的下放却不算工龄，不过考虑到她生活困难，倒是给了五百元困难补助，此外还有一个好处，就是她也有了探亲假了。

她有了探亲假就惦着享受享受，所以她不要我回家探亲，而是她来北京探亲。

小华住在我家里一年多，她当然是知道的。因为有小永要接送的关系，她不便于说什么。她这次主动要求来北京，似乎也有看看我们究竟怎么生活的意思在里面。

小华住在我家里，小永的洗澡，以及我和小永的衣服，当然都是她洗的。至于做饭和收拾房间，那就看谁有空谁做。我这个人，劳改了二十多年，虽然生活不讲究，但是并不懒。小华这个人呢，也是随便惯了的，觉得楼兴娟来了，家里有了“主妇”了，她犯不着跟人家抢着做家务，因此除了继续接送小永之外，家务事基本上不再插手。这样，楼兴娟就不满意了。她问我：“你们这样生活，究竟是她伺候你，还是你伺候她？”我说：“她是我朋友的女儿，也是我的学生，还叫我‘舅舅’，只是在我家里暂住而已，并不是我雇来的保姆，生活上只能说是互相帮助，怎么可以提谁伺候谁的问题呢？”

但是楼兴娟就是对小华不满意，这里面和1979年那一次的“老账”当然也有一定关系。我知道楼兴娟这个人别的都好，就是醋意太重，哪怕对方是个十几岁的孩子，她也吃醋，却又绝不承认，总是找碴儿。

小华在我家生活一年多，又是小辈儿，拿我家当她家那是必然的。特别是我把房间一分为二以后，她在外间住，生活上就更随便了：夏季的一早一晚，在床上的时候只穿乳罩、小裤衩，也习以为常。楼兴娟发现以后，大为不满，质问我："你们从前都是这样生活的吗？"我反问她："这有什么不可以的呢？已经是自己家里人了，何况人家还是个孩子！"

我的一句"自己家里人"，可把她惹火了，虽然没有大发雷霆，却向我下了最后通牒：第一是她绝不承认小华是"自己家里人"，第二要我立刻把小华轰走，不许她住在家里。

这话我说不出口，小华是她父亲托付给我的。这样糊里糊涂地把人家轰出门去，而且真的无处可去，我没法向人家交代。我跟她解释、跟她讲理，告诉她：如果她是刘指导员的女儿，我绝对不会管；可她是宋大牙的女儿，人家在我落难的时候帮助我、尊重我，如今我情况好转了不能忘记从前的友情和恩情。可是这些话全都没用，女人一吃起醋来简直不可理喻，性格扭曲、变态得厉害。她见我不开口下逐客令，倒是不和小华发生直接冲突，而是用行动表示：做好了饭，只放我和她自己的碗筷，不放小华的碗筷。第一、第二两次，我只能打圆场，以她"忘记"为由让小华自己去盛饭；三次、四次，小华也感觉到了，知道自己在这个家中不受女主人欢迎，但是她又实在没地方可去。又过了颇为尴尬的几天，她终于找到了一个住处，告诉我一声就搬出去了。

她找到的地方是一个公交车男性售票员的家，是因为她经常坐车而认识的。那人的家就在蓝靛厂，家里就一间房，没有父母，只有一个妹妹，在蓝靛厂早点铺炸油条，是兄妹二人在一起过日子。因为房间很小，只有两张窄窄的单人铺，所以她去了以后只能打地铺。妹妹是一早天不亮就要到早点铺干活儿的，哥哥有时候一早天不亮去上班，有时候深夜末班车停了才回家，所以房间内只有他们两个人的机会经常有。我悄悄儿到她那里看过她，听她这样说我有些不放心，万一出了点儿什么事儿，不但我没法向她父亲交代，就连我自己也说不清楚：她进我家门是个大姑娘，如果出了我的家门不是姑娘了，我就是有一百张嘴也没法解释。

这时候，前面提到过的那个用煤油炉做西餐招待楼兴娟的杨小兵，离开清河农场以后回到北京娶了一个湖南妹子，在田村创办了一个建筑工程队，承包水暖、电气焊方面的工程。反正小华考了两次都没考上大学，估计她不会考第三次了，就让她到杨小兵那里去干活儿做油漆工，和几个女工在一起住。虽然这是暂时的措施，至少可以让我放心了。

娟的法定探亲假是二十天，加上平时攒的休息日，也不过一个月左右，日期一满，她不得不回去了。这次来北京探亲，她是既满意也不满意：满意的是，她终于把小华给轰走了；不满意的是，我不怎么听她的话，总是护着小华。不过事情也只能办成这样了，小华究竟是个孩子，不是我的“小三儿”，她也不可能做得更过火了。

十五、我从科协，调到剧协

我在清河农场“悄悄儿”写小说，其实也不是“完全”保密的，至少在小范围内，还是有不少人知道。1962年我在团河农场“右派”集中队的时候，小队长都由教养分子担任：著名作家从维熙就是四小队的小队长；二小队的小队长刘迺元，圣约翰大学毕业，新中国成立前是上海一家英文报纸的记者，新中国成立后在新华社对外部工作，“文革”后期在清河中学教英语。刘迺元是我的好朋友，在团河时代他就看过我写的长诗，很称赞，所以我写完了《括苍山恩仇记》第一卷，曾经把誊清稿送去给他看，并请他提意见。他看了之后，依旧很称赞，还把稿子给他的好友李湜看了。

李湜原来是建筑工业出版社的编辑部主任（他的大哥李庚，就是中国青年出版社的前总编辑，也是“右派”，回到中国青年出版社以后，负责稿件终审，极力主张出版我的《括苍山恩仇记》），划“右派”以后是“保留公职”送劳动教养的。当时，他在清河农场三分场当炊事员。他看了我的小说以后，评论是：“写得很好，但是在中国大陆永远不可能出版。”

落实政策以后，李湜回到北京出任中国戏剧出版社常务副社长。由于戏剧出版社是专业出版社，所出的戏剧专业书印数不大，赢利困难，所以正在计划恢复宝文堂书店，作为戏剧出版社的副牌，专门出版通俗文艺读物，好赚钱补贴戏剧出版社。总编辑已经有了，就是他的二哥李庶，原《世界知识》杂志社编辑、人民文学出版社编辑，但编辑却还没有。李湜突然想起我来，认为我是编辑通俗文艺读物的最佳人选，就征求我的意见，我当然求之不得。说实话，我中学时代是个数理化不及格的偏科生，当科学文艺编辑是“赶着鸭子上架”，颇有点儿力不从心。我去和总编辑郑公盾同志商量，他却不肯放我走。因为我经办的科学文艺和科幻小说这一摊，也是刚刚初见成效，一时间也没有适当人选可以接我的工作。

这时候，正好和我联系的科幻作家中，有一个叫宋宜昌的，此人生于1948年，虽然是宋平的儿子，但是初中毕业以后，也不得不去插队。不过他在农村没有跟伙伴们去偷鸡摸狗，而是静下心来自学了英、法、德、意、俄、日六国外语，同时还专门研究太平洋战争的海战史。在那个年代，这简直有点儿像是“在沙漠中学游泳”，真是不容易。恢复高考后，他就读于西北工业大学自控系，毕业后发挥他懂得多种外语的优势，担任甘肃科技情报所外文资料员，并且业余从事科学文艺写作。打倒“四人帮”以后，他一口气出版了许多书，其中有描写美日太平洋战争的《燃烧的岛群》，写古今海战的《火与剑的海洋》，写德国潜艇战的《北极光下的幽灵》，写纳粹王牌战舰“提尔皮茨”号战斗历程的《北方的孤独女王》，写德国非洲兵团的《沙漠之狐隆美尔》等，都是畅销几万、十几万、几十万册的热门书。此外，还有两部科幻题材小说《V的贬值》和《祸匣打开之后》。当时我正创办《科幻世界》杂志，就和他联系上了，虽然没见过面，但通过书信往还似乎很投机。

那时候，他父亲宋平正从甘肃省委书记的任上调来中央，他因为年龄已经超过十八岁，不能作为家属随行，除非在北京能找到一家接收单位。而宋平这个人，当时大家对他的评价都说他有些“左”，那是各人对问题的认识不同，至于他的个人品德，那是无可挑剔的。他的家教很严，尽管已经做到了“方面大臣”“一方诸侯”，却绝不会违反国家政策，利用自己的地位给孩子拉关系、开后门，除非他孩子自己找到门路有了接收单位。因此，我一问宋宜昌是不是愿意到北京来接我的这个位置，他就一口答应了。

事情办得很顺利，但是在办理交接手续的时候，却出了点儿麻烦。我这个人是工作狂，任务不怕多，忙不过来就夜以继日。但宋宜昌可不干，他说：我只能接你的一半儿工作，要么我编书，要么我编杂志。我自己还有许多写作计划，不能把时间都搭在这里面。

商量的结果，他把我处理的书稿都接过去了，《科幻世界》他不接，也没别人接，只好停刊。仅仅出了三期，第四期稿子都已经编好了，也不得不胎死腹中。

就这样，我终于从中国科协调到了中国剧协，在刚刚恢复的宝文堂书店当编辑。

没有人知道，这个号称“中央级”的出版社，刚开始的头一年，编辑部就三个人：一个总编辑，一个大头编辑，还有一个编务——和我们当年创办文字改革出版社一模一样。但是我们一年要发几十部稿子，小说、唱本、歌片、年画、连环画等什么都发，一年要赚几百万元的利润。——八十年代的几百万了，当时如果不上交，我们早就盖起大楼来了。

这时候，我把小华介绍到了中国戏剧出版社的发行部，开始是当临时工，做的是打包、邮寄这些体力活儿。

十六、赶走一个，又来一个

自从我调到城里来上班，离我住的蓝靛厂，可就远多了。赶走了小华，小永的接送，只能我自己来。但是要我下午四点半赶回去接孩子，根本就不可能，弄得吴淑琴园长几乎天天下午因为等我而不能准时回家。后来她出了一个主意：她下班以后，把小吴永带到她的家里去，我下班以后，到她的家里去接。这样，对我来说，反正都是顺路；对她来说，可就把时间找回来了。

当时山东电视台编的一部电视剧《武松》，由祝延平主演，十分叫响。我把它改编成一套连环画，用宝文堂书店的名义出版，一次就印了一百五十多万，赚了许多钱。我们自从出版了这部连环画以后，觉得这是一条路子，就决定主动出击，派人到各地电视台去，动员电视台台长和我们签订合作协议：凡是内容精彩、估计收视率高的电视剧，请他们在拍摄的时候，就由专人编出连环画脚本，并由专人在现场拍摄镜头，和电视剧摄制同步进行，然后交宝文堂书店出版。这样，比事后从屏幕上翻拍的效果要好得多。前面说过，宝文堂书店编辑部就三个人：总编辑李庶，调来的时候，年龄就已经超过了六十岁，再说也不能让总编辑亲自出马去组稿；编务是个初中毕业就去插队的返京女知青，还是《括苍山恩仇记》的责编黄伊同志介绍来的，也不能让她去。所以“归谬”的结果，这个任务还是要我去完成。可是我还有个四岁的孩子每天要接送，怎么办呢？

我这个人敢想敢干，什么困难都难不倒我。于是，我决定带着孩子去出差！

先查看各地电视台目前有什么叫响的电视剧，然后由近到远，编制了一张“联络图”。我带着孩子，从河南郑州开始，到安徽电视台、南京电视台、山东电视台、天津电视台，转了一个大圈儿，多数电视台都同意和我们合作，收获颇丰。

小吴永的收获也很丰富。我正在和台长谈判呢，小吴永在旁边叫开了：“爸爸，咱们走吧！咱们回家去吧！”台长连忙叫来一个女同志，把小吴永带到外面去玩儿。回来的时候，不是手里捧着玩具，就是兜儿里装满了糖果！

第二次我出差到广东电视台，一方面路太远，一方面园长吴淑琴也不放心，万一孩子冻着了、磕着了、生病了，可不是玩儿的。她主动提出来：在我出差期间，把孩子交给她，她天天晚上带回家去。她家有两个女儿，一个上中学，一个上小学，也有伴儿。

我当然求之不得。等到我十几天以后从广东出差回来，小吴永已经不认得我了。我去接她，她躲在两个姐姐的身后，愣是不肯跟我回家，还把缙云话也忘记了，说的是一口标准的北京话。据吴淑琴园长说：小吴永一天晚上跟大姐姐睡，一天晚上跟小姐姐睡，十分高兴，难怪会把爸爸给忘记了。

吴淑琴园长对我的大恩大德，可以说是终生难忘的。尽管小吴永今年都已经三十七岁了，但是三十三年来我和吴淑琴一家的来往始终不断。指着她也姓吴，我就认她做妹妹，让小吴永喊她姑妈，她的两个孩子包括女婿都叫我舅舅，真的比我自己的亲姐妹还亲。

1983年8月，我的长篇小说《括苍山恩仇记》在中国青年出版社经历了七年时间，经过十一个编辑的讨论，经过责任编辑黄伊同志认真的修改，终于先把第一卷出版了，而且一炮打响，第一版28万套当月销售一空，立刻又开机重印28万套。8月14日星期天，我到王府井书店去签名售书，两个小时内售出2300套，开创了王府井书店签名售书以来的最高纪录。

几天以后，中国青年出版社组织一批作家到天津新华书店去签名售书。一共带去2000套《括苍山恩仇记》，原计划三天售完，没想到第一天就卖完了。可是还有许多作家的书没卖完，我不能一个人先回北京，想到天津离茶淀很近，就顺便到清河农场去走走看看难友们，更主要的是想去

2011年新婚合影。前排右起：吴淑琴丈夫老刘、吴越、吴越新婚妻子胡兆芳、吴淑琴的外孙女小朱朱；后排右起：吴淑琴的大女婿小朱、吴淑琴的大女儿刘霞、吴淑琴、吴淑琴的二女儿刘伟、小吴永。

拜访一下当年那些对我专政的队长指导员们，看看他们今天对我的态度如何。

关于怎样和朋友们、队长们见面这里就不说了，我要说的是在这里我又遇上了我的一个“姨侄女儿”小芬，并把她带到北京来了。

这事儿，还要从琴那里说起。

1970年夏天，琴带着孩子到清河农场来了，住在家属区。家属区里住的人，并不都是就业人员，也有外雇职工，就是从社会上招来的工人。挨着我们住的，是一家姓阎的外雇职工，老阎还是党员。他有一个女儿，当时才五岁。按照那时候“亲不亲，阶级分”的理论，干部子女和外雇职工的子女，是不准叫我们这些阶级敌人为“叔叔”的。老阎的爱人和琴很谈得来，可又不能不顾这个“不许叫叔叔”的规定，于是指着她们姐儿俩很谈得来的“姐妹”关系，让孩子管我叫“姨夫”。这样，既显示关系的亲密，又不违反当局的规定，谁也说不出话来。——这个情况，跟小华叫我“舅舅”是一个道理。

一晃十几年过去，这次我重返清河农场，无意中遇见了老阎两口子，攀谈之下，才知道她们的小女儿小芬今年已经十八岁，在清河中学高中毕业，也和所有的清河中学高中毕业生一样：考不上大学。在清河农场，考不上大学的高中毕业生，一律由农场安排工作，当然也还是要根据“阶级路线”区别对待：干部子女，可以当个统计员什么的；外雇职工子女，可以当个拖拉机手或手工业工人之类；强制就业的劳改释放分子的子女，就只能下大田当农业工人了。她父母亲考虑到在农场当工人没什么出路，无非找个“肩膀一般齐”的小伙子嫁出去，虽然他们家没有劳改犯，却一辈子也别想离开劳改农场。闲谈中，得知我一个大老爷们带着一个四岁的孩子有许多难处，她们两口子就出了一个主意：要我把小芬带到北京去，先帮我看看孩子，然后看机会随便给她找一个什么工作，怎么都比在农场种田或做工强。

这当然是“两便”的事情。孩子我也见到了，除了黑点儿，说话、礼貌都不错，显得落落大方。不过我也知道，要给她们的女儿找工作，首先要把小芬的户口转到我那里去。清河农场所有的人，户口倒都是北京的，不过单独有一个分局，叫作清河农场分局，却又属于北京市白纸坊派出所管，据说这是全国唯一的一个属于派出所管辖的“倒流水”公安分局。因此，要把清河农场的户口转到北京市去，说难很难，说容易也很容易，因为没有过硬的关系，这种“另类户口”一般很难报上；但又因为那终究是北京市户口，只要经办的片儿警同意，报户口不过是一句话的事情。

我在蓝靛厂已经住了一年多，和片儿警的关系还算不错，估计以姨侄女来照顾小表妹的理由去报户口，也许不是很难，就答应可以试试看。我第二天就要回北京，不可能当时就把小分带走，于是我把我的具体地点以及下火车以后如何走的路线留给他们，自已就先回来了。

三天以后，小芬独自找上门来了。她就带一只小箱子，装着几件换洗衣服，也没带被褥，不过她父母给了她一百元钱叫她自己就近买。反正是夏天，我家里夹被、毛巾被都有，就没让她买，先住下来再说。

这样，小芬就把接送小永的任务接了过去，也帮我洗衣服做饭，还是小华的那个传统：算是我家里的亲戚暂住，我不叫她出房饭钱，也不给她开工资。至于找工作嘛，还得慢慢儿看机会。

报户口的事情倒是很顺利。小表姐来照顾小表妹，理由也很充足。我到派出所去一说，也没有给管片儿民警送礼什么的，事情就办成了。

老北京都知道，蓝靛厂不但是空军的驻地，也是北京市盲人集中的地方。当年为了盲人的安全和和市容的美观，由市政府出钱，在蓝靛厂办了一家盲人福利工厂，属于市民政局管，然后把全市的盲人及其家属通过动员，都安置到蓝靛厂来，做一些力所能及的劳动，不以赢利为目的。所以蓝靛厂的最大特点，就是盲人非常多。小芬是个很能干的孩子，她上街买菜，看见蓝靛厂盲人福利工厂内部有一个幼儿园，是一座三层的楼房，孩子却不多。她就跑进去问人家：不是盲人的孩子，是不是也收？回答是：正好有名额，只要交钱就收，还不问是不是有北京市户口。这样，就把小永从万寿寺幼儿园转到了蓝靛厂盲人福利工厂幼儿园，而且居然还是“全托”，也就是周三晚上回家住一夜，周六、周日回家住两夜，其余时间都住在幼儿园里。

事后才知道，这个幼儿园的设备和师资都不错，因为是属于盲人福利工厂的，要照顾盲人的家属就业，所以老师连职工有五十多个。但孩子却只有八十多个，而且房子又很大，总是处于“吃不饱”状态，所以进去很容易的，从前我们是不知道情况，要不然早就可以报名进去了。

李湜同志是个很能干的人。出版社赚钱了，他上交了100万元，然后通过关系在惜薪胡同找到了地皮，用出版社出钱盖了房屋和“地主”对半分的办法，给职工建造了两幢简易宿舍楼。我到宝文堂还不到一年，就在惜薪胡同42号分到了一套一室一厅一厨一卫共30平方米的底层房子。房子虽然不大，但有内外两间，还有厨房、厕所，至少比在蓝靛厂租的农民房强多了。

我和小芬的户口同时转到了惜薪胡同。小芬是应届高中毕业生，每次街道组织招工几乎都有她：先是叫她去印刷厂学排字，她嫌那工作要轮夜班，很辛苦又容易得职业病，没去；后来市卫生局组织卫生员培训班，学习半年，出来就分配到街道当卫生员，她觉得不错就去了。半年之后，分配在离惜薪胡同不远处的一家街道卫生站，一个人独当一面，小病打针吃药，大病转到医院，工作不累，一个月工资也有六十多元，尽够她一个人花的了。

十七、领导关照，夫妻团聚

在我搬到惜薪胡同之后，小永当然不可能再到蓝靛厂的盲人福利工厂上幼儿园了，所以那一段时间，全靠小芬照顾。换言之，就是我把整个家都交给她了。为了小永的幼儿园，我可伤透了脑筋。惜薪胡同离北海公园很近，当时门票便宜，花五分钱就能进去。北海公园里面有一个北海幼儿园，设备和师资都是一流的，但是进去相当难，而且收费很高，不是我这个月收入不足一百元的工薪阶层所能负担得起的，只能望园兴叹。

好在不久之后，就赶上府右街幼儿园公开招收本地区的适龄幼儿了。小吴永虽然没有北京户口，是不是我的女儿也没有过硬的证明，但是拿着我的户口本带着孩子去报名，只说明一下“孩子的母亲在浙江，孩子归我抚养”，居然顺利通过，当时也还没有什么“赞助费”之类的名目。府右街幼儿园的地点在国务院西门的斜对面，是一所有假山的大庭院，里面全是宽大的平房，红柱绿窗，相当漂亮。据说这里本来是王光美母亲的住宅，是她自己主动把房子拿出来开办的私人幼儿园，后来有人说她“走资本主义道路”，这才全部财产交公，改为国营的。有这样的优越条件，加上师资也很不错，想进这个幼儿园的人很多，但是招收对象只限于在府右街附近居住的人，别处的人想进也进不去，我算是赶上地域的优越性了。

府右街幼儿园的孩子一律日托，没有全托。开始一段时间，小吴永当然都是小芬早晚接送的，但是她不久之后就去了西城区卫生员培训班，地点在西直门附近，而且是住校的。她一走，小永的早晚接送又成了问题了。

这时候，小华已经在中国戏剧出版社发行部工作多时，而且主任很喜欢她，不再让她干打包、邮寄这些体力劳动，而是让她坐办公室管理账目了。主任是个新华书店调来的老太太，还是建国前参加工作的老干部，老两口儿带两个没结婚的儿子住一套三居室，在当时家家户户住房普遍紧张的情况下，她家里还算宽空。她见小华一个人在北京也没个家，就把小华带回家去住在她家里。这时候，小华犯了一个常识性的“错误”。早先她住在我家里，我是拿她当自己孩子看待的，加上她也帮我干一些家务活儿，所以我既不问她收房钱、饭钱，也不给她开工资。她到了主任家，以为也和在我家一样，照方抓药住了几个月一分钱没给，还觉得自己在人家家里抢着做家务挺积极的，表现不错；吃饭嘛，也不过星期假日，一个月四五天而已。结果，主任不满意了，很客气地以儿子快结婚为由，请她另外寻找地方。

她跑来找我，我只能说她不懂事，把事情办砸了，如今是想挽回也没办法了。正好小芬去上学，我家里也需要一个人，就让她搬来惜薪胡同和我一起住。家里有两个人，虽然都上班，总有一个人可以去幼儿园接小永。

这时候，中国青年出版社给我开稿费了。我的《括苍山恩仇记》第一卷累计印数将近70万，一共给我开了七千元稿酬。稿酬是按国家规定的最高标准每千字十二元计算的，但是计算方法和今天的不同，今天是印数越多拿钱也越多；那时候，为了“避免出修正主义”，政策是“可以让一部分人先富起来”，但是偏偏“不让知识分子富起来”，所以出书讲“定额”，第一个定额稿酬最高，第二个、第三个定额稿酬递减。每个定额一般是五万册，我的书印了十几个定额，最后的定额就只有几百块钱了。当时我的月工资还不到一百元，一个拥有一万元资产的人就被称为“万元户”，我的稿酬七千元，数量可谓不小了。其实仔细算起来，70万套书，给七千元稿酬，等于每一套书给我一毛钱。《括苍山恩仇记》第一册的定价是1.15元，第二册是1.25元，共2.40元。当时图书的批发价一般是六五折到七五折，上下取其中，一律按七折计算，全部卖出的毛收入是117.6万元，出版社给我的，其实只是利润的一个零头。难怪我每次到中国青年出版社去，社里的人都叫我“财神爷”呢。

我写信告诉娟我的这一笔收入，她来信要我给她三千或五千元，原因是：新建镇大桥边有一块空着的河滩地，有一百多个平方米，因为空着没用，变成了镇上居民倒垃圾的地方，一遇到雨季涨水，大量的垃圾就往下游漂流，镇领导对此很不满意。有这样一个前提，她可以借此机会去申请作为宅基地。当时的政策，生产大队就有宅基地的审批权。这块河滩地不是农田，因为居民随意倒垃圾，大队已经多次受到上级批评，许多人都建议盖一座房子，就可以把倒垃圾的源头堵死。但是要在这里造房子，首先需要用巨大的石头打一堵墙，跟河流隔开，然后在墙内填许多泥土和鹅卵石，把原本是河床的河滩填高，如此才能变成和街路一样高的宅基地，投资量比较大，一般社员出不起这笔钱。如果我能给她三千，她就能在这个地方盖起一座三层的楼房来，楼下第一层还是店面房；如果能给她五千，就能盖五层。当时当地，能盖五层楼的人还不是很多。

这样的设想，当然不错，但是我想到，如果她在新建镇上盖起了这样一座大房子，她还会来北京吗？1977年她嫁给我，就提出希望我能调回缙云县去，所以才会那么热心地带着我去找县委书记、去找县文化局局长。我的看法呢，如果一辈子翻不了身，要在劳改农场过一辈子，那当然不如回老家去当一个文化馆馆员，甚至就在故乡当一个农民；但如果有朝一日“天开眼”，能够“官复原职”呢，我还是愿意留在北京。这倒不是什么地域观念，仅仅因为我是个“文化人”，需要文化人生存的环境和土壤，北京是全国的文化中心，哪怕是找文献查资料，在北京也比在山区小县方便不是？

1979年落实政策，在北京安置还是回故乡安置这个问题上，我和娟是有分歧的。她认为，反正我是个写小说的，在劳改农场都能写，怎么到了县里反倒不能写了？一个将近五十岁的人，不图一个夫妻团聚，难道还继续两地分居不成？

她认为，像她这样的人，想要调到北京来和我团聚，这简直是不可能的事情。

我认为，事在人为。目前是没有这个条件，但是情况是在不断变化的，没有条件，也要争取、要创造。

因此，我一口拒绝了她的建议，只给了她五百元钱，让她爱买什么就买什么。——当时没有想到的是：房产是会升值的，将来自己不住了还可以出租、出卖。那时候，人们都刚刚从“文革”中走出来，“文革”的阴影在头脑中根深蒂固，总认为在共产党的领导下，房屋永远不可能有“出租、出售”的一天。

1983年秋天，娟到北京探亲来了。自打我从蓝靛厂搬到城内惜薪胡同，她只听我描述家里的房屋格局，但还没亲眼看一看，所以她当然很愿意亲自来看看。再说，随着工资收入的积累，特别是有一笔可观的稿酬收入以后，家里也添置了一些家具，生活条件比蓝靛厂时代强多了。北京的秋天是美丽的，她也想来北京感受一下。

由于有上一次的不愉快，关于小华重又回到我家里来住的事情，我没给娟说。我的想法是：等她来了，把小华的艰难处境告诉他，再把宋大牙当年对我的好处仔细说一说，一个人总不能忘记落难时候对我好的朋友。但是不成，她一到北京，发现小华又在我家住着，就不干了。这时候，小芬已经在培训班毕业，被分配到惜薪胡同旁边的图样山胡同卫生站工作，晚上也回我家和小华合睡一张大床，我睡客厅的小床，小吴永睡沙发。小芬听说娟来探亲，主动搬到卫生站去睡折叠床了。我的计划是：娟来了，我当然和她睡大床，让小华睡小床，而且也是这样安排的。

娟一来，首先提出来的，就是要让小华立刻搬走，不说是什么原因，而且没有商量的余地。我给她讲，我和她父亲是“患难之交”，不能“人一阔脸就变”，但她听不进去，反而说：“小芬住在这里照顾小永，我没意见，我就是不喜欢小华。”

这没办法，一个人喜欢不喜欢另一个人，是不能强迫的，而且几乎没什么“理由”可讲。为了避免吵闹，让同一个院子的同事看笑话，我只好忍让，也就是动员小华搬走。好在这一段时间来，她和同院一家人家混熟了，那家人只有夫妻两口子，还没孩子，房子和我家是一样大的。于是，她就暂时搬到了那家人家里去住了。

本来是挺消停的一家人家，这一来，至少院子里的人都知道我家里闹矛盾了，而且把矛盾的焦点集中到了小华的身上。

我们院子里，所有房屋大都是一室一厅的简易房，原因第一是地基不大；第二是紧挨着国务院机关事务管理局，按照什么不成文的规定，只能盖两层不许盖三层，不让住在楼上的人看见一墙之隔的国务院机关事务管理局里面的人和物；加上“文革”刚刚结束，需要房子的职工多，许多单位二室一厅的房子还住着两家人呢，如今新盖房子，就只能尽量多分单元而少占面积，结果就形成每家每户都不超过30平方米这样的格局，但也有一家是例外。

这家例外的人家，是文联的机关党委书记乔化国。他是局级干部，除了夫人之外，还有两个女儿、一个儿子，不论是按级别还是按家庭人口，一室一厅的房子是怎么也住不下的。因此，他的房子是两室一厅，比我们多的一间，也只有8平方米，加在一起不超过40平方米。他的夫人赵振茹是西单剧场的经理，劳动模范，还是三八红旗手。娟来了以后，我当然要带她去拜访左邻右舍。老乔的大女儿乔洁，警校毕业以后分配在政协礼堂旁边的丰盛胡同派出所当民警。她爱好文学，跟我学写作，也曾经在我编的不定期刊物《旅伴》上发表过两个短篇。她虽然没有公开说认我当干爹，却一口一声叫我“吴大大”，对西北人来说，“大大”就是“爸爸”的意思。有这一层关系，我们两家平时走动得也比较勤。有这一层原因，老赵和娟竟一见如故，两个人好得不得了，不久就以姊妹相称。

娟和赵振茹的关系越来越好，免不了要把家里的这些不是矛盾的矛盾告诉赵振茹。我家里常住着两个大姑娘，院子里的人天天看见，只知道都是我的亲戚，是来帮着照顾小永的，真正的关系和详细的内情，当然不知道。娟的诉说，得到了赵振茹的关心和同情。据她的看法，我一个大老爷们带着一个四五岁的小孩子过日子，家里没个帮手，特别是没个女人，也的确为难。如果要想彻底解决这个问题，唯一的办法就是把娟调来北京。尽管那时候北京的户口冻结，进出都很困难，但她主动提出要和老乔商量商量，看有什么机会没有。

娟本来是不想来北京的，她还在想着等过几年我退休了回到缙云去。经过赵振茹这么一说，她也动了心了。

娟在北京住了不到一个月，回缙云去了。小永还是要人照顾，我就让小芬搬回来住，因为有过两次不愉快，我也不敢再叫小华回来。好在那时候她已经到《舞蹈》编辑部当编务，不但已经转正，而且以闪电战猎获了一个刚刚分配到剧协外联部的大学毕业生，很快就宣布结婚，由剧协腾出一间办公室来给他们做新房，一切问题全都解决了。

娟回去不久，乔化国就找我去对我说：剧协有一个“右派”叫陈朗，落实政策回京以后恢复原工资级别，但他已经超过六十岁，所以没给他安排具体工作，而是给他分了一间房子。他打算和在杭州工作的妻子一起到北京来居住，所以打了报告，要求把妻子的户口迁到北京来。根据他的身份和级别，文联领导特批了一个浙江户口迁京名额。拖了半年多，陈朗的妻子忽然决定不来了，如果再不办手续，这个十分难得的指标就要作废。他叫我赶紧打一个报告交给他，由他去对文联领导说，反正这个名额不用很快就要作废，有这样的机会，想来文联领导也不会有名额不用。

我赶紧打了一个报告，正如老乔说的无非是走一个手续而已，报告很快就批了下来。于是一路绿灯，楼兴娟终于在1984年春天带着吴永的户口来到北京。

娟调来以前，我就考虑到小芬的处境，不要说家里住房狭窄，就是住房宽空，娟的那个性格，估计也不可能和小芬长期和平共处，因此只能“见好就收”。可是街道卫生站是个没有单位负责的单位，想让上级单位分配住房，想也不要想。这时候我的一个作家朋友檀林给她介绍了一个对象，是四季青涂料厂的厂长，年纪不大，文化不低，字写得不错，还在我编的《宝文堂通俗小说》丛书中发表过一篇短篇小说，唯一的缺点是农业户口。不过北京四季青公社是全国闻名的大社、富社，社员富得流油，家里住的房子不但很大，装修的规格比城里人的住房漂亮得多。小芬去他家里一看就同意了，不过她婆婆听说她经过半年的培训就敢给人看病，万一误诊出了医疗事故，那责任可就太大了，于是建议她改行。何况结婚以后住在郊区，也不可能天天到城里来上班，她也就同意了。她结婚以后，户口留在我家里，她丈夫给了她六千元钱，让她在动物园前面的服装市场包一个摊位做服装批发零售生意。她挺能吃苦的，雇了一个小姑娘给她看摊，自己跑广东、福建石狮进货，生意越做越大，没几年手里就有了上百万，车也买了，三层的别墅也有了。她是个懂得知足的人，觉得钱赚够了，服装生意也不大好做了，就来一个“见好就收”，才三十多岁就收了摊在家里当“职业太太”，每天不过睡睡懒觉、打打麻将，还把母亲也接来了，该享受就享受，无忧无虑的了。

两个在我家里住过的小姑娘，都有了安身立命的地方，我也算是对得起她们的父母亲了。

十八、当管理员，兼炊事员

楼兴娟调来北京千难万难，如果没有陈朗争取到的名额，如果没有乔化国两口子的热情帮助，这件事情根本不可能办到。楼兴娟在当地宣布自己即将调到北京，几乎都没人相信。北京户口冻结期间，走后门报一个户口，少说也要五百元，还得有门路。不然，即便有钱，也找不到送进去的大门。我一分钱没花就把老婆调来了，谁信啊！

但是楼兴娟还是懊悔。在缙云，她的“铁算盘”是出了名的，许多单位抢着要。当时，她的调令都到了，单位领导还找她商量，希望她留下来，有什么困难一定帮着解决，但是她以“夫妻不能长期分居两地”为由，一口拒绝了。

没有想到的是：她来到北京，我们单位居然无法给她分配工作！

她在缙云县粮食局下属的新建粮食管理所当营业员，每天收的钱堆积如山，但是她在下班之前，全都能清点完毕，账目结算清楚，从来不用加夜班，能力之强，为众人所公认。而和她同一个窗口工作的营业员，却几乎天天夜晚要加班，形成了鲜明的对比。戏剧出版社管人事的办公室主任王利军，是军旅作曲家时乐濛的夫人，她问我楼兴娟有什么专长的时候，我说她在当地是出名的“铁算盘”，主任却笑了笑说：“现在都用电子计算机了，谁还用算盘啊！”

因此，她报到都已经一个多月了，因为她除了会打算盘之外一无所长，连普通话也说不准，竟没给她分配工作。总编辑杜高是我劳改时代的同窗难友，办公室主任去问他怎么安排楼兴娟的时候，他居然说：“楼兴娟是调来照顾吴越的，让她在家里照顾吴越好了。”这话正好被我听见，我真想冲进去对他说："只要你按月给她开工资，我求之不得！"

说起工资，也叫人生气。楼兴娟在食品站当临时工，一个月是二十七元钱；回到粮管所当营业员，提到五十三元。这在当地不算低了，但是调到北京，却成了全出版社工资最低的，连扫地的勤杂工一个月都有六十多元。此外，粮食局下属的营业员调到出版社来，身份却是工人，不能直接转成干部，据说这就叫"原工资级别"调动。

过了一个半月，还是社长问起楼兴娟安排在什么地方了，办公室主任这才通知她：到发行部工作。她到发行部，也像小华似的，先干干打包、邮寄这些体力活儿，后来见她工作认真，才把邮购这一摊儿交给她。她的工作认真，不是一般的。当时有读者汇款来购买某一些戏剧方面的专业书，偏偏库房里没有了，她想到外地读者购书的困难，就自己跑到书店去买来给人家寄去，因此常常收到读者的表扬信。

充分显示楼兴娟工作能力的，是一次发行部到中央戏剧学院摆书摊卖书。读者购书不论有多少本，哪怕是几十本一大摞，她打算盘都是一次绝不带错的。——今天是电子计算机年代，有这一手本领的人，已经不多了。

我所没想到的是：她一到北京，我就应该让她去补习，考一张会计证。这样，哪怕退休了，也还可以有工作可干。

直到中国戏剧出版社从东四八条搬到皂君庙，要自己开办食堂，领导才决定让她当食堂管理员。从职务上说，至少应该是个副科级干部，可是她却只能是"以工代干"。工资调整，虽然小有提高，也仍旧是全社最低的，仍旧是比勤杂工的工资还低。

食堂是新开办的，一切从无到有，又没开办费，当时买粮食还要用粮票。新开办的食堂，竟连一斤周转粮票也没有，是她打借条向全社职工三斤五斤地借来的；没有炊事员，也要自己到人才市场去招。别人当管理员，不过卖卖饭票、卖卖饭菜，她可每天要比别人早上班，先到菜市场买菜，然后到单位和炊事员一起择菜、洗菜做饭，实打实地把炊事员的工作也担当起来了。

所以她虽然调来了北京，心气儿却不顺，总说自己在缙云县是个人才，到了北京变成奴才了。我劝她：你我夫妻能调到一起，就比什么都好，要不然两地分居，一年一度的探亲假不到退休不算完。单凭这一条，你就该满足了，何况这还是乔化国两口子花了那么大力气帮你争取来的！

就这样，她一直干到五十五岁退休，依旧还是“以工代干”的身份。据说，“文革”以前的高中毕业生，转干是不用考试的，但是剧协办公室却说没有这样的规定，居然要她和一批初中毕业生一起考试，而不巧的是：考试之前，她父亲病故，她匆匆回家奔丧后又赶回来考试。进了考场，因低血糖加上低血压，晕倒在考场内，等于交了白卷。后来也没让她补考，一次转干的机会就这样失去了。

我劝她说：工资级别，都是身外之物，生不带来，死不带去。两个人的工资，加上我还有些稿费，供养一个孩子，比上不足、比下有余，心情一定要舒畅一些。但是她想不通，总说自己嫁错了丈夫，更不该到北京来。

她退休以后，出版社的确再也找不出另一个人能像她这样当管理员了，所以管行政的副社长再三留她继续“补差”，一直干到六十岁，直到食堂停办，方才回家。

十九、既是癌症，又是绝症

楼兴娟“文革”期间到北京上访，坐慢车、睡月台，千辛万苦，最后问题没有解决，却落下了低血压、低血糖、贫血和胃疼的病根儿，可是她性格坚强，只要还能站得起来，就绝不躺倒。

我们单位虽然每年都要给职工体检，可能是为了省钱吧，体检的时间总是定在每年的国庆节前后。那时候，北京的天气已经很凉，可医院里还没开暖气，而做B超、透视、妇科检查之类，都要求揭开或脱掉衣服，所以她是体检一次感冒一次。以后只要是九十月份体检，她都不肯去，还自以为是地说：有病没病，我自己知道。

其实，她是个癌症隐性患者。她兄弟姊妹六个，哥哥患肠癌，已经动过两次手术，总算保住了一条命，多活了二十年，直到2011年，还是因为癌症复发而故去；二妹死于胃癌；三妹死于盲肠癌；四妹患子宫癌开了刀，倒是没事儿了；五妹是不是也有癌症，因为从来没查过，实际上是她自己心里没底，不肯去查，所以还不知道。娟的身体逐渐消瘦，这事儿我很担心，她自己却强作镇定地总说“没事儿，有病没病我自己最明白”。但是到了2008年4月，她饮食逐渐减少，人也越来越瘦，瘦得都皮包着骨头了，却还说自己没病。女儿不放心，强制她到医院做B超，这才发现盆腔里面有一个肿瘤，已经有拳头大小了。

我们赶紧让她去做是不是癌症的鉴定，化验的结果数据是34，而35则是良性肿瘤与恶性肿瘤的分界线，也就是说，处于“临界状态”了。虽然医生说还是属于良性范围，但我知道，这“一线之差”是顷刻之间就可以突破并发生畸变的。

我们有个关系比较好的同乡人，美国留学回来的医学博士，在协和医院住院部当主任。通过她的关系，很快就在妇科办了住院手续。经过几次检查，已经确定由哪个医生主刀了。就在上手术台的前夜，这个主刀医生还是有些不放心，就把外科医生请来会诊。这一诊才发现，她的肿瘤根本不在子宫内，而是在子宫外面的骶骨上。主刀医生说：幸亏请外科医生来会诊，不然明天上了手术台也做不成手术，还得缝回去，原因是这个肿瘤不属于妇科而属于外科，建议改挂外科的号重新检查确诊。

也真叫奇怪，既然请外科医生来会诊了，也确诊不属于妇科了，那么当时就请外科医生进一步检查，然后把病人转到外科去，这样事情不就解决了吗？可是妇科主任坚持叫我们先办出院手续，然后再去挂外科的号，一切从头再来，还说这是医院的“制度”，真叫人莫名其妙。

我们无可奈何，只好先办了出院手续回家，然后第二天半夜里让小吴永去协和医院门诊部排队挂号。到了门诊部挂号室，才知道外科的号早在几天之前就已经被号贩子抢光了，要挂号只能从号贩子手中买，价格根据不同的医生有不同的标准。

小吴永一脸沮丧地回家来，大家才知道妇科不能直接转外科的真正秘密。好在楼兴娟的四妹发现子宫癌的时候是到北京来做的手术，而且就是吴永的朋友帮助联系的肿瘤医院，何不找到这个老关系送她到肿瘤医院先检查一下？

肿瘤医院的号顺利挂上，而且是一个主任给看的，但诊断结果叫人更加沮丧，简直哭笑不得。主任告诉我们：楼兴娟的这个瘤子很特别，连他们这个全国最大的肿瘤医院都没见过。瘤子虽然长在盆腔内，根子却长在骶骨的缝儿里，也就是生孩子的时候能张开的那两块骨头之间。他们完全可以把肿瘤割掉，但是根子在缝儿里面无法切除，也就是无法根治。这种手术，他们还从来没做过，也不敢做，建议到骨科专科医院去治疗。

从主任的话分析，倒不是故意推托，人家没见过、不敢做，怕担责任也是实情。最后一招，到骨科医院去看看吧。

到了北京市最有名的一家骨科医院挂了门诊号，也是主任给看的，先做了多项检查，单是检查费就一千三百多元，但得出的结论和肿瘤医院是一样的。不过不是推出去，而是建议立刻住院手术治疗。

这不是很顺利吗？拿着门诊部的住院通知单到住院部一问，答复是：目前没有床位，原因是奥运会期间骨科医院有特殊任务，必须给运动员保留一定数量的床位，以应对突发事件的发生。这话当然无懈可击，那怎么办呢？只好等奥运会结束，而且还没有什么特效药可治。

我和农工民主党中央宣传部文化委员会的卢祥之先生是好朋友。农工民主党是医药系统的民主党派，卢祥之先生自己就是中医学院的博士生导师，对全市各大医院的医生们比较熟悉。我找他商量，他说：是不是可以改吃中药试试？据他所知，北京市第九中学的校长，患的也是与楼兴娟同类的肿瘤，是国医堂一位医生给治好的。

既然西医骨科医院没床位，又没药可治，那么除了吃中药，就只剩下“不治疗”一条路了。这种病，我是不太相信中医能治好的，但是在走投无路的情况下，我们也不得不走了。我们的要求不高，只希望能够控制住不发展、不扩散，等骨科医院有了床位，好去动手术。

好在国医堂也是医保单位，我们就把医疗关系转了过去。国医堂的专家门诊挂号费极贵，不能报销，而且每天门诊挂号的数量有限制。中医看病，倒是没有那么多的这检查那检查，但是问诊、号脉都很费时间，如果挂的号靠后了，中午十二点也回不了家。因此我们每次去门诊都是天不亮就起床，让小吴永开车到国医堂门口，先把指定的某个医生的“排队号”拿到，然后在附近吃过早点后，再坐在挂号处前面等待喊号挂号。所以，我们挂的号，基本上都是第一号。

小吴永要上班，煎药的任务，当然是我的。我们花二百多元买来一个全自动陶瓷电药罐，倒是不用看着它，药煎好了会自动停电。中医治肿瘤，不外乎“以毒攻毒”，开的药里面，不乏蜈蚣、蝎子、穿山甲、鸡内金这些东西，但我总怀疑它的疗效。

果不其然，吃了半年多中药，楼兴娟的病情不是有所好转，而是每况愈下。在此期间，楼兴娟严重贫血，血色素已经下降到接近2了，换言之已经接近死亡线了。国医堂医生建议输血，但是北京市任何一个医院的门诊部都不管输血，国医堂也不例外。所以，要输血就必须住院，而住院又没床位。去骨科医院询问，奥运会虽然结束了，但床位还是没有。楼兴娟的另一家医保合作医院是隆福寺中医医院，我们常去看病，医生也比较熟。我们去要求住院，目的只是为了输血，但是也没床位。只好每天到家门口的总装备部医院门诊部挂吊针打点滴，一去就是半天，女儿要上班，当然是由我陪着。

2008年，恰恰是我一生中写作任务最最紧张的一年。我长期从事明清小说的研究和普及工作，深感忧虑今天的中学生，甚至大学生，居然“看不懂”明清时代的通俗小说了。这是因为明清时代的官场、科举、礼仪、称谓等和今天的习惯相去太远，有许多明清时代非常普通的典故，今天的中学生，甚至非文科大学生，居然大都不知道。因此，对明清小说的详细注释成了当务之急。我策划了好几年的一套“现代汉语版明清小说名著评注文库”，在2008年年初被我的老关系户东方出版社所接受，考虑到这种书不能一次只推出一本两本，而必须一次性推出十本八本，方才能够在书店中有一个显眼的地位。所以，我们决定首先把“三言二拍”推出去。这一套书，五部十本250万字，要求在2009年年底完成。那一段时间，我忙得不亦乐乎，从早到晚，几乎要在电脑屏幕前面工作12小时，照顾病人反倒成了“业余”的了，特别在照顾病人饮食方面，的确不怎么周到。

楼兴娟天天到总装备部医院门诊部打吊针那一段时间，正好新疆党校副校长任伊临教授写的一部60万字的长篇历史小说《左宗棠征西》要我帮他看看，并写一篇序言。他哥哥任一权是摄影出版社前社长，是我的老朋友，所以推托不得，于是我就把清样带到病床旁边一边陪床一边看稿子。看完了以后，又把笔记本电脑带到病床旁边，用了四天时间写了一篇四万多字的长序。——可惜的是，这篇在特殊情况下写成的序言，因为左宗棠这个历史人物有争议，而我对左宗棠又持“完全肯定”态度，新疆人民出版社不敢发，白写了。

到了2009年春季，楼兴娟的病情逐渐恶化。隆福寺中医医院门诊部的刘大夫，原来是我们文联宿舍大院儿门诊部的医生，他悄悄儿对我说：是恶性肿瘤，而且已经扩散到肝、肾、肠、胃，没法儿治了，准备后事吧。

我把这话悄悄儿告诉女儿，她却不信，于是托朋友到骨科医院去问问是不是有床位，没想到那个朋友带回来住院部主任的话居然是：“这个吴老先生他傻呀，他不知道我们这里的床位最低也要一万元一个吗？”

一听这话，我连生气都来不及了，立刻到银行去取出一万元，让女儿给他送去。

这一回，人家检查后连钱也不要了。他把装着钱的信封推了过来，接着把房门打开轻轻地说了一句：“太晚了。”

是啊，是太晚了。但是，是谁耽误的呢?

走投无路中，我又想起了卢祥之先生，他和许多医院的院长都认识，托他走走后门把楼兴娟送进医院去住院，来一个死马当作活马医总可以吧？想着，立刻给他打了电话。

卢祥之先生一听是这样的大事，二话不说让我等着，他立刻联系。

几分钟之后，他叫我马上到佑安医院去找李院长。佑安医院是专治肝科的传染病医院，李院长是中国做肝移植手术的第一人。这个医院也做癌症的防治，但不是最强项，只能试试看。

于是，我立刻叫女儿开车把楼兴娟送到佑安医院。

李院长看了所有病历和化验单，轻轻地说：“是恶性肿瘤，而且已经扩散。第一，来得太晚了；第二，扩散得太多了。不过最近美国有一种治疗癌症的新方法，叫作‘介入疗法’。理论根据是：癌症病毒是互相排斥的，因此如果把A癌症病毒注射到B癌症肿瘤里面去，两种癌细胞病毒就会打架，最后有可能互相消灭。能不能治好，不敢保证，不妨可以试一试。”

在这样的时候能听到这样的佳音，哪怕只有一丝儿希望也是“好消息”，还不高兴?

李院长立刻打电话把住院部主任叫来，并让护士准备担架床把楼兴娟推进了重症监护室。经过检查，她的血色素只有2，已经是病危的临界点了。这样严重的病情，而楼兴娟居然还能自己走路，她的坚强连主治医师都很惊讶。当时定的治疗方案是：先治严重贫血，等血色素提高以后，再考虑动手术。

楼兴娟在重症监护室住了四天，就转到了普通病房。

事情到了这一步，吴永不得不辞职伺候母亲了。倒不是我们舍不得花钱请护工，而是那里的护工实在不行。八十元钱一天请的护工，居然是个不识字的农村妇女，连每天订饭的菜单都不会写，普通护理常识也缺乏。夜里睡在病床旁边，还打呼噜，吵得所有同病房的病人都无法入睡。这些都不说，最要命的还是转眼就不见人影儿，哪儿也找不到她。去向护士长反应，她说：这里是传染病医院，一般的人都不愿意来这里，这个护工是因为女儿在北京上大学，她要给女儿挣学费，也便于随时照顾女儿才来的。原来她女儿就在旁边不远的医科大学读书，怪不得转眼就不见她。我们不能要求人家不见女儿，只得把她辞了。我年纪太大，值夜班顶不住，只好让女儿辞职值夜班，而我值白班。

这期间，吴永的朋友、我的朋友、单位的领导不断地来看望，并送来许多营养品；我的电脑老师周志农先生还和师母一起开车来看望，并送来两千元钱；吴淑琴一家也都来看望。吴淑琴还帮着值了好几天夜班。

娟的两个妹妹都在广东养鸭子、养鱼，听说姐姐病重同时赶来。这样，病房里有她们姐妹两个加上小永轮流值班，就把我和吴淑琴解放了。我只是隔三差五地到医院去看看，了解病情。只是从我家到佑安医院要转两次车，行程一个半小时。我到那儿也不过帮她们到饭店买买中午饭，干不了别的什么。

娟在佑安医院住了一个多月。经过输血，血色素从2增加到6，虽然还没达到8的标准，但脸色已经逐渐红润起来，饭量也有所增加，于是我们都盼望出现奇迹。这时候，李院长亲自给她做了注射癌细胞病毒的手术。这是在B超监视器下用注射器直接注射的，不到一小时就完成了。

手术后观察没有不良反应，我们都很放心，认为美国人发明的这个“以毒攻毒”的治疗方法也许能挽救她的生命。

根据疗程安排，半个月后，如果一切正常，应该接着做第二次手术。但是第一次手术期间因为“钡餐”在肠内形成一个硬块，阻塞了大便畅通以至于便秘了许多天，经B超透视发现肠内已经形成许多小疙瘩。也就是说，癌细胞扩散的部位太多，无法治疗了。这个情况住院部主任当时并没告诉我，而是通知我说：这种癌细胞病毒注射剂是从美国进口的，目前医院里已经没有，要等进货来到以后才能进行第二次手术。可是住院部床位紧张，建议病人先回家休养并按时吃药，等注射剂一到就通知我们继续治疗。——实际上，“进口药没到”只是一种借口，而是不便于宣布“不再继续治疗”，以免病人家属吃惊。

我们当然知道回家休养绝不如继续住院好，但我们都是通情达理的人，何况能住进医院来，也是李院长的特批，当然不会和医院为难，就把娟接回家来了。两个妹妹见姐姐“病情好转”，自己家里人手也不够，就都回去了。从此，我和吴永两个人一个值夜班，一个值白班。吴永是夜猫子，平常时候也要过12点才睡觉，反正是在电脑前面多坐几小时而已。我在清早6点钟起来接班，她还说太早呢。

娟在家里休养了一个多月。这期间，虽然每天按时吃药，但是健康状况却每况愈下。刚回家的头几天还有胃口，能吃一点儿东西，自己也还能走到厕所。过不了几天，就没胃口了，吃什么都只是一两口就放下了。可心里还是想吃，老在想一些以前吃过的好吃东西，什么皮蛋粥、蒸蛋羹、小馄饨、刀削面，买回来也都是只吃一两口。又要我去买山药，可那个季节根本就没山药，找了许多地方，才找到一个专卖山西山药的铺子，要价五十元钱一斤，买了半斤回来，也还是只吃一两口，就说“不好吃，不是这一种”。

我写信去问作家朋友张扬，因为他在湖南肿瘤医院当过几年副院长，不是管业务的，也不是管行政的，而是作家带职挂名的，去医院的目的，只是体验生活。他回信来说：据他在医院的几年观察，癌症病人无非死于三种情况，一种是吓死的，一听说自己得了癌症，精神首先就崩溃了；一种是疼死的，癌症病人往往局部剧烈疼痛，靠止痛剂局部麻醉；还有一种，就是饿死的——什么也吃不下去，人越来越瘦，瘦到一定程度就好像一盏没油的灯，最后就熄灭了。

楼兴娟虽然也有腹部疼痛的感觉，不过并不太严重，从医院里带回来的止痛贴每三天换一次，也没听见她大喊大叫。要命的就是这个不吃东西，更要命的是她总说不饿，什么都不想吃。我的对策是千方百计让她想吃，银耳、莲子、红枣、鲜牛奶……买回来的东西，哪怕她就吃一两口，总也还有一两口吃进肚子里不是?

整天不吃东西，铁人也顶不住。过了半个月，人越来越瘦，胳膊和大腿上都没肉了，浑身一点儿力气也没有，自己已经走不到厕所去了，要我背着或者抱着去。二十几天以后，腹部疼痛加剧，我不断地给她抚摩，一连几个小时不能停，一停就喊疼，弄得她自己也不好意思，说：“有你这样尽心照顾我，我死了也不冤了。”我打电话到住院部主任那里去，她说：药还是没到，别的药不管用，也没其他好办法。——这当然是应付患者家属的话，她心里其实明镜似的，但就是不说“没法治了”这句话。

再过几天，开始大小便失禁，我和吴永一天要给她换几次尿不湿。到了7月下旬，一天夜里她突然昏迷过去，急得吴永大喊：“妈，妈，你醒醒，你可别吓唬我！”我被吵醒了，赶紧跑过去帮着喊，最后她醒过来了，却苦笑一声说：“喊什么？我没睡着。”——实际上是她失去了知觉自己不知道。

到了7月底，病情已经十分严重，什么也不能吃，勉强喂几口，也都吐了出来。人却还清醒，而且很坚强，总说自己还要站起来，总不能这样老躺在床上要老公、女儿伺候。

拖到7月31日，不能再拖了。我估计她已经到了生死关头，也没几天好拖了，就开始准备后事。到居委会询问如何办理死亡报告，答复是“死在家里，没法儿开证明，还是要送医院”。我急忙给李院长打电话，李院长指示“立刻送来”。我拨了120，急救车立刻就到，三个人把楼兴娟连床单一起抬进急救车，在车上她还能说话，问我送她到哪里去。车到医院，立刻送进重症监护室，一分钟也没耽误，连急救车上的医生护士都惊讶：这“一路绿灯，畅通无阻”来之不易！

第二天，我进重症监护室看她，她就已经不会说话了，虽然瞪着两只眼睛，眼珠子却不会转动。看那样子，她似乎还有话要说，可是已经说不出来。她病重期间，因为她一直都说自己要站起来，我们也不便问她“还有什么遗言”，到了这个时候想问，她却已经无法答复了。我听见她喊的最后一句话，是在送进重症监护室的时候，她接连不断地喊：“救救我呀！”——那时候，可能她自己已经意识到生命将要终止了。

我猜想，她心中惦记的，可能就是女儿的婚事。女儿是1977年生的，都已经三十二岁了，可是还没有男朋友。尽管身边不乏男性青年，可都是圈子里面有共同兴趣的朋友，谁和谁都没超出这个关系之外。我估计楼兴娟虽然已经不能说话了，但是耳朵还听得见，正好她们古建筑爱好者圈子里面的胡定胜闻讯赶来探望，就和他商量：能不能请他到楼兴娟床前叫一声“妈”，好让她闭上眼睛安心而去。——我告诉他：这是假的，目的只是为了安慰一个将死的母亲，好让她无牵无挂地走。

不料他却说：“伯母走了，吴永的下半辈子，当然是我来照顾她了。”

他坦然地走进重症监护室，双手捧起楼兴娟的一只手，在她耳边轻轻地嘀咕了一阵，然后含着眼泪出来了。——从此他就成了我的准女婿，后来楼兴娟的丧事都由他一手经办。

他是澳大利亚籍华人。父亲本是印度尼西亚归国读书的华侨，后来在首钢担任工程师。“文革”结束后，是第一批出国定居澳大利亚的“澳籍华人”。

楼兴娟身上插满了管子，实际上是在依靠管子维持呼吸和生命。我是个很达观的人，知道不可能起死回生，而这样做对病人、对医生、对医院都是负担，所以我就让吴永去告诉住院部主任建议拔去管子，让楼兴娟安然上路。但吴永却说：“这样的话，我说不出来。”于是我也就不再坚持。重症监护室是不许留人的，我和吴永只好回家听候医院的消息。

二十、药石罔效，生命终止

2009年8月4日凌晨两点，我接到医院打来的电话，告知楼兴娟病危，我们父女立刻带上早就准备好的衣服鞋袜，开车赶到医院。将近四点钟，她停止了呼吸，静悄悄地走了，似乎没有痛苦，但也没有留下半句遗言。我们把她送进太平间换上了衣服，和院方定好了8月6日举行遗体告别仪式之后就开车回家了。此时，路上车辆极少，大约将近五点钟就回到了家里，但突然袭来如此重大的变故，我怎么睡得着？我没有躺下休息，而是立刻打开电脑用我弹指如飞的打字速度含泪写下了一篇讣告。——实际上是一篇悼辞，不，是一篇自责书，是一道罪己诏！

早晨六点多钟，这篇五千多字的讣告上传到了我的博客上。——连我自己都不知道，我怎么会有那样快的写作速度，心里积攒已久的话简直是喷薄而出！（为保持原貌，内容虽然和前面有所重复，也不作修改删节。）

讣　告：

沉痛悼念我的老伴儿楼兴娟

括苍山人　吴越

2009年8月4日早晨4点，我的妻子楼兴娟，因患癌症，医治无效，离我而去，终年六十八岁。

一、传奇的婚姻

我和她的婚姻，是一段传奇故事。

1975年春节，我回故乡浙江缙云县看望老母亲。当时我还在劳改农场劳改，没有探亲假，是请事假返乡的，来回车费也只能从每月三十二元的生活费中节约三五元，积攒了好几年才有可能探亲一次，因此十分难能可贵。回到家乡，多年不见的老朋友都想见一见。

就在这四处奔走中，老朋友介绍新朋友，偶然中结识了她。她在当地也算是个“名人”，知名度颇大，可以说是“全县闻名”。

第一，她是个“铁算盘”。算账从来只打一次算盘，不论数目多大，绝不会错。

第二，她在粮食系统工作，当门市部的营业员，具体工作是平时卖粮食开票收款；夏、秋粮入库的时候，则是凭票付款。进出的钞票堆成小山，从来不会出错。下班之后，别人都要加班结账，她基本上不用加班，在下班之前的短暂空闲时间内，就把当天的账目都结清了。

但是她却因为“违反现金管理制度”而被下放，也就是变相开除了。

“文革”期间，当地的两派经常武斗。有一次武斗，街上商店、银行都关门了，她见自己手上一大堆钞票、粮票，送银行已经不可能，万一武斗中钞票、粮票被抢，这个责任可就大了。急切间，她把钞票、粮票装进自己的手提袋，带回家中藏在梁上。武斗结束，钞票、粮票分毫不少送回门市部。这本来是一件“保护现金不受损失”的“有功之举”，却因为武斗后“革命派”掌握了大权，居然把这件有功的事情说成是“违反现金管理制度”，愣是把她给下放了。她家本来就是农业户口，所谓“下放”，也就是回家。

下放以后，她不服，勇敢地到北京上访，睡火车站，闯国务院，居然让她拿到了巨大无比的“中共中央办公厅、国务院办公厅联合信访办公室”的信封，里面装着“希当地政府慎重处理”的介绍信。她在当地的出名，主要就是她的“坚强、勇敢”。但是浙南山村天高皇帝远，当地政府并不因为有党中央、国务院的信而“慎重处理”，理由也很简单：下放符合政策，并不是“处理”，不存在平反的问题。她的冤案，只是以回家以后大病一场而结束，连旅费带药费还欠了好几百元的债。

我遇见她的时候，她已经发挥她的所长，在食品站当临时工，还是当开票收款的营业员，月工资二十七元，比我这个“劳改犯”还少。

因为有这样的“共同遭遇”，所以我们虽然是第一次见面，却颇谈得来。当时正值“批邓”高潮，话题自然离不开邓小平。她房间里还有两个工人，口口声声，都拥护邓小平。谈到她三十四五岁了还不嫁人，她立刻表态：“‘文化大革命’不结束，我的冤案不平反，我绝不结婚。”特别是她那句掷地有声的“死也不嫁革命派”，给我留下了极为深刻的印象。我回到劳改农场以后，我们建立了通信关系：第一，我把自己的身份如实地告诉了她；第二，当时我正在偷偷儿地创作长篇历史小说《括苍山恩仇记》，我把手稿寄给她看，她很欣赏。出于“爱才”，不顾我的劳改身份，不嫌我一个月只挣三十二元，愣是答应嫁给我。而我提的条件非常苛刻：第一，我是个右派，不知道什么时候一句话不对付就会进监狱，要她做好思想准备；第二，我一个月只挣三十二元，结婚以后，没有力量养孩子；第三，要她保管、保护我的手稿，一旦政治气候转变，哪怕等我死后，也要千方百计送到出版社去。原估计这样的条件她会迟疑，没想到她居然一口答应。于是一年以后，1977年的2月初，我再次回到缙云县，和她举办了十分简陋的婚礼。当时，已经打倒了“四人帮”，“革命派”被清算，“保皇派”恢复掌权。婚礼虽然简单，来的客人却不少。她的两个妹夫，一个是村长，能说会道，负责招待客人；一个是村支部书记，复员军人，善于做菜，主动下厨房。新上任的公社书记是她老朋友，一请就到，还带来了好几个镇上、县上的干部。这在当时当地，可是请也请不到的“贵客”呀！

1977年11月，我们有了一个女儿。1979年的五一节，她还抱着孩子，由老丈人陪着，到天津茶淀劳改农场来看望我。

打倒“四人帮”之后，时来运转，1979年底我先落实政策，回到北京工作；不久她也回到粮食部门。1984年，组织上照顾我们，把她调来北京，和我在一个单位工作。

二、来到北京，心理不平衡了

我和她，虽然政治观点一致，而且走到一起来了，但却是两个不同世界的人。

我从小走南闯北，四海为家；她除了到过北京告过状，1984年以前的四十多年，主要在浙南山村度过。我们两人的生活习惯和爱好，可以说完全不同。我是个作家，以文学为事业；她只会打算盘，对文学一窍不通。她虽然“爱才”，但是她自己至少在文学领域是属于“无才”的人。

我们两地分居，倒是可以“各自为政”、互不干扰，一旦调到了一起，她的心理状态明显不平衡起来了。

在缙云当地，她也算是个“人才”。就凭她的“铁算盘”，许多单位都欢迎她去。北京调令来到，粮食部门的领导再三留她，只要她答应不来北京，一切问题都好商量，困难也都好解决。但是她为了照顾我，为了让孩子有个北京户口，毅然决然地放弃了优厚的条件到北京来了。

她的本意，从来没想过要来北京。她嫁给我，也只想让我离开劳改农场，到她家落户务农，然后从容完成我的长篇历史小说《括苍山恩仇记》，她负责保管并传给后人，等有机会了付梓出版，也算是了结我这一生做人的任务。她家一家党员，父亲是生产队会计，她自己是民兵连长，两个妹夫一个是村长一个是书记，原先都是“保皇派”，和“革命派”是死对头，估计总不会迫害“同观点”的姐夫。没想到在我们的有生之年，居然同时得到了平反昭雪，不是我回故乡，而是要她来北京。于是，事情反倒麻烦了。

我的单位，是个文学艺术部门。她虽然是出了名的“铁算盘”，但是没有会计证，无法上岗。再说，在北京当会计、出纳，根本就不用打算盘，都是用计算器，她却不会用。所以她来到北京，“人才”变成了“奴才”，只能让她打打杂，当劳动力使用，哪里临时要人，就去哪里“帮忙”。此外，她在县粮食部门的“营业员”身份，不是干部编制，调到了北京，只能算是“工人”；而且她的每月五十三元工资，在缙云不算低，来到新单位，却是最低的了。

这些遭遇，她心理上都不太平衡。但是从“一家团圆”着眼，这些问题都可以容忍，也只能容忍。后来我们单位办起了内部食堂，让她当了管理员，她倒是干得挺来劲儿，何况对外名义上也是个“副科级干部”。按说，管理员只管买菜卖饭票，最多帮炊事员卖卖饭菜，但是她却天天和炊事员一起做饭、炒菜，甚至洗菜、洗碗，实打实地顶了一个“炊事员”的名分。因为她肯干，到了五十五岁以工人的身份退休后，还在原单位拿“补差”，又干了好几年，一直到食堂散摊子，方才回到家里。而在缙云县当年和她一起干的“营业员”们，尽管业务水平都不如她，却都已经评上“经济师”的职称了。

三、孤独，是她终身的遗憾

上班期间，哪怕心理有些不平衡，倒还不妨碍健康，她的得病，很可能是由于孤独而引起。尽管至今没有哪个医生说过孤独会引起癌症，但我总觉得生活的孤独对她的健康有很大影响。

一般的离退休夫妇，大都是双双对对，一起逛逛公园、打打太极拳、聊聊家长里短，老伴儿老伴儿，主要是到了晚年彼此有个伴儿。

我由于中年时代劳改了二十三年，失去了最佳的写作时间，一心只想把失去了的光阴找回来。因此离休以后离而不休，相反倒是进入了写作旺盛期：天天都在电脑前面敲打键盘，每天的工作时间往往都在12小时以上。特别是2008年，一口气写了十本书，总字数超过300万。这就把老伴儿冷落在一边儿了。以前，我们还每天早晨一起到公园去“遛早儿”；进入2008年以后，我只在家门口遛遛马路，最多半个小时就回家打电脑了。我一进入写作状态，就全神贯注不再理她。她和我说话，我总是叫她不要打搅我。那一段时间，她天天吃过早饭就去菜市场，一逛逛到十点多才回家。一家三个人，女儿中午不在家里吃饭，买两三样菜当然用不了那么多时间，其实是她在家里待着孤独，愿意到“人丛”中去走走。她曾经不止一次地说：“当作家夫人真苦，还不如嫁农民。”虽然是气话，却反映了她的真实思想。

我这是用她的孤独，来换取我写作的“成功”。在这个问题上，我欠她的，实在太多，如今后悔、自责，都已经太晚了。

四、病得奇怪，医得艰难，走得突然

她平时身体还算可以，由于挑食，基本上不吃油腻的东西，比较瘦弱，还有贫血和低血压的毛病。2008年4月，体检查出盆腔骶骨有一个肿瘤，已经有11厘米大小。但检查报告说是良性，也就不太着急。先到协和医院妇科住院，打算动手术。一切检查化验手续做完，第二天要上手术台了，经过最后一次会诊，忽然通知说：“你的病不属于妇科，应该转

到外科去。”但是大夫们不给转，只要求出院。我们通过关系进了肿瘤医院，经过检查，被告知：“你的肿瘤是从骶骨的骨头缝儿里长出来的，我们没有见过，不敢贸贸然开刀，建议转到积水潭骨科医院去。”到了积水潭医院，又被告知：“奥运会期间，要给运动员留床位，等有了床位再通知你。”在此期间，只能到国医堂吃中药。从此每周二天不亮就起床，由女儿开车送她到医院给她挂到了第一号，等她看了病，这才把母亲送上出租车，自己才去上班。她吃了半年穿山甲、鸡内金之类，病情不但不见好转，而且越来越严重了。医生不敢再开药方，要我们“另请高明”。我们再次到积水潭医院检查，肿瘤已经变为恶性，而且已经转移到肝、肾、肠、胃，加上她严重贫血，既不能动手术，也不能化疗。最后给的一句话是：“不值得治疗了。”

这等于宣判她的死刑，但是总不能眼看着她在家里等死呀！通过朋友，找到了佑安医院的李院长。他是中国肝移植专家，佑安医院也不是治疗癌症的专科医院。但是他看在朋友相托的份儿上，答应“试试看”。他说：治疗癌症，有一种最新的“基因疗法”，也叫“介入疗法”。原理是：肿瘤与肿瘤之间，癌细胞是互相排斥的。如果把A肿瘤的癌细胞输送到B肿瘤中，两种病毒会互相残杀；再把向肿瘤输送营养的血管堵住，一方面让它们互相“咬”，一方面“饿”着它，肿瘤就有可能自己萎缩。

只要有医院肯收，我们绝不能放弃。于是在今年的4月13日，送她住进了佑安医院。

第一次介入疗法是成功的。本应该半个月或一个月以后再进行第二次治疗，考虑到介入疗法的药物没到，医院建议她回家疗养一段时间，吃点儿好的，养胖点儿，再回医院。

但是从6月30日出院到7月31日这一个月时间中，不知道什么原因，病人心情烦躁，拒绝进食。家里朋友送来的水果、鸡蛋、牛奶、营养品堆成了小山，她就是不肯吃，吃什么都是一小口，第二口就不肯吃了，怎么劝都没用。刚回家的头几天，还能自己走到厕所去，后来就要扶着走，再后来自己站不起来了。一个月没怎么吃东西，居然硬挺了过来，生命力够强的了。7月31日，出现短暂休克，不久自己醒了过来。当夜就大小便失禁，语言不清。经与医院联系，8月1日叫120送回医院，进入“特护病房”，神志还很清楚，大喊大叫：“救救我呀！”8月2日去看她，已经进入弥留状态，眼睛虽然半张着，但是眼中无神，叫她也没反应，不认识人了。从此一直没有醒过来，直到8月4日早晨心脏停止了跳动。

在她住院期间，女儿辞去工作专职护理，她的两个妹妹也特地从广东赶来。因为有人精心料理，我这个做丈夫的依旧是“事业为重”，哪怕就是在病床旁边陪着她，也还是忙着给朋友看清样，甚至把笔记本电脑搬进病房，帮朋友写序言或者发博文，和她聊天的时间还是很少。倒是她回家后的这一个月，女儿值夜班，我值白班，她想吃什么，我就给她做，自己不会做的，也要想尽办法去给她买来。可惜的是，东西送到她的面前，不过只吃一口，最多两三口，就推开不吃了。她周身疼痛，我不得不一连几个小时帮她按摩。特别是她大小便失禁以后，一晚上换几次尿不湿，都是我擦洗更换。结婚三十多年，夫妻一场，算是我“伺候”了她几天。

她对自己的健康恢复很有信心，我们也不便于问她有什么“后事”需要交代，所以一直到死，也没有留下一句话。我听到她的最后一句话，就是“救救我呀”，但是已经无能为力了。

我是个彻底的无神论者。我早就在家里宣布：我死之后，不建坟茔，因此连骨灰也不用取。她虽然是个共产党员，思想却没有我开通。既然我不建坟茔，她表示不愿意葬在北京，而希望葬到故乡父母的身旁。这是她生前唯一的愿望，我们一定照办。

人总是要死的，年老而死是新陈代谢，是客观规律。但是摊上了癌症未老先亡，就不是自然淘汰了，但是谁也没有办法。一个艾滋病、一个癌症，大概还是目前无法攻克的难关。如果癌症有药可治，估计毛泽东、周恩来、陈毅，都不会死得那么早……

她，是个要强的人。如果她“爱财”，开公司、办企业，没准儿会成功。可惜她“爱才”，嫁错了丈夫，当了作家的夫人，命运注定她只能半生孤独寂寞！

我，只能等我也到另一个世界去的时候，才能陪老伴儿散步、聊天了。

寄语老伴儿还没得病的离退休人员，趁着俩人还走得动，要多陪老伴儿走动走动，不然可是要后悔一辈子的呀！

2009年8月4日早晨6点

这篇讣告，除了上传到我的博客之外，同时也用“群发”的形式，一次性发给所有和我经常用电子邮箱通信的亲友们。

互联网的确神奇，不论收件人在地球的哪一个角落，片刻之间就“送”到了，何止是“瞬息万里”！

因此，8月6日在佑安医院举办的遗体告别仪式，尽管到场的人不算太多，但是通过互联网发过来的挽联却不少。住在本市的，当然是他们自己书写；凡是通过互联网发过来的，我都请人用宣纸写出来。我们这个文联宿舍大院儿，是个藏龙卧虎的地方，什么“家”都有，当然不缺书法家，只要上门去求，都会赏脸的，还不用付润笔费。但没有想到的是，佑安医院的遗体告别室，历来只有送花圈的，居然从来没有人送过挽联。一开始他们不允许我在灵堂外面贴挽联，说是“没这个规矩”，经胡定胜打电话给朋友，朋友又打电话给八宝山的管理处，最后总算通融了。终于在告别室的内外，不但放满了花圈，还挂满了挽联，对他们来说，这算是“别开生面”还是大开眼界？

8月6日的遗体告别仪式结束之后，遗体送到八宝山火化，然后回家来整理遗物。我一向不管家，家里有些什么东西，根本不知道，忙乱了几天之后，依旧是理不出一个头绪来。娟的两个妹妹，虽然哀哀切切地从广东赶来见姐姐最后一眼，但是家里都养着鱼和鸭子，丧事完毕又匆匆忙忙地赶回广东去了。突然的变故害得我每天都是食不知味、夜不成寐，特别是女儿出去只留我一个人在家的时候，那种没着没落的空虚失落感就会袭上心头，竟不知道干点儿什么事情才好。也难怪，我的父母、哥哥、姐姐故去，我都不在他们身边，接到噩耗大都在事后，因此没有经历过与亲人诀别的悲痛。这一次，可是眼看着一个大活人就这样无声无息地从这个世界上消失了。虽然我也算是一个作家，但那种心情，却无法用笔墨形容。

四天之后，我在苦闷彷徨中，又写了一篇悼念亡妻的文章，依旧发在我的博客上。——主要是报道8月6日的告别仪式，并答谢为她写挽联、送花圈的亲友们。

在沉痛莫名的日子里

括苍山人　吴越

2009年8月6日上午9:30，我老伴儿的遗体告别仪式在佑安医院的告别厅简单举行。

我是个彻底的无神论者，绝不相信天堂、地狱、灵魂轮回之说。我这一生近八十年来，多次跟死亡擦肩而过，经历过的人生磨难实在太多太多。我自信对于人生的“生老病死”，至少比某些“科级”高僧、“处级”禅师要参悟得透彻多多。虽然我不懂“禅理”，却在人生磨难中早就已经大彻大悟，明白了根本就没有“善有善报，恶有恶报”这一说，因此最终并没有皈依佛教，也没有信奉天主。人生如草长，人死如灯灭，本无所谓来自何方，去向何处。我的人生箴言是：作为一个高级动物的人，应该发挥主观能动性，活着就要拼搏，为人类社会的发展而尽力！因为我有这样的信念，所以在劳改农场这样恶劣的环境之中，在“文化大革命”这种逆时代背景之下，我不怕再次“惹祸”，从1974年到1976年利用点滴时间，坐在田边地头，用大腿当桌子，愣是完成了一部200万字的长篇历史文化小说《括苍山恩仇记》，目的就是暴露封建主义的残暴和可恶，说明中国如果出现复辟，必然是封建主义，而不是什么资本主义。写这部书，就是希望能起一个推行民主自由的启蒙作用。要知道，这可是“三易其稿”，三部原稿加在一起有600多万字呀！这样的速度，即便是专业作家也很难达到，何况我当时手头除了“雄文四卷”“宝书一册”之外，没有任何参考书，更何况还是在有那么多“极左”的劳改积极分子盯着我的劳改农场！——这就是我的信念，也算是我信奉的“宗教”吧。我不追求死后上天堂，也不追求来世的荣华富贵，我只求今生能够有所作为，不辜负自己来到人世走这一遭儿。

因此，“文革”期间，我父亲被迫害致死，我母亲贫病而亡，我都没有掉一滴眼泪，更没有击倒我。1960年，我们这些发配到劳改农场从事惩罚性劳动的劳改犯们都在挨饿，小腿浮肿，面黄肌瘦，眼窝深陷，步履蹒跚，同房间的、同中队的人经常是早晨死一个、晚上死一个，简直成了

处州晚报

人文·讲述 15

在沉痛莫名的日子里

《处州晚报》刊发我的第一篇悼念文章。

“见怪不怪”的“日常生活”。我还好几次从工地把饿死的难友背回来，尽管心里难受，我也没有掉一滴眼泪。不是我“铁石心肠”，而是我知道自己无能为力，面对现实，无可奈何。既然无可奈何，何必哭天抹泪地在豺狼面前显示自己的懦弱？

所以，当我得知我老伴儿得了癌症且已经扩散，心里明明知道她得的是“不治之症”，而且已经有三个大医院拒绝接收医疗了，面对现实，依旧是无可奈何。但是我的生活条件和经济情况已经不比当年，哪怕只有百分之一的希望，总还想再试一试。这就是古话所说的“死马当作活马医”。可惜，“奇迹”并不因为我的虔诚和坚持而出现，她还是按照癌症病人所必须依从的客观规律自然发展了。

按照我本来的意思，“死了死了，一死百了”，画一个休止符就成了历史，一把火烧了，也就完了，本不想举行什么遗体告别仪式的。何况她病了一年多，最后的一个月，基本上没吃什么东西，实际上就是饿死的。她身上只剩下皮包骨，脸上已经没有什么肉，形象也十分难看。但是单位和亲友们都希望能够最后再见她一面，哪怕就是形象十分恐怖，也在所不计。于是，她的遗体告别仪式，就在我并不赞成的情况下举行了，但前提是一切从简。

8月6日上午，来的本单位领导、同事、亲友共有三十多人。特别是她的两个妹妹，5日上午听说姐姐故去，就立刻去买火车票，但是买不到，不但没有卧铺，连座位也没有。她们像疯了似的，居然买了“无座票”在火车上“蹲”了一日一夜，终于在8月6日上午9点25分赶到告别厅，一见姐姐就号啕大哭……

她们曾经丢下自己的鱼塘、鸭场专门赶来北京，在医院里料理了姐姐两个多月，还是6月底刚刚从北京回广东的，总以为姐姐还会站起来，却不料就此永别了。

花圈送来不少，但医院的告别厅面积不大，最多只能放十八个，还有人要送，只好婉言劝阻了。除了单位送的之外，最显眼的是《人民日报》前任副总编辑周瑞金先生送的花圈。我和他是老朋友了，二十世纪八十年代《浙南日报》创刊四十周年，我和他同时被邀请，并住在一间房间里，谈得十分投机。从此，二十多年来交往不断，并经常给我以指导帮助。

有许多花圈是外地的朋友送的。其中有衢州市人大常委会主任黄会荣同志，我们原本是网上通信的朋友，没有见过面。2007年国庆，我回浙江巡回演讲，他特地从衢州驱车三百里到缙云县来看望我，又不辞辛苦连夜返回衢州，所以他虽然身在外地，倒是见过我的妻子、女儿的。还有上海的作曲家珊卡、中国残疾人艺术团的“中国第一哨”周志明，以及宁波的林大明，也是2007年国庆带着夫人、小姐特地到缙云来和我一家会面的。这些网上朋友，都是能“说到一起去”的志同道合者，是信念让我们聚到一起的，不是亲人胜似亲人。

比较有特色的，是亲友们送的挽联。据殡仪馆驻医院告别室的经理先生说，他们这里举行告别仪式，亲友们只送花圈，还从来没有见过有送挽联的。厅内四周已经放满了花圈，以致不得不把挽联张挂在大门内的过厅里。

其中最显眼的，是中国作协书记处前任书记韶华同志亲自撰写的挽联。挽词是：上天不公，总是制造是非错位，最终得以昭雪；心性和谐，

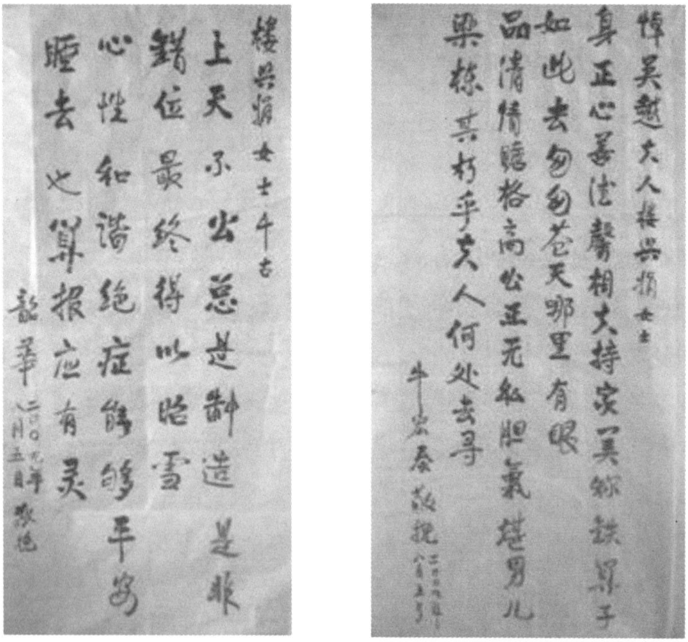

韶华同志、牛宏泰先生在楼兴娟葬礼上赠送的挽联。

绝症能够平安睡去，也算报应有灵。

西北农业大学人文学院院长牛宏泰先生的挽联也很有特色。挽词是：身正心善德馨，相夫持家，美称铁算子。如此去匆匆，苍天哪里有眼？品清情瞻格高，公正无私，胆气堪男儿。梁栋其朽乎！夫人何处去寻？他是中国楹联学会的专家，是我当编辑时代的老作者，还是我家的常客，也有二十多年的交情了。

还有许多挽联，是我劳改时代的难友们送的。他们当然都认识我老伴儿。照片这里不可能全发，举一例吧。挽词是：缙云奇才女，持家治家，相夫教女，宁守辛劳半世；括苍山人妻，爱才助才，为君舍己，甘献孤独一生。作者张永贤，是我六十年代在劳改农场一起劳动的难友，四十多年不离不弃的交情啊！那天来的难友，基本上都是三四十年前一起遭难的。所幸如今个个都有成就，只是“夕阳无限好，可惜近黄昏”，几乎都已经垂垂老矣，有的还手扶拐杖步履蹒跚！想想“白发人送黑发人”（我老伴儿年近七十，头发依然漆黑），怎不伤心落泪！

我女儿的挽联，挽词是：半辈子为我操劳，无法今生补报；三十年养育之恩，只能来世再还。

妻子故去，我心中既悲痛，又负疚，含泪撰成一联如下：只为爱才，嫁错丈夫，当了作家夫人，命运注定半世孤独；如果爱财，认准门路，成为老板经理，也许能够一生风光。

下午三点，骨灰盒由女儿手捧，我点燃三支清香从门口接回家里。骨灰盒是女儿去挑选的，汉白玉制作，以后带回缙云去入土，保证千年不朽。我暂时把她安置在我的床位旁边，一方面在她回到故乡之前，我还可以再陪陪她，以补生前的不足，以后每天早晚一炷香，在烟云缭绕中寄托我的哀思；一方面8月6日有事情来不及到告别室告别的朋友们来了，也可以给她上一炷香。

三十二年夫妻，没有恩恩怨怨，也没有吵吵闹闹，互相之间从来没有说过一句“我爱你”之类的绵绵情话，甚至在洞房花烛夜，我想亲她一口，她也以“不会”“不习惯”而见拒，从此我也没有再吻过她。长期以来，我们都是“同床各被”，是名副其实的“君子夫妻”。我们的夫妻生活，平淡得就如同一杯白开水。不管真的假的，至少她口头上总是对我说过“当作家夫人并不幸福”的不太满意的话语。如今一切都结束了，才知道这不是“白开水”，而是真正的“甘泉”，价值不菲，人间少有，世上难求。

张抗抗在楼兴娟灵前上香。

我和她的婚姻充满着矛盾。她爱才，喜欢我写的小说和诗词，她自己对文学却一窍不通。她从内心里爱我，嘴上不但从来不说，反而口口声声只说自己这一辈子嫁错了人。我们是贫穷的患难夫妻，结婚的时候，没给她买过一件新衣裳，更不要说是金戒指、金项链了。后来有了钱，她也没说要我补买，身上穿的衣服有许多还是带补丁的“文革”时期的东西！

我们的女儿生在缙云。但是当时当地没有幼儿园，为了让她及早接受学前教育，在她三岁那年我就把她带来北京了，走后门送进了万寿寺幼儿园。幼儿园其实名额已满，园长听说是一个劳改了二十三年刚刚放出来的老作家，其夫人在浙江，自己带着一个三岁的女儿上班，让女儿坐在办公桌的旁边学写字，十分同情，愿意“破例多带一个”（园长也姓吴，她带大了我的女儿，我认她为“如胞妹”，让孩子叫她“姑妈”。三十年来一直来往，这次我老伴儿住院，她还到医院陪床好几天呢）。从此我不但早送晚接，做饭洗衣裳，还亲自给她缝制小棉衣、小棉裤。我“家里家外一把手”，真是又当爹又当妈，父女情深，非比一般。直到她六岁，文联主管人事的干部见我既辛苦，孩子也可怜，这才主动把一个“外地调京”的名额给了我。按照楼兴娟的本意，她是不愿意离开缙云的。她也知道，自己到了北京一定是“英雄无用武之地”，但是考虑到我一个大男人带着个孩子过日子也很困难，何况孩子的户口问题也可以一起解决，这才违心地来了。当代的姑娘都以事业为重，不愿意早婚，陪伴了我三十一年的女儿也是迟迟不想解决婚姻问题，这在她母亲心中也是一块心病。这次她母亲病重，她远在澳洲的一个朋友特地赶来，在她母亲弥留的第二天，终于让自己相识十年的男朋友叫了一声“妈”，可惜“丈母娘”已经听不见了。或者说，虽然听见却已经无法答应了。如果早三天叫这一声，该有多好！

我的这个“准女婿”是澳大利亚籍华人。他的父母亲是五十年代一片真心回归祖国参加社会主义建设的印尼华侨。估计他们回归祖国以后，在大陆的遭遇也不会太愉快。难怪在改革开放以后，一旦有了机会，就放弃了“社会主义”，迁居澳洲“走资本主义道路”去了。

我是不会随女儿出国定居的。倒不是我对“社会主义祖国”有多么热爱、迷恋，而是我也和我老伴儿一样，只适合在中国居住，到了外国也会像她到北京一样感到孤独。何况我是个汉语作家，到了海外反倒没有我的

“用武之地”了。

尽管这篇悼念文章在我心中构思了三天，但是仓促写成，不及润饰。虽不是什么优美的散文，却完全是我的眼中所见、心中所想，不是报刊上常见的那种“官样文章”，大概可以算是我发自五内的“心声”吧。

2009年8月11日下午

这篇悼念文字，发在网上的文字更长，挽联的图片更多，为了节省篇幅，不得不删除了一些。这里谨向赠送挽联的朋友们说声：对不起！

有一件事情我的确没想到，我说过我的第一篇“讣告”是我的“罪己诏”，是我的检讨书。世界上，大概从来没有过这样的“讣告”，以后大概也不会有了。因为这太出格，根本就不像是“讣告”。但是我老家的《处州晚报》，却把它改题为《在沉痛莫名的日子里》发在2009年8月18日的15版上，占了整整一个版面。我那篇《讣告》有五千多字，晚报的一个版面根本登不下，肯定有所删节的。其实他们所配的插图太大，几乎占了四分之一的版面，而那两只放在铁栏杆上的手也很难和“沉痛”有联想，还不如发一两张照片更好。我的第二篇悼念文字，《处州晚报》则节录了前面的一小部分和后面的大半部分，改名为《我是这样成为作家的》发在9月22日15版上，占了大半个版面。这一回倒是加了许多图片，连我的代表作《括苍山恩仇记》的封面也上去了，其中有一张我都不知道什么时候在什么地方是谁拍的。

这样一来，等于《处州晚报》给我免费刊登了讣告（后来他们还给我寄来二百元稿酬，不但免费登讣告，还倒给我钱）。《处州晚报》是《丽水日报》的子报，全丽水市发行，缙云县当然有许多读者。也就是说，楼兴娟的死讯，至少认识她的缙云人都知道了。——后来楼兴娟魂归故土，之所以有这样多的亲朋、同学来吊唁，和《处州晚报》的“强力宣传”是分不开的。

还有一件想不到的事情，我的第二篇悼念文章8月12日（2009年）传到网上，立刻被香港的《开放》杂志看中，改名为《三十二年患难夫妻》发在2009年9月1日出版的第9期上，占了整整两页。其速度之快，令人佩服，可惜除了刊头用了我一张在新浪网访谈的照片之外，我的博客上有那么多的楼兴娟的照片却连一张也没用，还有那么多精彩的挽联也没选用一副。我知道，这是因为版面的限制。

《开放》是一本面对全球华人发行的著名刊物。楼兴娟生前默默无闻，死后反倒“名扬四海”，这是她生前绝对想不到的吧！

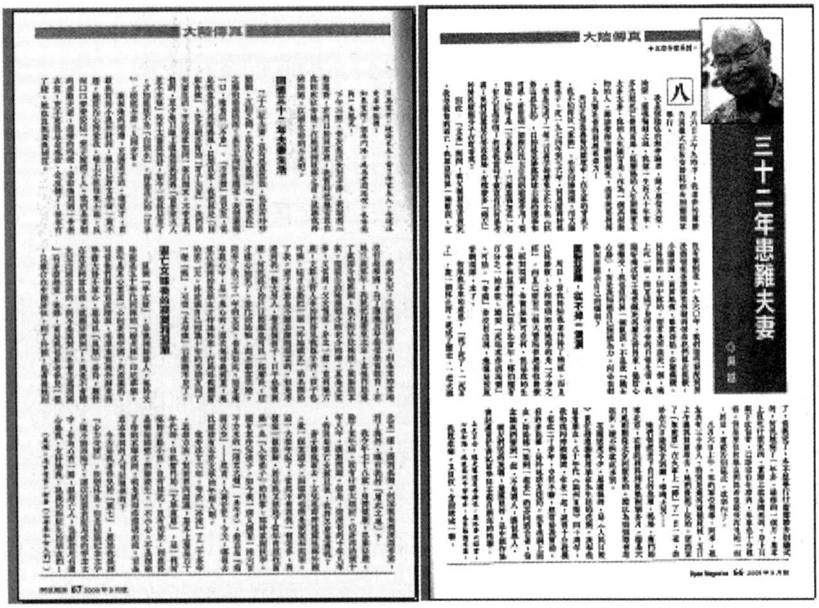
大陸傳真

大陸傳真

八

三十二年患難夫妻

香港《开放》杂志刊发我的第二篇悼念文章。

二十一、生前遗愿，魂归故里

按照楼兴娟生前的遗愿，我们决定把她的骨灰送回缙云县她的故里安葬。当地已经有了公墓，建墓的事情有她的妹妹安排，我请中国作协书记处前书记韶华同志写了碑文寄回去，别的什么事情都不用管了。

安葬的时间定在2009年11月18日，于是我就把我的第二次关于《水浒》的巡回演讲安排在18日前后，从杭州、萧山、衢州一路"讲"过去。11月17日，我在衢州的活动结束，衢州人大常委会的黄会荣主任派司机刘金华同志送我和女儿到我亡妻的出生地，即安葬地缙云县新建镇。

车子在我亡妻二妹的儿子赵祖良家门前面停住，四妹和祖良的妻子已经在风雨中等候许久。

我女儿捧着骨灰盒，和我一起往赵家后门走去。

当地人的传统习惯：死人只出不进。现在一律火化，则又连骨灰盒也不许进屋了。难怪我亡妻火化之后，四妹当时就力主存放在八宝山，劝我不要捧回家去，何况又是免费的。我不忍心，没听她的，愣是把骨灰盒当作一件艺术品放在我床头旁边的窗台上"陈设"着。七七四十九天之内，每天早晚噙一包热泪点一支蜡烛、燃一炷清香，寄托一片哀思。

四妹苏娟和内侄祖良早已经做好迎接娟"回家"的准备。他们在祖良家的后门口用彩条塑料编织布搭了一个灵棚，棚内放一张方桌，桌上铺一块红绸子被面，前半放着点心糖果之类的供品，后半放着灵牌，点着长明灯和香烛。桌子后面放一张靠背椅，椅子上也铺着大红被面，楼兴娟的骨灰盒就安放在这张椅子上。

楼兴娟之墓。

得到消息的亲友，前一天下午就已经有人送来了花圈。花圈用的都是鲜花，正好老天爷下着毛毛雨，对花圈反倒有益而无害。送来的金锭、银锭已经不少，而且肯定还有人要送来，因为当地人认为：死者带走的金银元宝越多越好，所以凡是来送葬的人，只要有空都会坐下来帮着折银锭。

这时候，得知娟明天入土消息的亲戚朋友，陆陆续续开始送来了花圈，灵棚外面的花圈更多了。

11月18日，我们天不亮就起来。我带上女儿到街上吃了烧饼馄饨，就急急忙忙地往举办丧仪的篮球场赶。因为定的出殡时间是上午7点—10点，我们作为“丧主”总不能比送葬的人晚到。

也真佩服那个“挑日子”的算命先生，两个月之前选定的今天这个“好日子”还真是不错：多少天来，当地一直阴雨连绵，冷风飕飕，独有今天虽然没有太阳，却居然连一点儿毛毛雨也没有，而更加要感谢老天爷的，是没有一丝儿微风。下毛毛雨并不可怕，在江南，秋雨如丝是常事，怕的是刮风。只要有一二级微风，那些花圈都是用手指头粗细的竹棍儿支撑着的，头重脚轻，一有风吹根本就支不住。

我们刚刚走到篮球场，一辆双排座敞篷小货车装着四座花篮正好开到。这是县城里的朋友送的，送花圈的人当然也随车来了。

接着大小花圈连续送到。经过一番布置，灵棚前面的花篮、花圈几乎摆满了。幸亏祖良家的后门就是一个篮球场，要不然这么多花篮、花圈怎么摆得下？

其中最大的两个花圈，是新建中学的同班学友送的。他们组织了一个学友会，几乎每年都要聚会一次。娟来北京之后，隔几年也经常回家看望父母，偶然也曾经赶上过两次。——其实是同学们特地等她回家才聚会的。

今天，她的同学来了这样多，一定也和《处州晚报》的介绍有关系。她的同学只要有一个人看见讣告，就会辐射扩散让所有的同学都知道。据说，他们同班的同学已经有好几个先于娟长行了，真是人生苦短，见一回少一回，谁知道下一次谁给谁送行啊？

到了八点多钟，吊唁的人基本上都来了。于是殡葬仪式开始。首先是“祭拜天地”，这是死者告别天地父母从此长行的意思。主事的吩咐把灵棚上面的彩条编织塑料布撤了，把灵棚连同供桌、骨灰盒一起抬到篮球场的正中面向南放好，再抬来一张大红方桌，桌上放一刀煮得半熟的整块猪肉，放上蜡台和香碗，点上香烛（按例应该用白色的蜡烛，但是买不到），同时开始焚烧纸钱、银锭。——那可不是一张一张地烧，而是一口袋一口袋地倒，直到堆成一座钱山元宝塔，这才点火。

死者向天地父母告辞以后，就是亲人向死者告别了。这时候锣鼓敲起来，唢呐吹起来，亲人按辈分从小的先开始祭奠，每两个人一拨面向死者照片，跪在桌子前面的稻草把上，每人手端一个碗，不过是反过来碗底朝上，然后主事的打开一瓶啤酒，在每人捧着的碗底凹坑中斟上两三滴酒，祭奠人把碗高举过头作叩头礼拜状，最后把酒洒在地上，礼节就算完成。之后换第二拨人祭奠，如此循环往复。

小辈的祭奠完毕，换同辈人祭奠。同辈人可以下跪，也可以不下跪。同学们都是鞠躬，我和吴永则站在照片两面还礼。

这套仪式，估计是“老传统”的变通。酒，本来应该用黄酒。当年的黄酒很便宜，因为一斤米可以做三斤酒，而且当地人几乎家家户户都是一缸一缸地酿，所以一斤酒并不比一斤米贵多少。现在黄酒成了“美酒”“营养酒”，最便宜的也要四五元钱一斤，所以就用啤酒代替了。至于用“碗底”酹奠，这样“小家子气”我还是第一次看见，分明是为了节省，要不然搬一箱啤酒来也不够那么多人洒泼的。

最后，当然就是“起灵”“上路”了。随着火葬的兴起，抬棺材的“四大天王”没有了，当地发明了一种小型的“轿子”，是专门用来抬骨灰盒的。他们把骨灰盒用大红绸子被面包好“请”上轿，把牌位和香碗装进一只元宝篮内让吴永提着，告诉她：这一路上，只许看着前导的脚后跟走，既不许抬头，更不许回头。同时递给她一把崭新的油纸雨伞，撑起来遮住了香碗篮。——按当地民俗，最富贵的人家出殡，孝子撑的雨伞也必须是破的，其名称就叫“撑破雨伞”。现在油纸雨伞早就不用了，只有卖花圈的店里才有崭新的油纸雨伞作为“丧葬用品”出售，反正只用一次就扔，所以质量也特别差，价格却比一把尼龙伞要贵得多。

出殡的大军，走在最前面的是一个撒路纸兼放鞭炮的，这是“前导”，而敲大鼓和吹唢呐的乐班则为殿后。“撒路纸”的“纸”相当于“纸钱”“冥钞”，本意是“施舍”给沿路的孤魂野鬼，请他们不要作祟的意思。这也是当地的传统习俗，相当于北方人出殡的满天“撒纸钱”。婚丧喜庆的仪式，本没有一定之规，无非是你兴一种、他兴一样，久而久之有人模仿就终于变成了“习俗”。从前北京人出殡规矩多得很，现在第一没有四杠、八杠、十六杠的灵柩和长长的“执绋者”、送葬者的行列了，不论死人活人一律坐汽车；第二，为了街道的整洁，也不许撒纸钱了。

走在“前导”后面的是两个敲大锣的。他们左手提着铜锣，右手拿着一柄长长的锣槌，不是一般的敲打，而是挥舞着锣槌颇带艺术性地边舞边打。加上殿后的锣鼓唢呐，这场出殡方才显得热闹；没有他们，即便送殡的人再多，也显得太冷清了。

出殡的排场，是摆给人看的；敲锣、打鼓、吹唢呐，既为增加气氛，也为招徕观众。“孝女”手提香碗篮紧跟前导乐班，我双手捧着亡妻的照片跟在孝女的后面，这不过是告诉沿路的人们死者是谁的意思。其实，楼兴娟离开村子三十来年了，晚年的模样已经大变，这一路上还记得楼兴娟三十几年前形象的能有几个？我的身后就是抬着骨灰盒的轿子。——楼兴娟嫁给我的时候，“文化大革命”刚刚结束，别说坐花轿了，连大红花也没戴，连向毛主席三鞠躬的仪式也没举行，甚至连身上的衣服都没换，谁也看不出她是个“新娘子”。这一回，死了死了倒坐上“花轿”了，真是“人生如戏，戏如人生”！

轿子的后面，是花篮和花圈。轻的花圈，有一两个人就可以举着走，而新建中学同学会合送的那两个大花圈，特别是用花朵缀成一个大“奠”字的花圈，其架子是木质的，分量不轻，需要好几个小伙子帮着抬。这样一来，真正“送殡”的反倒没有几个人，都成了“执事”的了。

一行人到了墓地，把花圈在坟墓的后面一字儿排开。我原来以为坟墓的营造者总应该来帮着把骨灰盒放进墓穴里，却不料坟茔完工后，只要验收合格，营建者就什么也不管了。所以“安葬”这件事情，也由“主事的”找人来办。

事情其实并不复杂，不过是把坟墓的大理石面板揭开，打开墓穴的石头盖子，把骨灰盒用大红绸子被面包好放进墓穴里面，然后用胶水把盖子粘牢，最后盖上面板，事情就完了。双穴的坟墓，盖子也是两个：一个粘住，一个不粘。不然，下次我来这里“落户”，怎么进去呀？

我反正不迷信，什么都无所谓。对我来说，能够“死有葬身之地”，不至于做“孤魂野鬼”就算不错！能有一块大理石的墓碑，已经是十二分的“富丽堂皇”了。1960年劳改农场饿死那么多人，不都是用自己的破被子一裹，挖个坑一埋就完了？谁知道哪个坟头埋的是谁呀？演员赵丽蓉的老公就是六十年代饿死在清河农场的，后来赵丽蓉去“寻夫”，想把丈夫的“遗骨”找回来。跑到坟地一看，只见荒地上一片坟头。新埋不久的坟头上，还插着写有死者姓名的木片，早年她老公的坟前，大概也有一块木片的，但是经过了那么多年，大多数木片都被人拔掉当劈柴烧了，谁能告诉她哪个是她丈夫的坟墓？当年如果我也饿死在清河农场，还有谁会来看我一眼呢？

葬礼完成，全体人员撤出公墓。我最后一个离开，站在高处回头一望，公墓的全景优雅而宁静，庄严而肃穆。将来我到这里来“定居”，左面的邻居是个已经考上却还没进大学校门就淹死的大学生，应该有一定的文化，只是不知道他是不是也爱好文学？是不是能够谈得拢？至于右面邻居是谁，估计很快就会知道了。苏娟说：他们两口子，早晚也是要到这里来“落户”的……

楼兴娟，我的第三任妻子，就这样和我永别了。当然，我还会回来的，不是还给我留着一个空穴吗？

尾声

晚霞景色更美丽

老伴儿不遵守诺言，先我而去了；女儿要远嫁澳大利亚，也将离我而去。女儿要我随她出国，可是我的英语只有初中水平，到了澳洲我就会变成哑巴和聋子。何况我是个汉语作家，我的主要市场在中国，廉颇老矣，却尚能饭！我思维正常、身体健康，正处于创作旺盛期，所以我暂时还不想离开中国。我的想法是：只要找一个保姆就可以度过余生，可是女儿不同意。她说：保姆不能代替老伴儿。第一，保姆说走就走，不能永远陪我；第二，保姆不能和我同床，老人半夜里有什么动静没人知道。因此，我必须找到老伴儿以后她才出国，不然她宁可不嫁人！

自古以来，只有父母逼婚的，世界上哪有女儿逼婚的？

难事儿、怪事儿都让我遇上了，怎么办呢？

一、女儿逼婚，没得商量

老伴儿的丧事结束，女儿的婚事又提到了日程上来。

话题一共有两个：一是什么时候在什么地方举行婚礼；二是我这个老头子何去何从。

女方的亲戚大都在浙江，在北京的无非是她自己的一些朋友，也好打发。关键是男方的亲友，不但数量众多，而且散处在香港、新加坡、印度尼西亚，家境还都比较好，不请他们要落埋怨，请他们又往返路程遥远，机票加上住旅馆的费用开支巨大。我的意见是在北京登记结婚，请一请她自己的朋友们，而我的朋友都是她的叔叔阿姨一辈儿，就不用全请了，然后新婚夫妻到香港、新加坡、印度尼西亚一家一家拜访，就相当于蜜月旅行，最后到达澳大利亚拜见公公婆婆。这样办理，哪方面都照顾到了，谁也不得罪，大家还都省钱。

这个问题好商量，也容易解决，难办的是我这个孤老头子"往后的日子"怎么办。

女儿当然希望我随她一起出国定居，但这不是我的所愿。如果我想出国，早就走了。1984年一位我在团河农场劳教时认识的吴姓朋友出国前，到北京来办理签证住在我家里，就多次动员我和他一起出国。我说：我是个华文作家，我的市场在国内。当然，此一时彼一时，当年出国是图个人事业的发展，今天出国是求晚年生活的安定。如果仅仅从生活出发，澳大利亚的环境肯定比国内好，除了对老年人的各种福利优待，还有那种大自然新鲜的干净空气，特别是自由民主的"空气"。可是，我虽然已经年将八十，个人事业却不但没停止，反而更加有所发展了。我和多数老作家不一样，人家是进入老年期以后思路枯竭，创作欲减退，有的甚至封笔了；我呢，由于青春期被冰冻了二十多年，时间好像停止了，进入老年期以后，青春活力居然一点儿也不见降低，不仅每天在电脑屏幕前面工作十几个小时不觉得劳累，而且新作品能够源源不断推出。同时，我的身体也不见衰老，八十来岁的人，看上去就像六十多岁，能吃能睡，思维活跃，健步如飞。我七十岁以后坚持每年春天环绕昆明湖一周，重阳登高总要爬上西山“鬼见愁”香炉峰；我说话声音洪亮，开讲座做报告，一场两三个小时不用讲稿滔滔不绝，中间不用休息也不用上厕所；眼睛一点儿也不花，还能穿针。既然上苍赋予我这样多的有利条件，如果还不珍惜、还不好好儿利用，不是太对不起老天爷了吗？因此，我进入老年期以后，反倒“焕发青春”了。何况我手头已经写成却因为各种原因积压着没出版的稿子就有上千万字，我总得寻找机会、创造条件让它们见天日呀！

这样的现实情况，分明是不叫我停止写作，也就是不让我离开大陆，不让我出国去种花养鸟、带外孙逛公园！

这个问题，干脆说吧，没有商量的余地。

但是把我一个孤老头子扔在大陆，女儿自己跟老公出国，她也做不到。我说，我雇一个好点儿的保姆，也可以嘛！

雇保姆的想法，也和朋友们商量过，而且还有了很好的人选。原中国作协书记处书记韶华同志有一个老保姆小张，也可以算是他的助手，还不到六十岁，吉林延边人，初中毕业。她原来是仪征化纤厂招待所的服务员，韶华同志在仪征化纤厂蹲点的时候就是由她照顾的。后来她提升为干部了，退休以后自己还开过一家小饭店，可见她做饭做菜的手艺还不错。韶华同志的老伴儿故去以后，她把小饭店移交给儿子，自己专职给韶华同志做助手。她前后为韶华同志服务了七八年，是一个很细心、很开朗又很懂得“如何为作家服务”的好助手。韶华同志就住在我家楼上，彼此经常来往的，所以我和小张也很熟。我老伴儿住院期间，她的儿子因急病住院，她放心不下就回家去照顾儿子，但一去就是半年多。这期间，韶华同志不得不另找了一个保姆兼助手。等到小张的儿子病好了她回北京来，韶华同志这边已经另有保姆了，也不便于辞退。这时候我老伴儿故去，女儿又要出国，家里正为我没人照顾的事情犯愁呢，韶华同志就提出把小张介绍给我。我当然没意见，她是给韶华同志服务多年的，最懂得如何为作家服务，怕只怕我出不起韶华同志原来给她的高工资。但问过小张之后，她倒也同意，还表示工资多少无所谓。韶华同志原来给她的工资大约是一个月2400元，她表示只要1200元，算是半个保姆半个学生，要我教教她英语和文化；另外一个附加条件，就是每年的寒暑假她的孙子要来北京住，而且也要我辅导功课。这些条件我都同意了，只等女儿出国以后把家里乱七八糟的东西整理一下，再把房子装修一下就请她来。

我这边什么都说好了，没想到我女儿却死活不同意。她的观点很明确：最好的保姆，也代替不了老伴儿或女儿。比如说，总不能和保姆住同一间房间吧？那么老人半夜里出点儿什么问题，或需要用什么东西怎么办？我现在身体健康，一切生活琐事都能自理，再过几年恐怕自己洗澡就不行了，能让保姆给我洗澡吗？等等。看来，问题似乎还很复杂。

不能说女儿顾虑得太多，可困难是明摆着的。问题是：怎么解决？

考虑，商量，女儿最后的决定是：如果我不跟她出国，我必须再找一个老伴儿，不然她就不出国！

古今中外，老子逼女儿出嫁的故事千千万万，可还没发生过女儿逼老子娶老伴儿的。

我该怎么办？我可是一个年届八十的耄耋老头儿啊！

二、瞻前顾后，左右为难

尽管时代不同了，今天的老头儿再婚、老太太再嫁都不是什么稀罕事儿，可是一个年近八十的老头儿还想娶媳妇儿，总是一件比较难办的事情。

从情理上说，怡姐姐既然一直没嫁人，她是我的原配，和她复婚应该是最佳选择：但是有两重障碍：第一，她已经八十三岁了，这个年龄段的人，生活习惯和居住环境最好不要有太大的改变。我到上海去的时候，好几次都住在她家里，她晚年的生活习惯改变得太多：早上睡到十点多钟，夜里不过十一二点不上床。尽管我在她家做客，这种习惯她也不改。如果复婚，这是无法共同生活的。我的生活习惯依旧和离休前一样：早上五点一定起床，夜里一般不过十点钟必定上床。何况怡姐姐现在是全家人的“管家婆”，女儿、女婿、外孙女的生活都要她照料，此外还有一个十八岁就到她家，且一直没嫁人的老保姆。1956年她之所以能够“脱身”到北京来和我结婚，就是因为有这样一个贴心的老保姆在照顾她的老父亲。这个老保姆在她家干了一辈子，如今八十四岁了，且两眼全瞎，仍一直住在她家里，虽然享受社会低保，一个月有几百元生活费，但是日常生活、一日三餐还要她照料。如果她一走，这个家就等于拆散，无法正常运转了。第二，1976年年初我写信问她是不是还有复婚的希望，她写信到我大嫂家，斩钉截铁的答复是：不可能。这封信，我一直压在箱底，有一次却被娟翻了出来，她看后半开玩笑地说：如果我死在你前头，你娶谁我都没意见，就是反对大永的妈回来……说这话的时候，小吴永就在旁边。我当然说：总是我走在她前头，这样的事情永远不会发生的。即便真的发生了，我也不会这样做。没想到，一语成谶，尽管是一句玩笑话，但是我答应过的事情，绝不食言。

其次，琴的丈夫死了，如果她不再往前走，我倒是能够容忍她回来的。不管怎么说，我们终究不是因为感情不合而离婚。她分明是被一个“穷”字给闹的。人都怕穷，所以这不是什么缺点错误，是可以原谅的。当然，那时候大多数人都很穷，特别是我们劳改队里的人。我的老难友张永贤不穷吗？他还有两个孩子呢！但是他的妻子阎翠兰能吃苦，大夏天的在河滩地里筛沙子卖钱，愣是咬着牙挺过来了。琴没有她那样坚强，何况还有肺病，不愿意跟我过苦日子可以理解，用她当时的话来说，“咱们大家都逃一条命”，也还可以算是“正确的选择”。但问题是：她虽然有两个亲生的闺女，却一个也无法容纳她。二永结婚以后搬出去了，但是只有一间卧室，房屋狭窄；小女儿结婚，她对那个女婿不满意，坚决反对，也就当然不可能和这样的女婿一起生活，所以两个女儿虽然都结婚了，但她的丈夫故去后，她却只能一个人住在原来的地方，还要给女儿带孩子。后来，她的住房拆迁，拿到了30万拆迁补偿费，干脆就带着这30万又嫁了一次。对方是个退休的铁路工人，自己也有好几个孩子，住房的继承权归子女所有，她就只能依靠这30万“借人家的住房”安度晚年了。

这时候，我想到了她的五妹。在我的一生中，她五妹是对我最好也最敬重我的人，比对她自己的亲哥哥还亲。当时琴要和我离婚，她坚决反对，还说过“我看老吴就是世界上最好的男人”这样的话。我们彼此知根知底，性格脾气都很了解，也合得来，我觉得这就是基础。五妹已经离婚，和两个女儿一起过。如果能把五妹娶过来，绝对比找一个陌生人强。我跟二永提出这个看法，不料她坚决反对，还说：“你可别惹她，她现在神经不正常，说翻脸就翻脸，还说世界上的男人没一个是好东西。”我说：“她可说过我是世界上最好的男人。”二永说：“那是那会儿，现在可不是那会儿了。不信，你试试。”我征求琴的意见，她也说不行。还说：“现在谁都和她过不到一起去，跟我也好几年不说话了。”

我不信，还挺自信地说：“她的病是因为被男人遗弃，心理受到刺激引起的，只能用男人的真情去感化她。我相信我能治好她的‘心病’。”向琴要来五妹的电话打过去，听她说话倒是挺客气的，提起当年的一些事情，还哈哈大笑，似乎没什么病。我跟二永说了，她说："我五姨的病一阵儿一阵儿的。不犯病的时候，跟正常人一样；一犯病，她就不是她了。你可不知道，她一犯病就六亲不认……"

我将信将疑。到了年底，我给五妹打电话，告诉她春节期间我去她那里拜年，问她哪天去合适。恰巧那天她"犯病"了，说话不但不客气，还气势汹汹。我刚说过了年到她家去看望她，她立刻就嚷："你别来，来了我也不见你！"我还想争取："你不是说，我是世界上最好的男人吗？"她已经暴躁起来，大喊一声："都一样！"就把电话挂断了。

看起来，五妹的病还真不轻。如果她还承认我是"世界上最好的男人"，我也许还能用"真情"去感动她；如今她真的"六亲不认"，还说我"也一样"，那说明她对"男人"已经十分反感，从前曾经有过的对我的好感，也已经完全消失了，我的真情在她"发病的时候"也无能为力了。

看起来，我只能放弃，还是另找一个吧。

接下来的问题，首先是到哪里去找？其次是找一个多大年龄段的？第三是想找一个什么样的人？

其实，我们文联宿舍大院儿里面，就有不少单身老太太。张三的离妻，李四的遗孀，文化高的、低的都有，有几个还放出打算再嫁的口风来，甚至当面对我说："你要再找老伴儿，找一个像我这样的年纪最合适。"也还有人给我提起过：这个好不好，那个怎么样？尽管芳草处处，但是我却不想在本院内寻觅，因为婚姻的前提是感情，感情的前提是性格是否合得来，有没有共同的语言，有没有相抵触的生活习惯。但还有一个顾虑的问题在于：谈成了，当然最好不过，谁搬到谁家都可以，一切都方便；万一谈不成呢，在一个院子里面住早晚都要见面的，以后反倒不好说话了。

因此，我的第一个方向是到老家去找一个。第一是生活习惯比较接近，再说万一谈不成也不存在以后不好见面的问题。其他条件嘛，我要求年龄在六十岁以上，文化在初中毕业以上，身体健康，没有不良嗜好和习惯，相貌说得过去也带得出去就行了。

于是我给老家的亲友们写信，回家的时候也给几个比较好的亲友谈过这个问题，可能是缘分没到吧，居然连一个也没找到。有几个六十多岁的老太太，或是死了老公的，或是被老公遗弃的，有的因为有儿子孙子且年纪也老了，不想离开自己生活多年的家，不打算再结婚、再开始不熟悉的生活；有的一听说男方已经将近八十岁又远在北京，笑着说：“不想过不了几年一个人在北京举目无亲。”总之，没人敢冒险一试。

三、网上征婚，功德完满

这时候，我忽然想到可以在我的“粉丝”中征婚。我的粉丝指的是我的小说和我的博客的读者。当时，我的小说读者有几百万，我的博客点击率已经超过了600万（现在已经超过1400万），所以粉丝还是不少的，其中可能就有单身的老太太。我的信息，在我的博文和小说中透露了不少，只要是我的粉丝，她们对我的历史、爱好等等就会多少有些了解。此外，只要在百度中键入“作家吴越”，信息量居然还相当大，这也可以算是基础吧。常言道：“勤撒网总有打上鱼来的时候。”我何不来一个“勤撒网”，等候哪一条“有缘的鱼”来上网呢？

于是，我写了一篇“征婚启事”发在网上，大意是：

我文质彬彬，感情丰富，幽默诙谐，诗人气质，编制在中国文联。在文学界和电脑界都小有名气，是文学和科普双栖作家，著有文学作品44本，2000万字；科普著作55本，1000万字。去年编了一部电视剧《韩非子》，正由联合国教科文组织投资拍摄中。年龄七八，是偏大些，不过身体健康，没有什么疾病，完全是青年人的心态，计划中还有许多作品要写，第100本书正在写作中。妻子在去年8月4日因患癌症去世，女儿即将远嫁澳大利亚，面临着独自一人生活的孤独困境，希望有一位爱好文学、不追求奢华生活、能容忍并理解作家那种苦行僧式生活的女性，年龄在六十岁以上，最好是北京有户口的，携手一起共同走完人生道路，并继续为后人留下更多的文学作品。我在西城区有一套80平方米的单元房子，在周口店有一处633平方米的“私人农庄”（还没装修），打算用来过清淡的田园生活，并安安心心地进行封闭式写作。除了在我的博客上能看到我的照片、视频录像和我写的文章外，更多的文学作品请在百度搜索中键入“吴越文选”，或在吴越博客的首页进行链接（有“亦凡书库”“读书名人堂”等几个窗口可选），就能看见我的大部分老作品。早几天东方出版社刚刚出版的《中共密使杜重石》网上还没有，书店中则已经上架。请详细看了我的资讯和作品以后，再考虑是不是和我联系。谢谢！

征婚的博文发表以后，我原来以为，像我这样年近八十的老头子征婚，响应者大概是寥寥无几的，没有想到的是：前来应征的人还真不少。我的求偶条件要求对方年龄不能低于六十岁，出于我意料之外的是：多数应征者的年龄都低于六十，最年轻的只有四十多岁，比我的大女儿还小，和我的二女儿差不多。当然，对于这些年龄过小的应征者，我是不会考虑的，因此连面也不见。此外，为了见面方便，尽管也有许多外地人写信来应征，东北的、云南的都有，但我也婉言谢绝了，没有打算为此长途跋涉、四处奔波。

简单地说吧，应征者有七八十人，约到公园或别的地方见了面的前后也有十几个人。排除了太老的、太富的（有一个曾经在国外开服装厂的女大款多次来信要和我见面谈谈，我怕自己成了“吃软饭的”，不敢见），太年轻的、太漂亮的、太能干的（有影视编剧、公司老总，自己就说每天忙得不亦乐乎），最后找了一个年龄在六十岁左右，相貌一般，收入不高，性格随和的中学老师胡女士，经过几次见面畅谈，觉得双方都能接受，就把关系确定下来了。

这位“百里挑一”的小老太太，的确有她与众不同之处。第一，她是“苦出身”：父亲死得早，母亲工资低，兄弟姊妹多，她上小学的时候从来没吃过早饭，都是饿着肚子去上学的。第二，生活俭朴节约，我第一次请她吃饭，她只点了一荤一素两个菜，外加一碗疙瘩汤。后来服务员说点的那个荤菜没有了，我打算换一个，而她说“不用了，已经吃饱了”。第三，她结婚之后，丈夫一年中有大半年出差在外，家里都是她一个人在料理。特别是后来丈夫一病十二年，她既要上班还要料理家务、照顾一个孩子和一个病人，十分不容易。第四，我们还没见面，她就声明在先：老年人求偶，只为避免孤独，互相有个照顾，婚前财产各归各的子女继承。第五，她虽然是共产党员而且还当过书记，但是我们第一次见面她就痛斥党内的贪官污吏，正是俗话所说的“共产党内也有好人”的那种不多的“好人”之一。在有这许多“先决条件”和“共同语言”下，难怪我们一见钟情、一拍即合！

当然，任何一个六十岁的小老太太面对一个八十岁的老头儿，说是毫无顾虑，那也是瞎话。尽管我自己说什么病也没有，当年行军每天一百八十里两头能见太阳，是真正的“飞毛腿”，直到现在每年都要环绕昆明湖步行一周，每逢九九登高都要去爬“鬼见愁”香炉峰；可是“耳听为虚，眼见为实”，第三次见面她就把我带到“北京后花园”的白虎涧去爬“八十一洞”，虽然不见得比“鬼见愁”高多少，那路却是狭窄陡峭、曲里拐弯，十分难走的。接着到八达岭“野长城”，再到野三坡的“百里峡”。总之，是眼看着没把我累趴下，这才相信我自称“飞毛腿”不是吹牛，也相信她能够再伴我度过最后的二十年了。

我和这位胡女士从见面到订婚、结婚，到今天已经四年多了。我们的这一段经历，我在写这一章的时候用了十几万字，而且是图文并茂，配发了许多照片。但是我这位太太十分低调，她不愿意把这些属于“个人隐私”或“半隐私”的东西拿出来“示众”，经过协商，砍掉了原文的十分之九，只留下大约一万字左右，只能算是“聊备一格”而已。

我以前虽然结过三次婚，却一次也没拍过婚纱照，不是不拍，而是不可能拍。第一次结婚是1956年，那时候“婚纱照”已经被认定是“资产

我和第四任妻子胡兆芳的婚纱照。

专程前来参加婚礼的河南文艺出版社总编辑单占生先生（左图）、河南文艺出版社副总编辑许华伟先生（右图）。

阶级生活方式”，遭到批判并停止了。那年月，结婚证上不用贴照片，不过打扮得漂亮一些拍一张合影的“结婚照”，还是允许的。但是那时候怡姐姐刚刚从“肃反”的牵连中解脱出来，人瘦了许多，再说天气也比较凉了，穿着很薄的衣服照相怕着凉，想等天气暖和一些、人也胖一些了再去照。但是当年冬天她就怀孕了，反应还很强烈；第二年春天我又出事儿，当时虽然还没被送去劳改，但是哪里还有这种兴趣呢？第二、三两次结婚，则在“无产阶级文化大革命”的一头一尾，当然也不可能有这种“资产阶级生活方式”了。而胡老师的第一次结婚恰恰是在1976年9月毛泽东逝世的“国丧”期内，按当时当地不成文的土政策，是连结婚都不允许的，还谈什么婚纱照，能上照相馆照一张“夫妻合影”，就算不错的了。这一次，老了老了，却赶上了“允许拍结婚照”的年代，于是我们也赶赶时髦照了此生唯一的一次“婚纱照”。

2011年5月29日，我们在一家饭店举办了一场小型的婚礼，把我的作家朋友、劳改队难友、女方的亲友们请来，无非是借一杯水酒让彼此认识一下而已。

按照我原来的想法，找个后老伴儿，无非是免得老年人生活孤独。在日常生活中，不过一起去买买菜，回家来一个择菜一个炒菜，然后一个洗衣服一个晾衣服，到了晚上在一起看看电视聊聊天儿，这就是老年夫妻的全部内容了。没想到我这个已经写了99本书的老作家，老了老了，居然找到一个能在文学创作上合作的助手，真是意外之外的“意外”。

我们俩肯定关系之后，我当然要把我的小说送给她看，她不但很快看完，居然还能找出许多错别字和语法修辞方面的问题，并提出修改的意见。她虽然学的是理科，但对文学不只是“感兴趣”，而居然是“造诣颇深”。

我娶过三个老婆，没有一个老婆能在文学方面给我以帮助的，这一次我总算找到一个好助手了。

正好，那一年河南文艺出版社要出我的第100本书《另眼看和珅》，我征得出版社同意，请我的未婚妻当特约编辑。听说这是我们夫妻第一次合作的书，不但在书中印上了“特约编辑：胡兆芳”的名字作为纪念，又特别关照封面设计将封面的基调定为用大红色。他们几乎是全社总动员，用最快的速度在5月（2011年）底之前赶印出来，正、副总编辑还专程来北京参加我们的婚礼，并向参加婚礼的来宾每人赠送一册，相当于召开了一次小型的首发式。

2011年，我的第100本书《另眼看和珅》出版。

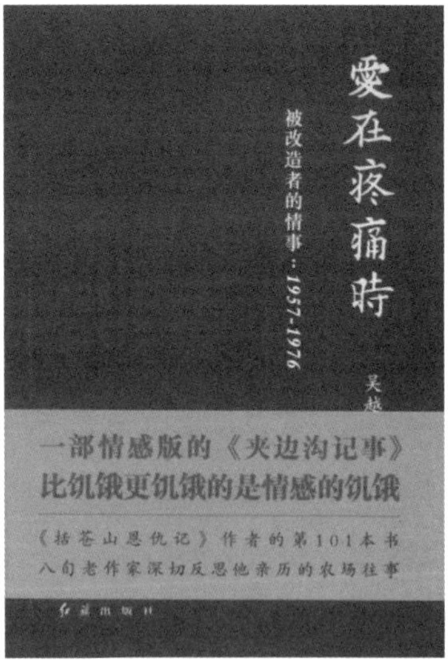

2012年，由胡兆芳担任特约编辑的我的新书《爱在疼痛时》出版。

胡兆芳在灯下校对《括苍山恩仇记》清样。

自从我有了这样一个助手，我出版的书不但速度快了，而且质量也提高了。

2012年，红旗出版社出版我描写劳改农场“二劳改”们婚恋故事的一部纪实文学《爱在疼痛时》，也聘请我这位太太当“特约编辑”，负责错别字和语法的把关。

今年（2014年），北京时代华文书局出版了我的成名之作《括苍山恩仇记》第三版的精装本。此书三卷五册230万字，就是由我这位太太认真通读全稿并提出意见和我商讨之后定稿的。那时候，她刚好因为一个小手术住院，考虑到发稿在即，待手术麻醉刚刚消除，手脚勉强能够活动了，就立刻坐起来，在病床上支起“活动餐桌”，打开手提电脑继续工作。清样到了，又赶上春节，大年三十儿我们都在看央视的春晚节目，她却一个人坐在一旁，心无旁骛、安安静静地看稿，而且一连好几天一看就看到凌晨两三点钟。可见她这个模范党员，不但在自己的本职工作中任劳任怨、一丝不苟，就是给我当“秘书”，也是“鞠躬尽瘁，死而后已”的呀！

不再多说了，多说她又该说我“泄露个人隐私”而对我有意见了。

暂且留下一些资料，等待我们百年之后有人来写传记的时候，再翻出来参考吧。

下面，就抄录她写的《括苍山恩仇记》第三版的“编后记”作为这个“尾声”的尾声：

《括苍山恩仇记》第三版编后记

吴越先生是我认识的第一位作家，通过他，我认识了许多当代文坛泰斗。第一次见到吴越先生，他送给我几本他的著作，其中也有他的成名之作，《括苍山恩仇记》的再版本。书的扉页上，写着“请指正”之类的套语。

我这人心眼儿实，不知道这是他们作家的客套话。看见书中有不少错别字，就都作了标记，等到看完全书，果真给他送了去。

对我来说，这不过是“顺手捎带”的事儿,并不费我多少力气。既然我认识作者，发现书中有错别字，当然应该给他指出来，好让他在重印的时候改正。

没有想到，这样简单的一件事情，却让吴越先生感叹不已。他说：这部书送出去没有一百，也有八十了，却没有一个人真的肯“不吝指教”，因此，我的“指正”，居然还是此书再版以后作者第一次收到的读者意见，也是唯一的一次！

作者在表示感谢的同时，告诉我说：《括苍山恩仇记》的第一版，是中国青年出版社出版的，出版之前，经过十一位编辑的审读修改，又由资深校对认真校读，出版以后，基本上没有错别字。那么，第二版为什么会有这样多的错别字呢？原来，第一版出版的时候，出版社是根据作者原稿排字铅印的，那时候当然不会有什么电子版；现在改为胶版印刷，如果通过电脑重新录入，工程浩大，为图快速，不得不用扫描仪扫描转换，因此有许多形似字没有区分开。此外，由于种种原因，第一版出版之前，原稿被编辑删节了三十多万字；2005年再版，出版环境比以前宽松，原来因为“敏感”而删除的字句，可以恢复了。因此，这被删节了的三十万字，是作者根据原稿通过键盘录入的。加上时间仓促，于是就出现了错别字多这样的遗憾。他问我：“你没当过编辑校对，怎么对错别字这样‘敏感’呢？”

我告诉他说：我从小学五年级开始看长篇小说《野火春风斗古城》，从此看小说入了迷。上初中的时候我住校，有的周末，同学们都回家了，整个宿舍楼里只有我一个人躺在床上津津有味地看小说。我1964年考上四年制的职业中学，原计划两年读完初中三年的数理化课程，再读两年专业课，毕业后就可以参加工作。没想到两年时间刚学完了初中三年的数理化，1966年“文化大革命”开始了，接着就下乡当知青。在此期间，包括后来通过招工参加工作，只要有空闲时间，我总是手不释卷，千方百计找小说来看。“文革”结束后，尽管我有幸被单位推荐上干部高中补习班，又考上了大学的企业管理专业，遗憾的是，不论初中、高中还是大学，都没有文史课，大学竟连语文课都不开。因此，我这个纯理科生，在学校学的语文基础知识是很有限的。我今天能够对错别字“敏感”，一是看小说的习惯一直不改；二是在工作单位当办公室主任，经常要起草、审核文件，也促使我有了咬文嚼字的习惯，逐渐地提高了我的语文水平。

吴越先生见我善于“挑刺儿”，当时他正写完他的第100本书《另眼看和珅》，即将由河南文艺出版社出版，他就把电子版发给我，要我帮他“挑刺儿”；后来清样来了，也要我帮他看。不论多少，也真的帮他挑出一些刺儿来。所以那部书的版权页上，就印上了“特约编辑：胡兆芳”。——这是我有生以来第一次当编辑，也是我和吴越先生“合作”的开始。

2014版《括苍山恩仇记》。

2012年，吴越先生的第101本书《爱在疼痛时——被改造者的情事》由红旗出版社出版，出版之前，也是先由我看电子版，接着再看清样，所以这部书，我仍有幸成了特约编辑。

今年，吴越先生打算出版他的成名之作，长篇历史文化小说《括苍山恩仇记》的第三版精装本。由于这部书的第二版我曾经仔细看过，还给他找出过一些错别字，加上前面有过两次合作，所以这一次他不是聘请我当“特约编辑”，而是出任正式的“责任编辑”。我既然已经上了他的“贼船”，由“特约编辑” 转为正式的“责任编辑”，也就顺理成章了。

给吴越先生的书当“责任编辑”，是一件既轻松又繁难的事情。说轻松，是因为他长期从事语文研究，写出来的作品，大都比较成熟，特别是这部《括苍山恩仇记》，已经是第三版了，前面有那么多编辑层层把关，“硬伤”不会很多；说繁难，是因为吴越先生这个人，脾气非常固执：他认定了的事情，十条牛也拉不回来：《括苍山恩仇记》第三卷的初版，不就是因为他不同意责任编辑的意见而压了十年，哪怕不出书，也不肯修改吗?

他固执，我就认真。凡是我认为应该修改的地方，提出自己的看法之后，不怕和他争得面红耳赤，也要得出一个结果来。

此书原计划今年元旦后开始运作，三月底出书。这样，四月初他和张抗抗一起去浙南访问，就可以把书带去签名售书或者赠送亲友了。

一部200多万字的皇皇巨著，要在这么短的时间内编辑出版，可谓时间紧，任务重，压力很大。元旦后，清样没出来，我就先看他修改以后的电子版文稿。

电子版文稿还没看完，我因病住进了医院。手术后第三天，我能坐起来了，心里惦着这部书稿，怕耽误在我手上，就用不输液的左手把病床上的活动桌子支起来，又用一只手操作手提电脑。左右手都能使鼠标，是我的长项，只是单用左手输入文字，速度慢了很多。所幸要修改的文字很少。住院期间，我把第一卷80万字的电子版文稿全部看完，发现了一些问题，并提出了修改意见。

出院后回家，清样也到了。尚需静养的我，在床边支起临时工作台又开始工作。我平时习惯于午休，可是一看起清样来，就什么也顾不上了。每年除夕，我都是坐在电视机前看春晚节目的；今年除夕，我虽然依旧坐在电视机旁，但吸引我眼球的不是春晚的精彩节目，而是《括苍山恩仇记》中更加精彩的故事。春晚开播三十多年来，这是我第一次守着电视机却没看除夕的新年晚会。初一、初二哪儿也没去，依旧夜以继日地看清样。初二晚上看到精彩处看入了神，不知不觉看到初三凌晨四点，方才蒙眬睡下。

二月十五日，历时一个半月的时间，我终于抱病看完这部200多万字的史诗般的巨著，也发现并解决了一些问题。这次看清样，前面的80万字，我是第三次看了，发现还是有遗漏。正如古人说的那样：校书如扫落叶。每看一次，都会有新的问题发现。

这个第三版精装本的《括苍山恩仇记》，也许是此书的“终结版”，以后可能不会再修改了。按说应该精益求精，不让它有一处疏漏、不让它有一个错别字才对。可是如今开印在即，时间仓促，特别是对于我这个非文科生，又非编辑专业的“责任编辑”来说，的确已经尽力而为了，至于是不是“不再有问题”，我自己还是没有把握。敬请读者看后不吝赐教。

胡兆芳

2014年3月24日凌晨5点18分

后　记

吴　越

这是我的第108本书，也是我在语文出版社出版的第二本书。

语文出版社的前身，是1956年我参与创建的文字改革出版社。如果我仅仅在文字改革出版社当过几天编辑，就说我“参与创建”了该社，不免有往自己脸上贴金之嫌。实际情况是：文字改革出版社刚刚成立的时候，除了兼职领导和只来开会的编委，每天真正上班干活儿的只有编辑部主任倪海曙老师（从华东上海人民出版社副总编任上调来）和我这一个编辑（是倪海曙老师把我从上海调来）；出版部只有主任倪康华同志（从广东人民出版社社长任上调来）和吕炎华同志（倪海曙老师的夫人）两个人。今天，可能谁都不会相信，一个号称“中央级”的出版社建社之初全社一共只有四个人，却每月要出十几本小册子，还要出版一本《拼音》杂志。任务重，工作忙，不分日夜，废寝忘食，不言而喻。说我“参与创建”，而且立下过“汗马功劳”，也绝非言过其实。单说我编写的《农民用拼音课本》印数高达5000万册，按一本赢利一分钱计算就是50万元；只拿出其中的40万元来，就盖成了今天语文出版社的大楼。

1956年年底，我在文字改革出版社出了我此生的第一本书《古卡和依里》，是根据韦其麟先生（他比我小三岁，当时是武汉大学文学系的学生，后来出任广西作协主席、全国作协副主席）的长诗《百鸟衣》改写的，是“拼音文字实验丛书”的第一本。全书正文没有一个汉字，后面却附有词表可查。这套“丛书”其实就出了这一本，1957年以后就再也没有接着出。回头看看，“五十八年过去，弹指一挥间”，真是“酸甜苦辣咸，五味俱全”，当年出版社草创之初的老人已经所剩无几，连当年只有二十四岁的我如今都到了耄耋之年，却居然还能和语文出版社“再续前缘”，怎不心潮澎湃、感慨系之？

其实，此书的初稿前一部分早在十五年前就写成了，却因为这样那样的原因，一直拖到今天方才补充修改成这个样子出版，不由我又一次喟然长叹、感慨不已！

那么，究竟是什么原因拖了十五年之久呢？此事说来话长，且听我慢慢儿诉说。

1998年深秋，我有幸参加中国作家协会组织的一个代表团到东北去采风。团长是《民族文学》主编吉狄马加（后出任青海省宣传部长），副团长是著名散文家牧惠（《红旗》杂志文教编辑室主任，2004年不幸故去）。

作家们聚在一起，不论是车船上、饭桌上，还是休息中、行进中，总不免高谈阔论、滔滔不绝。就在此前不久，老友张扬先生（《第二次握手》的作者，当时是湖南省作协副主席）在《家庭》杂志上发过一篇关于“我的家庭”的报导《作家吴越和他的三个同名女儿》。《家庭》是大陆最畅销的杂志之一，每期销量460多万份，加上此文全国各地转载的很多，仅我个人所见就有16家报刊转发，一时间被炒得沸沸扬扬。在代表团成员中，不论是认识的还是不认识的，大都知道这件事情。于是，关于我先后娶了三个老婆并有三个同名女儿的话题，就不只一次地被扯了出来。既然大家对这个故事感兴趣，反正张扬老弟早已经把我的这些事情捅出去了，也就没有保密的必要，干脆就一次又一次、一件事又一件事地详细介绍，于是话题越扯越远，故事也越扯越多……在饭桌上，尽听我这个“话篓子”一个人“白乎”了。我一张嘴顾得了说话顾不上吃，饭没吃饱倒不至于，吃得比别人少却是真的。

大家都说我讲的故事不但有趣而且也有内涵，甚至认为是一个时代的缩影，于是都动员我赶紧写出来。在座的傅小北先生（当时主管中国青年出版社的期刊，出版社旗下有五个刊物），他要求我把这些小故事写成每篇都能独立的短文，由他拿去交给《追求》杂志刊发，从1999年第一期就可以开始连载。

回到北京以后，我排开杂务集中了一段时间专门写这一组文章。小北要求我一共写十二篇，每篇不超过五千字，总字数控制在五六万以内。但是我写长篇写顺了手，写短篇不行了，笔下控制不住，写完了一看居然有十几万字。小北感到为难：一期刊一万字，还要连载一年多呢，这叫他怎么办?

中国作协创联部的徐忠志先生（现在是《文艺报》总编室主任）是我们这个作家代表团的秘书，他对我这些小故事也很感兴趣，就把稿子拿去给了《中国作家》杂志。主编看了以后却又说字数太少了，如果能够扩展到三十多万字，他们可以出一期增刊，一次发完效果好、影响大。于是，我又花了一个多月的时间把稿子扩充到三十多万字（分上、下两篇，上篇补写了劳改农场二十对典型的错位婚姻，这也是我在饭桌上说起过的一些小故事；下篇才是我自己的三次婚姻经过）。徐忠志先生为了稳妥起见，还把稿子送到中共中央宣传部文艺局去审读过，认为没有问题后才交给了《中国作家》。编辑部看后答复：如果没有别的阻碍，计划1999年年内刊出。事实上主编都已经签了字，总以为这是“铁板上钉钉子”的事情，不会有变化的了，不料《中国作家》因为发了一篇“不合时宜”的文章受到批评，增刊被停了，于是我的稿子就一直压着没发。

2010年，通过中国作协副主席张抗抗女士的介绍，我认识了红旗出版社（以出版政治书籍为主）的出版总监鲁强先生，他很诚恳地对我说：“什么时候我们出版社能够出版文学书籍了，我第一个考虑的就是您的书。”到了2011年年底，鲁总打电话来说：他们出版社可以出版文学书了，要我提供一部我自己认为写得最好的书稿，但是字数不能超过20万。这可为难了我，因为我的作品动辄几十万字、上百万字，手头没有出版过的、自我感觉也还不错的书稿就有好几部，但没有一部是低于40万字的。经过考虑，我就把我这部书稿中描写二十对劳改农场患难夫妻的“上篇”抽出来单独成书，字数正好20万。

2012年8月，此稿以《爱在疼痛时——被改造者的情事：1957—1976》的书名出版，并在当月的上海书展上用大量的图片展板作为重点书推出，宣传口号是：“一部情感版的《夹边沟纪事》；比饥饿更饥饿的是情感的饥饿；《括苍山恩仇记》作者的第101本书；八旬老作家深切反思他亲历的农场往事。”书不但出版了，而且可以说是场面够大，反响也够大，最后还被评定为2012年最畅销的十本纪实报告文学之一。

就这样，这部书稿的前半部总算出版了，更没想到的居然还是中共中央的红旗出版社。至于后半部书稿呢，出路何在？近几年来，由于我把全部心思都投入在“明清小说评注本丛书”的策划和编写中，早起晚睡忙得不亦乐乎，积压在手头的许多旧稿子暂时都顾不上了。

“明清小说评注本丛书”是二十世纪五十年代中期文字改革出版社总编辑倪海曙老师的设想，我是选题策划的参与者之一，可惜1957年之后“形势”变化很快而没有付诸实施。现在倪老师已经故去，作为他的弟子，我是全盘继承并身体力行，苦心孤诣，单兵作战，目前已经完成了十几部书稿的改写和评注，总字数超过了700万。考虑到这是文字改革出版社从前的老选题，文字改革出版社现在已经更名为语文出版社，二者之间的出版任务和方向虽然并不完全相同，但至少也有传承的关系。所以，我的稿子初具规模之后，首先想到的就是我的“娘家”。当时我是真想为语文出版社创一种品牌产品，不料社长、总编经过研究以后，觉得这种偏重于文学的书交给“纯语文”出版社出版，在发行量上估计难以突破，很可能会白白糟蹋了一个好选题，于是劝我另找专门出文学书的出版社出版。不过，社长王旭明先生看见我的未刊作品目录中有《传奇作家的传奇婚恋》这部稿子，在了解了这部书稿的主题和内容后表示颇有兴趣，当即决定留下书稿申报选题并让文化编辑室主任李勇先生具体运作。在出书之前，我又有了第四次婚姻，于是就把全书进行了一次彻底的改写，对前面三次婚恋的经过适当增加一些细节，并补充了第四次婚姻的许多故事，全书共计40万字。没想到稿子杀青以后，现任妻子却不同意我这样写，她说：“回忆录，必然是‘过去式’，现在就来写你我的婚姻史是不是过早了？再说，我也不希望在我活着的时候把自己的隐私或半隐私公诸于众。”于是，我根据太太的意见将新增加的一章几乎全部删除了，只留下一个简单的“过场”，而且编辑部的意见也认为书稿太长，于是就有了这个“东方不亮西方亮”的结果。

这就是我这“后半部书稿”从产生到出版的曲折经过。

这部书稿还有一个姊妹篇叫《传奇作家的传奇家族》，写的是我这一家人的传奇故事，包括《我的舅舅是神偷》《我的姐夫是城隍》《我的爸爸是冤鬼》《我的故事更传奇》等篇章。所以，但愿这部书稿能够被读者所喜欢，也能让出版社“略有进益”，才有可能“唱完上本，接唱下本”。

下面再说两件深感遗憾的事情。

第一件，1999年年初，稿子打印出来交给徐忠志先生的时候，当时我还没有扫描仪，所有插图都是洗印的照片，共有二十多张，其中包括我和几个妻子的合影以及在劳改农场偷拍的劳动及生活照片。徐先生一看这些照片都是十分珍贵的“文物”，怕丢失了他“赔不起”，就把照片统统退还给我，说是等到要用了再找我要。那一年正好我搬家，由于书籍和稿件太多，混乱中这些照片不知道放在哪里了，怎么都找不着了，现在书中的几张照片，都是临时凑的。

第二件，我曾请牧惠先生（《红旗》杂志文教组原组长）给我这部书写一篇序言，他也答应了，但没想到的是2004年6月8日牧惠先生意外地突然离开了我们。好在我的老友周瑞金先生（《人民日报》原副总编辑）对我坎坷的一生感慨不已，曾多次帮助我、勉励我，并鼓励我写自传，也给我的《吴越品水浒》写过长篇序言。我的这部书稿，虽然不是我的“全传”，但至少也是我的自传的一部分。因此恳请他再次为我的这部小书作序，以补牧惠先生无法写序的遗憾。承蒙周先生慨允，在此特别致以谢意。

早在1998年，张扬就在他发表于《家庭》杂志上的那篇文章的末尾预告：吴越将在他的晚年写一部绝唱，书名就叫《三个同名的女儿》。今年我已经八十三岁，大概已经到了“晚年”了，但是要写一部“绝唱”却还没有那么大的本事。这一部《传奇作家的传奇婚恋》，虽然主题是我的婚姻故事，却已经包含了“三个同名女儿”的大致情况，即便还不全面，至少也是《三个同名女儿》的“长篇”吧。

2014年10月10日深夜写于北京